Paul Niedermaier
SIEBENBÜRGISCHE STÄDTE

SIEBENBÜRGISCHES ARCHIV
ARCHIV DES VEREINS FÜR SIEBENBÜRGISCHE LANDESKUNDE
DRITTE FOLGE, IM AUFTRAG DES ARBEITSKREISES
FÜR SIEBENBÜRGISCHE LANDESKUNDE
HERAUSGEGEBEN VON PAUL PHILIPPI

BAND 15

SIEBENBÜRGISCHE STÄDTE

Forschungen
zur städtebaulichen und architektonischen Entwicklung
von Handwerksorten
zwischen dem 12. und 16. Jahrhundert

von

Paul Niedermaier

1979

BÖHLAU VERLAG KÖLN WIEN

Das „Siebenbürgische Archiv" setzt in III. Folge die 4 Bände der „Alten Folge" (1843—1850) und 50 Bände der „Neuen Folge" (1853—1944) des „Archivs des Vereins für siebenbürgische Landeskunde" fort.

CIP-Kurztitelaufnahme der Deutschen Bibliothek

Niedermaier, Paul:

Siebenbürgische Städte: Forschungen zur städtebaul. u. architekton. Entwicklung von Handwerksorten zwischen d. 12. u. 16. Jh. — Köln, Wien: Böhlau, 1979.

(Siebenbürgisches Archiv: Folge 3; Bd. 15) Gemeinschaftsausg. mit d. Kriterion Verl., Bukarest.
ISBN 3-412-06178-6

Das Verkaufsrecht dieses Werkes gehört dem
KRITERION VERLAG BUKAREST
für die sozialistischen Länder
und dem BÖHLAU VERLAG KÖLN WIEN
für die Länder des Westens

Dieser Band erscheint 1979 in Gemeinschaftsausgabe mit dem
Kriterion Verlag Bukarest
Alle Rechte vorbehalten

Ohne schriftliche Genehmigung der Verlage ist es nicht gestattet,
das Werk unter Verwendung mechanischer, elektronischer und anderer Systeme
in irgendeiner Weise zu verarbeiten und zu verbreiten.
Insbesondere vorbehalten sind die Rechte der Vervielfältigung
— auch von Teilen des Werkes — auf photomechanischem oder ähnlichem Wege,
der tontechnischen Wiedergabe, des Vortrags, der Funk- und Fernsehsendung,
de Speicherung in Datenverarbeitungsanlagen,
der Übersetzung und der literarischen oder anderweitigen Bearbeitung.

Satz und Druck: Polygraphischer Betrieb Sibiu
S. R. Rumänien
Buchbinderarbeiten: Konrad Triltsch, Würzburg

Printed in Romania
ISBN 3 412 06178 6

INHALTSVERZEICHNIS

EINLEITUNG 7

DIE STÄDTEBAULICHE ENTWICKLUNG SIEBENBÜRGISCHER STÄDTE

    METHODOLOGIE DER UNTERSUCHUNGEN (Vorbemerkungen, Reihenfolge der Parzellierungen, Veränderungen der Parzellenanzahl, Schlußfolgerungen) 13

    DATIERUNG VON PARZELLIERUNGEN (Broos, Mühlbach, Mediasch) 38

    DIE STÄDTEBAULICHE ENTWICKLUNG DER HANDWERKSORTE (Allgemeines, Wachstumsetappen, parzellierte Gebiete, Flächen mit besonderer Bestimmung — Friedhöfe, Marktplätze, Klöster —, Grünflächen, Befestigungsanlagen, Straßennetze, technische Versorgungsanlagen) 75

DIE ARCHITEKTONISCHE ENTWICKLUNG SIEBENBÜRGISCHER STÄDTE

    METHODOLOGIE DER UNTERSUCHUNGEN (Vorbemerkungen, die allgemeine Entwicklung der Bauten, der Baubestand zu bestimmten Zeitpunkten, Schlußfolgerungen) 159

    ANALYSEN DES BAUBESTANDS (Broos, Mühlbach, Mediasch) 177

    DIE ARCHITEKTONISCHE ENTWICKLUNG DER HANDWERKSORTE (Allgemeines, Entwicklungsetappen, Wohnbauten, öffentliche Gebäude — Kirchen, Klöster, Hospitäler, Rathäuser, Zunftlauben usw. —, Befestigungsanlagen) 213

ANHANG

    SUMMARY 283
    RÉSUMÉ 286
    WORTERKLÄRUNGEN 289
    SCHRIFTTUM MIT ABKÜRZUNGEN 296
    VERZEICHNIS UND NACHWEIS DER ABBILDUNGEN . 311
    SYNOPTISCHES ORTSNAMENREGISTER 315

EINLEITUNG

Da es kein umfassenderes Werk über Entstehen und Werden siebenbürgischer Städte gibt, will dies Buch, das sich an Fachleute wie Historiker und Architekten, aber auch an weitere Kreise richtet, dem immer regeren Interesse für ihre städtebauliche und architektonische Entwicklung entgegenkommen. Es soll hier festgestellt werden, wie besonders wichtige Ortschaften entstanden sind, wann und in welcher Art sie erweitert bzw. ausgebaut wurden und welche Veränderungen ihr Baubestand zu verschiedenen Zeiten erfahren hat.

Das Buch strebt dadurch mehrerlei an: Mit einer Untersuchung aus der Sicht des Architekten der Städteforschung Anregungen zu geben, neuerarbeitete Daten für die Baugeschichte und Denkmalpflege zu bringen und den Lesern ein allgemeines Bild über die Veränderungen verschiedener Ortschaften darzubieten.

Nach Maßgabe der bestehenden Möglichkeiten ist das Thema in verschiedener Beziehung abgegrenzt. Dies gilt zunächst für die behandelte Zeitspanne. Sie umfaßt das 12.—16. Jahrhundert, fängt also mit der deutlichen Aufwärtsentwicklung der Ortschaften an, die später zu ihrer Stadtwerdung führte, und hört mit einer relativen Stillstandsperiode der längst bestehenden Städte auf. Die dazwischen liegende Zeit war für das spätere Gepräge der Altstädte entscheidend; damals bildete sich ihr Grundrißgefüge heraus und die heutige Architektur begann klare Formen anzunehmen.

Für die Auslese der untersuchten Orte aus der Reihe zahlreicher Städte Siebenbürgens[1] ist zunächst ihre bauliche Entwicklung ausschlaggebend ge-

---

[1] Wenn die Bezeichnung „civitas" auch nicht für den Stadtcharakter der Ortschaften bürgt, ist doch zu erwähnen, daß die Benennung in Urkunden bis nach der Mitte des 14. Jh. schon für 20 Orte verwendet wurde, und zwar: Weißenburg 1282, Thorenburg 1297, Rodna 1296—1313, Unterwinz-Burgberg 1309, Klausenburg 1316, Desch (Dej) 1320, Salzdorf (Ocna Dejului) 1320, Heltau 1323, Broos 1324, Offenburg (Baia de Arieş) 1325, Hermannstadt 1326, Mühlbach 1341, Kronstadt 1344, Krakau 1347, Krapundorf 1347, Bistritz 1349, Mediasch 1359, Hetzeldorf 1365, Großschlatten (Abrud) 1365, Schäßburg 1367 usw. (siehe: *Urkundenbuch*, I, 544—615, II, 665—754; St. Pascu, *Voievodatul Transilvaniei*, I. 240). Außer den Ortschaften, die in der vorliegenden Arbeit untersucht werden, sind im 12.—16. Jahrhundert zumindest noch Weißenburg und Thorenburg zeitweilig als richtige Städte anzusprechen. (Für diese vgl.: P. Niedermaier, *Alba Iulia*, Ms.; Ders., *Turda*.) S. auch: H. Stoob, *Kennzeichen*, 76—80.

wesen. Die acht untersuchten Ortschaften (Klausenburg, Schäßburg, Hermannstadt, Bistritz, Kronstadt, Broos, Mühlbach und Mediasch) zeigen einen kompakten, sorgfältig gegliederten Grundriß, der für mittelalterliche Innenstädte charakteristisch ist; in jedem dieser Orte entstanden schon früh mehrere Kirchen und andere Gemeinschaftsbauten sowie auch — mit Ausnahme von Broos — starke Befestigungsanlagen und viele gemauerte Wohnhäuser, die sich bis heute erhalten haben.[2] Gleichzeitig war die wirtschaftliche Kraft dieser Städte und mithin ihre Bedeutung für die Entwicklung Siebenbürgens entscheidend. Alle acht Ortschaften waren an der Herstellung von verschiedensten Handwerkserzeugnissen maßgebend beteiligt; nach Ștefan Pascu sind hier schon bis ins 16. Jahrhundert mehr als 20 Gewerbe vertreten gewesen, während sich für die andern Ortschaften nur weniger als 15 Handwerke nennen lassen.[3] Ihre zahlreichen Privilegien zeigen, daß sie überdies auch für den Handel wichtig waren. Die weitgehenden Rechte verschiedenster Art sowie die gute Selbstverwaltung, die sie besaßen, und zudem ihre Benennung als „civitas" (seit den Jahren 1316—1367) erlauben sie auch nach andern Kriterien als richtige Städte anzusprechen.[4] Außerdem ist eine eingehendere Untersuchung dieser Ortschaften lohnend, weil dafür ein verhältnismäßig reiches Quellenmaterial vorliegt, von dem die Forschung ausgehen kann. Letztlich aber versucht die Auswahl den Interessen der deutschsprachigen Leser entgegenzukommen: Die Geschicke der Orte waren mit der Geschichte der Siebenbürger Sachsen verbunden,[5] die einen bedeutenden Beitrag zur Entwicklung dieser wichtigen Städte Rumäniens geleistet haben.[6]

---

[2] Über die Bedeutung der städtebaulichen und architektonischen Merkmale für den städtischen Charakter eines Ortes siehe: H. Stoob, *Forschungen*, I, 30 f.

[3] Wenngleich die von Șt. Pascu (*Meșteșugurile*, 352—369) angeführte Anzahl der Handwerkssparten die Bedeutung des Handwerks im Wirtschaftsleben der einzelnen Städte und die der Städte im Wirtschaftsleben Siebenbürgens nur ganz ungefähr widerspiegelt, so ist sie doch sehr aufschlußreich. Es handelt sich um folgende Spartenzahlen: Hermannstadt 50, Kronstadt 41, Klausenburg 38, Bistritz 36, Mediasch 30, Schäßburg 29, Mühlbach 23, Broos 23, Neumarkt (Tîrgu Mureș) 13, Heltau 9, Birthälm 8, Großschenk 8, Weißenburg 7, Agnetheln 7, Leschkirch 7, Meschen 7, Hetzeldorf 7, Desch (Dej) 6, Thorenburg 6, Großenyed (Aiud) 6, Reps 6, Oderhellen (Odorhriu Secuiesc) 5, Tekendorf 5, Reußmarkt 5, Marktschelken 5, Kleinscheuern 4, Regen 4 usw.

[4] Für diese siehe z. B.: H. Stoob, *Forschungen*, I, 20—32; Ders., *Kennzeichen*, 73—80. Șt. Pascu *Voievodatul Transilvaniei*, I, 233 ff.

[5] Th. Nägler, *Die Ansiedlung*, 91—125.

[6] *Sächsisch-schwäbische Chronik*, 32—38, 120 ff. 156.

In methodologischer Hinsicht werden — um neue Einsichten zu erzielen — ungewöhnliche Forschungsverfahren angewendet. Als Voraussetzung dafür und um entsprechende Bezugspunkte für vergleichende Untersuchungen zu schaffen, ist in früheren Studien die einfachere Entwicklung von rund 40 südsiebenbürgischen Dörfern analysiert worden;[7] sie bilden den Ausgangspunkt für die Untersuchung der vielschichtigeren Entwicklungsprozesse der Städte. Weil die Übersicht über die Methodologie zum Verständnis der nachfolgenden Ausführungen notwendig ist und außerdem auch bei der Untersuchung anderer Städte von Nutzen sein kann, werden die Forschungsverfahren im Rahmen der Abhandlung samt der dazugehörigen Argumentation dargelegt. Die entsprechenden Kapitel wenden sich vor allem an Fachleute, sind in erster Linie für diese verständlich und darum knapp gefaßt.

Die neue Methodologie läßt es als angemessen erscheinen, ihre Anwendung an Untersuchungsbeispielen zu veranschaulichen. Hierfür wird die städtebauliche und architektonische Analyse von drei Städten gebracht. Sie fußt notgedrungen auf einer Menge von Einzelheiten und ist demnach voraussichtlich ebenfalls für einen begrenzteren Leserkreis von Interesse. Um den Band nicht zu überlasten, wird die in sonstigen Arbeiten enthaltene Beweisführung über die Entwicklung der anderen fünf Städte[8] nicht noch einmal gebracht. Zum gleichen Zweck wird auf das ältere Schrifttum nur hingewiesen, nicht aber darauf eingegangen.

In den allgemeinen Schlußfolgerungen ist das Spezifische der Entwicklung aller acht genannten Städte aufgezeigt. Sie wenden sich auch an einen sehr breiten Leserkreis und sind deshalb ausführlicher dargestellt und verhältnismäßig reich illustriert. Dabei wird hier auf die Nachzeichnung der besonders anschaulichen Wachstums- und Ausbauetappen der Städte Gewicht gelegt.

Die Arbeit erhebt nicht den Anspruch, die aufgeworfenen Fragen endgültig geklärt zu haben. Einige Sachverhalte sind vereinfacht dargestellt, damit sie leichter überblickt und beurteilt werden können. Zu andern Fragen werden bloß hypothetische Antworten geboten; einige Schlußfolgerungen hinwieder werden zu überprüfen sein, sobald neue Bezugspunkte ins Bild rücken. Schließlich könnte ein vollständigeres Erfassen des Schrifttums auf Weltebene in manchen Dingen neue Anregungen und die Lösung einiger offener Fragen

---

[7] P. Niedermaier, *Dorfkerne*, 39—66; Ders., *Dezvoltarea Avrigului*, 59—68; Ders., *Dezvoltarea unor localități rurale*, Ms.

[8] Hermannstadt, Bistritz und Kronstadt sind besprochen in: P. Niedermaier, *Die städtebauliche Entwicklung*, 126—221. Die andern siehe: Ders., *Cluj*; Ders., *Sighișoara*.

bringen, beziehungsweise einige Interpretationen zurechtrücken. Im Rahmen der aufgezeigten Möglichkeiten versucht die Darstellung aber den gegenwärtigen Forderungen zu entsprechen und eine brauchbare Grundlage für künftige Forschungen zu bilden.

Allen, die dabei geholfen haben, sei auf diesem Wege gedankt.[9]

P. N

---

[9] Der vorliegenden Arbeit liegt die Dissertation des Verfassers zugrunde. Ihr Titel lautete: *Dezvoltarea centrelor istorice ale oraşelor medievale din Transilvania pînă în secolul al XVI-lea*. Wissenschaftlicher Leiter war Prof. Dr. habil. Grigore Ionescu, die Referenten Prof. Dr. Gheorghe Curinschi, Dr. Radu Popa und Dr. Gheorghe Sebestyen. Wertvolle Anregungen verdanke ich vor allem Prof. Dr. Heinz Stoob.

DIE STÄDTEBAULICHE ENTWICKLUNG
SIEBENBÜRGISCHER STÄDTE

METHODOLOGIE DER UNTERSUCHUNGEN

Vorbemerkungen

In verschiedenen älteren Untersuchungen wurde versucht, zwei bis drei Entwicklungsetappen der siebenbürgischen Innenstädte herauszuarbeiten; als Anhaltspunkte dazu dienten vor allem urkundliche Hinweise, örtliche Überlieferungen, zufällige archäologische Funde, Überlegungen über den Standort und die Merkmale der Kirchen und Klöster, Orts- und Straßennamen sowie die Anlage des Straßennetzes.[1] Neue Anhaltspunkte lassen sich vor allem aus dem Parzellengefüge und aus statistischen Daten ableiten, die bisher wenig beachtet wurden.[2]

Bei der Analyse der städtebaulichen Entwicklung der Handwerksorte wird eine Auswertung dieser zusätzlichen Elemente angestrebt. Während aber die demographischen Angaben alten Urkunden und Verzeichnissen entnommen oder auf ihrer Grundlage errechnet werden können, läßt sich die genaue planimetrische Struktur der Städte nur aufgrund von topographischen Aufnahmen erkennen, die in Siebenbürgen seit der zweiten Hälfte des 19. Jh. durchgeführt wurden[3]. Es stellt sich somit die Frage, inwieweit das relativ neue Parzellengefüge dem ursprünglichen entspricht.

Entscheidend für die Beständigkeit oder Veränderung der Aufteilung waren das Gewohnheitsrecht, beziehungsweise die später geschriebenen Gesetze und Regelungen. Entsprechend dem sehr alten Erbrecht,[4] das 1583 im „Eigen Landrecht" aufgezeichnet wurde[5] und bis 1845 gültig war[6], fielen Hof und

---

[1] S.: G. Treiber, *Kirchen;* Gh. Curinschi, *Centrele istorice;* Ch. Klaiber, *Städtebau,* 30—36.

[2] Für den Stand der Forschungen auf Weltebene s.: H. Stoob, *Forschungen,* I, 3 ff.

[3] Die ältesten Grundrisse, die von M. Visconti *(Mappa),* A. Borbely *(Erdélyi városok)* und andern veröffentlicht wurden, sind nicht sehr genau; die *Josephinische* und die *Franziszäische Landesaufnahme* (1769—1773, Österreichisches Kriegsarchiv, Wien, B IX a 715, bzw. B IX a 718—721) sind in einem zu kleinen Maßstab gearbeitet, als daß sie Einzelheiten des Grundrißgefüges der Städte wiedergeben könnten. So bleiben die Grundbuchpläne in Siebenbürgen die ältesten genaueren topographischen Aufnahmen.

[4] F. Schuler-Libloy, *Statuta,* 4, 99.

[5] M. Fronius, *Eigen Landrecht,* LXXIV—LXXXVII.

[6] F. Schuler-Libloy, *Rechtsgeschichte,* II, 256.

Haus beim Ableben der Eltern an einen einzigen Erben[7]. Starb der Vater, so kamen zwei Drittel davon ebenfalls einem einzigen Kind zu, während der Witwe ein Drittel zur Nutznießung überlassen wurde, wobei sie jedoch nur Eigentümerin des Schätzungswertes war. Beim Ableben der Mutter fiel das letzte Drittel an den Erben der beiden anderen Drittel, der, wie beim Tode des Vaters, die übrigen Nachkommen auszuzahlen hatte;[8] dadurch ließ sich im allgemeinen eine Teilung der Hofstellen vermeiden. Die Möglichkeit, ein Drittel des Besitzes abzutrennen, stellte der Stadtrat fest.[9]

Wie aus einer Heltauer Urkunde des Jahres 1428[10] und den Hermannstädter Nachbarschaftssatzungen von 1652 hervorgeht[11], genehmigte man in einigen Fällen den teilweisen Verkauf oder Tausch von Häusern und Höfen. Das hat zum zeitweiligen Anwachsen der Anzahl von Besitzen geführt, so in der Kronstädter Inneren Stadt. Im Katharinen-Stadtviertel („Quartale Catharinae")[12] werden im Jahr 1488 so viele Wirte gezählt,[13] daß im Schnitt auf jede Wirtschaft nur 5,4 m Gassenfront entfallen. Da es aber bei den in Siebenbürgen allgemein großen Parzellen in ausgedehnten Stadtteilen unmöglich eine so geringe durchschnittliche Grundstückbreite gegeben hat, was auch die im erwähnten Teil von Kronstadt überall erhaltenen Hofeinfahrten zeigen, läßt sich folgern, daß bei einer teilweisen Veräußerung von Anwesen die Häuser gewöhnlich hintereinander gestanden haben müssen. Die relativ langen Parzellen blieben entweder ungeteilt oder sie wurden quergeteilt, wobei die Besitze mit einem Durchfahrtsrecht ausgestattet waren. (Bis heute gibt es diese Teilungsform in einigen ehemals leibeigenen Dörfern, so in Peschendorf und Kleinalisch; sie unterscheidet sich von der in Tîrgu Secuiesc, wo als Folge der ehemaligen Durchfahrtsrechte seit dem 18. Jh. kleine Straßen entstanden.)[14] Verdichtungen dieser Art haben die Parzellenstruktur nicht beeinflußt, da die alten, seitlichen Grenzen beibehalten wurden und außerdem die Möglichkeit bestand, die ursprüngliche, vorteilhaftere Aufteilung gelegentlich wiederherzustellen.

---

[7] M. Fronius, *Eigen Landrecht*, LXXXI—LXXXIII.

[8] M. Fronius, *Eigen Landrecht*, LXXIX ff. Vgl. auch: F. Schuler-Libloy, *Rechtsgeschichte*, II, 256.

[9] M. Fronius, *Eigen Landrecht*, LXXIX f.

[10] *Urkundenbuch*, IV, 324.

[11] G. Seivert, *Hermannstadt*, 92, Vgl. auch: *Siebenbürgisch-sächsisches Wörterbuch*, II, 81 und IV, 29, 32.

[12] Für die Begrenzung des Baublocks vgl.: G. Nussbächer, G. Bako, *Blockstruktur* mit *Quellen*, III, 127 f und mit *Schätzung der Hewßer am Dynstag vor Colomany* in: Steuerregister des Quartale Catharinae, 1546, Staatsarchiv Brașov III Dc 2.

[13] *Quellen*, III, 727 f.

[14] P. Niedermaier, *Tîrgu Secuiesc*, Ms.

Das Kaufs- und Verkaufsrecht begünstigte die Wiederherstellung der ursprünglichen Aufteilung. Nach dem alten „Näherrecht", das in einer verwandten Form schon im „Sachsenspiegel" erscheint[15] und in Siebenbürgen im „Eigen Landrecht" 1583 festgehalten wurde, hatten die Verwandten und Nachbarn des Verkäufers das Vorkaufsrecht.[16] Es ist nur natürlich, daß die Besitzer von unteilbaren Gemeinschaftshöfen oder Besitzungen, die mit einem Durchfahrtsrecht belastet waren, danach strebten, diese unvorteilhafte Lage abzuschaffen und die getrennten Besitztümer erneut zu vereinigen.

Der Rat überwachte alle Veränderungen. Wie beispielsweise aus Bistritzer Regelungen von 1570 und 1572 hervorgeht,[17] mußte er sowohl den völligen oder teilweisen Verkauf der Parzellen, als auch jede Bautätigkeit bewilligen. Darüber hinaus konnte der Rat zumindest in Dörfern zwecks optimaler Nutzung der Grundstücke auch operativ eingreifen. So verwandelte der Rat von Großschenk 1583 Äcker in Hofstellen, ohne die Besitzer der betreffenden Felder besonders zu entschädigen.[18] Um üblen Gepflogenheiten, die aufgetaucht waren, einen Riegel vorzuschieben, beschloß der Leschkircher Stuhl im Jahr 1715, daß die aufgelassenen Hofstellen nach altem Brauch in den Besitz der Dörfer zurückkehren und an Arme verteilt werden sollen; den Nachkommen der ehemaligen Inhaber stand allein der Schätzungswert der Baulichkeiten zu.[19] Ein ähnlicher Beschluß war ungefähr hundert Jahre vorher in Heltau gefaßt worden,[20] doch fehlen in diesem Falle Angaben darüber, ob die Gemeinde bloß den Wert der Gebäude oder auch den des Grundes ausgezahlt hat. Es ist sehr wahrscheinlich, daß der Rat auch in den Städten ähnlich vorgegangen ist. Lange Zeit galten die Parzellen als Besitze und nicht als Eigentum.[21] (In einer Kronstädter Schätzung aus dem Jahr 1541[22] werden die kleinen aber wertvollen freien Grundstücke der Inneren Stadt zwar verzeichnet, doch — wohl um Bodenspekulationen entgegenzuwirken — ohne Wertangabe.) Es ist anzunehmen, daß der Stadtrat die Macht hatte, nötigenfalls jede Änderung durchzusetzen; in Bistritz wurde 1548 sogar beschlossen, ganze Stadtviertel niederzureißen.[23]

---

[15] F. Schuler-Libloy, *Statuta*, 4, 99, 221.
[16] M. Fronius, *Eigen Landrecht*, CXXXIII f.
[17] O. Dahinten, *Bistritz*, 432.
[18] G. Schuller, *Aus dem Leben*, 105.
[19] F. Schuler-Libloy, *Nachtrag*, 31.
[20] *Heltau*, 18.
[21] F. Teutsch, *Ansiedlung*, 9, 12.
[22] *Quellen*, III, 127—134.
[23] O. Dahinten, *Bistritz*, 374. S. auch 431—434.

Gewiß war es zweckmäßig, wenn sich möglichst viele Parzellen innerhalb der Stadtmauern befanden, aber die Änderung der ursprünglichen Parzellierung stieß auf eine Reihe von Schwierigkeiten. Von den verschiedenen Teilungsmöglichkeiten der Grundstücke brachte eine einzige keine größeren Nachteile mit sich, und zwar die Schaffung von neuen Höfen in den hinteren Teilen der Gärten, wenn diese an eine Straße stießen. Die anderen Querteilungen erforderten, wie bereits erwähnt, entweder die Festlegung eines Durchfahrtsrechts oder die gemeinsame Benutzung des ungeteilten Grundstücks. Die Längsteilungen hingegen beschnitten den Abstand zwischen den Gebäuden, wodurch es bei normalbreiten Parzellen zu Beleuchtungsschwierigkeiten kam, und die Gefahr wuchs, daß eventuelle Brände sich rasch ausbreiteten (solche Fragen beschäftigten die Stadträte, wie aus den Hermannstädter Statuten von 1541[24] und den Aufzeichnungen des Kronstädter Chronisten Hieronymus Ostermayer von 1560[25] hervorgeht). Dazu konnte auf den schmal gewordenen Grundstücken häufig kein Wagen wenden, es mußten sogar die Einfahrten ganz abgeschafft werden, was für mittelalterliche Wirtschaften — selbst von Handwerkern — von großem Nachteil war. Beim Zusammenlegen von Grundstücken dagegen verringerte sich die Zahl der Besitze und es bestand die Gefahr, daß der wertvolle Boden innerhalb der Befestigungsanlagen nicht entsprechend genutzt werde; es mußten dabei auch häufig Gebäude niedergerissen oder versetzt werden. Außerdem führten nicht organisierte Änderungen oft zu Unklarheiten bezüglich der Anrechte der Besitzer an den verlosten Äcker-, Wiesen- und anderen Teilen der Gemarkung; solche Fälle sind beispielsweise in Mühlbach vorgekommen[26].

Abgesehen von der Rechtslage und den Zweckmäßigkeitsfragen der Änderungen kann nur aufgrund der topographischen Aufnahmen selbst (Abb. 1—7, 11 und 14)[27] eingeschätzt werden, inwieweit das Parzellengefüge des 19. Jh. mit dem ursprünglichen übereinstimmt.

Zu diesem Zweck muß in den siebenbürgischen Städten zwischen drei grundsätzlich verschiedenen Parzellierungsarten unterschieden werden:

1. In wenigen, begrenzten Stadtgebieten sind kleine, annähernd ovale Höfe ohne Gärten zu finden; sie liegen vereinzelt, an manchen Orten zwischen andersartigen Grundstücken.

---

[24] G. Seivert, *Hermannstadt*, 66.

[25] *Quellen*, IV, 521.

[26] H. Wolff, *Das sächsische Haus*, 10. Vgl. auch: Ders., *Feld- und Waldwirtschaft*, 97—102.

[27] Die Grundrisse wurden nach den Grundbuchplänen angefertigt.

2. Manche Baublöcke bestehen aus kleinen Höfen, zu denen auch von Anbeginn keine Gärten gehörten. Die Parzellen sind gewöhnlich beinahe quadratisch, aber ziemlich unregelmäßig angeordnet.

3. Die meisten Baublöcke setzen sich in sämtlichen bedeutenden Städten aus Höfen mit Gärten zusammen. Die Grundstücke sind wesentlich größer als bei den erstgenannten Parzellierungsarten, beiläufig rechteckig, langgestreckt und regelmäßig nebeneinander angelegt.

Bei ovalen Parzellen ist aus ihrem klar geschlossenen Umriß jede Teilung oder Vergrößerung leicht zu erkennen; das Grundrißgefüge der Städte zeigt, daß Veränderungen dieser Hofstellen eine Ausnahme bilden.

Bei der zweiten Parzellierungsart, die vor allem in den alten Burgen von Klausenburg und Schäßburg, jedoch auch in den Innen- oder Vorstädten anderer Ortschaften anzutreffen ist, erlaubt die Unregelmäßigkeit der Aufteilung es nicht, einzelne Änderungen auszuschließen. Wie aber aus der unterschiedlichen Breite der Parzellen hervorgeht, die oft auch an gewisse Verwerfungen in den Straßenfronten gebunden ist — und die demnach nicht erst die Folge späterer Teilungen sein kann — sowie aus der bisweilen komplizierten Verschachtelung der seitlichen und hinteren Grundstückgrenzen, sind die Größen- und Formunterschiede zwischen den Parzellen im allgemeinen darau zurückzuführen, daß die Hofstellen nacheinander angelegt wurden, und somit haben diese Unterschiede gewöhnlich von Anfang an bestanden. Gegen wiederholtes Teilen sprechen auch die von vornherein verhältnismäßig geringen Ausmaße zahlreicher Grundstücke, die kaum eine entsprechende Beleuchtung der Häuser gestatteten. Es kann demnach angenommen werden, daß die Änderungen, die bei dieser Parzellenart vorgenommen wurden, von geringer Bedeutung sind.

Bei dem dritten Parzellierungstypus mit Grundstücken von betont länglicher Form, der in den Städten in viel größerem Ausmaß vertreten ist, müssen mehrere Aspekte des Sachverhaltes unterschieden werden.

Was die Veränderungen anlangt, denen die Grundstücklänge (das heißt die Tiefe der Parzellen) unterworfen war, ist in den Grundrissen folgendes festzustellen:

1. In den von gemauerten Befestigungen umgebenen Innenstädten liegen die Stirnseiten der Parzellen eines Baublockes oft an zwei und selten an drei oder vier verschiedenen Straßen. Dagegen sind in alten Vierteln außerhalb der Ringmauer für gewöhnlich alle Höfe eines Baublocks auf dieselbe Straße ausgerichtet[28] (letztere Anordnung findet sich im unteren Teil von Schäßburg,

---

[28] P. Niedermaier, *Dorfkerne*, 48—58.

vor allem aber in Dörfern Südsiebenbürgens, die ungefähr gleichzeitig mit den Städten angelegt wurden).

2. Bei Baublöcken, deren Parzellenstirnseiten (das heißt Häuserzeilen) an parallelen Straßen liegen, sind die Grundstücke der einen Zeile viel kürzer als die der andern. Die kleinen Grundstücke gehören oftmals zu Straßen, die ihrem Namen nach (z. B. Neugasse) jüngeren Datums sind (so in Hermannstadt, Bistritz, Kronstadt, Mediasch).

3. Falls zwei Parzellenreihen vorhanden sind, verläuft die Grenze zwischen ihnen nur über kurze Strecken geradlinig, zum Unterschied von dem Verlauf der hinteren Seite der Baublöcke, deren Höfe von einer einzigen Straße zugänglich sind. Diese Eigentümlichkeit schließt die Hypothese aus, wonach die kleinen Grundstücke hinter den langgestreckten, auf einem Gelände angelegt worden wären, das in erster Etappe frei geblieben sein soll.

4. Bei vielen Baublöcken, die aus Parzellen mit entgegengesetzt orientierter Stirnseite bestehen, laufen die Seitengrenzen der Parzellen von einer Straße zur andern durch, selbst wenn die mittlere Länge der Grundstücke ganz verschieden ist (bezeichnend hiefür ist die Parzellierung von Kronstadt). Desgleichen gibt es in solchen Baublöcken auch Parzellen, die sich von einer Straße bis zur andern erstrecken (so in Hermannstadt).

5. Die Grundstücke der Baublöcke mit zwei bebauten Zeilen sind im allgemeinen kürzer als die der Baublöcke mit einer einzigen bebauten Zeile.

Die obigen Feststellungen sind nur dann zu erklären, wenn eine Verdichtung der Parzellierungen, und zwar durch Kürzung der Grundstücklängen angenommen wird. Nach der ursprünglichen Aufteilung, jedoch im allgemeinen vor Ende des 15. Jh., müssen Teile der Gärten abgetrennt worden sein, die sich an den hinter den Parzellen gelegenen Straßen und seltener an Seitenstraßen befanden; hier entstanden neue Höfe.

Bezüglich der Parzellenbreite (das heißt ihrer Straßenfrontlänge) läßt sich aus den Grundrissen folgendes feststellen:

1. Die Vorderseite der Grundstücke ist im allgemeinen relativ gleich lang. Eine kleine Verringerung der Breite von den zentral gelegenen Vierteln zu den peripheren hin erfolgt stufenweise und nicht plötzlich (so z. B. in Klausenburg und Hermannstadt).

2. In verschiedenen Stadtteilen, die ungefähr gleichzeitig parzelliert worden sind, ist die Breite der Parzellen meist sehr ähnlich, manchmal sogar die gleiche (so in den Randvierteln von Hermannstadt und Klausenburg und in einigen benachbarten Baublöcken in Kronstadt).

3. Die durchschnittliche Länge der Vorderseite ist sowohl in den Innenstädten als auch in den Stadtteilen ohne gemauerte Befestigungen ungefähr

dieselbe, obwohl sich bei letzteren die Frage des Raummangels nicht in gleichem Maße stellte. Aufschlußreich ist in diesem Sinne vor allem ein Vergleich der Schäßburger Burg mit dem unteren Teil der Stadt und andererseits der Vergleich dieses Stadtgebietes mit anderen Innenstädten.

4. In den Kernen von zahlreichen Dörfern Südsiebenbürgens, die ungefähr gleichzeitig mit den untersuchten Städten entstanden sind, (wie in Dobring, Großschenk, Heltau, Kastenholz, Katzendorf, Streitfort, Werd, Zied und anderen) entspricht die mittlere Parzellenbreite ungefähr jener aus den älteren Teilen der Städte.[29]

5. Bei den Dorfparzellen treten — ähnlich wie in den Städten — leichte Schwankungen der Breite auf und es ist bekannt, daß die Grundstückgröße in den Sieben Stühlen nur unerheblichen Veränderungen unterworfen gewesen ist.[30]

Faßt man die obigen Elemente zusammen, so ergibt sich, daß die Breite der Grundstücke im allgemeinen unverändert geblieben ist. Wie ein urkundlich belegter Fall von 1428 in Heltau beweist,[31] gab es aber vereinzelt doch auch Änderungen der Parzellenbreite. Auf diese läßt sich vor allem aus den gegenwärtigen Breiten schließen. Zwischen den Ausmaßen der veränderten Parzellen und den relativ gleichen Dimensionen der übrigen Grundstücke bestehen größere Unterschiede. So gibt es stellenweise Höfe, die halb so breit oder viel breiter sind als die umliegenden; sie können das Ergebnis einer nachträglichen Teilung oder Zusammenlegung sein.

Doch nicht alle Parzellen von ungewöhnlichen Ausmaßen oder Formen sind auf diese Weise entstanden. Abgesehen von dem Recht auf eine Parzelle von doppelter Größe, das einige wenige Persönlichkeiten möglicherweise gehabt haben,[32] gibt es Fälle, in denen die Abweichungen von der allgemeinen Norm auf größere Veränderungen zurückzuführen sind; mancherorts wurde das Gelände aufgelassener Wehranlagen parzelliert (z. B. in Kronstadt) und bisweilen mußten Befestigungsarbeiten in schon bestehenden Vierteln durchgeführt werden (so in Hermannstadt). Solche Gebiete unterscheiden sich von der restlichen Siedlung meist durch betontere Unregelmäßigkeiten und dabei lassen sich aus den Eigentümlichkeiten der Begrenzungslinien, aus den Hausgrundrissen und ihren Entstehungsetappen Anhaltspunkte für den früheren Sachverhalt ableiten.

---

[29] Ebenda, 61.
[30] Ebenda.
[31] *Urkundenbuch*, IV, 324.
[32] St. Pascu, *Voievodatul Transilvaniei*, I, 121, 319; Th. Nägler, *Schichtung*, 39.

Als Schlußfolgerung ergibt sich, daß die Parzellierung der Städte im Laufe der Zeit eine Reihe von Veränderungen erfahren hat, und zwar vor allem zu dem Zweck, die Parzellenanzahl zu vermehren.[33] Die Änderungen wurden im allgemeinen nach gewissen Regeln vorgenommen,[34] die es gewöhnlich ermöglichen, die ursprüngliche Lage festzustellen.

Der Begriff „ursprünglich" bezieht sich selbstverständlich nur auf die erste Form der untersuchten Parzellierung. Vor ihrer Durchführung kann es möglicherweise ältere Bauten oder eine andere Aufteilungsart gegeben haben, die später aufgegeben wurden. Da jedoch ein solcher Verzicht besondere Schwierigkeiten mit sich brachte, ist anzunehmen, daß nur in äußersten Fällen zu einer solchen Lösung gegriffen wurde, und zwar beim weitgehenden Ersetzen einer Bevölkerung durch eine andere.[35] In unseren Ortschaften könnte eine solche bei der siebenbürgischen Landnahme des mittelalterlichen ungarischen Staates, bei der Ansiedlung der Siebenbürger Sachsen oder nach dem Mongolensturm stattgefunden haben. Das Gefüge der Innenstädte, das sich einigermaßen ungleichmäßig um einen oder mehrere Kerne herausgebildet hat und die archaischen Elemente in den Grundrissen der Siedlungen zeigen jedoch, daß die Parzellierungen in den hier untersuchten Städten von dem Mongolensturm nicht wesentlich und noch weniger von den Türkeneinfällen und Pestepidemien beeinflußt worden sind, selbst wenn diese in gewissen Fällen eine zeitweilige Schrumpfung der Hausanzahl und selbst der Stadtfläche bewirkten.

Bei dem Anfangsstadium, in dem sich Untersuchungen über die städtebauliche Entwicklung der Ortschaften zur Zeit befinden, ist die Analyse der planimetrischen Besonderheiten stark erleichtert, wenn sie von einem klaren Bild des Parzellengefüges ausgehen kann (vgl. Abb. 3 und 4). Um dieses klare Bild zu erhalten, muß beim Abzeichnen der Ausgangspläne auf Einzelheiten des Grundrißgefüges verzichtet werden, selbst wenn dies gleichzeitig eine Verringerung des dokumentarischen Wertes der Arbeitspläne bedeutet. So übernehmen wir aus den relativ genauen Grundbuchplänen, die im allgemeinen der zweiten Hälfte des 19. Jh. entstammen, nur die wichtigen Elemente, die gleichzeitig geringere Veränderungen erfahren haben, und zwar: Parzellengrenzen, Gemeinschaftsbauten wie Kirchen, Klöster und Hospitäler, Reste der Befestigungsanlagen sowie Wasserläufe (Abb. 1—7, 11 und 14). Dagegen sind die Grenzen zwischen Höfen und Gärten und die Umrisse

---

[33] Vgl. auch: G. Ionescu, *Istoria arhitecturii*, I, 188; Gh. Curinschi, *Centrele istorice*, 45.

[34] H. Stoob, *Forschungen*, I, 4.

[35] Vgl.: A. Meitzen, *Ansiedlung*, 296 f; Ders., *Die Flur*, 652.

Abb. 3. *Schäßburg*, Parzellengefüge um 1880, 1 : 5000

1 Burgplatz (Piața Cetății). *2* Schulgasse (Str. Școlii). *3* Schanzgasse (Str. Bastionului). *4* Klostergäßchen (Str. Mănăstirii). *5* Bischof-Teutsch-Platz (Piața Muzeului). *6* Kirchgäßchen (verschwunden). *7* Pfarrergäßchen (Str. Cositorarilor). *8* Entengasse (heute verbaut). *9* Tischlergasse (Str. Tîmplarilor). *10* Hinter der Mauer (Zidul Cetății). *11* Umweg (Str. Scării). *12* Schülertreppe (Scară Acoperită). *13* Hundsrücken (Str. Cojocarilor). *14—18* Durchgänge. *19* Entenplätzchen (Piața Cositorarilor). *20—21* Durchgänge. *22* Klostergasse. *23* Schanzplatz (Piața Bastionului). *24* Turmgasse (Str. Turnului). *25* Puikagäßchen (Stradela Cetății). *26* Marktplatz (Piața Lenin). *27* Spitalgasse (Str. I. Chendi). *28* Eisenburgergasse (Str. 1 Mai). *29* Hämmchen (Str. Cooperatorilor). *30* Große Mühlgasse (Str. Morii). *31* Kleine Mühlgasse (Str. Armurierilor). *32* Baiergasse (Str. Gh. Gheorghiu-Dej). *33* Brunnenplätzchen (Str. Gen. Grigorescu). *34* Haingäßchen (Str. N. Iorga).
d1 Bergkirche. *d2* Kirchenruine. *d3* Klosterkirche (einstiges Dominikanerkloster). *d4* Einstiges Dominikanerinnenkloster. *d5* Katholische Kirche (einstiges Franziskanerinnenkloster). *d6* Spitalkirche. *d7* Schule.
f1, f12 Tortürme. *f2, f3, f6—f11, f13—f16* Türme. *f23—f25* Basteien.

der Wohnbauten aus dem 19. Jh. nicht vermerkt, obwohl sie gelegentlich eingezeichnet zur Klärung von Sonderfragen dienen (s. auch Abb. 4). Erstere sind als verhältnismäßig leicht veränderlich anzusehen, letztere stellen das Ergebnis einer relativ späten Entwicklung dar.[36] Nur bei äußerst komplizierten Parzellierungsformen wurden, um die allgemeine Gliederung des Parzellengefüges mit größter Klarheit hervorzuheben, zusätzliche Arbeitspläne gezeichnet, in denen auch einige Grundstückgrenzen weggelassen sind; es sind dies die Grenzen zwischen den Parzellen, die gleichzeitig angelegt wurden und daher organische Einheiten, das heißt geschlossene Parzellengruppen bilden (Abb. 8, vgl. dazu Abb. 7).

Aus den gleichen Überlegungen heraus sind in allen Grundrissen Straßennamen und ähnliche Angaben durch Kennziffern ersetzt, die auch in den Erklärungen der Grundrißblätter, in den Diagrammen und im Text — teilweise als Marginalien — angeführt sind. Für die Kennzeichnung der Straßen werden einfache Zahlen verwendet, vor den Kennziffern der Befestigungsanlagen steht ein f und vor denen der Kirchen, Klöster, Hospitäler und bürgerlichen Gemeinschaftsbauten ein d. Als Erkennungszeichen von Einzelgehöften, Parzellengruppen und Baublöcken werden Buchstaben verwendet, wobei die Zugehörigkeit der bezeichneten Teile zu bestimmten Siedlungen durch eine zusätzliche kleine Kennziffer angezeigt wird.

Reihenfolge der Parzellierungen

Das erste Anliegen der Untersuchung ist es, die wahrscheinliche Aufeinanderfolge der Siedlungserweiterungen zu bestimmen. Die angewandte Methode stützt sich auf die Tatsache, daß die nach und nach parzellierten Gebiete nicht unter den gleichen Bedingungen entstanden sind. Die allgemeine historische Entwicklung beeinflußte naturgemäß auch das Spezifikum der Ortschaften, und außerdem sind die Ausrichtung, Größe und Form der neueren Parzellen und gleichzeitig die Straßenmerkmale vom Verlauf älterer Parzellengrenzen abhängig gewesen. Daraus ergaben sich gewisse Eigentümlichkeiten der einzelnen Stadtgebiete, die es gewöhnlich erlauben, die Ausbauetappen der Siedlungen zu bestimmen.

Die Elemente der topographischen Aufnahmen, mit deren Hilfe die Parzellierungsreihenfolge festgelegt wurde, sind folgende[37]:

---

[36] S. auch: P. Niedermaier, *Die städtebauliche Entwicklung*, 178 f, 185—204.
[37] S. auch: P. Niedermaier, *Dorfkerne*, 40—46; für Parallelismen in der Entwicklung von Dörfern und Städten vgl.: K. Kroeschell, *Weichbild*, 1—3.

1. Das räumliche Verhältnis der Parzellengruppen und Viertel zu den wichtigsten Bauten. Besonders relevant ist die Lage zu den Pfarrkirchen, in deren Umkreis sich das städtebauliche Gefüge der Ortschaften herauszubilden begann, zu den Klöstern der Bettelmönche und den Hospitälern, die bei den hier untersuchten Ortschaften am Rande des bebauten Geländes errichtet wurden,[38] an Stellen über die in Siebenbürgen die Innenstädte nur dann hinausgewachsen sind, wenn es keine andere Erweiterungsmöglichkeit mehr gab. Das Gelände innerhalb besonders großer Burgen sowie das Gebiet in der Nähe von Kirchenburgen ist häufig relativ früh bewohnt worden. Andere, kleine Burgen waren dagegen oft am Rand der Städte gelegen.[39] Bei allen Befestigungsanlagen hat es aber ursprünglich neben der Ringmauer, zumindest außerhalb, und bei großräumigen Burgen auch innerhalb einen unbebaubaren Geländestreifen gegeben.

2. Die Lage der Hofstellengruppen zu den Baublöcken, die in einer vorangehenden Etappe parzelliert worden sind. Bei den Städten, die sich relativ regelmäßig entwickelt haben, ist die Einhaltung bestimmter städtebaulicher Gliederungsschemen augenscheinlich.[40] Außerdem erfolgten die Erweiterungen zumindest in einer späteren Etappe schrittweise und an den Seiten der schon parzellierten Flächen, so daß im großen von einer Altersabstufung der Baublöcke vom Zentrum zum Rande der Einzelsiedlungen gesprochen werden kann. Genauer genommen erfolgten die Erweiterungen jedoch gewöhnlich in ganz bestimmte Richtungen. Neben andern, gesondert behandelten Faktoren, ist der Verlauf älterer Fernstraßen und die Länge der Zeilen und Straßen von Bedeutung gewesen.

3. Die allgemeine Bodengestalt und die Wasserläufe. Bei der Anlage der frühen Parzellen wurden nach Möglichkeit abschüssige Stellen und vor allem Nordhänge gemieden. Außerdem ist zu bemerken, daß die Siebenbürger Sachsen bei ihrer Niederlassung anscheinend geschütztes Gelände vorgezogen haben, wie Niederungen und Flußauen[41]. Obwohl normalerweise überschwemmungsgefährdetes Gelände gemieden wurde, suchte man die Wirtschaften doch in der Nähe von Wasserläufen anzulegen, besonders wenn diese einen zusätzlichen Schutz boten; einen solchen gewährten manchmal auch Hänge, wenn sie genügend steil waren. Außerdem hätte bei den anfänglich kleinen Siedlungen jede Umleitung eines Wasserlaufes, jede Grabung oder Erdaufschüttung einen

---

[38] Vgl. z. B.: G. Reimann, *Baukunst*, 9.

[39] H. Planitz, *Die deutsche Stadt*, 186.

[40] H. Stoob, *Forschungen*, I, 30. S. auch: E. Egli, *Geschichte*, 21 ff.

[41] H.-J. Reinecke, *Grundstrukturen*, 109.

erheblichen Kraftaufwand erfordert und wurde deshalb nach Möglichkeit vermieden.

4. Begrenzungslinien der Entwicklungsetappen von Siedlungen. Sie sind häufig in Grundstückgrenzen erhalten, die sich relativ bruchlos aneinanderreihen und sich auf größere Strecken manchmal auch durch mehrere Baublöcke fortsetzen; diese Linien fallen besonders ins Auge, wenn sie Grundstücke in ungewöhnlicher Form abgrenzen.[42] In anderen Fällen gehen einstige Siedlungsgrenzen aus dem Verlauf von Straßenfronten hervor, deren Lage mit der sonstiger Anhaltspunkte (wie z. B. Verwerfungen und Brechungen von Parzellengrenzen beziehungsweise Straßenfronten)[43] übereinstimmen, die ihrerseits auch auf solche Begrenzungen hinweisen können.
Als einstige Siedlungsränder sind außerdem geschwungene Straßenfronten oder Grundstückgrenzen zu erwähnen, die nahezu halbovale Flächen begrenzen, beziehungsweise Flächen mit abgerundeten oder abgestumpften Ecken, die möglicherweise einer alten Gewohnheit entsprachen, vor allem aber auch nach den damaligen Anschauungen vorteilhafter zu begrenzen und unter Umständen leichter zu verteidigen waren.[44]

5. Die Parzellierungsweise an Straßenecken. Im Straßennetz der Städte dürften die Vorderseiten der Parzellen mit den Häusern an Ecken von Straßen und Plätzen normalerweise auf den damals wichtigsten Raum ausgerichtet gewesen sein; die größere Bedeutung steht jedoch häufig mit einem höheren Alter in Zusammenhang. Außerdem ist die Lösung, bei der die Vorderseiten von normalgroßen Parzellen an den Ecken auf eine einzige Zeile ausgerichtet sind, älter als jene, bei der die Vorderseiten von Anfang an auf beide Zeilen ausgerichtet und die Parzellenhinterteile verschieden groß und verzahnt angeordnet waren.

6. Die Form der Parzellen, aus denen die verschiedenen Teile der Ortschaften bestehen.
Von den drei zu Beginn dieses Kapitels aufgezählten Parzellenarten haben die kleinen, annähernd quadratischen Hofstellen das größte Alter. Dieses geht zunächst aus Besonderheiten der Parzellierung hervor. Zwischen Parzellengruppen, die aus kleinen Höfen bestehen, liegen häufig Gruppen, die aus großen, länglichen Grundstücken gebildet werden (vor allem in Broos — Abb. 7 — und Mühlbach — Abb. 11 —, aber auch in andern Städten). Die Verschiedenartigkeit der Parzellen schließt eine gleichzeitige Entstehung aus

---

[42] Ein besonders charakteristisches Beispiel dafür s.: P. Niedermaier, *Dorfkerne*, Abb. 3.
[43] C. Sitte, *Der Städtebau*, 58; G. Treiber, *Der Stadtplan*, 25.
[44] S. auch: H. Planitz, *Die deutsche Stadt*, 196 ff.

und die allgemein geschlossene, planmäßige Anordnungsart der großen Grundstücke läßt es unmöglich erscheinen, daß kleine Flächen zwischen ihnen freigeblieben sind, auf denen später kleinere Höfe hätten angelegt werden können; außerdem paßt sich die Form der großen Grundstücke manchmal jener der kleinen an (vergleiche Punkt 7). Die Gruppen der kleineren Parzellen müssen also vor denen der großen entstanden sein und sich ursprünglich vereinzelt im Gelände befunden haben. Da die kleinen, selbst nebeneinanderliegenden Parzellen oft verschieden groß und verschieden geformt sind (z. B. in Klausenburg, Schäßburg und Mediasch — Abb. 1, 3 und 14), läßt sich schließen, daß sie zum Unterschied von den großen, länglichen Parzellen nicht nach einem festen, vorgefaßten Konzept und nicht in einer bestimmten Reihenfolge entstanden sind; sie bildeten zunächst Einzelgehöfte, neben denen allmählich neue Parzellen entstanden sind. Aber nicht nur die Größe, Form und Anordnung weist die besprochenen kleinen Grundstücke als besonders alt aus, sondern auch ihre Verwendungsmöglichkeiten. Da bei diesen Parzellen nie Gärten vorhanden waren, liegt es nahe, daß ihren Bewohnern entweder das Düngen des Bodens fremd war oder daß sie keinen Garten- beziehungsweise Obstbau betrieben, denn sonst hätten sie, wie die Besitzer der langen Parzellen, die Gärten an den günstigsten, aber festen Stellen, das heißt hinter den Höfen angelegt. Die prozentuell sehr verschiedene und häufig überaus geringe Anzahl der kleinen quadratischen Grundstücke sowie ihre manchmal sehr günstige Lage in früh befestigten Gebieten (in Klausenburg und Schäßburg) erlaubt nicht, sie besonders armen Bevölkerungsschichten zuzuschreiben. Weil aber die meisten Grundstücke dieser Art nicht in typischen Handwerkersiedlungen wie zum Beispiel Hermannstadt erhalten sind, sondern in den schon erwähnten alten Burgen — und zwar in Klausenburg (Abb. 1) und in Schäßburg (Abb. 3 und 4) —, nehmen wir an, daß sie auch nicht von Handwerkern, sondern von Bevölkerungskategorien mit einer andern, nur begrenzt auf Landwirtschaft ausgerichteten Beschäftigungsart angelegt wurden[45]. In den Burgen, möglicherweise aber auch in Siedlungen, die an strategisch wichtigen Punkten lagen, werden den Bewohnern wohl vor allem militärische Aufgaben zugekommen sein; zum Teil dürfte es sich um „iobagiones castrorum" und vielleicht auch um „castrenses" handeln, also um verschiedene Bevölkerungsschichten, die direkt oder indirekt an Burgen gebunden waren, und welche von den „hospites" zu unterscheiden sind, das heißt von den ursprünglich aus Westeuropa und später auch aus verschiedenen Teilen Siebenbürgens zugewanderten „Gästen", die in großem Maß Acker-, Garten- und Obstbau trieben und sozial einen ge-

---

[45] Vgl.: R. V u i a, *Aşezările*, 605 f.

sonderten Status besaßen.[46] Da nach der Ansiedlung der Hospites in deren Siedlungen kaum mit einer geschlossenen Niederlassung anderer Bevölkerungsgruppen zu rechnen ist,[47] ergibt sich auch daraus, daß die in bestimmten Stadtgebieten liegenden, annähernd quadratischen Parzellen zum Teil vorher entstanden sind, an einigen Orten wohl bei einer militärischen Absicherung der entsprechenden Landstriche. Schließlich geht das hohe Alter der quadratischen Parzellen indirekt auch aus dem Alter der ersten Ansiedlungen an der Stelle der späteren Städte hervor; dieses läßt sich in mehreren Fällen sowohl aus den Orts- und Straßennamen, beziehungsweise deren Etymologie, als auch aus archäologischen Grabungen entnehmen (zum Beispiel in Kronstadt[48] und Mediasch[49]).

Die in Gruppen nebeneinander angeordneten langgestreckten, rechteckigen Parzellen, die aus Hof und Garten bestehen, sind demnach im allgemeinen etwas jüngeren Datums. Ihre Verbreitung in den südsiebenbürgischen Dörfern beweist, daß sie zusammen mit dem Zeilen-, bzw. Straßendorf und der Gewannflur zunächst von den Hospites verwendet wurden und dann bei der ansässigen Bevölkerung eine immer weitere Verbreitung gefunden haben.[50] Da die Ansiedlung der Hospites in verschiedenen Gebieten zu unterschiedlichen Zeitpunkten erfolgte, ist auch ihr erstes Auftreten nicht überall zur gleichen Zeit anzusetzen, am frühesten aber in der Brooser und Hermannstädter Gegend, um die Mitte des 12. Jh.[51]

Schwer zu bestimmen ist das Alter der ovalen Grundstücke. Obwohl auch große Siedlungen aus solchen Höfen zusammengewachsen sind (zum Beispiel Cojocna[52] und Roman[53]), bleibt ihre Form doch für Einzelgehöfte charakteristisch; ihr Alter aber ist umstritten[54]. In den hier untersuchten Ortschaften ist die Anzahl der ovalen Parzellen sehr klein. In dem Cătun genannten Teil

---

[46] Für einzelne Bevölkerungskategorien s.: Șt. P a s c u, *Voievodatul Transilvaniei*, I, 308—323. Für die Hospites vgl. auch: A. K u b i n y i, *Zur Frage der deutschen Siedlungen*, 532, 538 f, 542, 566.

[47] S. auch: *Istoria României*, II, 229.

[48] G. K i s c h, *Sprache*, 131 f; I. P o p, *Date arheologice*, 9—19.

[49] W. S c h e i n e r, *Ortsnamen*, 92; G. K i s c h, *Sprache*, 137; K. H o r e d t, *Contribuții*, 122; R. H e i t e l, *Archäologische Beiträge*, 141—148.

[50] R. V u i a, *Studii*, 352 ff, 358; s. auch 296—323.

[51] Ebenda, 325 ff und 358; s. auch P. N i e d e r m a i e r, *Dorfkerne*.

[52] *Josephinische Landesaufnahme*, Österreichisches Kriegsarchiv Wien, B IX a 715, Bl. 96.

[53] E. G r e c e a n u, *La structure urbaine*, 39—56.

[54] S. z. B.: W. R a d i g, *Die Siedlungstypen*, 90 ff.

der Kronstädter Oberen Vorstadt gab es ursprünglich ein einziges Grundstück dieser Art[55] und in der Umgebung des Hennerberges in Schäßburg beiläufig vier.[56] Man wird demnach in diesen Stadtteilen sehr bald bei der Anlage neuer Parzellen von der ovalen Form zu einer andern, als Vorbild schon bestehenden, übergegangen sein. Wie auch die Entwicklung der Haufendörfer in Großschenk und Zied[57] zeigt, besitzen die nach dem vorhandenen Vorbild angelegten neueren Parzellen eine längliche Form, und daraus ergibt sich, daß in den hier untersuchten, unter ähnlichen Bedingungen entstandenen Städten, die ovalen Grundstücke neuer sind als die langgestreckten.

Ebenfalls neueren Datums sind kleine, manchmal auch quadratische Parzellen, deren Form zwangsbestimmt war,[58] das heißt die sich aus Teilungen ergeben hatten oder die einem kleinen, genau abgegrenzten Raum angepaßt werden mußten.

7. Die Regelmäßigkeit der Form von Grundstücken und Parzellengruppen bildet ein weiteres Kriterium beim Bestimmen der Reihenfolge von Parzellierungen. Die älteren Grundstücke und Baublöcke haben gewöhnlich eine relativ einfache geometrische Form, die sich einem Halboval, Quadrat oder Rechteck nähert. Die später angelegten Grundstücke und Parzellengruppen weisen hingegen oft eine weniger regelmäßige Form auf, weil sich ihre Grenzen denen älterer Parzellen anpassen mußten; abgesehen von andern Unregelmäßigkeiten treten einspringende Ecken oder hervortretende Teile auf (durch die Flächen eingegliedert wurden, die ansonsten ungenutzt geblieben wären), manchmal lasssen sich sogar Umschließungsformen älterer Grundstücke finden.

8. Die Größe der Parzellen. In den Hospites-Dörfern und -Städten fällt die Größenordnung der Parzellen im allgemeinen vom Kern zum Rand hin ab. Innerhalb der verschiedenen Größenordnungen gibt es gleichzeitig Grundstücke ungleicher Ausdehnung (vgl. z. B. Abb. 18); sie widerspiegeln den wirtschaftlichen Stand der Besitzer und zeigen in einigen Fällen auch Berufsunterschiede der Einwohner an. Da es diese Schwankungen gibt, kann das Vorhandensein der verschiedenen Größenordnungen nicht auf eine von Anfang an bestehende, stark betonte soziale Schichtung zurückgeführt werden; in den Dörfern beispielsweise war die Zahl der Handwerker oder Gräfen klein und freie Bauern haben nur in Ausnahmefällen mit Leibeigenen in einer Siedlung zusammengewohnt (zwischen Freien und Leibeigenen bildete sich übrigens

---

[55] P. Niedermaier, *Die städtebauliche Entwicklung*, 150.
[56] E. Dubowy, *Sighişoara*, Abb. 3.
[57] P. Niedermaier, *Dorfkerne*, Abb. 5 und 7.
[58] G. Treiber, *Der Stadtplan*, 25.

nur allmählich ein größerer Unterschied heraus⁵⁹). Infolgedessen sind die allgemeinen Größenunterschiede eher an den Zeitpunkt gebunden, zu dem die Baublöcke angelegt wurden, wobei die großflächigeren Grundstücke älteren Datums sind. Die Erklärung für die Abstufung ist vor allem darin zu sehen, daß die früheren Ansiedler, die es zu einem gewissen Wohlstand und einer angesehenen Stellung in der Gemeindeführung gebracht hatten, die älteren Parzellen im Zentrum der Ortschaft bewohnten. Um ihren Status zu unterstreichen, waren sie wohl daran interessiert, daß die neuen, am Rande der Siedlung gelegenen, und von weniger bemittelten Familien bewohnten Grundstücke nicht die Größe ihrer eigenen überstieg, oder wenn möglich, noch etwas kleiner waren. Außerdem könnte eine nach und nach eintretende Veränderung der Größenordnung zum Teil auch auf eine Veränderung der allgemeinen Wirtschaftslage zurückgeführt werden. In der Stadt war diese möglicherweise durch die wachsende Bedeutung des Handwerks als Erwerbszweig der Bevölkerung bedingt.

Außer den oben angeführten Anhaltspunkten für die Reihenfolgebestimmung der Parzellierungen anhand von Grundrissen, können fallweise auch andere Elemente gewisse Aufschlüsse geben. So ist die genaue ursprüngliche Grundstückanzahl der Parzellengruppen und Baublöcke in Ortschaften, in denen sich frühzeitig eine Organisationsform der Bevölkerung — zumal in Zehntschaften — im Grundrißgefüge widerspiegelt, nicht ohne Bedeutung.⁶⁰ Die genaue Lage einstiger Gemeinschaftsbauten und Befestigungen und ihre Merkmale sind manchmal aufschlußreich, ebenso die Anordnung und die Bauetappen einzelner Häuser oder die genauen Ausmaße von Parzellen. Selbstverständlich sind aber außer den Besonderheiten der Grundrisse vor allem die schon früher verwendeten, eingangs angeführten Anhaltspunkte auszuwerten: urkundliche Hinweise, archäologische Funde, örtliche Überlieferungen, Straßen- und Ortsnamen sowie deren Etymologie und anderes mehr.

Bei der Untersuchung von Ortschaften werden zunächst die ältesten Parzellen und Baublöcke bestimmt, dieses teilweise auch durch die Ausklammerung aller Baublöcke, die aus verschiedenen Gründen jüngeren Datums sein müssen. Von den ältesten Einzelgehöften oder geschlossenen Siedlungskernen ausgehend, wird das Anwachsen der Ortschaften Schritt für Schritt verfolgt und gleichzeitig die ungefähre Anzahl der Parzellen bestimmt, die in jeder Etappe in den verschiedenen Stadtteilen angelegt worden sind; dabei ergeben

---

[59] Th. Nägler, *Schichtung*, 40.
[60] S. dazu z. B.: G. Bako, G. Nussbächer, *Hundertschaften*.

sich die Fragen von selbst, vor welche die Menschen bei den Siedlungserweiterungen gestellt wurden.

Versucht man sich in ihre Lage zu versetzen, so muß man gleichzeitig von der späteren Entwicklung und deren Ausmaß absehen. Heute werden allgemeine Prognosen und Aufbaupläne für Dörfer und Städte nicht für eine längere Zeit als 10—20 Jahre ausgearbeitet und beim Bemessen von technischen Versorgungsanlagen stellt man höchstens eine Entwicklungsmöglichkeit von 4—5 Jahrzehnten in Rechnung — dieses obwohl aus einer erheblichen Abstufung der Größe und des Entwicklungsgrades der Ortschaften gewisse Anhaltspunkte erarbeitet werden könnten. Selbst wenn sich früher verschiedene Fragen viel einfacher stellten und in einigen besondern Fällen Bauarbeiten angegangen wurden, die Jahrzehnte oder Jahrhunderte dauerten, sollte man bei unsern Vorfahren nicht unbedingt einen Weitblick bzw. eine städtebauliche Planung für sehr viele Jahrzehnte oder gar Jahrhunderte voraussetzen.

Veränderungen der Parzellenanzahl

Als zweite Vorarbeit für die Datierung der Grundstücke und Baublöcke müssen die Veränderungen der Parzellenanzahl bestimmt werden. Dabei kann man sich auf eine Reihe feststehender Daten stützen oder, wenn diese fehlen, andere Anhaltspunkte für Rückschlüsse benutzen, und zwar:

1. Die Größe der Siedlungskerne, die zu einer ungefähr bekannten Ansiedlungszeit der Hospites entstanden sind. In einigen Fällen läßt sich auch das Ausmaß und der Zeitpunkt einer zweiten oder dritten Ansiedlung ermitteln.

2. Vergleiche der Gemarkungsgröße und der charakteristischen Bevölkerungsdichte mit denen anderer Siedlungen.[61] (Bei den Städten sind diese allerdings nur für das Anfangsstadium ihrer Entwicklung aufschlußreich.)

3. Zählungen der Herdstellen, Wirte oder Familien, die manchmal nach den Kategorien der Abgabepflichtigen aufgeschlüsselt sind und mitunter auch für die Innenstadt und Vorstädte getrennte Werte anführen.

4. Die Parzellenanzahl zur Gründungszeit von Bettelmönchsklöstern und Hospitälern, wenn durch die Standorte dieser Niederlassungen die derzeitige Siedlungsausdehnung klar abgegrenzt ist. Da manche Besitzer aber mehrere Häuser hatten und wenig Parzellen von mehreren Familien bewohnt waren (nach den Steuerregistern schwankte in drei Kronstädter Stadtvierteln der Prozentsatz um 1485 zwischen 7,8 und 9,5, im vierten betrug er 0,6%), ist

---

[61] Vgl. P. Niedermaier, *Dorfkerne*, 50—53.

die Parzellenanzahl normalerweise größer als die Zahl der Besitzer und kleiner als die der Familien.

5. Vergleiche der Abgabenhöhe mit der von Ortschaften, die sich in einer ähnlichen Lage befanden und deren Größe genauer bekannt ist.

6. Vergleiche der Eigentümlichkeiten der wichtigsten Bauwerke der Ortschaften. Von besonderer Bedeutung sind dabei Erbauungszeit, Größe und Merkmale der Pfarrkirchen (gewöhnlich entfielen in Hospites-Orten 0,5—1,0 m² Gemeinderaum auf eine Person)[62]. Existenz, Stärke und Erbauungszeit der Stadtmauern sowie deren Umfang, ebenso die Charakteristiken der Klosterbauten und anderes mehr, ermöglichen ebenfalls Rückschlüsse auf die Bevölkerungszahl.

7. Die Widerspiegelung von Aufstieg oder Verfall der Ortschaften im Licht der Häufigkeit ihrer schriftlichen Erwähnung in Urkunden oder in anderen Angaben.

8. Veränderungen im wirtschaftlichen, politischen oder kirchlichen Bereich und ihr Niederschlag in der Entwicklung der Ortschaften.

9. Urkundliche Erwähnung von Katastrophen, wie Epidemien, Kriegen usw. Die Beschreibungen ihrer Folgen sind jedoch häufig stark übertrieben, so daß wir wenige sichere Angaben über diese Ereignisse besitzen; ohne ihre Bedeutung zu unterschätzen[63] soll jedoch erwähnt werden, daß sich Städte nach Rückschlägen bisweilen schnell erholen konnten, da ein gestörtes Gleichgewicht zwischen Stadt und Land, und vielleicht auch die unbewohnten Gehöfte einen starken Zuzug verursachten. Auch die Umrechnung der Personenanzahl, die in solchen Erwähnungen gewöhnlich auftritt, in die Anzahl der Familien ist nicht einwandfrei möglich; wir verfügen nämlich über keine diesbezüglichen Anhaltspunkte aus den siebenbürgischen Städten des 12.—16. Jh. Im allgemeinen nimmt man 5 Personen je Familie an, doch ist die Familie als besteuerbare Einheit gelegentlich größer bzw. kleiner eingeschätzt worden.[64] Nach sehr

---

[62] Ders., *Siebenbürgische Wehranlagen*, 456, 1976.

[63] S. auch: H. S t o o b, *Forschungen*, I, 8.

[64] E. W a g n e r (*Ortsnamenbuch*, 400) verwendet zur Berechnung der Bevölkerungsanzahl aufgrund der Familienzahl unterschiedliche Multiplikatoren für die einzelnen Bevölkerungskategorien, u. zw.: 5 für vollberechtigte Hauswirte, Vollwirte und Müller, 4 für Halb- und Viertelzinser, Sedler, Arme u. a. m., 3 für Witwen von Vollbürgern und 1 für Nonnen, Hirten, Gemeindediener u. a.; Şt. P a s c u (*Voievodatul Transilvaniei*, I, 158, 227, 229 f) schließt für das 12. Jh. und die erste Hälfte des folgenden auf eine mittlere Familiengröße von 3 Personen, für die zweite Hälfte des 13. Jh. auf 3,5 Personen und für das 14. Jh. auf 4 Personen. G h. S e b e s t y e n (Gutachten; der Verfasser dankt ihm für verschiedene Anregungen) vermutete dagegen, daß in den siebenbürgischen Städten des Mittelalters die Familie als besteuerbare Einheit 6 oder mehr Personen umfaßt habe.

genauen Daten aus dem 18. Jh., also aus einer Zeit mit ähnlichen wirtschaftlichen Bedingungen und einem prozentuell gemäßigten Wachstum der Stadtbevölkerung, betrug die durchschnittliche Familiengröße 4,75 Personen.[65] Dieses dürfte dazu berechtigen, für die Zeit des größeren Bevölkerungswachstums vor 1347 einen Index von 5 — und für die nachfolgende Zeit, in der es nur einen sehr geringen natürlichen Zuwachs gab, einen Index von 4,5 Personen je Familie in Rechnung zu stellen.

Vergleicht man die Veränderungen der Parzellenanzahl in Städten, so ergibt sich trotz aller Unterschiede eine gewisse Ähnlichkeit in der Entwicklung von Ortschaften. Diese Gleichartigkeit besteht im Grunde im Vorhandensein von zwei großen Etappen, einer früheren, der schnellen und gleichmäßigen Entfaltung und einer späteren, der langsameren und ungleichmäßigeren Entwicklung, des Stillstands oder Rückschritts. Im übrigen entspricht dieser Sachverhalt in großen Zügen der gesamteuropäisch-demographischen Entwicklung sowie dem Anwachsen der Hospites-Zahl im Osten des Kontinents[66] und widerspiegelt sich auch in der allgemeinen Übereinstimmung zwischen der mittelalterlichen Stadtgröße und dem Zeitpunkt, zu dem die Siedlungen als Städte anzusprechen sind.[67]

Für die erste Zeitspanne verfügen wir bei vier siebenbürgischen Städten über genaue Daten, diese sind Hermannstadt, Bistritz, Broos und Mühlbach. Nach dem Grundrißgefüge und andern Anhaltspunkten, gab es in den beiden erstgenannten Ortschaften um die Mitte bzw. in der zweiten Hälfte des 12. Jh. ungefähr 25 bzw. 22 Parzellen,[68] und wie sich aus verschiedenen Urkunden ergibt,[69] wurden sie um 1330 von rund 380 bzw. 250 Familien bewohnt. Stellen wir die Verluste durch den Mongoleneinfall nicht in Rechnung (wie wir es später bei der Parzellendatierung tun werden, und wo sich

---

[65] Nach einem sehr genauen Verzeichnis des Jahres 1785 (F. T., 2. *Conscription*, 140 f.) läßt sich für Hermannstadt errechnen, daß auf eine besteuerbare Familie 4,4 Personen entfielen. Nach andern Anhaltspunkten (*Die Seelenzahl*, I—XII) schwankte die durchschnittliche Familiengröße im Jahr 1765 in den Städten Siebenbürgens zwischen 3,9 und 7,4 und betrug im Mittel 4,75 Personen je Familie.

[66] G. Franz, *Bauernstand*, 114 f; H. Stoob, *Forschungen* I, 34.

[67] Ebenda, 99—104.

[68] P. Niedermaier, *Die städtebauliche Entwicklung*, 136—139, 145 f.

[69] Indem die Familienanzahl von Ortschaften des Mühlbacher Dekanats als Anhaltspunkt benützt wird (berechnet nach *Urkundenbuch*, I, 226 f, 433—436 und *Documente*, C, XIV/III, 128, 141 f, 161, 173, 180—184, 186 f, 207 f, 218 f), ist die Größe von Hermannstadt und Bistritz durch Vergleiche des Zehnten ermittelt (*Urkundenbuch*, I, 324—330).

mithin auch ein größerer Zuwachs für die Zeit vor bzw. nach dem Einfall ergibt), so ist in Hermannstadt in je hundert Jahren ein mittlerer Wachstumsrhythmus von 340% und in Bistritz von 390% zu verzeichnen. Von den andern, weiter unten untersuchten Städten, kennen wir ihre anfängliche Größe sowie die von 1334[70] bzw. 1326—1330[71], und aus diesen ist auf einen mittleren Wachstumsrhythmus von ungefähr 340% und 400% für je hundert Jahre zu schließen. Für andere Zeitläufe (in Hermannstadt bis 1241[72], in Bistritz bis 1268[73] und in Broos bis 1300[74]) und andere Ortschaften (Mediasch bis 1283[75] und Klausenburg bis 1334[76]) lassen sich nicht so genaue Rechnungen anstellen; die erzielten Werte weisen aber auch hier auf einen Zuwachsrhythmus gleicher Größenordnung hin.

Die relative Übereinstimmung der Zuwachsraten und vor allem aber ihre logische Einfügung in den Verlauf des Entwicklungsprozesses von den ursprünglichen Werten zu jenen des 15. Jh. berechtigen dazu, den gleichen Wachstumsrhythmus auch für die Entwicklung der übrigen Städte anzunehmen; das ist möglich, weil Verschiebungen größerer Bevölkerungsteile in Siebenbürgen selten stattgefunden haben und die dennoch eingetretenen einigermaßen bekannt sind.

Durch das Hinzufügen der Zuwachsraten zu den ursprünglichen Größen der Städte ergeben sich die allgemeinen Entwicklungslinien der ersten Periode. In Anbetracht der mühelosen Wiedergabe und Verwertung der Daten sind sie in Form von Diagrammen aufgezeichnet (Abb. 9, 12, 15), wobei auf den Abszissenachsen die Zeitspannen und auf den Ordinatenachsen die Parzellenanzahlen abzulesen sind. Dem konstanten Wachstum entsprechen aufsteigende Kurven, bei denen drei Punkte (a, b und c), die in gleichen zeitlichen Abständen aufeinanderfolgen ($x_a = m$, $x_b = m+n$ und $x_c = m+2n$) in einem bestimmten

---

[70] *Urkundenbuch*, I, 464.

[71] Für die Größe von Mühlbach vgl.: „Datierung von Parzellierungen".

[72] Die Größe der Stadt ist durch den Standort des Dominikanerklosters umrissen (Abb. 3, 61) das 1241 bestand (G. E n t z, *Die Baukunst*, 140).

[73] Die Maximalgröße der Stadt ist durch den Standort des Minoritenklosters umrissen (Abb. 4, 81) das 1268 bestand (*Urkundenbuch*, I, 100).

[74] S.: „Datierung der Parzellierungen".

[75] S.: „Datierung der Parzellierungen".

[76] Vergleicht man die Größe der Ortschaften des Brooser Dekanates (*Urkundenbuch*, I, 464) mit der päpstlichen Sondersteuer der Jahre 1332—1337 (*Dokumente*, C, XIV/III, 127 f, 138 f, 161, 179 f, 188, 213), ergibt sich für Siedlungen verschiedener Größe die geleistete Abgabe je Herdstelle; auch für das Mühlbacher Dekanat läßt sich die durchschnittliche Abgabe je Herdstelle ermitteln. Wenn man von diesen Werten ausgeht, ist die Größe der Stadt aus der jährlichen Sondersteuer von Klausenburg (*Dokumente*, C, XIV/III, 129, 167, 180, 190, 211) zu errechnen.

Verhältnis zueinander stehen:

$$Y_c = \frac{Y_b^2}{Y_a} \text{ bzw. } Y_b = \sqrt{Y_a \cdot Y_c}$$

Bei der Begrenzung der Zeitabschnitts, für den die errechnete mittlere Zuwachsrate gültig ist, muß in unserem Fall in Betracht gezogen werden, daß der betonte Wachstumsrhythmus mindestens bis zum Jahr 1334 — dem Jahr der Brooser Zählung — anhielt. Da der Zuwachs für die verschiedenen Städte nicht genau derselben Zeitspanne angehört, spricht auch die wertmäßige Übereinstimmung für einen gleichbleibenden, im Jahre 1334 noch anhaltenden Wachstumsrhythmus. In der zweiten Hälfte des 14. Jh. kann die Zuwachsrate aber nicht mehr konstant gewesen sein, andernfalls hätten die Städte unwahrscheinliche Größen erreicht, die auch mit den Zählungsergebnissen des 15. Jh. nicht zu vereinbaren gewesen wären. Wenn man außerdem die allgemeine europäisch-demographische Entwicklung mit in Betracht zieht, sowie das Einsetzen des „Schwarzen Todes",[77] das schon frühere Verklingen der Ostsiedlungszeit[78] und den Rückgang der Städtewerdungszahl auch in diesem Teil des Kontinents,[79] darf das zweite Viertel des 14. Jh. wohl als Ende des intensiven Wachstums der Handwerksorte angenommen werden.

Für die Zeitspanne nach 1347 ergaben sich die Kurven aus dem Anschluß an die Werte aus der Mitte des 14. Jh. und an sonstige statistische Anhaltspunkte unter Berücksichtigung verschiedener Besonderheiten in der Entwicklung. In diesem Teil der Diagramme entsprechen die geraden Abschnitte und Gegenkrümmungen der Kurven einem allmählich langsamer werdenden Zuwachsrhythmus, sowie Stillstands- oder sogar Rückgangsperioden, wobei von einer Stadt zur andern beträchtliche Entwicklungsunterschiede auftreten (vgl. Abb. 19).

Eine eingehendere Ausarbeitung der Diagramme setzt zunächst die gesonderte Aufzeichnung der zahlenmäßigen Entwicklung von Familien und Parzellen voraus. Dabei weisen die Schwankungen der für die Untersuchung der städtebaulichen Entwicklung von Ortschaften bedeutenderen Parzellenanzahl im Vergleich zu den Veränderungen der Familienanzahl eine gewisse Trägheit auf. In den Zeitabschnitten, in denen die Größe der Ortschaften relativ gleichbleibend oder in Wachsen begriffen war, gab es in wirtschaftlich gut gestellten Städten oftmals mehr Familien als Höfe und vor allem Wirte; so geht

---

[77] A. Armbruster, *Der Schwarze Tod*, 85—93; H. Stoob, *Forschungen*, I, 34.
[78] G. Franz, *Bauernstand*, 99—111.
[79] H. Stoob, *Forschungen*, I, 17, 21, 101—104, 111—114, 124, 126.

beispielsweise aus einer Zählung der Jahre 1488—1510 hervor, daß die Anzahl der Sedler — die keine eigenen Häuser besaßen — in den Städten Siebenbürgens bis zu 25% von der der Familien ausmachte[80], ein Prozentsatz, der durch die Zugehörigkeit mehrerer Parzellen zu einem Besitzer nur zum Teil ausgeglichen wurde. Bei einem plötzlichen Rückgang der Bevölkerungsanzahl wurden die Parzellen nicht im gleichen Rhythmus aufgelassen. Der konkrete Sachverhalt hängt selbstverständlich vor allem von dem prozentuellen Rückgang der Familienanzahl ab. Vorläufig kennen wir jedoch nur einen einzigen Fall einer solchen Entwicklung genauer; es ist Kronstadt, wo die Anzahl der Hauswirte zwischen 1510 und 1532 um 38% zurückging. Die Gesamtzahl der Parzellen fiel jedoch bis gegen die Mitte des 16. Jh. bloß um 10%; es wurden demnach ungefähr 27% der verlassenen Höfe aufgegeben oder mit andern zusammengeschlossen.[81]

Eine ins Einzelne gehende Ausarbeitung der Diagramme wird weiterhin durch ein Ersetzen der Kurve des wahrscheinlichsten Wachstums durch die Kurven der möglichen Höchst- und Mindestwerte zulässig. Sie ermöglicht eine hypothetische Bestimmung der Grenzen, innerhalb derer gewisse Ereignisse die Bevölkerungszahl und die der Parzellen beeinflussen konnten. Die Vorgangsweise ist außerdem wichtig, wenn die in Rechnung gestellten Grenzwerte für gewisse Zeitspannen viel weiter auseinanderliegen als für andere.

Bei Ortschaften, die aus mehreren unabhängigen Stadtteilen bestehen, ist es manchmal notwendig, die Entwicklung der einzelnen Viertel oder Einzelsiedlungen gesondert festzuhalten. Dabei können die gleichen Anhaltspunkte wie bei der Bestimmung der allgemeinen Wachstumslinie verwendet werden, doch bilden diese Linie und die Gesamtanzahl der ursprünglichen Parzellen der verschiedenen Viertel zusätzliche Ausgangselemente.

Schlußfolgerungen

Die Datierung der Baublöcke und Parzellengruppen ergibt sich für jede Stadt aus der Gegenüberstellung der Ergebnisse des Entwicklungsdiagramms und der Reihenfolge, in der die Grundstücke angelegt worden sind: Ein aus n Parzellen bestehender Baublock, der nach anderen m Parzellen angelegt

---

[80] Die Prozentsätze wurden berechnet nach: A. Berger, *Volkszählung*, 51—74. E. Wagner (*Ortsnamenbuch*, 400) rechnet im Durchschnitt mit 10% Sedlern.

[81] Die Prozentsätze wurden berechnet aufgrund der Werte aus: P. Niedermaier, *Die städtebauliche Entwicklung*, 129, 186.

wurde, muß zwischen dem Zeitpunkt entstanden sein, an dem die Siedlung m Parzellen umfaßte und jenem, an dem sie aus $m+n$ Parzellen bestand.

Die Entstehungszeit kann auf zwei Arten festgestellt werden. In der weiter unten vorgenommenen eingehenden Untersuchung ist die Reihenfolge der Parzellierung auf den Ordinatenachsen der Diagramme der allgemeinen Entwicklung eingetragen (Abb. 9, 12 und 15). Durch Beziehung der Reihenfolge auf die Kurven des Höchst- und Mindestwachstums, ergeben sich auf den Abszissenachsen die Zeitintervalle, in denen die Hofgruppen angelegt wurden. Sie sind, selbst im Fall von großen Intervallen, ohne Zahlenabrundung in die Stadtgrundrisse übertragen (Abb. 10, 13 und 16); durch die genaue Wiedergabe der Daten — die wegen der einbezogenen Fehler auch Nachteile mit sich bringt —, wird die Proportionalität zwischen den einzelnen Angaben auch für die Zeitspannen gewahrt, in denen die Maximal- und Minimalkurve der Entwicklung nahe beieinander liegen. Bei anderen, weniger in Einzelheiten gehenden Untersuchungen kann die Datierung jedoch auch in Tabellenform vorgenommen werden; dabei erachten wir es als nötig, die Ergebnisse allgemeiner zu formulieren. Der Zeitpunkt, zu dem die ursprünglichen Parzellen angelegt worden sind, ist in diesem Fall in den Entwicklungsplänen der parzellierten Gebiete besser nach Vierteljahrhunderten anzugeben. Dadurch ergibt sich auch für die Perioden mit raschem Wachstum eine Möglichkeit, die Reihenfolge aufzuzeichnen, in der die Höfe angelegt worden sind. Das Ersetzen der Vierteljahrhunderte durch halbe oder ganze Jahrhunderte würde den Verzicht auf zahlreiche Informationen bedeuten und gleichzeitig die Möglichkeit eines Irrtums bloß für die in der Mitte der betreffenden Perioden liegenden Datierungen ausschließen, nicht aber für die Datierung vom Anfang und vom Ende dieser Perioden.

Die Eigenart der untersuchten Städte ergibt sich aus der Entstehungszeit der Baublöcke und Hofstellengruppen, aus den Merkmalen der Grundrisse und aus anderen Anhaltspunkten. Zunächst ist der an Siedlungsgrenzen gebundene ehemalige Verlauf von Begrenzungselementen oder einfachen Wehranlagen von Bedeutung, da sie einerseits die Ortschaften schützten, andererseits aber, je nach ihrer Stärke, auch das Wachstum der Stadtviertel beeinflußten.[82] Aus folgenden, teilweise schon erwähnten Anhaltspunkten, schließen

---

[82] Über einfache Wehranlagen und deren Rolle s.: G. F r a n z, *Bauernstand*, 52 f; A. D a c h l e r, *Dorf- und Kirchenbefestigungen*, 57 f; G. I o n e s c u, *Arhitectura populară*, 14. Für einfache Wehranlagen in Siebenbürgen s.: G. D. T e u t s c h, *Schulanfänge*, 196; F. T e u t s c h, *Reps*, 178; G. M ü l l e r, *Stühle und Distrikte*, 23; *Quellen*, IV, 53; J. M. S a l z e r, *Birthälm*, 549; A. B o r b e l y, *Erdélyi városok*, Abb. 10. Vgl. auch: H. G ö c k e n j a n, *Hilfsvölker*, 84.

wir auf das einstige Vorhandensein von Begrenzungen oder einfachen Befestigungsanlagen.

1. Siedlungsgrenzen, auf denen sich Reste von Wehranlagen befinden, oder deren einstige Befestigung urkundlich erwiesen ist.
2. Siedlungsgrenzen, deren Lage mit Verwerfungen in den Straßenfronten oder andern, eventuell weiter abgelegenen, abgrenzenden Elementen übereinstimmt.
3. Viertel, Baublöcke oder Parzellengruppen mit annähernd ovalem bzw. halbovalem Grundriß, oder mit abgerundeten bzw. abgestumpften Ecken.
4. Besonders geschlossene Umrißlinien um kompakt angeordnete Baublöcke.

Außer den Befestigungsanlagen ist die zeitlich verschiedene Anordnungsart der Hofstellen und Gemeinschaftsbauten, die Entwicklung des Straßennetzes und die Beziehungen zwischen diesen Elementen von Bedeutung; sie lassen sich aus den Ergebnissen der Analyse ableiten.

Es liegt in der Natur der verwendeten Methode, daß an sich wenig bedeutsame Einzelheiten nicht vernachlässigt werden können, wie z. B. kleine Parzellengruppen, die ursprüngliche Parzellenanzahl der Baublöcke oder die genaue Größe der Ortschaften zu einem bestimmten Zeitpunkt; alle diese fallen beim Bestimmen der gesamten Grundstückanzahl oder bei der Ausarbeitung der Entwicklungsdiagramme ins Gewicht. Wird mit wahrscheinlichsten Wachstumskurven und Parzellenanzahlen gearbeitet, so ist das Auftreten von Fehlern nicht zu vermeiden, die einzelnen Abweichungen aber dürften sich teilweise gegenseitig ausgleichen. Durch die Angabe der in Frage kommenden Höchst- und Mindestanzahl der Grundstücke einzelner Baublöcke und der Grenzen, innerhalb derer sich die allgemeine Entwicklung der Städte vollzogen haben muß, können bei detaillierten Untersuchungen Fehlerquellen verringert werden. Da die Maximalanzahl der Parzellen gleichzeitig auf die Minimalwachstumskurve bezogen wird und umgekehrt, ist damit ein zusätzlicher Sicherheitskoeffizient mit eingeschlossen; die Zeitspannen, die für die Anlage der einzelnen Baublöcke in Frage kommen, überlappen sich in diesem Fall weitgehend.

DATIERUNG VON PARZELLIERUNGEN

Broos

a_1 Die Parzellierung im älteren Teil der Stadt ist nicht einheitlich (Abb. 7, 8 und 10). Im tiefer liegenden Gelände, in der Nähe von zwei Wasserläufen, sind die Parzellen klein und verhältnismäßig unregelmäßig, während sie auf dem sanft ansteigenden Gelände abseits dieser Wasserläufe groß und regelmäßig sind. Wie auch H. Stoob erkannt hat,[1] muß die Vorsiedlung im Ostteil der Stadt, in der Nähe der Wasserläufe gestanden haben. Für diese Annahme sprechen die ebenere Geländebeschaffenheit, die tiefere Lage, die Nähe des Wassers, der Standort der Pfarrkirche (d^1), die Parzellierungsart und der Verlauf einer frühen Befestigungslinie. (Ihr folgt die Schmiedgasse[2] — 33, der östliche Teil der Oberen Meierhofgasse — 13, eine Parzellengrenze zwischen Friedhof und Marktplatz — 1, und dann das Salzgäßchen — 9 und die Schwimmschulgasse — 19 oder eine Grundstückgrenze südlich des Marktplatzes — 1. Weiter verlief die Wehrlinie möglicherweise längs eines Bächleins, einer Parzellengrenze, des Berinerbaches — 26 und der Lederergasse —30.)

Die frühe Parzellierung ist durch ein paar kleine, fast quadratische Grundstücke gekennzeichnet, zwischen denen eine größere Anzahl von länglichen Grundstücken liegt. Da die Form der längeren Parzellen von den Grenzen der kleinen Parzellen bestimmt wurde und nicht so regelmäßig ist wie die der letzteren, ist anzunehmen, daß es hier ursprünglich nahezu quadratische Einzelgehöfte gegeben hat.

Aus ihrer regelmäßigen Form und der Nichteinfügung in die Parzellierungsstruktur der Baublöcke geht hervor, daß 6 Parzellen unter allen Umständen der ersten Etappe angehören, aber auch weitere 10 ähnliche Parzellen, die sich gut in die Parzellierungsstruktur einfügen, können gleichzeitig bestanden haben. In Broos dürfte es demnach zunächst 6 bis 16 Einzelgehöfte gegeben haben, die hauptsächlich an der Postgasse (34), Landstraße (35), Windgasse (15), Mühlgasse (32) und Wassergasse (16) lagen. Sie bestanden wahrscheinlich nicht alle von Anfang an, sondern sind wohl nach und nach angelegt worden.

---

[1] Mündliche Mitteilung. Der Verfasser dankt H. Stoob auch für andere wertvolle Hinweise.

[2] Das Verzeichnis der alten Straßennamen wurde von L. Fernengel und E. Dörner zusammengestellt, denen ich hiefür danke.

Wie aus der Parzellierung hervorgeht, wurde in der zweiten Etappe darauf verzichtet, die Höfe vereinzelt anzuordnen; es entstanden Zeilen aus nebeneinandergelegenen kleinen, beinahe quadratischen Parzellen. Durch ihre Anlage erhöhte sich die Parzellenanzahl auf 22—30.

Es gibt jedoch keine dritte, sich klar abhebende Entwicklungsetappe der Vorsiedlung, da bei den späteren Parzellierungen, wie in der Hospites-Siedlung, langgestreckte Grundstücke entstanden sind.[3]

Um die erstangelegten Höfe der neueren Hospites-Siedlung zu erkennen, sehen wir zunächst von Baublöcken ab, deren Parzellen kleiner sind oder von Anfang an auf zwei bzw. mehr Straßen ausgerichtet waren, desgleichen von Stadtgebieten, die durch das Einfügen neuer Elemente in eine schon bestehende Lage Unregelmäßigkeiten zeigen.

Übrig bleibt eine einzige Parzellengruppe, die zwischen dem Marktplatz (1), der Promenadengasse (12), der Oberen Meierhofgasse (13) und dem Friedhof liegt und den Kern des neueren Stadtteils bildet. Auf sein Alter deutet die außerordentliche Größe der Parzellen hin, die Lage neben dem späteren Marktplatz,[4] der bogenförmige Verlauf seiner hinteren Begrenzungslinie (der auf eine frühe Wehranlage hinweist), sowie die einspringende Parzellenfront in der Ecke des Platzes (die an die Grundrißgestaltung von Sackgassendörfern erinnert). Die Parzellierung umfaßte anfänglich wahrscheinlich 12 Grundstücke, von denen einige nachträglich zusammengelegt worden sind.

Wir nehmen an, daß gleichzeitig mit der erwähnten Parzellengruppe keine andern Hospites-Parzellen angelegt wurden. Die östlich des genannten Kerns gelegenen Grundstücke sind merklich kleiner und gleichzeitig gibt es auch eine Zäsur zwischen den beiden Parzellierungen. Ebenso wurden die südlich der Promenadengasse (12) gelegenen Grundstücke nicht von der Wehranlage des Kerns umschlossen, da diese am Ende der Oberen Meierhofgasse (13) mit einem Bogen an den Verlauf der Promenadengasse (12) angeschlossen war und sich demnach ursprünglich in der Richtung des Marktplatzes (1) fortsetzte. Übrigens sind die Parzellen in diesem Gebiet von sehr unterschiedlicher Größe und zum Teil kleiner als die anderer früher Hospites-Parzellierungen. Die einleuchtendste Erklärung hierfür ist, daß sie sich zwischen den schon bestehenden Kern und den Wasserlauf südlich des Marktplatzes in eine genau abgegrenzte Fläche einfügen mußten. Von einem zweiten geschlossenen Kern in einem andern Teil der Ortschaft kann keine Rede sein.

---

[3] Zum Problem einer Vorsiedlung siehe auch: I. Iliescu, T. Istrate, *Orăștie 750 de ani*, Deva 1974, 42—45; V. Roth, *Unterwald*, 316.

[4] Vgl.: G. Treiber, *Broos*, 69 f.

Der Baublock zwischen der Bräuergasse (21), der Schwimmschulgasse (19) und dem Mühlkanal, der außer dem Kern die einzige Parzellengruppe ist, die aus großen, einst vielleicht einheitlichen Grundstücken besteht, fügt sich dem

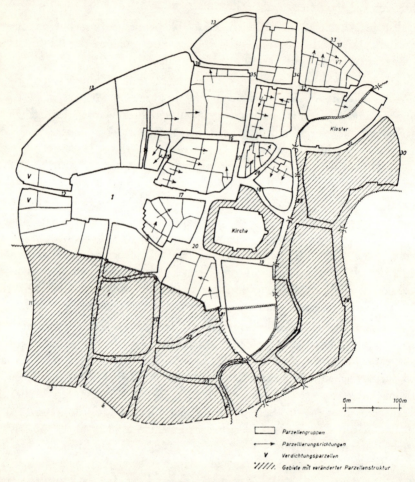

Abb. 8. *Broos*, Parzellengruppen

Verlauf des wohl erst später entstandenen Mühlkanals an und wird von einem Wasserlauf zweigeteilt. Außerdem weist die gegenüberliegende Zeile der Bräuergasse (21) eine ziemlich unregelmäßige Parzellierung auf, was auch für eine neuere Bebauung dieses Gebietes spricht.

b_2 Als erste Erweiterung der Hospites-Siedlung können die bereits erwähnten Grundstücke an der West- und Südseite des Marktplatzes (1) sowie einige nördlich des Platzes gelegenen Grundstücke angesehen werden; die erwähnten Parzellen sind verhältnismäßig groß, regelmäßig geformt und in organischer Verbindung mit der älteren Zone angeordnet. Es handelte sich ursprünglich um etwa 10 Hofstellen, zu denen später weitere 4—7 Hofstellen hinzukamen. Durch sie wurde die neuere Siedlung bis zur Grenze der Vorsiedlung erweitert.

Wie die Parzellierung im Norden des Platzes zeigt, war die Befestigungslinie rund um die Vorsiedlung kein Hindernis für die Entwicklung der Ortschaft; die nördliche Parzellengruppe ist darüber hinausgewachsen, so daß die Wehranlage darin eingeschlossen wurde. In dem Gebiet der alten Einzelgehöfte sind an der Ostfront des Marktplatzes auch andere Parzellen angelegt worden. Zusammen mit einigen außerhalb der Vorsiedlung gelegenen Grundstücken entstanden in dieser Etappe nach und nach 9—12 Parzellen.

Die hintere Grenze der im Osten des Platzes gelegenen Grundstücke weist ebenfalls auf das Vorhandensein einer ehemaligen Befestigungslinie hin, woraus sich schließen läßt, daß die Hospites wohl einen Teil des Gebietes der alten Ortschaft zu bebauen begannen, trotzdem aber eine Grenze zwischen den Einzelsiedlungen beibehielten. Das Überschreiten der ursprünglichen Wehrlinie zeigt die Absicht einer Erweiterung zur Kirche hin, wobei das Gelände im Süden der neuen Siedlung unbebaut blieb.

Nach dem Standort der Pfarrkirche (d1) zu urteilen, hat sich die Ortschaft auch weiterhin ostwärts entwickelt. Zunächst wurden 5 Höfe auf dem Geländestreifen angelegt, der teilweise von dem Friedhofgäßchen (14) und der Windgasse (15) begrenzt wird und teilweise von Parzellengrenzen, die sich in Verlängerung dieser Straßen befinden. Weitere 12—13 Parzellen entstanden an der Wassergasse (16) und der Marktgasse und noch 9 Grundstücke neben den schon vorhandenen, wobei die Parzellierung bis auf die Höhe des Kleinen Platzes (20) erweitert wurde.[5]

Zwischen den obenerwähnten Grundstücken und den unmittelbar benachbarten gibt es eine relativ organische Verbindung. So ist der Verlauf der hinteren Grenze der zur Marktgassennordfront (17) gehörenden Höfe im Ostteil der Straße der gleiche wie im Westteil, und bei dem zwischen der Wassergasse (16), Landstraße (35) und Hinteren Meierhofgasse (36) gelegenen Baublock greifen die hinteren Parzellenteile zahnartig ineinander. Dieses und die Wahrscheinlichkeit einer weiteren Bebauung des restlichen Gebietes der Vorsiedlung läßt vermuten, daß die Parzellierungen hier fortgesetzt wurden und bis auf die Höhe der Mühlgasse (32) und Postgasse (34) ungefähr 30—35 Parzellen angelegt worden sind.

---

[5] D. L[eonhard], *Denkwürdigkeiten*, 7, 23.

h   Ebenfalls nach der Entfernung zwischen den in Frage kommenden Baublöcken und der Kirche zu urteilen, sind weiterhin zunächst 4—8 Grundstücke zwischen der Bräuergasse (21) und dem Mühlkanal, und dann 9—10 Parzellen zwischen der Bräuergasse (21) und der Schustergasse (10) entstanden. Die meisten Grundstücke in diesem Gebiet sind klein und von unregelmäßiger Form, ausgenommen jene am Mühlkanal, deren Größe vom Verlauf dieses Kanals und dem einer Fernstraße bestimmt wurde.

i   Ungefähr gleichzeitig muß die Stadt auch nach Norden hin erweitert worden sein, wo die restlichen 40—50 Parzellen angelegt wurden, die zu diesem Stadtteil gehören, der von der Oberen Meierhofgasse (13), der Schmiedgasse (33) und dem derzeit schon bestehenden Mühlkanal abgegrenzt wird.

j   Der Mühlkanal bildete im Ostteil der Stadt eine klare Grenze. Da er die Ortschaft schützte, ist anzunehmen, daß die Parzellierungen den breiten Wasserlauf erst überschritten haben, nachdem der westliche Teil der Stadt bebaut worden war. Weil dieses Gebiet nicht allzuweit von der Kirche entfernt lag, nehmen wir aber an, daß damit nach diesem Zeitpunkt nicht länger gezögert worden ist. Für den Ausbau dieses Gebietes anschließend an die erwähnten Parzellierungen spricht auch die Zahl von ungefähr 200 vorher bebauten Grundstücken, die, wie weiter unten ersichtlich ist, ungefähr dem Jahr 1300 entspricht; für das Jahr 1309 ist aber das Bestehen des Minoritenklosters (d3) urkundlich belegt,[6] das im Gebiet zwischen dem Mühlkanal und dem Berinerbach stand. Die einstige Bebauung des Geländes zwischen den beiden Wasserläufen wird zusätzlich auch durch Mauerreste bestätigt, die es noch im vergangenen Jahrhundert in der Gegend des Berinerbaches gegeben hat.[7] Nach der Größe des Gebietes zu schätzen, dürfte es 50—90 Parzellen umfaßt haben.

k   Da der östliche Wasserlauf eine natürliche, von der Kirche weiter entfernte Grenze bildete, mußte die Ortschaft anschließend in einer andern Richtung erweitert werden. Es ist wahrscheinlich, daß jetzt das Gelände südlich der Ortschaft bebaut wurde, jenseits des Bächleins, das dort lange Zeit hindurch die Siedlungsgrenze gebildet hatte. Die angelegten Parzellen sind später wieder aufgelassen worden, und so ist ihre Zahl unbekannt. Nach der Größe des Gebietes zwischen dem Bächlein, der Alten Meierhofgasse (11), den zwei

l   Gäßchen (7, 23) und der Bräuergasse (21) dürften es ungefähr 56—70 Besitze gewesen sein, und eine zweite Erweiterung in dieser Richtung kann ungefähr 35—55 Parzellen umfaßt haben. Letztlich ist es nicht ausgeschlossen, daß noch weitere Höfe angelegt worden sind, doch läßt sich nicht einmal

---

[6] *Urkundenbuch*, I, 239.
[7] D. L[eonhard], *Denkwürdigkeiten*, 7.

die Gegend vermuten, in der sie gelegen haben könnten, da auch diese, wie alle Parzellierungen vom Ende des 13. und aus dem folgenden Jh. später wieder aufgelassen worden sind.[8]

Die Wiederbebauung des Gebietes erfolgte wahrscheinlich vom Marktplatz aus in südlicher Richtung, dann wurde die Stadt nach Nordosten, jenseits der Schmiedgasse (33) erweitert, und schließlich entstand östlich der Stadtmitte eine Vorstadt.[9]

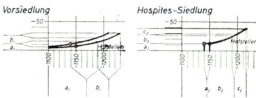

Um die zeitliche Entwicklung der Parzellenanzahl nachzuzeichnen (Abb. 9), gehen wir von der Größe des Kerns aus, den die Hospites angelegt hatten: im Hinblick auf die Ansiedlungszeit im Brooser Gebiet[10] nehmen wir an, daß die 12 Gehöfte um die Mitte des 12. Jh. entstanden sind. Schwieriger ist es, die Anzahl der gleichzeitig bestehenden Einzelgehöfte festzustellen; jedenfalls zeigt der Fortbestand dieser Höfe, daß die alte Brooser Bevölkerung nicht in eine andere Gegend umgesiedelt worden ist, sondern ihre alte Siedlung weiter bewohnte. Da aber die Ansiedlung von Hospites in diesem Gebiet erwünscht gewesen war, muß es sich um eine relativ kleine Anzahl von alten Gehöften gehandelt haben. Die Dörfer in Südsiebenbürgen umfaßten damals im

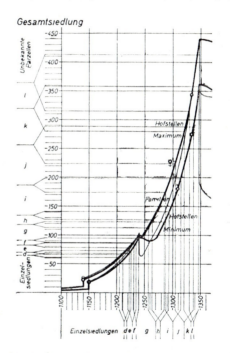

Abb. 9. *Broos*, Entwicklungsdiagramm
Kleine Buchstaben kennzeichnen die Parzellengruppen (auf der Ordinatenachse ihre Parzellenanzahl, auf der Abszissenachse die Parzellenentstehungszeit).

---

[8] Vgl.: *Urkundenbuch*, I, 474 mit *Quellen*, II, 282.
[9] D. L[eonhard], *Denkwürdigkeiten*, 27.
[10] K. K. K l e i n, *Transsylvanica*, 207 f und Karten 9 ff; Ders., *Luxemburg*, 53, 87 f; Ders., *Primii hospites*, 77—86; K. R e i n e r t h, *Wendenkreuzzug*, 63 ff; H. G u n e s c h, *Beiträge*, 111 f.

Schnitt 14 und höchstens etwa 60 Parzellen,[11] demnach nehmen wir an, daß die Zahl der Einzelgehöfte kleiner war als die durchschnittliche Größe der Dörfer von 14 Parzellen. Einen genaueren Anhaltspunkt bietet die Größe der Ortsgemarkung. Da auch bei später angelegten Städten eine gewisse Übereinstimmung zwischen ihrer Größe und der frühen Parzellenanzahl bestand,[12] kann in Ermangelung von Anhaltspunkten für das Brooser Kapitel aus dem Gemarkungsanteil von 258 ha pro Hof in dem fast gleichzeitig besiedelten Hermannstädter Kapitel[13] und der 5500 ha messenden Gemarkungsgröße von Broos[14] geschlossen werden, daß es insgesamt 23 Höfe gab, wovon dann 11 Einzelgehöfte gewesen sein dürften. Diese Zahl kann als oberer Grenzwert angesehen werden, weil die Dörfer des Brooser Kapitels möglicherweise etwas vor jenen des Hermannstädter Kapitels entstanden[15] und die Siedlungsdichte vermutlich inzwischen gestiegen war. Zu einer ähnlichen Schlußfolgerung gelangen wir auch, wenn die den ersten Parzellen entsprechende Siedlungsdichte mit jener der Primärsiedlungen der Sieben Stühle verglichen wird, die bedeutend kleiner war[16]; für 5500 ha ergeben sich dabei ungefähr 7 Höfe, eine Zahl, die als unterer Grenzwert angesehen werden kann. Gegen die Mitte des 12. Jh., nach der Ansiedlung der Hospites hat es also wenigstens $7+12=19$ und höchstens $11+12=23$ Parzellen gegeben.

Für die Bestimmung der späteren Parzellenanzahl ergibt sich der erste Anhaltspunkt aus dem Standort des Minoritenklosters (d3). Es wird urkundlich 1309 erwähnt,[17] also kurz nach dem in Hermannstadt, das aus dem Jahr 1300 belegt ist,[18] und viel nach dem in Bistritz, welches bereits im Jahr 1268 erwähnt wurde[19] (dessen frühgotisches Gebäude jedoch auch entsprechend alt ist[20]). Die Übereinstimmung mit Hermannstadt und das im Vergleich zum Bistritzer Bau geringere Alter der Klosterkirche in Broos lassen uns vermuten, daß das Kloster kurz vor seiner ersten urkundlichen Erwähnung,

---

[11] P. Niedermaier, *Dorfkerne*, 53 ff.

[12] Ebenda, 48—53; Ders., *Die städtebauliche Entwicklung*, 146.

[13] Ders., *Dorfkerne*, 50.

[14] Die Gemarkungsgröße wurde berechnet nach: G. Müller, *Siebenbürgens Stühle*.

[15] K. K. Klein, *Transsylvanica*, 207 f und Karten 9 ff; Ders., *Luxemburg*, 53.

[16] P. Niedermaier, *Dorfkerne*, 64.

[17] *Urkundenbuch*, I, 239.

[18] *Urkundenbuch*, I, 215.

[19] *Urkundenbuch*, I, 100.

[20] V. Vătășianu, *Istoria artei*, I, 114 f.

also ungefähr in den Jahren 1295—1309 entstanden sein muß. Der Parzellierungsplan der Ortschaft zeigt, daß es westlich des Mühlkanals wenigstens 179 Parzellen gegeben hat (und zwar bis zu einer Grenzlinie, die die Mühlgasse [32] in der Verlängerung der Kloster-Westfront quert) oder höchstens 199 Parzellen (bis zur Brücke der Schmiedgasse [33]). Gehen wir zunächst von den Elementen der Grundrißstruktur aus, so ergibt es sich weiterhin, daß es derzeit auch östlich des Mühlkanals bis zu 30 Parzellen gegeben haben könnte. In der angegebenen Zeitspanne umfaßte die Stadt also insgesamt 179—229 Parzellen.

Die erste schriftliche Größenangabe stammt aus dem Jahr 1334. Damals hatte Bross 344 Herdstellen, 1 Bad, 4 Beginenhäuser und ein Pfarrhaus.[21] Es muß also von der Anzahl der Familien — in der die Sedler eingerechnet sind — jene der Parzellen abgeleitet werden. Im Jahr 1488 schwankte der prozentuelle Anteil der Sedler an der Gesamtzahl der Familien in siebenbürgischen Städten zwischen 0 und 25%,[22] und wenn diese Grenzwerte in Betracht gezogen werden, ergibt sich, daß es im Jahr 1334 0 bis 69 Sedler und somit 275—344 Hauswirte gegeben haben kann; für die Parzellenanzahl dürfte der Minimalwert etwas größer gewesen sein.

Wenn wir von den drei obengenannten Zahlenpaaren zunächst die Mindestwerte einander gegenüberstellen, erhalten wir für die Zeitspanne 1309—1334 einen Jahreszuwachs an Parzellen, der einem Wachstumsrhythmus von 515% für je 100 Jahre entspricht. Nimmt man auch für die Zeitspanne 1150—1241 und 1242—1309 die gleiche Zuwachsrate an, zeigt die Zeit des Mongoleneinfalls theoretisch eine Stockung des Zuwachses, die einem Rückgang der Parzellenanzahl um 40% gleichkommt. Wenn ein allmählicher Zuwachs der Sedler-Anzahl von 0 auf 25% angenommen wird, ergibt sich auch für die Familienanzahl ein prozentuell ungefähr gleicher Rückgang. Der so bestimmte Zuwachs der Herdstellen betrug vor bzw. nach dem Mongolensturm 540% für je 100 Jahre.

Nun stellt sich aber die Frage, inwieweit der errechnete prozentuelle Bevölkerungsrückgang durch den Mongolensturm der Wirklichkeit entspricht. Die Meinungen über die Folgen des Mongoleneinfalls für die Entwicklung der Städte gehen weit auseinander; es ist sowohl behauptet worden, die städtischen Siedlungen seien fast zur Gänze entvölkert worden,[23] als auch, daß ihre demo-

---

[21] *Urkundenbuch*, I, 464.

[22] A. Berger, *Volkszählung*, 51—74.

[23] K. K. Klein, *Luxemburg*, 49—52; Vgl. auch: G. Györffy, *Einwohnerzahl*, 21—24.

graphische Entwicklung fast ungestört geblieben sei.[24] Gegen die erste Behauptung spricht zunächst die eindeutige Übereinstimmung der wahrscheinlichen Gründungszeit der Städte und ihrer Größe in der Mitte des 14. Jh. (vgl. auch Abb. 19), ebenso wohl auch der Wortlaut einer Urkunde aus dem Jahr 1268, die erwähnt, daß König Bela IV., zwecks Wiederbevölkerung veröderter Landstriche „Siedler, sowohl Bauern als auch Krieger" („homines tam agricolas, quam milites")[25] ins Land gerufen habe. Wenn insbesondere die Städte entvölkert worden wären, fragt es sich, wieso nicht auch Städter gerufen wurden,[26] oder weshalb obige Angabe (Bauern und Krieger) überhaupt gemacht wurde, da dadurch der Eindruck hätte erweckt werden können, Städter bzw. Handwerker seien weniger notwendig. Eine einfache Erklärung ergibt sich, wenn man annimmt, daß Städte und Dörfer im gleichen Maße gelitten haben; dann müssen entsprechend der viel größeren Anzahl ländlicher Ortschaften auch viel mehr Bauern gefehlt haben. Broos, das damals vor allem ein wirtschaftliches und kein politisches oder militärisches Zentrum war, hatte wahrscheinlich keine außergewöhnlich großen Verluste; die Stadt weist außerdem 100 Jahre später eine hohe Zahl von Hofstellen auf. Nach obigen Überlegungen ist der vorher bestimmte 40%-ige Rückgang als oberer Grenzwert anzusehen, als unteren können wir hypothetisch 10% annehmen.

Entsprechend dem letztgenannten Wert ergeben sich für die oberen Grenzkurven der Parzellen- bzw. Familienanzahl Zuwachsraten von 324% und 295% für je 100 Jahre. Für die Gründungszeit des Minoritenklosters bleibt die Parzellenkurve unter dem für die Ausdehnung der Ortschaft festgestellten Höchstwert: Die Parzellierungen jenseits des Mühlkanals hatten also noch nicht begonnen. Außerdem ist aus dem Diagramm zu ersehen, daß Broos zur Zeit des Mongolensturms aus 95—100 Parzellen bestand; davon können 30—50 auf Bewohner der Vorsiedlung und der Rest auf Hospites entfallen. Die späteren Erweiterungen dürften in den Jahren 1245—1265 bei einem Stand von ungefähr 90—100 Höfen eingesetzt haben.

Wenn wir die errechneten Zuwachsraten auch für die Zeitspanne 1334 bis 1347 als gültig erachten, ergibt sich schließlich, daß die Stadt zu Beginn des „Schwarzen Todes" von 400—515 Familien bewohnt wurde und aus 330—420 Parzellen bestand.

---

[24] E. Schwarz, *Herkunft*, 175, 178. Vgl. auch: A. Armbruster, *Grenzwacht*, 1109.

[25] E. de Hurmuzaki, N. Densușianu, *Documente*, I/1, 338.

[26] Für die Verwendung des Begriffes siehe z. B.: *Urkunden*, II, 87, 113, oder H. Stoob, *Forschungen*, I, 24.

Die nächste schriftliche Angabe stammt aus dem Jahr 1488. Damals gab es 158 Hospites-Höfe, 26 arme Familien, 4 Hirten, 1 Mühle und 10 verlassene Höfe.[27] Etwas später, im Jahr 1532, wurden 161 Hauswirte verzeichnet[28] und 1539 gab es 165 Hauswirte, 41 arme Familien, 1 Hirten und 10 verlassene Höfe.[29]

Der Bevölkerungsrückgang, der zwischen der Mitte des 14. und dem Ende des folgenden Jahrhunderts stattgefunden hat, ist durch die Türkeneinfälle erklärt worden.[30] Zwar fehlen Angaben, die sich unmittelbar auf die Entwicklung der Ortschaft beziehen, doch gibt es zwei Anhaltspunkte gegen diese Hypothese und für einen zeitlich früheren Rückgang der Stadtbevölkerung.

Ein erster Anhaltspunkt ergibt sich aus der Häufigkeit der urkundlichen Erwähnungen. Wenn man nur die Angaben des „Urkundenbuchs..." berücksichtigt und die neun wichtigsten siebenbürgischen Städte miteinander vergleicht, entsteht folgendes Bild: Vor der Mitte des 14. Jh. betreffen von 370 urkundlichen Erwähnungen 39% Weißenburg, 32% Hermannstadt, 8% Bistritz, 7% Klausenburg, 4% Mühlbach, 3% Kronstadt und je 2% Broos, Schäßburg und Mediasch. Hingegen betreffen in der Zeitspanne 1350—1437 von 1173 Erwähnungen 32% Kronstadt, 27% Hermannstadt, 23% Klausenburg, 8% Bistritz, 6% Weißenburg, 2% Mediasch, je 1% Mühlbach und Schäßburg und nur 0,17% Broos. Die Häufigkeit der Erwähnungen im ersten und zweiten Zeitabschnitt ist zum Teil auf die unterschiedliche Bedeutung zurückzuführen, die den Städten im kirchlichen und politischen Leben zukam, sowie auf die zufällige Erhaltung von Urkunden.[31] Darüber hinaus widerspiegelt der Rückgang der Erwähnungshäufigkeit von einem Zeitabschnitt zum andern aber auch gewisse Änderungen in ihrer Rangordnung, das heißt der Ortschaftsbedeutung, und ein solcher Rückgang ist gerade bei Broos festzustellen.

Einen zweiten Anhaltspunkt bieten die Bauten der Stadt. Der einzige gotische Teil der Pfarrkirche, nämlich das Chor, hat außergewöhnliche Maße; es ist nach dem in Kronstadt und Mühlbach das größte Chor in Siebenbür-

---

[27] A. Berger, *Volkszählung*, 51.
[28] *Quellen*, II, 282.
[29] F. Stenner, *Zwei Beiträge*, 110.
[30] D. L[eonhard], *Denkwürdigkeiten*, 11, 13. Vgl. auch G. D. Teutsch, *Geschichte*, I, 122 f, 140, 155—156; G. Gündisch, *Türkeneinfälle*, 397 f, 404 ff.
[31] A. Amlacher, *Urkundenbuch*, 164 f.

gen.³² Die Bauarbeiten begannen um die Mitte des 14. Jh., wurden jedoch unterbrochen und die Einwölbung des Chors erfolgte erst gegen Ende des 15. oder im 16. Jh.³³ Einen einigermaßen ähnlichen Entwicklungsgang nahm vielleicht auch der Befestigungsbau. Schon im Jahre 1324 erscheint die Ortschaft als „civitas"³⁴ und es ist nicht ausgeschlossen, daß damals auch hier etwas stärkere Wehranlagen entstanden, wie es sie auch sonst gegeben hat.³⁵ Auf die Existenz einer Mauer könnte aus einer späteren Erwähnung geschlossen werden,³⁶ doch sind uns keinerlei Spuren davon bekannt.³⁷ Diesbezügliche zusätzliche Forschungen fehlen noch, hingegen steht aber fest, daß — zum Unterschied von andern Handwerkszentren Südsiebenbürgens — mit dem Bau einer starken Stadtbefestigung nicht vor den ersten Türkeneinfällen begonnen worden ist, obwohl es hier schon im 14. Jh. zahlreiche Zünfte gegeben hat.³⁸

Zusammenfassend ergeben die obigen Daten, daß Broos seine Bedeutung bereits im 14. Jh. eingebüßt hatte und nicht erst zur Zeit der ersten Türkeneinfälle. Der bedeutende Bevölkerungsrückgang kann zumindest teilweise mit dem „Schwarzen Tod" in Zusammenhang gebracht werden. Es ist also anzunehmen, daß die Stadt um das Jahr 1350 in ihrer Entwicklung zurückging und daß diese erst mehr als 200 Jahre später in bedeutenderem Maße wieder einsetzte.

Aus dem Vergleich der Reihenfolge, in der die Parzellen angelegt worden sind, mit der Größenentwicklung der Ortschaft (Abb. 9) und dem Grundrißgefüge (Abb. 7) ergeben sich die Entstehungszeit der Parzellengruppen (Abb. 10) und die allgemeinen Entwicklungsmerkmale der Ortschaft, die im folgenden Kapitel beschrieben werden (Abb. 44—54).

---

[32] Die Oberfläche wurde bestimmt nach den Grundrissen von: G. T r e i b e r, *Kirchen*, 35, 38, 67, 86, und M. A n g e l e s c u u. a., *Restaurarea*, 93.

[33] Für die Einwölbungsart s.: V. R o t h, *Unterwald*, 315; für die Datierung der Gewölbeart s.: V. V ă t ă ș i a n u, *Istoria artei*, 515.

[34] *Urkundenbuch*, I, 387.

[35] Vgl.: P. N i e d e r m a i e r, *Die städtebauliche Entwicklung*, 167, 172 ff, 182 f, 204 f.

[36] G. M ü l l e r, *Stühle und Distrikte* 26; D. L[eonhard], *Denkwürdigkeiten*, 6.

[37] S. auch: J. A. G r o m o, *Uebersicht*, 17. Auch in Tartlau gab es wahrscheinlich einstmals eine kleine Ringmauer, die später verschwunden ist. S.: W. H o r w a t h, *Die Baugeschichte*, 152.

[38] A. A m l a c h e r, *Urkundenbuch*, 180—185; Șt. P a s c u, *Meșteșugurile*, 63.

Abb. 10. *Broos*, Datierung der Stadterweiterungen
(Die Unterscheidung von a_1 und b_1 ist in einigen Fällen hypothetisch.)

Mühlbach

In der Osthälfte der Innenstadt, neben der Petersdorfer Gasse (8), dem Großen Platz (1), der Jakobigasse (5) und der Entengasse (14; Abb. 11 und 13), gibt es einige Parzellen, die ihrem beinahe quadratischen Grundriß und ihrer verstreuten Lage nach zu der Vorsiedlung gehörten.[39] Es sind dies etwa 10 Besitze, von denen möglicherweise 4 ursprünglich aus Häusern ohne Hof bestanden (ein ähnlicher Fall findet sich auch in der Burg von Schäßburg);

---

[39] H. Stoob kommt das Verdienst zu, das Gebiet von einigen Einzelgehöften als besonders alt erkannt zu haben.

andere Besitze sind unter Umständen bei einer Umsiedlung ihrer Inhaber aufgelassen worden.[40] Für das Alter der Besitze spricht außer ihrer Form, Größe und Anordnung die Tatsache, daß sich ihre Grenzen nur teilweise in die Parzellierungsstruktur des betreffenden Stadtteils einfügen, so zum Beispiel westlich der Petersdorfer Gasse (8) und östlich vom Großen Platz (1). Auch der Nordfrontverlauf der Jakobigasse (5) ist auffällig: Dieser zeigt zahlreiche

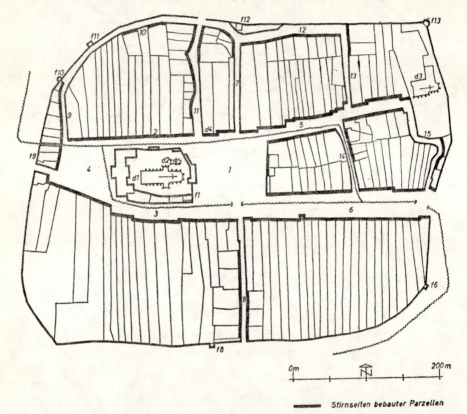

Abb. 11. *Mühlbach*, Parzellengefüge, um 1880, 1 : 5000

1 Großer Platz (Parcul 8 Mai). *2* Rosengasse (Str. 24 Ianuarie). *3* Petrigasse (Str. V. I. Lenin). *4* Kleiner Platz (Piața Libertății). *5* Jakobigasse (Str. Dobrogeanu-Gherea). *6* Sikulorumgasse (Str. V. I. Lenin). *7* Sachsgasse (Schulgäßchen, Str. I. L. Caragiale). *8* Petersdorfer Gasse (Str. Bistrei). *9* Mariengasse (Str. Cetății). *10* Hinter der Mauer (heute verbaut). *11* Rathausgasse (Str. Pieții). *12* Hundsrücken (Str. I. L. Caragiale). *13* Marienburger Gasse (Str. Patria). *14* Entengasse (Str. 9 Mai). *15* Klostergasse (Str. Miorița).

d1 Evangelische Kirche. *d2* St. Jakobskapelle. *d3* Katholische Kirche (einstiges Dominikanerkloster). *d4* Rathaus

f9, f12 Tortürme. *f1, f6, f8, f10, f11, f13* Türme

---

[40] O. Mittelstraß, *Terra Syculorum*, 108; vgl. auch: Th. Nägler, *Zum Gebrauch*, 51—60.

Rücksprünge auf Kosten der Parzellengröße. Da die Verwerfungen auch Nachteile mit sich bringen, müssen topographische Gegebenheiten ihre Anlage bedingt haben. Weil das Gelände in der Innenstadt eben ist, sind bei der Parzellierung wahrscheinlich von Menschenhand geschaffene Hindernisse, wohl die genannten Wirtschaften, umgangen worden.

Neben den ersten Einzelgehöften entstanden anschließend andere (etwa 8), fast quadratische Parzellen, worauf das frühe Parzellierungssystem jedoch aufgegeben wurde.

Besonders klar erkennbar sind die ersten langgestreckten Hospites-Parzellen. In der topographischen Aufnahme erscheint unmittelbar neben der Kirche ein Baublock, der eine ungefähr halbovale Form hat und aus relativ großen Grundstücken besteht, weswegen wir ihm ein höheres Alter als andern zusprechen; es ist der Baublock nördlich der Rosengasse (2) und des Großen Platzes (1). Da es an der Stelle der Rathausgasse (11), die neuer ist[41], auch Höfe gab und rechts und links je 2 Grundstücke von doppelter Breite als die andern Parzellen (möglicherweise entstanden sie durch Parzellenzusammenlegungen), muß der Baublock ursprünglich aus 20—23 Grundstücken bestanden haben.

Da keine andere Parzellengruppe halbwegs geschlossen ist[42], wird es außer dem beschriebenen Kern anfangs keine weiteren Hospites-Parzellen gegeben haben. Dafür sprechen auch andere Tatsachen und zunächst die Größe der Grundstücke. Innerhalb des Kerns schwankt ihre Fläche zwischen 800 und 1500 m²; vergleicht man diese Werte mit solchen in andern Städten und Dörfern (Abb. 18), so zeigt sich, daß die Flächenunterschiede sowohl einer Beschäftigungsdifferenzierung der Bewohner entsprechen konnten, als auch unterschiedlichen Vermögensverhältnissen.[43] Ein anderer Anhaltspunkt, der gegen das Vorhandensein eines zweiten gleichzeitig von Hospites angelegten Baublocks spricht, ergibt sich aus der Gemarkungsgröße. Zu der späteren Fläche von ungefähr 5900 ha[44] ist ein kleiner, halbwegs ebener Teil eines möglicherweise abgetrennten Gemarkungsgebietes hinzuzurechnen[45] und 1000 bis 1500 ha der Wüstung Gießhübel sind davon wahrscheinlich abzuziehen.[46]

---

[41] Th. Streitfeld, mündliche Mitteilung. Der Verfasser verdankt ihm auch andere wertvolle Hinweise.
[42] Auch der von G. Treiber (*Kirchen*, 85) angedeutete Kern bildet keine Ausnahme. Die von ihm gezeichnete ovale Umrißlinie stimmt mit der Parzellierung nicht überein.
[43] Th. Nägler, *Schichtung*, 38—43.
[44] Die Gemarkungsgröße wurde berechnet nach der Karte von G. Müller, *Siebenbürgens Stühle*.
[45] G. Müller, *Rechtslage*, 142 ff.
[46] F. Baumann, *Gießhübel*, 25; Ders., *Geschichte*, 65, 69 f; Ders.,*Mühlbach*, 67.

Dividiert man den Gesamtwert durch die Zahl der ursprünglich vorhandenen Höfe (also 20+10 oder 23+10), so entfallen 140—200 ha auf ein Anwesen. Diese Werte sind etwas kleiner als in andern Ortschaften des Mühlbacher Kapitels,[47] demnach weist die Gemarkungsgröße eher auf eine geringere, als auf eine größere ursprüngliche Parzellenanzahl hin.

b_2 Obwohl der erwähnte Kern an der Rückseite abgerundet ist, zeigt er dennoch eine ausgeprägte Asymmetrie. Sie kann nicht zufällig sein, sondern muß bestimmten Erwägungen entsprochen haben: entweder bestand die Absicht, den Kern auf diese Weise an die Vorsiedlung anzuschließen, oder der Gedanke an eine Erweiterung der Parzellierung nach Osten. Dieses ist wahrscheinlicher, da die kleine Anzahl und verstreute Lage der beibehaltenen alten Gehöfte gegen die erste Hypothese spricht. Für die Annahme, daß die Parzellen der zweiten Etappe hier, an der Jakobigasse (5) zwischen der Sachsgasse (7) und dem einstigen Dominikanerkloster (d3) liegen, spricht auch die halbovale Form der Parzellengruppe. Sie sind jedoch eindeutig nach dem Kern entstanden, denn die hintere Begrenzungslinie der Baublöcke setzt sich nicht organisch fort und auch die Vorderfront verläuft nicht geradlinig. Die ungewöhnliche Form der südwestlich der Kreuzung Sachsgasse (7) — Hundsrücken (12) gelegenen Parzelle erweckt sogar den Anschein, daß sie in der zweiten Etappe dem Kern, zwecks besserer Aneinanderfügung der Baublöcke angeschlossen wurde. Der Ausbau des Ortes hat wahrscheinlich in vier Etappen stattgefunden und 18—22 Grundstücke umfaßt.

c_2 Die besondere Parzellengröße und ihre regelmäßige Form läßt vermuten, daß die Grundstücke südlich der Petrigasse (6) nachher angelegt wurden, und zwar zunächst die gegenüber der Pfarrkirche. Ausgehend von gewissen Unregelmäßigkeiten, kann hier eine Parzellengruppe abgegrenzt werden, die ursprünglich 6—9 Grundstücke umfaßte.

d In einer späteren Etappe wurde die letzterwähnte Parzellierung ostwärts fortgesetzt. Die neuen Grundstücke und ihre Straßenfronten sind besonders regelmäßig, was vielleicht auch dafür spricht, daß die 25—27 am Großen Platz (1) und an der Sikulorumgasse (6) gelegenen Parzellen nach den vorhergenannten angelegt wurden.

e Wie der geschwungene Verlauf der hinteren Begrenzungslinie der Baublöcke an der Jakobigasse (5) und der Sikulorumgasse (6) zeigt, beabsichtigte man keine andere Erweiterung der Siedlung in östlicher Richtung. Demnach müssen die Grundstücke der folgenden Parzellierungsetappe im Westen der Innenstadt

---

[47] P. Niedermaier, *Dorfkerne*, 50.

liegen. Dort entstanden südlich des Kerns zunächst 4, später 7—9 Parzellen (aus denen sich nach einigen Änderungen 6 ergaben). Durch ihre Anlage wurde die Grenze des alten Kerns nördlich des Kleinen Platzes (4) nur wenig überschritten, so daß das gesamte parzellierte Gebiet einen relativ geschlossenen Umriß erhielt. Entlang dieser Begrenzungslinie dürften schon damals stärkere Befestigungen angelegt worden sein,[48] worauf sich aus dem Verlauf der später gebauten Ringmauer schließen läßt. An der Westseite des Kerns ist ein kleines freies dreieckiges Gelände in die mauerumgebene Fläche mit einbezogen worden. Wenn die Stadtmauer nicht entlang einer schon gegebenen Linie errichtet worden wäre, sondern eine Reihe von Parzellen für ihre Anlage hätten aufgelassen werden müssen, so wäre kaum unbebautes Gelände mit eingeschlossen gewesen; man hätte in diesem Fall eher die Befestigungen entlang der Mariengasse (9) fest am Rand des Kerns errichtet.

Aus dem bisher Gesagten geht hervor, daß es in den ersten Etappen vermutlich einen großen Anger gegeben hat, der nur wenig bebaut war. Dafür sprechen einige, die Grundrißausbildung betreffenden Feststellungen sowie Vergleiche mit Bistritz, wo eine sehr ähnliche städtebauliche Lösung getroffen wurde:

1. Ein großer Teil des Gebietes zwischen den Hauptstraßen blieb unbebaut (Großer Platz [1], Kleiner Platz [4] und Griechengasse). Ein Vergleich mit andern Ortschaften zeigt, daß die betreffende Fläche größer war, als für einen gewöhnlichen Marktplatz erforderlich gewesen wäre (s. Abb. 113). Die Plätze sind auch nicht einem bestimmten Gestaltungsprinzip zuliebe so angelegt worden, denn in Bistritz z. B., gibt es um die Kirche nur wenig Freiraum. Es ist demnach anzunehmen, daß in Mühlbach das Gelände westlich der Pfarrkirche wegen seiner geringeren Breite nicht parzelliert wurde. Daraus ist aber zu ersehen, daß zum Zeitpunkt, als die Seitenfronten entstanden, noch nicht an eine maximale Nutzung des Bodens gedacht wurde, denn sonst hätte man die Zeilen nicht konvergent angeordnet und dadurch den Zwischenraum verkleinert. Wenn es diese Einstellung noch zur Zeit der Parzellierung des westlichen Stadtteils gegeben hat, können wir sie um so mehr für die vorangegangene Zeitspanne annehmen, in der der Ostteil der Ortschaft ausgebaut wurde. Selbst wenn für diesen eine Bebauung ins Auge gefaßt worden sein sollte, so doch nur für eine spätere Zeit.

2. Die alten Einzelgehöfte zwischen der Sikulorumgasse (6) und Jakobigasse (5) störten in gewissem Maß eine regelmäßige Parzellierung des Geländes und so ist es um so eher denkbar, daß es anfangs unbebaut blieb. In

---

[48] S. auch: A. Heitz, Alt-Mühlbach, 53.

andern Ortschaften, z. B. in Broos, ist zunächst ebenfalls versucht worden, zwischen dem von der alten Bevölkerung bewohnten Gebiet und jenem der Hospites klare Grenzen aufrechtzuerhalten.

3. Wenn der ganze östliche Mittelraum zugleich mit den seitlich gelegenen Baublöcken parzelliert worden wäre, so hätten bei allen einander gegenüberliegenden Baublöcken gewisse fortlaufende Zäsuren auftreten müssen, aber weder die Marienburger Gasse (13) noch die Entengasse (14) finden in den anliegenden Parzellierungen eine entsprechende Fortsetzung.

4. In Bistritz beginnen die zwischen den Hauptstraßen gelegenen Baublöcke auf der Höhe der mittleren Querstraße, der in Mühlbach die Sachsgasse (7) und die Petersdorfer Gasse (8) entsprechen. Dabei wurde zugunsten der Anlage von zusätzlichen Parzellen auf den Marktplatz verzichtet. Diese Lösung war nur möglich, wenn die Parzellierung innerhalb schon bestehender Grenzen stattgefunden hat. Die allgemeine Ähnlichkeit zwischen Bistritz und Mühlbach erlaubt die Annahme, daß die Parzellierung des freien Mittelraums, hier wie dort, erst nach dem Abstecken des allgemeinen Umrisses stattgefunden hat.

Nach der Mittleren Größe der Grundstücke zu urteilen, sind zwischen den beiden Hauptstraßen auf der Nordseite der Sikulorumgasse (6), im Baublock nahe des einstigen Dominikanerklosters (d3), zunächst 7 Parzellen angelegt worden. Da die Breite der Parzellen, die dahinter an der Jakobigasse (5) liegen, ungefähr mit jener der Grundstücke an der Sikulorumgasse (6) übereinstimmt, ohne daß die Grenzen zwischen den Grundstücken von einer Straße zur andern durchgehen, können wir die 4 Parzellen im Norden nicht als Ergebnis einer Verdichtungsmaßnahme ansehen. Sie sind gleichzeitig oder etwas später als die andern entstanden, wahrscheinlich aber vor den 10—11 Parzellen des Baublocks zwischen der Sikulorumgasse (6), dem Großen Platz (1), der Jakobigasse (5) und der Entengasse (14).

Schließlich sind, teilweise viel später, weitere 4—10 Parzellen an der Klostergasse (15) und der Mariengasse (9), auf den letzten freien Flächen der Innenstadt entstanden.

Mit der Parzellierung der Innenstadt war die Entwicklung des Ortes jedoch nicht abgeschlossen, die Stadtviertel wuchsen über diese hinaus. Die Erweiterung der Ortschaft erfolgte zunächst westwärts; sie umfaßte 8—20 Grundstücke nördlich und südlich der Griechengasse, zwischen der Ringmauer und der alten Verzweigung der Wege nach Weißenburg und Broos (die sich jenseits des Mühlkanals, aber diesseits des neuen Laufs des Mühlbachs befand). Die neuen Häuserzeilen wurden in der Verlängerung der alten angelegt, und auch der dazwischen liegende Anger fügte sich organisch jenem aus der vorhergehenden Etappe an; beide Tatsachen sprechen für die Entstehung der Zeilen unmittelbar nach der Parzellierung der wichtigen Baublöcke der inneren Stadt. Später wurden, ähnlich wie in Bistritz, nördlich, südlich und westlich des schon parzellierten Gebietes neue Häuserzeilen angelegt (eine Erweiterung nach Osten hin war wegen dem hier gelegenen Besitz Gießhübel unmöglich). In diesen Teilen kann es über 200 Parzellen gegeben haben, doch sind sie später aufgelassen worden, so daß es vorläufig unmöglich ist, ihre Anzahl und Lage genauer zu bestimmen.

Von geringer Bedeutung sind die Parzellierungsverdichtungen in der Innenstadt. Durch Teilung entstanden wahrscheinlich die Hofstellen Hinter der Mauer (10) und am Hundsrücken (12); diese kleinen Grundstücke fügen sich in vorher schon bestehende Grenzen und vor allem zwischen die umliegenden Parzellengruppen gut ein. Da die Rathausgasse (11) und die dazugehörigen Höfe neueren Datums sind, entstanden durch mittelalterliche Verdichtungen ungefähr 30 Parzellen.

Um die zeitliche Entwicklung der Ortschaft nachzuzeichnen, (Abb. 12), gehen wir von den 10 Einzelgehöften der Vorsiedlung und den 20—23 Parzellen des Hospites-Kerns aus. Für die Festlegung der Periode, in der die genannten Besitze entstanden sind, ist zu erwähnen, daß die Ansiedlung der Hospites in dem Mühlbacher Kapitel nach der Mitte des 12. Jh. begonnen hat und

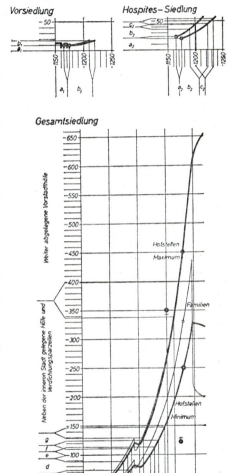

Abb. 12. *Mühlbach*, Entwicklungsdiagramm

Kleine Buchstaben kennzeichnen die Parzellengruppe (auf der Ordinatenachse ihre Parzellenanzahl, auf der Abszissenachse die Parzellenentstehungszeit).

nach dem ersten oder zweiten Viertel des folgenden Jahrhunderts abgeschlossen wurde.[49] Für die Stadt rücken die Grenzdaten zusammen, weil bei den archäologischen Grabungen in der Kirchenburg Hospites-Gräber aus der zweiten Hälfte des 12. Jh. gefunden wurden;[50] einige werden von den Grundmauern der Basilika in schiefem Winkel geschnitten[51] und demnach entstanden diese zu einer Zeit, als der Kirchenbauplan noch nicht bestand. Einen zusätzlichen Hinweis für die Entstehungszeit der Stadt gibt auch der Stil, in dem die Pfarrkirche erbaut ist. Östlich von Hermannstadt, auf Propsteigebiet und im Kozder Kapitel, besitzen die im 12. Jh. gegründeten Ortschaften[52] romanische Kirchen[53], und im Burzenland, wo wir nach 1211 von Hospites wissen, sind sowohl Basiliken mit romanischem Grundriß als auch frühgotische Bauten anzutreffen; dagegen gibt es im später besiedelten Schenk-Kozder, Kizder, Mediascher und Schelker Kapitel gotische Kirchen.[54] Auch westlich von Hermannstadt dürften die Ortschaften, in denen es romanische Bauten gibt, im allgemeinen vor dem Jahr 1200 besiedelt worden sein, so Mühlbach, wo eine große romanische Basilika steht, mit deren Bau sicher vor dem Mongolensturm[55] (nach einigen Untersuchungen sogar schon Anfang des 13. Jh.[56] oder um 1200[57]) begonnen worden ist, die außerdem aber auch einige spätere Bauelemente aufweist.[58] Auch nach den stilistischen Merkmalen des Baus und dem von der Ansiedlung bis zum Baubeginn nötigen Zeitintervall zu schließen, haben sich die Ansiedler hier um die Mitte der zweiten Hälfte des 12. Jh. niedergelassen; der Kern der Siedlung dürfte also frühestens im Jahr 1165 entstanden sein, und wie noch gezeigt werden wird, spätestens zwischen 1175 und 1180.

Für die Entwicklung der Bevölkerungsanzahl bis zur Mitte des 14. Jh. gibt es mehrere Anhaltspunkte. Zunächst wäre anzuführen, daß die romanische Pfarrkirche mehr als 700 m² Nutzfläche besaß und demnach für das

---

[49] K. Rein, *Urwegen*, 95; K. K. Klein, *Luxemburg*, 53; Ders., *Transsylvanica*, Karte 10 f; O. Mittelstraß, *Thesen*, 45; Ders., *Terra Syculorum*, 107—108.
[50] R. Heitel, *Sebeș Alba*, 6 f; Ders., *Archäologische Beiträge*, 149.
[51] A. Klein, *Baugeschichte*, 23.
[52] K. K. Klein, *Transsylvanica*, Karte 10 f.
[53] W. Horwath, *Die Landnahme*, Karte.
[54] Ebenda. Vgl. auch: Ders., *Kirchenburgen*; G. Treiber, *Kirchen*.
[55] R. Heitel, *Sebeș Alba*, 7—10.
[56] M. Angelescu u. a., *Restaurarea*, 91.
[57] A. Klein, *Baugeschichte*, 23; G. Gündisch, Th. Streitfeld, *Der Umbau*, 65.
[58] *Die deutsche Kunst*, 17, 20, 93 f; V. Vătășianu, *Istoria artei*, I, 39; M. Angelescu u.a., *Restaurarea*, 92—97; R. Heitel, *Sebeș Alba*, 10—13.

13. Jh. eine außergewöhnlich große Basilika war. Zum Unterschied von andern Städten ist jedoch in Mühlbach aus einer frühen Zeit nichts über das Bestehen von Kloster- oder Hospitalanlagen bekannt.

Das Dominikanerkloster (d3) ist erst in den Jahren 1300—1322 gegründet worden.[59] Da sein Garten die Jakobigasse (5) sperrte und die Klostergasse (15) ihn umgibt, muß zur Entstehungszeit des Klosters zumindest die Innenstadt bestanden haben (s. Abb. 11 und 13). Es kann aber auch nördlich, südlich oder westlich der Innenstadt neuere Baublöcke gegeben haben. Eine Abgrenzung des möglicherweise parzellierten Gebietes ergibt, daß die Ortschaft zur Zeit der Klostergründung 120—350 Parzellen umfaßt hat.

Urkunden bilden einen genaueren Anhaltspunkt für die Ortsgröße zu Beginn des 14. Jh. Um das Jahr 1330 mußten die Pfarrer der 26 Ortschaften des Mühlbacher Dekanats einen Zins von 55 Mark Silber entrichten.[60] Da für 60 Herdstellen eine Mark zu entrichten war,[61] hat O. Mittelstraß errechnet, daß das Dekanat 3300 Herdstellen umfaßt habe.[62] Wie diese Gesamtanzahl etwa auf die einzelnen Ortschaften aufzuteilen wäre, läßt sich aus den Registern der päpstlichen Sondersteuer von 1332—1337,[63] und vergleichsweise aus Verzeichnissen der 1317—1320 von den freien Pfarreien erhobenen Abgaben[64] entnehmen. Für Rückschlüsse eignen sich besonders die Daten aus dem Jahr 1335 (die Angaben von 1332 umfassen wahrscheinlich auch Zahlungsvorschüsse, die von 1333—1334 sind sehr unvollständig und aus den Jahren 1336—1337 fehlen die Aufzeichnungen). Damals entrichtete Mühlbach 40 Groschen, das sind 10,3 % der 390 Groschen, die der päpstliche Legat im Dekanat erhoben hatte.[65] Wenn wir diesen Prozentsatz auf die Gesamtzahl der Herdstellen des Dekanates beziehen, so ergibt sich für die Stadt eine Anzahl von 330 Familien. Diese Zahl stellt einen unteren Grenzwert dar, weil ein Vergleich der im Brooser Kapitel in den Jahren 1332—1335 erhobenen Abgaben[66] mit den im Jahr 1334 bestehenden Herdstellen[67] zeigt, daß

---

[59] Th. Streitfeld, *Dominikanerkloster*, 64.
[60] *Urkundenbuch*, I, 436.
[61] *Urkundenbuch*, I, 423, 434.
[62] O. Mittelstraß, *Terra Syculorum*, 95. S. auch: F. Baumann, *Geschichte*, 30.
[63] *Documente*, C, XIV/III, 128, 141 f, 161, 173, 180—184, 186 f, 207 f, 218 f.
[64] *Documente*, C, XIV/I, 265—268.
[65] Die Umrechnung der Abgaben in Groschen erfolgte aufgrund der Anmerkungen in den Verzeichnissen. Vgl. auch: E. Wagner, *Die päpstlichen Steuerlisten*, 50.
[66] *Documente*, C XIV/III, 127 f, 138 f, 161, 179 f, 188, 213.
[67] *Urkundenbuch*, I, 464.

die Abgabe je Feuerstelle nicht in allen Ortschaften die gleiche war, sondern im allgemeinen größer in den kleineren Orten und in größeren hingegen etwas kleiner war. Das Mittel schwankt zwischen 0,40 Groschen je Herdstelle in den Siedlungen, die weniger als 10 Groschen pro Jahr bezahlten, und 0,20 Groschen in solchen, die jährlich 40 Groschen beitrugen. Wenn wir also von hier ausgehend, die Abgaben je Herdstelle und die Anzahl der Feuerstellen auf die Ortschaften aufschlüsseln und diese Zahl dann prozentuell auf die Gesamtzahl von 3300 Herdstellen abstimmen, so könnte Mühlbach — als oberster Grenzwert — 450 Familien gezählt haben.

Die Aufschlüsselung läßt sich durch die Gemarkungsgrößen der Ortschaften überprüfen: Vergleicht man die Werte der Brooser Zählung aus dem Jahr 1334[68] mit der Gemarkungsgröße der betreffenden Ortschaften[69], ergibt sich ein ähnliches Verhältnis zwischen den beiden Zahlen. Lassen wir ein solches auch für das Mühlbacher Dekanat gelten, so bestätigt sich die Anzahl von 330 Herdstellen in Mühlbach um das Jahr 1330, da die beiläufig 50—60 km² halbwegs ebene Fläche umfassende frühe Stadtgemarkung[70] ungefähr 10% der gesamten etwa 590 km² nicht gebirgigen Gemarkungsflächen ausmacht.[71]

Um aus diesen Werten die Parzellenzahl abzuleiten, muß ein gewisser Prozentsatz von Sedlern abgezogen werden; er kann zwischen 0 und 25% liegen und somit ergeben sich als Grenzwerte 250 bzw. 450 Hauswirte und etwas über 250 bzw. höchstens 450 Parzellen.

Bevor wir diese Zahlen mit den Ausgangswerten vergleichen, ist zu erwähnen, daß hier möglicherweise gelegentlich des Mongolensturms ein stärkerer Bevölkerungsrückgang stattgefunden hat als in Broos. Eine Urkunde der päpstlichen Kanzlei spricht von einer Entschädigung, die dem Mühlbacher Pleban für die erlittenen Verluste zugebilligt wurde,[72] und die selbst in den Einkünften einer zweiten Pfründe bestehen konnte. Da Mühlbach aber wesentlich größer war als die meisten Ortschaften der Umgebung, müssen auch die Einnahmen aus der zweiten Pfarrei verhältnismäßig klein gewesen sein. Weil die Entschädigung nicht all zu groß war, rechnen wir hypothetisch mit einer Gesamtstockung des Bevölkerungszuwachses, die einem 20%igen Rückgang gleichkommt.

---

[68] Ebenda.

[69] Die Gemarkungsgröße wurde berechnet nach der Karte von G. Müller, *Siebenbürgens Stühle*.

[70] G. Müller, *Rechtslage*, 142 ff.

[71] Berechnet nach G. Müller, *Siebenbürgens Stühle*.

[72] *Urkundenbuch*, I, 71 f.

Stellt man für die Maximalgrößenentwicklung diesen Prozentsatz in Rechnung, so ergeben sich für die Kurven der Familien- bzw. Parzellenanzahl Steigerungen von 530 und 520% je hundert Jahre; der Zuwachsrhythmus wäre also nicht größer als die Höchststeigerung in Broos und somit einleuchtend.
Wird für die untere Grenze der Stadtgrößenentwicklung zur Zeit des Mongolensturms eine Stockung angenommen, die einem 40%igen Rückgang der Familienanzahl gleichkommt, so erscheint der prozentuelle Zuwachs in den Zeitspannen vor und nach dem Einfall wesentlich größer als der in andern Ortschaften festgestellte Höchstwert, so daß diese Hypothese unwahrscheinlich wird. Wenn wir hingegen auch für die untere Grenzkurve eine durch den Mongolensturm bedingte Stockung des Bevölkerungszuwachses annehmen, die einem 20%igen Rückgang entspricht, so ergibt sich ein Zuwachsrhythmus von 540% bzw. 454% der Familien- und Parzellenanzahl in je 100 Jahren (vorausgesetzt, daß die Ansiedlung der Hospites spätestens in den Jahren 1175—1180 erfolgte); die Familienzahl steigt also auch wie in Broos und in Bistritz. Diese Zuwachsrate ist wahrscheinlicher, und bei dem angenommenen Rückgang von nur 20% für die Größenentwicklung bedeutet das natürlich nicht, daß der Bevölkerungsverlust durch den Mongolensturm nicht größer gewesen sein kann;[73] zwischen dem Höchstwert vor dem Jahr 1241 und dem Mindestwert nach diesem Jahr besteht eine Differenz, die mehr als 40% beträgt.

Aufgrund obiger Zuwachsraten kann angenommen werden, daß die Ortschaft vor dem Mongolensturm 80—120 Parzellen umfaßt hat und daß die nachträgliche Weiterentwicklung zwischen 1255 und 1275 bei einer ungefähr gleichen Anzahl eingesetzt haben kann. Wenn die Ortschaft im gleichen Rhythmus weiter gewachsen ist, so hat sie im Jahr 1347 ungefähr 440— 590 Familien und 330—590 Parzellen umfaßt.

Für die Zeit nach der Mitte des 14. Jh. gibt es eine erste Angabe aus dem Jahr 1367: Damals machte das Jahreseinkommen aus dem Kanonikat und einer Pfründe des verstorbenen Plebans von Mühlbach 60 Gulden aus. Der Wert ist verhältnismäßig klein. Sollte die erwähnte Pfründe mit der Mühlbacher Pfarre gleichzusetzen sein — was nicht sicher ist —, so wäre die Stadt damals von nur rund 200 Familien bewohnt gewesen.[74] Feststehend sind spätere Daten: Im Jahr 1488 werden 238 Hospites-Familien, 6 Sed-

---

[73] Ebenda.

[74] Der Berechnung liegen Vergleiche mit der Zehntgröße von Bistritz (1317—1320) und Birthälm (1367) zugrunde. E. Wagner, dem auch für andere Hinweise gedankt sei, vermutet jedoch, daß die Pfründe nicht mit der Mühlbacher Pfarre gleichzusetzen ist.

ler-Familien, 8 verlassene Häuser, 7 arme Familien, 4 Hirten und 2 Mühlen erwähnt, und im Jahre 1532 nur 213 Hauswirte.[75]

Es ist also auch in Mühlbach ein bedeutender Rückgang der Parzellenanzahl zu verzeichnen, doch verfügen wir auch hier über keine weiteren Daten. Trotzdem sind noch drei Elemente hervorzuheben, die einen gewissen Einblick in die Entwicklung erlauben. In den Jahren 1361—1382 ist mit dem Neubau der Pfarrkirche begonnen worden;[76] ein Chor (das zweitgrößte in Siebenbürgen)[77] wurde errichtet, darauf unterbrach man jedoch die Bauarbeiten. Der Ort, schon 1341 als „civitas" erwähnt,[78] besaß eine Innenstadt, die von einer Ringmauer umschlossen war. Diese wurde nach 1387 längs der älteren Wehranlagen errichtet, aber die befestigte Fläche ist viel kleiner als die in Hermannstadt, Kronstadt, Klausenburg, Bistritz und Mediasch (Abb. 115). Schließlich ist eine Brandschatzung der Stadt durch die Türken im Jahr 1438 zu erwähnen. Ein großer Teil der Bevölkerung wurde verschleppt, manche davon in der Walachei zurückgekauft,[79] andere kehrten in den folgenden Jahren heim.[80]

Vergleicht man diese Fakten, so ist für die obere Grenze der Parzellenanzahl zu folgern, daß zwischen den Jahren 1347—1438 das Anwachsen nur

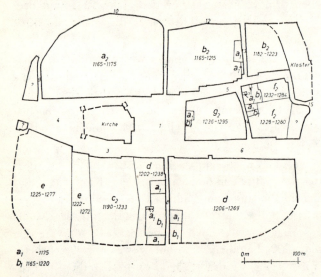

Abb. 13. Mühlbach, Datierung der Stadterweiterungen

(Die Unterscheidung von a_1 und b_1 ist in einigen Fällen hypothetisch.)

---

[75] A. Berger, *Volkszählung*, 52; *Quellen*, II, 283.
[76] V. Vătăşianu, *Istoria artei*, I, 222.
[77] Die Flächen wurden berechnet nach: G. Treiber, *Kirchen*.
[78] *Urkundenbuch*, I, 514.
[79] G. Gündisch, *Türkeneinfälle*, 405—406.
[80] *Urkundenbuch*, V, 22 f, 62.

gering gewesen sein kann, denn sonst wäre es unerklärlich, wieso es keine umfangreicheren Befestigungen gegeben hat. Für die untere Grenze hingegen können wir, durch den „Schwarzen Tod" bedingt, einen Abfall der Familienanzahl annehmen. Es sind also nach dem Jahr 1347 keine neuen Stadtviertel entstanden, sondern Randgebiete aufgelassen worden, und dies spätestens nach dem Türkeneinfall des Jahres 1438. Ein merkliches Wachstum hat erst viel später wieder eingesetzt.

Vergleichen wir die Reihenfolge der Anlage von Parzellen mit dem Diagramm der Größenentwicklung der Ortschaft (Abb. 12), so ergibt sich, daß die Zeitintervalle, die für die Anlage der Parzellengruppen in Rechnung gezogen werden müssen, verhältnismäßig groß sind, und zwar umfassen sie fast ein halbes Jahrhundert. Da aber die wahrscheinlichste Wachstumskurve vermutlich in der Mitte zwischen den beiden Grenzwertkurven verlief — mit Ausnahme einer möglicherweise durch den Mongolensturm bedingten Verschiebung —, ist die Datierung selbst kleinerer Parzellengruppen nicht sinnlos, weil die Unterschiede zwischen den Intervallen die Wachstumsetappen der Ortschaft anzeigen (Abb. 13). Die Merkmale dieser Wachstumsetappen sollen im folgenden Kapitel hervorgehoben werden (Abb. 69—75).

Mediasch

Wie die Ergebnisse der kürzlich im Bereich der Stadtpfarrkirche durchgeführten archäologischen Grabungen zeigen, gab es auch hier eine Vorsiedlung.[81] Ihre Spuren lassen sich im Grundriß des Ortes erkennen; nördlich des aufgefundenen Gräberfeldes auf derselben Bodenerhöhung, an der Langgasse (13), dem Pfarrergäßchen (11) und dem Zekesch (9) gibt es eine Reihe von beinahe quadratischen Parzellen (Abb. 14 und 16). Da sich Grenzen dieser Anwesen in die Parzellierungsstruktur nicht einfügen, glauben wir, daß wenigstens einige Besitze nicht das Ergebnis von Verdichtungen sein können — so die Höfe westlich der Kreuzung Langgasse (13) — Neugasse (10) und südwestlich der Kreuzung Langgasse (13) — Pfarrergäßchen (11). Gleichzeitig ist aus den bedeutenden Form- und Größenschwankungen auf kleinem Raum zu entnehmen, daß die Parzellen ursprünglich vereinzelt angelegt worden waren, also genau wie in den andern Vorsiedlungen. Für das Alter dieser Gehöfte spricht aber auch etwas anderes. Zunächst steht die

---

[81] R. Heitel, *Archäologische Beiträge*, 141—148.

geringe Breite der Langgasse (13) in keinem Verhältnis zu ihrer Bedeutung im Straßennetz der Stadt, was anzeigt, daß sie wahrscheinlich vor den andern Straßen entstanden ist; weiterhin sind die langen Parzellen neben der Kreuzung Zekesch (9) — Langgasse (13) ungewöhnlicherweise auf verschiedene Straßen ausgerichtet, was sich am ehesten durch eine frühe Verbauung der eigentlichen Ecke erklären läßt, und schließlich deutet vielleicht auch die alte Bezeichnung Zekesch und die örtliche Überlieferung auf ein besonderes Alter dieses Stadtgebietes hin.[82] Aus den Form- und Größenschwankungen der Parzellen läßt sich auf 12—15 Einzelgehöfte schließen, und außerdem hat es möglicherweise noch ein vereinzeltes Haus gegeben.

b_1 In einer zweiten Phase sind auch hier an die schon bestehenden Parzellen 12—16 weitere angeschlossen worden, die ähnliche Charakteristiken wie die der ersten Periode aufweisen.

a_2 Bei der Bestimmung der ältesten Hospites-Parzellierung ist zunächst festzustellen, daß es zwei sich voneinander abhebende Stadtteile gibt. Der erste befindet sich vor allem in der Kokelniederung und ist in seiner Anlage deutlich an den Marktplatz (1) und die Pfarrkirche gebunden, die den Platz beherrscht. Der zweite Kern liegt auf einer kleinen Anhöhe; dazu gehörte ebenfalls ein Sakralbau[83], und auf dem Zekesch (9) ein Freiraum, über den Johann Hutter in seiner „Chronik bis zum Jahr 1621" erzählt, er sei der erste Marktplatz der Stadt gewesen.[84] Bezüglich dieser beiden Gebiete läßt sich folgendes festhalten:

1. Die Parzellierungen und vor allem die zwischen der Forkeschgasse (3) und der Schmiedgasse (17) bzw. zwischen der Langgasse (13), dem Kasernberg (16) und der Quergasse (19) zeigen, daß das Gelände um die Marktplätze im großen konzentrisch bebaut wurde; das gleiche ergibt sich für den unteren Teil der Stadt auch aus der Konvergenz der Straßen zum Marktplatz hin (1).

2. Zwischen den Parzellengruppen, die zu den beiden Zonen gehören, gibt es eine Reihe von kurvenförmig verlaufenden Grenzen und Straßen, die darauf hindeuten, daß es hier eine zeitliche Aufeinanderfolge von Abgrenzungen gegeben hat.

3. Es gibt keine Hauptverkehrsstraße, die den Marktplatz (1) und den Zekesch (9) in entsprechender Art verbindet.

---

[82] K. Römer, *Mediasch*, 52.

[83] A. Gräser, *Umrisse*, 42; V. Werner, *Fürstenzeit*, 77.

[84] K. Römer, *Mediasch*, 52; Vgl. auch: G. Treiber, *Kirchen*, 135.

Mediasch

Daraus geht hervor, daß wir es mit zwei ursprünglich voneinander unabhängigen Siedlungen zu tun haben, die jedoch beide zumindest teilweise von den Hospites angelegt worden sind.

Die Gegend des Marktplatzes (1) ist gewöhnlich als spät bebautes Überschwemmungsgebiet dargestellt worden, doch ist diese Frage viel komplizierter, als angenommen wird.[85] Bei Kanalisationsarbeiten sind im Gebiet der Schmiedgasse (17), des Marktplatzes (1) und der Kotgasse (6) „in der Tiefe von mehreren Metern mächtige Balken und Pfosten gefunden worden, Spuren von Brücken und Straßenübergängen, [...] dazu Küchenabfälle, Knochen etc.".[86] Da eine relativ kleine Gemeinschaft schwerlich ein breites Tal aufgeschüttet hat, ist anzunehmen, daß es entweder einen erheblichen Höhenunterschied zwischen dem Wasserlauf entlang der erwähnten Straßen und dem umliegenden Gelände gegeben hat, oder ein allgemeines Gefälle zum Bach hin. In beiden Fällen kann das von Straßen durchzogene Gelände nicht so sumpfig gewesen sein, daß es unbebaubar war, wie aus Hutters Schilderung entnommen wurde: „da denn die Leute oft große Plag mit dem Vieh gehabt haben, welches in die garstigen Moräste, da jetzund nun der Markt ist, gekrochen"[87] — ein Bericht, der aus einer Zeit stammt, in der das Gebiet schon längst eines der urkundlich im Jahr 1508 belegten[88] Quartale der Stadt bildete, und der Marktplatz (wie die Bauten rund um ihn beweisen)[89] schon lange Stadtzentrum war. Übrigens zeigen auch die Müllreste in den Ablagerungsschichten, daß das betreffende Gelände zur Zeit der Aufschüttung schon bewohnt gewesen war.

Die Feststellungen sprechen also nicht gegen ein hohes Alter des im Tal gelegenen Stadtteiles, andere zeigen aber, daß er vor der Hospites-Siedlung auf dem Zekesch (9) entstanden ist.

1. Die Parzellen der unteren Stadthälfte sind zum Teil überaus groß; der ursprünglich dörfliche Charakter von Mediasch widerspiegelt sich nur in ihren Ausmaßen.[90]

2. Die Größe der Parzellen im oberen Teil der Stadt entspricht der Oberfläche von Handwerkerparzellen und möglicherweise deutet auch der angeb-

---

[85] Vgl. die Hypothese von G. Treiber, Kirchen, 135, mit der von: A. Gräser, Umrisse, 6; V. Werner, Fürstenzeit, 50; E. Greceanu, Mediasch, 22; K. Römer, Mediasch, 52 ff.
[86] W. Werner, Fürstenzeit, 51.
[87] K. Römer, Mediasch, 52.
[88] J. Bedeus v. Scharberg, Medwischer Stadtbuch, 55.
[89] E. Greceanu, Mediasch, 28—30; H. Fabini, Casa Schuller, 39.
[90] P. Niedermaier, Dorfkerne, 61, 63. Für das Mediascher Gebiet vgl. auch: J. M. Salzer, Birthälm, Grundriß.

liche Standort des ersten Marktplatzes,[91] des Franziskaner-Klosters (d3) sowie der betont städtische Charakter des Straßennetzes auf dem Zekesch auf einen früheren Stadtwerdungsprozeß dieses Gebietes hin; eine Ansiedlung von Bauern neben einem Handwerkerort ist aber weniger wahrscheinlich als umgekehrt.

3. Die ersten Parzellen der Hospites-Siedlungen sind im allgemeinen in größerem Abstand von den Vorsiedlungen angelegt worden. Eine solche Anordnung ist für den Kern der Talsiedlung kennzeichnend, während sich der Kern der Bergsiedlung unmittelbar neben den alten Einzelgehöften befindet.

Im unteren Stadtteil ist der Kern leicht zu erkennen; aus der Größe und Regelmäßigkeit der Parzellen, aber auch aus der zentralen Lage und halbovalen Form des Baublocks (die sich nur zum Teil durch die Geländegestalt erklären läßt), geht hervor, daß er sich zwischen dem Marktplatz (1), der Forkeschgasse (3), der Klettengasse (2) und der Kotgasse (5) befand. Er war von Anfang an von Begrenzungselementen umgeben und umfaßte ursprünglich 20—27 Parzellen. Seine alten Grenzen haben sich gut erhalten; nur an seinem südwestlichen Ende sind 2—5 Grundstücke später hinzugekommen.[92]

b_2 Da das Gelände neben dem Kern auf einer Seite anstieg und auf der andern vielleicht sumpfig war, konnte die ursprüngliche Parzellierung kaum verlängert werden. So ist in einem gewissen Abstand gegenüber den ursprünglichen Grundstücken eine selbständige Parzellengruppe angelegt worden; sie lag nordwestlich der Gräfengasse (6) und des Marktplatzes (1).[93] Für das Alter dieses Baublocks sprechen seine nahezu halbovale Form und die relativ großen Ausmaße der Parzellen. Die etwas uneinheitliche Form des Baublocks deutet jedoch darauf hin, daß die 12—16 Grundstücke nicht gleichzeitig, sondern nach und nach angelegt worden sind.

c_2 Das Gelände zwischen der Kot- (5) und Gräfengasse (6) ist wohl nicht gleich nach der Anlage des Kerns bebaut worden; die von Viktor Werner beschriebenen Grabungen ergaben, daß das betreffende Gebiet teilweise uneben war. Im Zuge der Ausbildung des Stadtgefüges ist jedoch nach Aufschüttungsarbeiten der ursprüngliche Anger bebaut worden; die hier gelegenen Grundstücke sind noch ziemlich groß, zum Unterschied von den später angelegten Parzellen, die aus Mangel an ebenem Gelände kleiner bemessen werden mußten. Bei der Parzellierung sind zunächst 9 Grundstücke, dann 4—10 und später vielleicht noch 4—8 angelegt worden, also insgesamt 13—27 (den Maximalwerten von c_2 entsprechen die Minimalwerte von a_2 und b_2). Anschließend

---

[91] K. Römer, *Mediasch*, 52.
[92] Vgl. den Grundriß von Theumern in: E. Greceanu, *Mediasch*, 27.
[93] S. auch: G. Treiber, *Kirchen*, 135.

entstanden die schon erwähnten beiläufig 20 kleineren Parzellen entlang der Klettengasse (2).

Da es nun im unteren Stadtteil kein ebenes Gelände mehr gab, mußten die weniger günstigen, geneigten Flächen bebaut werden. Östlich der Forkeschgasse (3) — zwischen der Kreuzung mit der Klettengasse (2) und einer großen Verwerfung der Ostfront im oberen Teil der Straße — können 11—13 große Grundstücke als relativ alte Parzellierung angesehen werden. Wie es scheint, sind gleichzeitig nur zwei Wirtschaften auf der gegenüberliegenden Seite der Straße angelegt worden; sie unterscheiden sich durch ihre unregelmäßige Form eindeutig von den umliegenden Grundstücken, von denen sie nachträglich umschlossen wurden. Wahrscheinlich beabsichtigte man ursprünglich hinter den zur Klettengasse (2) gehörigen Parzellen eine Straße anzulegen, doch wurde auf das Projekt bald verzichtet, und aus dieser Zeit dürften die restlichen 16—19 Grundstücke der Forkeschgasse (3) stammen. Durch ihre Anlage erhielt auch dieses Gebiet eine ovale Form.

Wie die Grenzlinie zeigt, beabsichtigte man zu jener Zeit nicht, die Ortschaft weiter südwärts auszubauen, dieses wahrscheinlich wegen der relativ großen Entfernung vom Marktplatz und der Pfarrkirche. Möglicherweise vermied man auch wegen des sumpfigen Geländes die Ortschaft westwärts zu erweitern und legte die neuen Parzellen zwischen den beiden Siedlungen an. Hier, zwischen der Schmiedgasse (17) und der Forkeschgasse (3), entstanden zunächst 12—14 und dann noch 12 Grundstücke. Durch ihre Anlage wurde die Grenze der Talsiedlung wesentlich abgerundet und der freie Raum zwischen den beiden Stadtteilen verkleinert.

So entstanden die Baublöcke der nächsten Etappe unmittelbar neben denen der Bergsiedlung; es handelte sich zunächst um eine Gruppe von 12 Parzellen zwischen der Oberen Schmiedgasse (18) und dem Zigeunerberg (20), um 5 Grundstücke am Kleinen Platz (7) und um weitere 5—7 Parzellen der Badergasse (7), die neben den letztgenannten lagen (der Stadtmauerverlauf an ihrer Rückfront zeigt, daß sie vor der Errichtung der gemauerten Befestigungen angelegt worden sind). Letztlich erwähnen wir noch 11 Grundstücke im Bereich der Badergasse (7) und der Waffenschmiedgasse (4), durch deren Absteckung noch einige freie Flächen im unteren Teil der Stadt besetzt wurden.

Nach andern Ortschaften zu schließen, waren die ersten von den Hospites angelegten Parzellen auch im oberen Teil der Stadt relativ groß und nicht zwischen den Einzelgehöften gelegen. Nur zwei Baublöcke könnten demnach sehr alt sein: der nordöstlich des Zekesch (9) und der zwischen der Steingasse (12), Langgasse (13), Neugasse (10) und einem Durchgang (14) gelegene. Die letztgenannte Parzellengruppe liegt jedoch in kleiner Entfernung vom Terrassenrand und wendet ihm ihre Vorderseite zu; die ungewöhnliche Stellung zeigt, daß der Zekesch (9) zur Zeit ihrer Parzellierung schon bebaut war, daß sie mithin neuer ist, wofür auch die spätere Entwicklung der Siedlung spricht. Als Kern darf also der erstgenannte Baublock angesehen werden.[94] Er umfaßte 18—20 Parzellen und ist vom Verlauf der Straße (9), dem Gelände des ehemaligen Franziskanerklosters (d3) und der Ringmauer begrenzt; bloß in der Südwestecke sind später wahrscheinlich zwei Parzellen hinzugefügt worden.

b_3 Die Erweiterung der Bergsiedlung läßt sich durch den Standort der Baublöcke zum Kern und die Grundstückgröße bestimmen. Die Hospites haben zunächst 6 Parzellen zwischen dem Zekesch (9) und dem Pfarrergäßchen (11) angelegt und die Bevölkerung der Vorsiedlung, wenigstens zum Teil, die 6—7 kleineren Grundstücke zwischen Zekesch (9) und Neugasse (10), bis zur Höhe des Klostergeländes. Aus dieser Etappe stammen schließlich weitere 6 langgestreckte Parzellen auf der Nordseite der Langgasse (13), wodurch das vollständig parzellierte Gebiet einen geschlossenen Umriß erhielt.

c_3 Die Parzellengruppen auf dem Kasernberg (16) südlich der Bergsiedlung zeigen abgerundete Umrisse, sie waren also von Begrenzungselementen umzogen. Zum Zeitpunkt ihrer Entstehung stellte sich demnach das Problem einer Anpassung an die Talsiedlung bzw. einer gemeinsamen Befestigung nicht; diese war also keinesfalls in ihre Nähe vorgerückt. Die erwähnten 16—20 Grundstücke am Kasernberg (16) sowie 2 Hofstellen im Süden des alten Kerns[95] müssen also relativ früh entstanden sein, unmittelbar nach denen auf dem Zekesch (9). Der Lauf der neu entstandenen Straße folgte wohl dem eines älteren Verbindungsweges zwischen den Siedlungen, aber trotzdem ist sie ziemlich schmal bemessen worden.

d_3 Bei der darauffolgenden Erweiterung entstanden die 12—16 Grundstücke östlich der Steingasse (12), zwischen der Kirche und einer größeren Verwerfung in der Front der erwähnten Straße. Die Parzellen besitzen eine verhältnismäßig große Oberfläche, die sich durch ihre Einfügung in feste Grenzen ergab; die hintere war an die vorhergegangenen Parzellierungen gebunden, die vordere ergab sich aus der Ausdehnung des Gräberfeldes und der Befestigungen, die dieses vielleicht umgeben haben, außerdem wahrscheinlich auch
e_3 aus dem Verlauf eines Weges, der in die Talsiedlung hinunterführte. Unge-

---

[94] S. auch: E. Greceanu, *Mediasch*, 22.

[95] Vgl.: V. Werner, *Fürstenzeit*, 50.

fähr gleichzeitig, oder etwas später, sind auch die 14—17 Parzellen im Westen der Steingasse (12) angelegt worden.

Die obere Terrasse war nun in ihrer ganzen Breite bebaut und es ergab sich die Notwendigkeit einer Längsausdehnung der Bergsiedlung. Da zur Talsiedlung hin nicht genügend freies Gelände vorhanden war, wurden die neuen Grundstücke auf der Nordseite angelegt. Die Steingasse (12), die Neugasse (10) und den Zekesch (9) entlang steckte man zunächst 9 und später 15—18 Parzellen ab. Mit diesen wurden die ursprünglichen Parzellierungen in dem mit einer Ringmauer umgebenen oberen Teil der Stadt abgeschlossen.

Erst nachher dürfte eine Verdichtung der Parzellierungsstruktur stattgefunden haben. Als ihr Ergebnis sind ungefähr 125 Grundstücke anzusehen. Sie liegen auf dem Zigeunerberg (20), längs der Quergasse (19), der Klettengasse (2), Neugasse (10), des Pfarrergäßchens (11) und Hinter der Mauer (8) bzw. in andern Stadtteilen verstreut (vgl. Abb. 107 und 108). Gleichzeitig aber wurde auch eine Reihe bis dahin freigebliebener Flächen bebaut; es handelt sich zunächst um das Gelände westlich und südlich der Kirchenburg, wo 8—12 Parzellen angelegt wurden. Zum Schluß parzellierte man einen kleinen Anger zwischen den beiden Siedlungen; hier, zwischen der Schmiedgasse (17) einerseits, der Oberen Schmiedgasse (18), dem Kasernberg (16) und dem Pfarrergäßchen (11) andererseits, entstanden ungefähr 16 Parzellen.

Um die Entwicklung der Gehöfteanzahl zu bestimmen (Abb. 15), muß von der Größe und dem Entstehungsdatum der Kerne ausgegangen werden.

Da einige Gräber im Gebiet der Pfarrkirche aus dem 12. Jh. stammen, werden damals auch etliche der 24—31 Parzellen der Vorsiedlung bestanden haben.[96] Die Anzahl der Gehöfte, die es zu einem bestimmten Zeitpunkt gegeben hat, kann aber nur im Zusammenhang mit der Entwicklung der gesamten Stadt geschätzt werden.

Die erste systematische Parzellierung im unteren Teil der Stadt umfaßte 20—27 Parzellen und stammt, wie bereits erwähnt, aus der Ansiedlungszeit der Hospites im Mediascher Gebiet. Aus geschichtlichen Daten ist zu entnehmen, daß diese in den Jahren 1235—1268 stattgefunden hat[97], — nach Karl Kurt Klein eher erst nach dem Mongolensturm.[98] Eine genauere Datierung

---

[96] Für das Gräberfeld s.: M. Beldie, *Mediaş*.
[97] G. Müller, *Furkeschdorf*, 49—59; O. Mittelstraß, *Beiträge*, 109; *Urkundenbuch*, I, 528, 315 f. Andere Ansichten s.: A. Scheiner, *Mundartgeographie*, 1—7; E. Greceanu, *Mediasch*, 7; F. Michaelis, *Beiträge*.
[98] K. K. Klein, *Transsylvanica*, 208 und Karte, 10 f; Ders., *Luxemburg*, 53.

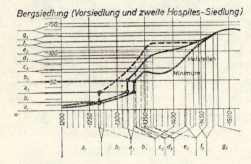
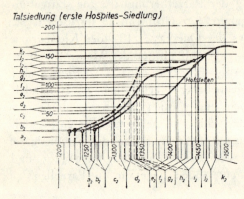
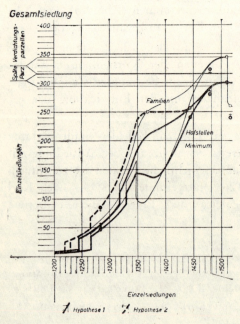

Abb. 15. *Mediasch*, Entwicklungsdiagramm

Kleine Buchstaben kennzeichnen die Parzellengruppen (auf der Ordinatenachse ihre Parzellenanzahl, auf der Abszissenachse die Parzellenentstehungszeit).

ist aber auch hier nur im Zusammenhang mit der Entstehungszeit der Handwerkersiedlung möglich.

Um diese zu bestimmen, ergibt sich ein erster Anhaltspunkt aus der Siedlungsdichte. In Birthälm, einen Marktflecken, der gleichzeitig mit der Talsiedlung und unter ähnlichen historischen Bedingungen entstanden ist, hat es zunächst beiläufig 30 Parzellen gegeben, wie aus dem Parzellengefüge, der Grundstückgröße und den Straßennamen zu schließen ist.[99] Die Siedlung besaß eine Gemarkung von ungefähr 4 000 ha (von den späteren 4 680 ha ist ein, nach der Form der Gemarkung kleiner Teil für die Wüstung Fettendorf abzuziehen),[100] demnach entfielen 134 ha je Wirtschaft. In einem nahegelegenen Gebiet — in den Dörfern des mittleren Schäßburger Stuhls — hingegen entfallen 198 ha auf eine Wirtschaft.[101] Die Ausdehnung der Mediascher Ge-

---

[99] S. den Grundriß in: J. M. Salzer, *Birthälm*.

[100] O. v. Meltzl, *Statistik*, Anhang, 23; G. Müller, *Siebenbürgens Stühle*; E. Wagner, *Wüstungen in den Sieben Stühlen als Folge der Türkeneinfälle des 15. Jahrhunderts*, in: Forschungen, 21/1, 43.

[101] P. Niedermaier, *Dorfkerne*, 51 f.

markung zur Zeit der Ansiedlung der Hospites (das nördlich der Kokel gelegene Gebiet inbegriffen) belief sich auf 3 900—4 000 ha — von den heutigen 4 400 ha[102] muß, nach der planimetrischen Struktur zu schließen,[103] eine relativ kleine Fläche abgeschrieben werden, die zur Wüstung Furkeschdorf gehört.[104] Bei einem Vergleich der Gemarkung mit den obengenannten Gemarkungsanteilen je Hof ergeben sich für die Ansiedlungszeit der Hospites ein Minimum von 20 Parzellen oder, was wahrscheinlicher ist, ungefähr 30 Parzellen. Da es außer dem Kern der Talsiedlung auch andere in der Vorsiedlung gelegene Hofstellen gegeben hat, wird der Hospites-Kern der Bergsiedlung erst später entstanden sein.

Da Mediasch in der Zeitspanne 1268—1315 hörig war, und es nicht wahrscheinlich ist, daß Handwerker sich in Südsiebenbürgen früh in einer unfreien Ortschaft niedergelassen haben,[105] kommt die erwähnte Zeitspanne für die Entstehung des zweiten Kerns kaum in Frage. Im Jahr 1315 wurden die Dörfer des Mediascher Stuhls wieder mit den Sieben Stühlen vereinigt, wodurch sie ihre alten Privilegien zurückbekamen.[106] 1318 erteilte man ihnen schließlich noch zusätzliche Rechte, und zwar „um din Anzahl der Bewohner zu steigern" („volentes ut iidem nostris in temporibus numerositate populi augeantur").[107] Solche oder ähnliche Formulierungen kommen zwar in den Arengen der Privilegien nach 1242 häufig vor,[108] aber sie weisen doch — in diesem Fall für Mediasch — auf Bestrebungen in dieser Richtung

---

[102] F. Theil, *Mediasch*, 105.

[103] S. die Karte von G. Müller, *Siebenbürgens Stühle*.

[104] K. Werner, *Pfarrkirche*, 27 f. Für das Größenverhältnis s. auch: C. Werner, *Geschichte*, 291.

[105] Von den Städten, in denen es später viele Gewerbe und mithin wohl zahlreiche Handwerker gab, ist nur Mediasch in einem Anfangsstadium Besitz eines Adligen gewesen. In Kronstadt, das zusammen mit dem ganzen Burzenland 1211—1225 dem deutschen Ritterorden unterstand, dürfte die Ansiedlung von Handwerkern besonders gefördert worden sein. Klausenburg, das sich vermutlich 1270—1310 und 1313—1316 im Besitz des siebenbürgischen Bistums befand, ist wahrscheinlich schon vorher mit Privilegien begabt worden (*Istoria Clujului*, 77 ff), und — nach der Größe der Parzellen rund um den Hauptplatz zu schließen — von vielen Handwerkern bewohnt gewesen. In den andern einst hörigen Ortschaften Siebenbürgens war die Zahl der Handwerker selbst im 16. Jh. klein (vgl. die Einleitung).

[106] *Urkundenbuch*, I, 315.

[107] *Urkundenbuch*, I, 331.

[108] A. Kubinyi, *Zur Frage der deutschen Siedlungen*, 544.

hin. Die angeführten Elemente, vor allem aber die neueren Privilegien machen es wahrscheinlich, daß sich die 18—20 Handwerkerfamilien entweder vor dem Jahr 1268 oder eher nach 1315 angesiedelt haben.

Für die genauere Datierung der Siedlungen gibt es jedoch auch andere Anhaltspunkte. Zunächst läßt sich die ungefähre Größe der Ortschaft im Jahr 1283 feststellen. Damals betrugen drei Viertel des Zehnten von acht Dörfern des Mediascher Dekanats 40 Mark Feinsilber,[109] der gesamte Zehnte also etwas mehr als 53 Mark. Um aus diesem Wert die Anzahl der Herdstellen abzuleiten, muß ein Vergleich mit andern, ungefähr gleichgroßen Ortschaften gemacht werden, deren Zehnter und deren Größe bekannt sind. Solche Ortschaften sind Kleinmühlbach (Sebeșel), Unterbrodsdorf (Șibot) und Reichenau (Răhău); der Zehnte der ersten beiden Ortschaften belief sich auf je 12 Mark und jener von Reichenau auf 14 Mark.[110] Wie auch für Mühlbach — zu dessen Dekanat die erwähnten Dörfer gehörten — läßt sich ihre Größe nach dem Anteil an den Abgaben von 1335 der insgesamt 3300 Herdstellen des Dekanats[111] feststellen. Die Dörfer umfaßten zwischen 92 und 126 Herdstellen, demnach wird das Mediascher Dekanat im Jahr 1283 insgesamt 290—470 Herdstellen gezählt haben, wovon unter Berücksichtigung der Größe der Gemarkung (einfachheitshalber rechnen wir das Gebiet nördlich der Kokel, für das ein anderes Zehntrecht gültig war,[112] mit ein) auf Mediasch 52—84 entfallen. Wenn wir des weiteren höchstens 14% Sedler in Rechnung ziehen — der Prozentsatz steht für 1510 fest —, so ergibt sich eine Anzahl von 46—84 Parzellen.

Einen zweiten wichtigen Anhaltspunkt für die Datierung der Einzelsiedlungen gibt uns das Größenverhältnis zwischen dem Tal- und dem Bergteil der Stadt. Da im Gebiet von Broos und Mühlbach Handwerker- und Bauernsiedlungen in gleichem Maße angewachsen sind, können wir eine parallele Entwicklung auch für die beiden Teile von Mediasch annehmen; beim Baubeginn der Ringmauer standen die Tal- und Bergsiedlung in einem prozentuellen Verhältnis von 54 zu 46, und vorher dürfte dieses ähnlich gewesen sein.

Zieht man alle erwähnten Anhaltspunkte in Betracht, so ergeben sich für die Kerne zwei Datierungsmöglichkeiten:

1. Ist die Handwerkersiedlung nach 1283 entstanden, so konnte das spätere Größenverhältnis zwischen den Stadtteilen nur zustandekommen, wenn die Talsiedlung noch sehr klein und die Vorsiedlung schon ziemlich groß

---

[109] *Urkundenbuch*, I, 145. Vgl. auch 160.
[110] *Urkundenbuch*, I, 327.
[111] O. Mittelstraß, *Terra Syculorum*, 95 f.
[112] G. Müller, *Landkapitel*, 155.

gewesen ist. Berücksichtigt man die für Broos festgestellte jährliche Zuwachsrate der Parzellenanzahl, also 324% bis 515% in je 100 Jahren, so ergibt sich für die Talsiedlung, entsprechend der Kerngröße und der Minimalzahl von 46 Mediascher Parzellen im Jahr 1283, eine Entstehungszeit in den Jahren 1244—1266. Weiterhin ist aus dem späteren Größenverhältnis der Stadtteile zu folgern, daß die Vorsiedlung damals beiläufig 10 Höfe umfaßte. Bis zur Entstehungszeit der Handwerkersiedlung — in dieser Hypothese zwischen den Jahren 1318 und 1330 — wuchs die Parzellenanzahl der Vorsiedlung bis zum Maximalwert von ungefähr 30 Grundstücken an.

2. Wenn der Kern der Handwerkersiedlung vor dem Jahr 1283 entstanden ist, kommt, wegen der verhältnismäßig großen Parzellenanzahl der Bergsiedlung und mithin auch der Talsiedlung, für 1283 nur die errechnete Maximalgröße der Ortschaft in Betracht. Entsprechend dem Verhältnis zwischen den Stadtteilen kann es auf dem Berg 39 und im Tal 45 Parzellen gegeben haben. Stellt man weiter die bei andern Ortschaften ermittelten Zuwachsraten sowie die Kerngröße in Rechnung, ergibt sich für die Talsiedlung eine Entstehungszeit bald nach dem Jahr 1224. Diese Datierung entspricht den Vorstellungen der Historiker über die Besiedlungszeit des Mediascher Stuhles[113] zwar nicht, doch sind die Anhaltspunkte, auf denen diese Vorstellungen fußen, sehr unsicher; die Entstehungszeit könnte eine Bestätigung in der planimetrischen Gliederung des Viertels finden, da breite Anger in andern siebenbürgischen Städten gerade damals angelegt wurden. Für die Entstehungszeit der Bergsiedlung bildet die Parzellenanzahl der Vorsiedlung einen letzten Anhaltspunkt. Es ergibt sich dafür ein größerer Wert (ungefähr 11), und mit Rücksicht auf die Verschmelzungszeit der Vorsiedlung mit der Handwerkersiedlung erscheint dieser Wert einleuchtender, wenn man für die Ansiedlung der Handwerker einen späteren Zeitpunkt ansetzt, also die Jahre kurz vor 1268.

Auf die Entstehungszeit und Größe der Einzelsiedlungen wirft auch die spätere Entwicklung ein gewisses Licht. Wird ein gleichmäßiger Zuwachs der Parzellenanzahl für die Zeit nach den beiden Ansiedlungen vorausgesetzt, hat die Stadt im Jahr 1347 entweder 140—180 oder 230 Parzellen gezählt — davon 65—80 oder 105 auf dem Berg und 75—100 oder 125 im Tal. Viel wahrscheinlicher sind die größeren Werte, die den Maximalgrößen der ersten Hypothese oder der zweiten Datierungsmöglichkeit zugehören. Dafür spricht eine etwas spätere Angabe: 1366/1367 betrug der Zehnte des nahe gele-

---

[113] G. Müller, *Furkeschdorf*, 49—59; O. Mittelstraß, *Beiträge*, 109; K. K. Klein, *Transsylvanica*, 208 und Karte 10 f; Ders., *Luxemburg*, 53.

genen und ungefähr gleichgroßen Ortes Birthälm 90 Gulden; der wohl auch für Mediasch gültige Wert entspricht rund 250 Familien.[114] Die Stadt, 1359 erstmalig als „civitas" erwähnt, hat demnach durch den „Schwarzen Tod" kaum gelitten und ist nachher noch etwas angewachsen.

Den nächsten Anhaltspunkt liefert das Gründungsjahr des Franziskanerklosters (d3) — 1444.[115] Der Klostergarten ist besonders groß und demnach sicher auf bis dahin freiem Gelände am Stadtrand angelegt worden. Die damalige Siedlungsgrenze setzt sich auch westlich der Steingasse (12) fort, was für eine damals schon vollständige Bebauung des südlich davon gelegenen Teils der Bergsiedlung spricht. Das betreffende Gebiet umfaßte 109—117 Parzellen, wobei die kleinere Zahl dem Parzellenminimum entspricht, die größere aber dem Unterschied zwischen der im Jahre 1480 beim Baubeginn der Ringmauer vorhandenen Parzellenanzahl und der Mindestzahl der zwischen 1444 und 1480 angelegten Grundstücke. Aus dem bestehenden Größenverhältnis zwischen den beiden Stadtteilen geht außerdem hervor, daß die Ortschaft zur Zeit der Klostergründung 240—256 Parzellen umfaßt haben muß.

Vergleicht man diese Werte mit jenen der Jahre 1347 und 1366/1367, so ist ein Abfall des Entwicklungsrhythmus festzustellen; er dürfte auf die allgemeinen demographischen Veränderungen zurückgehen. Jedenfalls ist es wahrscheinlich, daß die Einwohnerzahl der Stadt durch den Türkeneinfall von 1438 nicht wesentlich verringert wurde,[116] weil sonst viele Höfe leer geblieben wären. Unbewohnte Parzellen hat es aber nicht gegeben, da nach dem Jahr 1444 ein bedeutendes Größenwachstum der Ortschaft festzustellen ist.

Wir verfügen für diese neuere Etappe über statistische Angaben. Genauer sind die des Jahres 1510, in denen 300 Hospites-Familien, 38 Sedler-Familien, 4 arme Familien und 2 Hirten erwähnt werden.[117] Gleichzeitig gab es keine verlassenen Höfe, also dürfte bis zu jenem Zeitpunkt die Anzahl der Wirtschaften im Wachsen begriffen gewesen sein.

---

[114] *Urkundenbuch*, II, 415; für einen Hinweis darauf danke ich Herrn E. Wagner. Der Rückschluß vom Zehntwert auf die Ortschaftsgröße erfolgte durch Vergleiche mit andern Orten 1317/1320: Kleinmühlbach, Unterbrodsdorf; 1400/1401: Bistritz) und mit der früheren und späteren Größe von Birthälm (P. Niedermaier, in *Die Woche* 420/1975).

[115] E. Greceanu, *Mediasch*, 43.

[116] Vgl.: E. Werner, *Pfarrkirche*, 27, 34 f; K. Fabritius, *Jodoks von Kussow*, 560, 587 ff; G. Gündisch, *Türkeneinfälle*, 406.

[117] A. Berger, *Volkszählung*, 74.

Der 1480 begonnene Bau starker Befestigungen[118] wurde schon erwähnt. Da der Mauerverlauf fast überall mit dem von älteren Wehranlagen übereinstimmt und, wohl auch hier wie bei anderen Städten, vor allem mit der Befestigung der neu parzellierten, also noch nicht durch einfachere Wehranlagen geschützten Baublöcke begonnen worden ist, wird der Stadtumriß zu jenem Zeitpunkt bereits festgestanden haben. Im oberen Stadtteil könnte nur in der Neugasse (10) ein freies Gelände später mit 5—8 Höfen bebaut worden sein, im unteren Stadtteil kann es, abgesehen von den viel später angelegten Baublöcken, nur im Bereich der Waffenschmied- (4) und Badergasse (7) ein 5—6 Parzellen entsprechendes freies Gelände gegeben haben. Zählt man die ursprünglichen Grundstücke, so kommt man auf 294—333. Da es 1510 aber höchstens 300 Parzellen und Raum für weitere 14 gegeben haben wird, läßt sich auch der Maximalwert für 1480 auf 314 herabsetzen. Angesichts der unteren Grenzwerte der beiden Stadtteile von 133 und 161 können die 300 Höfe von 1510 proportional in 136 und 164 geteilt werden; als obere Grenzwerte für die Gebiete ergeben sich dann die Zahlen 144 und 170, mithin das erwähnte mittlere prozentuelle Verhältnis von 46 zu 54. (Die Herabsetzung des oberen Grenzwertes erlaubte auch die in verschiedenen Etappen entstandene Parzellenanzahl im Entwicklungsdiagramm zu berichtigen.)

In den Jahren 1510—1516 muß die Bevölkerungsanzahl von irgendwelchen Ereignissen beeinflußt worden sein, denn in einer Zählung des letztgenannten Jahres erscheinen in Mediasch bloß 239 Wirte und 21 Sedler.[119] Die Zahl der aufgelassenen Höfe wird nicht angegeben, doch geht aus dem verzeichneten Rückgang hervor, daß sie relativ hoch gewesen sein muß. In der genannten Zeitspanne ist kein Türkeneinfall im Kokelgebiet bekannt, also müßte der Rückgang einer Pestepidemie in den Jahren 1510—1511 zugeschrieben werden[120].

Nach 1516 lösen Wachstums- und Rückgangsperioden einander ab. Zeitweilig ist es sogar notwendig gewesen, Siedlern, die auf freien Flächen bauten („in locis desertis"), gewisse Privilegien einzuräumen;[121] es kann sich jedoch bei diesen Flächen sowohl um ursprüngliche wüste Hofstellen gehandelt haben, als auch um unbewohnte Verdichtungsparzellen.

---

[118] A. Gräser, *Ringmauer*, 197; V. Werner, *Fürstenzeit*, 47 f; E. Greceanu, *Mediasch*, 8.

[119] G. D. Teutsch, *Schulanfänge*, 281.

[120] P. Samarian, *Din epidemologia*, 29 ff.

[121] A. Gräser, *Ringmauer*, 199 f; V. Werner, *17. Jahrhundert*, 7.

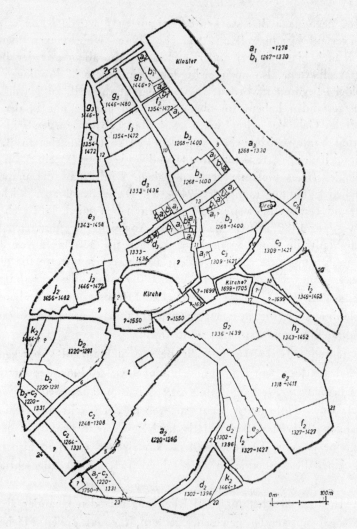

Abb. 16. *Mediasch*, Datierung der Stadterweiterungen.
(Die Unterscheidung von a_1 und b_1 ist in einigen Fällen hypothetisch.)

Vergleicht man das Entwicklungsdiagramm, das sich aufgrund dieser Daten ergibt, mit der Reihenfolge der Parzellierungen (Abb. 15), so ergibt sich die Datierung der Parzellengruppen und Baublöcke (Abb. 16); gleichzeitig werden die Merkmale der Wachstumsetappen kenntlich, die im folgenden Kapitel behandelt werden (Abb. 98—108).

DIE STÄDTEBAULICHE ENTWICKLUNG DER HANDWERKSORTE

Allgemeines

Wie archäologische Grabungen und andere Untersuchungen gezeigt haben, war das Gebiet der späteren Handwerksorte schon früh bewohnt.[1] Da diese an strategisch überaus wichtigen Punkten entstanden[2], ist es nicht verwunderlich, daß es an diesen Stellen schon im 12. Jh. Niederlassungen gab. Nach dem Parzellengefüge der Ortschaften zu schließen, befanden sich diese Vorsiedlungen, mit Ausnahme Kronstadts, im Bereich der nachherigen Innenstadt. Sie waren klein, und ihre Bewohner dürften sich vor allem mit Viehzucht und Ackerbau beschäftigt haben, aber auch militärischen Verpflichtungen gefolgt sein. Vergleichsweise bedeutender waren die an Burgen gebundenen Vorsiedlungen: in Klausenburg gab es zur gleichen Zeit zwei Niederlassungen — eine innerhalb und eine außerhalb der Wehranlagen —,[3] und in Schäßburg eine in dem befestigten Gebiet.[4] Ihre Bevölkerung wird in größerem Maße militärische und administrative Pflichten gehabt haben.[5]

Auf die weitere Entwicklung der späteren Städte läßt zunächst ihre Gemarkungsgröße schließen. Vergleicht man diese mit der durchschnittlichen Gemarkungsfläche der umliegenden Dörfer, so zeigt sich, daß die Handwerksorte schon im 12./13. Jh. ein ausgedehntes Umland besaßen (Abb. 17). Sieht man von gebirgigen Teilen ab, so gab es im Brooser, Mühlbacher und Schäßburger Stuhl sowie im Kronstädter Distrikt keine Ortschaft mit einer größeren Gemarkung als die zukünftige Stadt; im Mediascher Stuhl war nur die von Birthälm größer, im Hermannstädter Heltau, Stolzenburg und Burgberg und im Bistritzer Distrikt die von Mettersdorf und Lechnitz. Da gleichzeitig einige der großen Stadtgemarkungen — so die von Mediasch und

---

[1] S. z. B.: *Istoria României*, I, Karte VI—XII, XIV—XVI; II, 42—48, 52—55; *Istoria României, Compendiu*, 15—117; Şt. P a s c u, *Voievodatul Transilvaniei*, I, 33—35, 45—47, 95—98 und 148—152; R. H e i t e l, *Archäologische Beiträge*, 141—148, I. I o r d a n, *Toponimia românească*, 65—66, 121—124, 309; W. S c h e i n e r, *Ortsnamen*, 67—68, 92—93, 98—99, 130. Vgl. auch: E. A n t o n i, *Richtlinien*, 171.

[2] S. auch: H. S t o o b, *Kennzeichen*, 74 f.

[3] Für die Burg s. auch: S. G o l d e n b e r g, *Clujul*, 12 f, 15; Şt. P a s c u, V. M a r i c a, *Clujul medieval*, 9 f. Vgl. auch: *Istoria Clujului*, 55, 58, 61, 70 f, 79 f.

[4] Für die Burg s. auch: V. D r ă g u ţ, *Sighişoara*, 9, 21.

[5] S. G o l d e n b e r g, *Clujul*, 14; Şt. P a s c u, V. M a r i c a, *Clujul medieval*, 10 f.

Schäßburg —[6] wahrscheinlich zur Ansiedlungszeit der Hospites aus mehreren, ursprünglich gesonderten Teilen zusammengeschlossen worden sind, und die Ortschaftsgrößen im allgemeinen in direktem Zusammenhang mit der der Gemarkungen standen,[7] ist anzunehmen, daß schon im 12./13. Jh. beabsichtigt wurde, an der Stelle der späteren Städte starke Zentren zu schaffen.[8]

Die besondere, von gewöhnlichen Dörfern verschiedene Entwicklung der untersuchten Ortschaften ist aber vor allem auf die — in vielen Arbeiten schon hervorgehobene — Ansiedlung von Handwerkern zurückzuführen.[9] Eine in zukünftigen Dörfern und Städten unterschiedliche Beschäftigungsart schon der ersten Hospites, spiegelt sich in der ursprünglichen Parzellengröße der Ortschaftskerne (Abb. 18). Vergleicht man die der acht späteren Städte mit der von zehn Dörfern (Hahnbach, Heltau, Kastenholz, Girelsau, Großschenk, Zied, Werd, Streitfort, Dobring und Roseln)[10], so fällt die verschiedene Größenordnung auf. Die überwiegende Mehrzahl der Hofstellen in den Stadtkernen nahm ursprünglich eine Oberfläche von 500—1100 m² ein, weniger bis zu 2100 m², die meisten Hofstellen der Dorfkerne dagegen umfaßten 1500 bis 2400 m². Die kleinsten Parzellen waren hier 1300 m² groß, und weil sich die Kerne von Bistritz, Kronstadt (Innere Stadt) und Schäßburg ausschließlich aus kleineren Parzellen zusammensetzten, ist anzunehmen, daß diese Hospites-

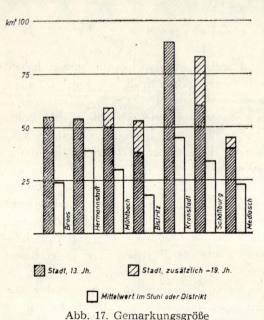

Abb. 17. Gemarkungsgröße

---

[6] G. Müller, *Landkapitel*, 148—151, 155—159.
[7] P. Niedermaier, *Dorfkerne*, 48—53.
[8] Zur planmäßigen Gründung von Siedlungen vgl. auch: G. Franz, *Bauernstand*, 111 f; Th. Nägler, *Kritische Bemerkungen*, 87; A. Schullerus, *Grenzburgen*, 20 f; K. K. Klein, *Mundarten*, 31; H. Margl, *Ortung*, 177 f; P. Niedermaier, *Dorfkerne*, 66; H. Göckenjan, *Hilfsvölker*, 12; G. Treiber, *Nyiregyháza*, 13; R. Schmidt, *Reichsstädte*, 8 f.
[9] Vgl. auch F. Gaus, *Die Problematik*, 51, 62.
[10] P. Niedermaier, *Dorfkerne*, 63.

Siedlungen von **Anfang an** nur von **Handwerkern und Kaufleuten** bewohnt waren.[11] Die Oberfläche der Hofstellen beweist für einen großen Teil der ersten Hospites in Hermannstadt und Mühlbach die gleiche Beschäftigungsart, ebenso in Klausenburg und Mediasch — hier allerdings für die einer zweiten Ansiedlungszeit. Da aber im Verhältnis zur Bevölkerungsanzahl auch den Handwerksorten so große Gemarkungen wie den Dörfern zugeteilt wurden, dürfte anfangs auch die Landwirtschaft in ihrem Leben eine bedeutende Rolle gespielt haben, und zwar bis zur Mitte des 14. Jh.[12]

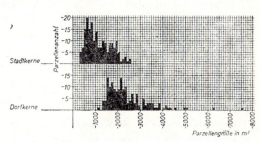

Abb. 18. Ursprüngliche Parzellengröße in Hospites-Siedlungen

Weil die Bevölkerung nach dem Jahr 1347 in Südsiebenbürgen zurückging[13] — also im Gebiet, in dem ein Großteil der untersuchten Städte liegt —, kann man auch hier, wie in Mitteleuropa, eine Überproduktion an Getreide und mithin ein Abfallen der Preise für Landwirtschaftsprodukte annehmen (s. auch Abb. 132).[14] Infolgedessen werden die Handwerker nur noch ein geringes Interesse für Landwirtschaft und Viehzucht aufgebracht haben; dagegen spielte das Gewerbe im Leben der Städte eine immer größere Rolle. Als Folge davon schlossen sich die Handwerker enger zusammen und der Handel wurde besser organisiert. Bald nach der Mitte des 14. Jh. werden die ersten Zünfte erwähnt (1367 in Hermannstadt und zwei Jahre später in Klausenburg)[15], und 1376 wurden die Satzungen der Zünfte in Hermannstadt, Schäßburg, Mühlbach und Broos erneuert.[16] Im gleichen Zeitabschnitt ist verschiedenen Ortschaften das Jahrmarktsrecht verliehen worden[17] und zwar zunächst Bistritz (1353) und Kronstadt (1364);[18] ebenso haben im Jahr 1369 Kronstadt und 1382 Hermannstadt das Stapelrecht erhalten.[19]

---

[11] Vgl. dazu z. B. auch: Gh. Baltag, *Radnabe*; L. Bătrîna, A. Bătrîna, Bistrița.
[12] S. auch: Șt. Pascu, *Voievodatul Transilvaniei*, I, 244.
[13] Vgl.: *Urkundenbuch*, I, 464—465, 433—436; *Documente*, C, XIV/I, 259—268; ebenda, XIV/III, 54—247 mit: A. Berger, *Volkszählung*, 47—59, 65—75.
[14] W. Abel, *Landwirtschaft*, 128—133; Ders., *Wüstungen*, 9—13.
[15] Șt. Pascu, *Meșteșugurile*, 82 ff.
[16] *Urkundenbuch*, II, 449—452.
[17] G. Müller, *Stühle und Distrikte*, 284.
[18] Ebenda, 22.
[19] O. F. Jickeli, *Der Handel*, 36.

Die Veränderungen vollzogen sich freilich nur allmählich. In Kronstadt wurde die erste Zunft erst 1420 erwähnt[20] und das Jahrmarktsrecht für Mühlbach, Hermannstadt, Schäßburg, Mediasch, Broos und Klausenburg ist erst für die Jahre 1439, 1466, 1493, 1498, 1500[21] bzw. 1506[22] urkundlich belegt; das Stapelrecht erhielt Bistritz im Jahr 1523,[23] Klausenburg vor 1558[24] und Broos 1583,[25] während die anderen Städte es auch später nicht besaßen.

Der verhältnismäßig starke Anstieg der Preise von landwirtschaftlichen Erzeugnissen im Laufe des 16. Jh. (s. auch Abb. 132)[26] konnte die Beschäftigungsbereiche der Stadtbevölkerung nicht mehr wesentlich beeinflussen. Einerseits war die Bewohneranzahl mancher Orte im Vergleich zur Gemarkung viel zu groß für eine Selbstversorgung, andererseits hatte die zunehmende Spezialisierung der Handwerker wohl auch das Interesse für andersartige Beschäftigungen vermindert. Die Städte entwickelten sich auch weiter als Handels- und Handwerkszentren und versorgten nicht nur die umliegenden Gebiete mit verschiedensten Erzeugnissen, sondern vor allem Bistritz, Kronstadt und Hermannstadt die Moldau und die Walachei.

Die Eigenart der mittelalterlichen Städte und ihre demographische Entwicklung standen in engem Zusammenhang (Abb. 19).[27]

---

[20] *Urkundenbuch*, IV, 131. S. auch: Şt. P a s c u, Meşteşugurile, 121.
[21] G. M ü l l e r, *Stühle und Distrikte*, 22.
[22] S. G o l d e n b e r g, *Clujul*, 35.
[23] O. F. J i c k e l i, *Der Handel*, 60.
[24] S. G o l d e n b e r g, *Clujul*, 251.
[25] O. F. J i c k e l i, *Der Handel*, 45.
[26] S. G o l d e n b e r g, *Clujul*, 321—328, 339 f; s. auch: W. A b e l, *Landwirtschaft*, 182—189; Ders., *Wüstungen*, 14 f.
[27] Die Quelle der Daten bzw. die Ermittlungsart der Werte, auf welche die Diagramme aufgebaut sind, ist folgende:
— Ansiedlungszeit: Werte, die aufgrund des Parzellengefüges, der Siedlungsdichte und anderer Anhaltspunkte erarbeitet wurden (s.: „Datierung von Parzellierungen"; P. N i e d e r m a i e r, *Die städtebauliche Entwicklung*, 136—156, usw.);
— 1283 (Mediasch), s.: „Datierung von Parzellierungen";
— 1330 (Mühlbach), ebenda;
— 1330 (Hermannstadt, Bistritz), nach den Abgaben von freien Pfarren *(Urkundenbuch*, I, 324—330) und der Größe von Ortschaften des Mühlbacher Dekanats errechnet.
— 1332—1337 (Klausenburg), nach der päpstlichen Sondersteuer *(Documente*, C, XIV/III, 129, 167, 180, 190, 221) und den damaligen Abgaben je Herdstelle in den Orten des Brooser und Mühlbacher Dekanats berechnet (für diese vgl. *Urkundenbuch*, I, 464, 433 ff und *Documente*, C, XIV/III, 127 f, 138 f, 161, 179 f, 188, 213).

Allgemeines

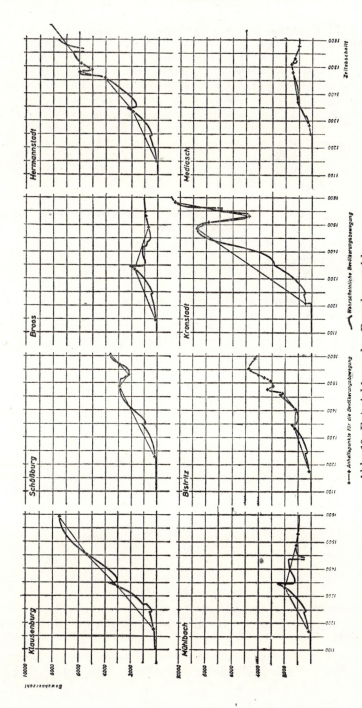

Abb. 19. Entwicklung der Bewohnerzahl

(Für die Zeit vor 1947 sind 5 und nachher 4,5 Personen/Familie gerechnet; bei Klausenburg wurde Mănăştur nicht einbezogen, bei Bistritz wurde Niederwallendorf eingerechnet und die Kronstädter Daten umfassen auch die Vorstädte.)

— 1334 (Broos), s.: *Urkundenbuch*, I, 464.

— 1367 (Mühlbach; fraglich), s.: „Datierung der Parzellierungen".

— 1401 (Bistritz), nach der Größe des halben Zehnten (*Monumenta Vaticana historiam regni Hungariae illustrantia*, 4/I, Budapest 1889, 379; für den Verweis darauf danke ich Herrn E. Wagner) und Vergleichen mit andern Ortschaften.

— 1453 (Klausenburg), nach den Daten von S. Goldenberg *Clujul*, 27 f.) und der Parzellenanzahl der Innenstadt läßt sich der Prozentsatz der angeführten Besitzer ermitteln, und dieser hypothetisch auch auf die Vorstädte übertragen. (Andere Auswertungsweisen, die aber auch zu einem sehr ähnlichen Ergebnis gelangen, s.: S. Goldenberg, *Clujul* 28; Şt. Pascu, V. Marica, *Clujul medieval*, 23 f; *Istoria Clujului*, 101 f.).

— 1458 (Hermannstadt), E. Sigerus, *Chronik, 4.*

— 1461 (Bistritz), K. Gündisch, *Patriciatul*, 178.

— 1475 (Bistritz), K. Gündisch, nach den Steuerverzeichnissen, mündliche Mitteilung. Auch auf diesem Weg sei ihm vielmals gedankt.

— 1480 (Mediasch), s.: „Datierung von Parzellierungen".

— 1480 (Hermannstadt), Şt. Pascu, *Demografie istorică*, 47.

— 1487 (Bistritz), K. Gündisch, *Patriciatul*, 179.

— 1488 (Kronstadt), *Quellen*, III, 772, 781, 786, 788 f.

— 1488 (Broos, Mühlbach, Hermannstadt, Schäßburg), A. Berger, *Volkszählung*, 51 f, 56, 68.

— 1510 (Kronstadt, Bistritz, Mediasch), ebenda, 73 f.

— 1510 (Hermannstadt), E. Sigerus, *Chronik*, 6; S. Goldenberg, *Urbanizare*, 313.

— 1516 (Mediasch), G. D. Teutsch, *Schulanfänge*, 281.

— 1520 (Bistritz), K. Gündisch, *Patriciatul*, 180.

— 1528 (Bistritz), O. Dahinten, *Bistritz*, 437.

— 1532 (Kronstadt, Schäßburg, Mediasch, Mühlbach, Broos), *Quellen* 282 f.

— 1539 (Broos), F. Stenner, *Zwei Beiträge*, 110.

— 1553 (Bistritz), O. Dahinten, *Bistritz*, 437.

— 1567 (Schäßburg), G. D. Teutsch, *Gemeinderechnung*, 141.

— 1570 (Hermannstadt), E. Sigerus (*Chronik*, 10) gibt die Anzahl der Häuser, die bei einem Stadtbrand zerstört wurden; da nicht alle Häuser abbrannten, ist die Gesamtzahl größer gewesen.

— 1580 (Kronstadt), S. Goldenberg, *Urbanizare*, 313.

— 1586 (Bistritz), ebenda.

— 1587 (Schäßburg), G. D. Teutsch, *Gemeinderechnung*, 141.

— 1593 (Klausenburg), S. Goldenberg, *Clujul*, 42.

— 1602 (Schäßburg), F. Fronius, *Arkeden*, 25.

— 1615 (Mediasch), A. Gräser, *Umrisse*, 27 f.

— 1657 (Hermannstadt), Steuerregister, Staatsarchiv Sibiu, Magistratsakten-Rechnungen, Nr. 186.

Außerdem wurden nach Maßgabe ihrer Glaubwürdigkeit die Daten über Verluste durch Seuchen in Rechnung gestellt (für diese s. z. B. S. Goldenberg, *Urbanizare*, 319).

Die Vorsiedlungen waren sehr klein; wenn man im Durchschnitt 5 Personen je Familie bzw. Gehöft annimmt, ergibt sich aus dem Parzellengefüge der Ortschaften, daß die Siedlungen in den Burgen von Klausenburg und Schäßburg höchstens 100 Bewohner zählten. In Broos, Mediasch, Mühlbach und Kronstadt lebten beiläufig 75 Personen und die Vorsiedlungen, die auf dem Gebiet von Bistritz und Hermannstadt lagen, sowie eine Siedlung vor der Alten Burg in Klausenburg hatten weniger als 50 Einwohner.

Durch die Ansiedlung der Hospites ist die Bewohneranzahl prozentuell stark angewachsen, trotzdem waren die zukünftigen Städte noch sehr klein und unterschieden sich nicht wesentlich von der Größe normaler Dörfer.[28] Um die Mitte des 12. Jh. hatten Hermannstadt und Broos etwas weniger als 150 Einwohner, in der zweiten Hälfte des gleichen Jahrhunderts lebten in Bistritz und Mühlbach etwas über 100 bzw. 150 Menschen und um das Jahr 1200 gab es in Klausenburg 300 Bewohner. Zu Beginn des 13. Jh. wohnten in Kronstadt und seinen Vorstädten 300—400 Menschen und in der ersten Hälfte des gleichen Jahrhunderts in Schäßburg und Mediasch je 200.

Im folgenden Zeitabschnitt wuchsen die Städte schnell an. Trotz den Verlusten gelegentlich des Mongoleneinfalls (sie sind schriftlich für Klausenburg, Hermannstadt, Mühlbach und Bistritz belegt)[29], hatten die Handwerkszentren immer mehr Bewohner. Kronstadt, Hermannstadt und Klausenburg hatten so im Jahr 1241 über 500 Einwohner, Broos, Mühlbach und Bistritz ungefähr 500 und nur Mediasch und Schäßburg weit weniger. Im Jahr 1300 schwankte die Einwohneranzahl der untersuchten Städte zwischen 1700 (Klausenburg) und 300 (Mediasch), wobei 5 Handwerkszentren schon über 1000 Bewohner aufwiesen. Gegen die Mitte des 14. Jh. lebten in Klausenburg und Kronstadt schon über 3000 Einwohner, in Hermannstadt, Mühlbach und Broos über 2000, in Bistritz über 1500 und in Mediasch und Schäßburg beiläufig 1000. Obwohl sich eine langsame, gleichmäßige Zuwanderung von weither nicht ausschließen läßt,[30] ist das schnelle Ansteigen der Bewohnerzahl bis in die erste Hälfte des 14. Jh. besonders auf den natürlichen Zuwachs zurückzuführen; da die Dorfbevölkerung sowohl im alten als auch im neuen Siedlungsgebiet der Hospites bis um 1325 im gleichen Rhythmus angewachsen ist, kommt eine nennenswerte Zuwanderung aus den ländlichen Ortschaften kaum in Frage. Bis gegen die Mitte des 14. Jh. waren die Städte nicht wesentlich größer

---

[28] Zu ihrer Größe s.: Șt. Pascu, *Voievodatul Transilvaniei*, I, 152 f, 156—159, 227; P. Niedermaier, *Dorfkerne*, 47—55.

[29] G. Entz, *Die Baukunst*, 131, 140, 155, 168; Șt. Pascu, *Voievodatul Transilvaniei*, I, 151.

[30] A. Kubinyi, *Zur Frage der deutschen Siedlungen*, 533, 544, 548.

als die Dörfer. Während z. B. in Hermannstadt in den Jahren 1332—1336 beiläufig 1900 Menschen wohnten, hatten die meisten umliegenden Dörfer 500—1000 Bewohner, in Burgberg lebten beiläufig 1750 und in Heltau und Großscheuern sogar je 2000.[31]

Pestepidemien, Geburtenrückgang, Türkeneinfälle und Kriege führten nach dem Jahr 1347 zu einem starken Sinken des natürlichen Wachstums, und, zumal in Südsiebenbürgen, sogar zu einem Bevölkerungsrückgang. Von der Mitte des 14. Jh. bis um das Jahr 1500 stieg die Bewohneranzahl z. B. in den Ortschaften des Mediascher Kapitels nur um 60% und die des Mühlbacher und Schenker Stuhles fiel in dem gleichen Zeitraum um ungefähr denselben, bzw. um einen noch größeren Prozentsatz.[32] Mit Ausnahme von Kronstadt und Mediasch sank um die Mitte des 14. Jh. infolge des „Schwarzen Todes" auch die Bevölkerung der Städte.[33] Vor allem die schwere Lage der Bauern in weniger fruchtbaren Gebieten[34] und die Türkenangst bedingten nachher jedoch — wie auch in andern Teilen Europas[35] — einen Zuzug aus den Dörfern — vor allem der Umgebung —, und so wuchsen einige Städte trotzdem weiter. Ihre Bevölkerungsanzahl begann sich immer mehr von der einfacher Dörfer zu unterscheiden, besonders in Klausenburg, Kronstadt und Hermannstadt, also in Ortschaften, die auch infolge ihrer geographischen Lage in wirtschaftlicher Hinsicht begünstigt waren. Rechnet man für die Zeit nach 1347 nur 4,5 Personen je Familie, so stieg die Bevölkerung in diesen Städten zwischen 1400 und 1500 von etwa 4000 in Kronstadt auf 8000, in Klausenburg auf beinahe 7000 und von beiläufig 2400 in Hermannstadt auf 5500. Im gleichen Rhythmus sind Schäßburg, Bistritz und Mediasch gewachsen, und zwar Schäßburg von 1900 auf 2900 Bewohner, Bistritz von

---

[31] Die Werte wurden nach der päpstlichen Sondersteuer der Jahre 1332—1336 berechnet (*Documente*, C. XIV/III, 219 ff), wobei die Größe von Hermannstadt als Ausgangspunkt diente.

[32] Die Veränderungen der Bevölkerungsanzahl ergeben sich aus einem Vergleich von je zwei Werten. Die einen sind aufgrund verschiedener Urkunden berechnet worden (*Urkundenbuch*, I, 145, 226 f, 324—330, 433—436; *Documente*, C, XIV/III, 128, 141 f, 161, 173, 180—184, 186 f, 207 f, 218—221), durch Vergleiche ergänzt — und dann nach Maßgabe des Bevölkerungswachstums bis 1347 korrigiert worden. Die andern Werte wurden von A. B e r g e r (*Volkszählung*, 49—59, 67—76) veröffentlicht.

[33] Vgl. auch: A. A r m b r u s t e r, *Der Schwarze Tod*, 85—93.

[34] W. A b e l, *Landwirtschaft*, 49 f, 56—60, 128—147, 182—189; Ders., *Wüstungen*, 10—15.

[35] S. z. B.: A. K u b i n y i, *Zur Frage der deutschen Siedlungen*, 528.

1200 auf 3000 und Mediasch von 1200 auf 1600. Anders war die derzeitige Entwicklung der Städte Mühlbach und Broos. Da es in ihrem Hinterland wenig freie Dörfer gab, aus denen die Einwohner mühelos in die Stadt hätten übersiedeln können, war der Zuzug verhältnismäßig gering. Diese zwei Ortschaften hatten vermutlich schon zwischen 1347—1400 von 2500 bzw. 2200 einen Teil der Bewohner verloren, und um das Jahr 1500 gab es dort nur noch rund 1000 Menschen.

Die wichtigsten Städte wuchsen im allgemeinen bis ins 16. Jh. an. Mit der Verteuerung der Landwirtschaftserzeugnisse setzte der ständige Zuzug vom Lande aus, und nun vergrößerten sich auch die Handwerksorte prozentuell kaum noch. Durch eine zeitweilige Fortentwicklung stieg die Bevölkerung von Kronstadt, Hermannstadt und Klausenburg nur noch um 1000 bis 2000 Menschen an. Auch in Bistritz und Schäßburg vollzog sich der Bevölkerungsanstieg ungleichmäßig; die Bewohneranzahl dieser Städte ist von beiläufig 3000 auf etwa 4000 angewachsen. Dagegen fiel die Bevölkerung von Mediasch zwischen 1500—1600 von 1600 auf 1000, wuchs später aber wieder stark an. Unbedeutend waren im 16. Jh. die Veränderungen in Broos und Mühlbach; sie hatten auch weiterhin beiläufig 1000 Einwohner.

Im allgemeinen hatte sich wohl gegen Ende der untersuchten Zeitspanne ein ausgeglichenes Verhältnis zwischen der Stadtgröße und der Ausdehnung ihres Einflußbereiches herausgebildet. Dieses veränderte sich nur langsam, und so wurden Bevölkerungsverluste, die durch Pestepidemien und Kriege entstanden waren,[36] ziemlich schnell ausgeglichen, was gewiß nur durch einen Zuzug von außen her möglich wurde.

Faßt man die obigen Daten zusammen, so läßt sich für die Etappe des schnellen, gleichmäßigen Wachstums vor dem Jahr 1347 eine ähnliche Entwicklung der Städte feststellen. Nur Bistritz, Mediasch und Schäßburg, die damals kleiner waren, konnten den Vorsprung der andern Orte nicht mehr einholen. Nach der Mitte des 14. Jh., als der prozentuelle Zuwachs viel geringer war als vorher und die Bewohneranzahl sich oft gleichblieb oder zurückging, entwickelten sich die Städte unterschiedlich. Entscheidend für die spätere demographische Lage wurde die Zeitspanne 1347—1500. Damals gewannen Klausenburg, Kronstadt und Hermannstadt gegenüber den andern Städten einen entscheidenden Vorsprung, während Broos und Mühlbach ihre einstige Bedeutung einbüßten. Die Veränderungen, die nach dem Jahr 1500

---

[36] Für die Bedeutung von diesen s.: S. Goldenberg, *Urbanizare*, 319.

stattfanden, hatten auf das allgemeine Verhältnis zwischen den einzelnen Städten keinen wesentlichen Einfluß mehr.

Von grundlegender Bedeutung für das allmähliche Entstehen der Städte war ihre Lage. Bei den meisten Vorsiedlungen ist zunächst ihr Standort an Schnittpunkten von Fernstraßen charakteristisch. Wie schon erwähnt, hatten sie hier strategische Bedeutung und waren also für den gesicherten Besitz des ganzen Gebietes überaus wichtig; dieses erklärt ihr Vorhandensein gerade dort, in manchmal sonst weniger dicht bewohnten und teilweise geräumten Gebieten („terra deserta"),[37] wie es sie auch in dem für die damalige Zeit stark bevölkerten Westeuropa gab.[38] Außerdem ist für die Lage der mittelalterlichen Ortschaft Klausenburg der Standort der römischen Stadt Napoca[39] und die Nähe einer sehr frühen Burg entscheidend gewesen[40], in Schäßburg der für die Verteidigung günstige Schulberg, und in andern Städten die Anordnung auf ebenem aber doch geschütztem Gelände.

Die für den Verkehr und den Warentransport vorteilhafte Lage an der Kreuzung von Fernstraßen bedingte vermutlich auch die Ansiedlung von Handwerkern und Kaufleuten an den Orten der späteren Städte. Der genaue Standort der Hospites-Siedlungen auf ebnem, geschützten Gelände hat aber auch den der Vorsiedlungen berücksichtigt. Da letztere in die späteren Innenstädte mit einbezogen wurden, lagen die neueren Baublöcke in der Nähe der alten Niederlassungen, selbst wenn man ursprünglich — wie auch in andern Gebieten[41] — eine gewisse Distanzierung der Einzelsiedlungen anstrebte.

Die vorteilhafte Lage der Handwerkszentren trug nach der Mitte des 14. Jh. wesentlich zu ihrer Entwicklung bei; begünstigt waren vor allem die Städte, die sich an den Wegen in die Walachei, Moldau und ins Kreischgebiet befanden.[42] Die unterschiedliche Größe der anfänglichen und späteren Ortschaften führte in einigen Fällen aber zu der Erweiterung der Siedlungen unter besonderen Bedingungen, z. B. auf zwei verschiedenen Terrassen und in besondern, geländebedingten Formen,[43] so in Schäßburg, Hermannstadt, Me-

---

[37] S. auch: H. Stoob, *Kennzeichen*, 74—80; Th. Nägler, *Zum Gebrauch*, 51—60.

[38] W. Schlesinger, *Zur Problematik*, 25.

[39] S. Goldenberg, *Clujul*, 12; Şt. Pascu, V. Marica, *Clujul medieval*, 7.

[40] *Istoria Clujului*, 56—66.

[41] S.: E. Egli, *Geschichte des Städtebaues*, II, 112.

[42] *Istoria României*, II, 88, 572 f.

[43] Vgl.: G. Ionescu, *Istoria arhitecturii*, I, 188.

diasch und Kronstadt. Diese Sonderformen entstanden, weil man anfangs nicht absehen konnte, wie große Flächen die Ortschaften später besetzen werden; aber auch besondere Vorteile bei der Anlage der Kerne, sowie Gesichtspunkte, die sich aus der nachläufigen stärkeren Befestigung der Städte und aus anderem ergaben, trugen zu den Besonderheiten der Orte bei.

Wachstumsetappen

Die Besonderheiten der wirtschaftlichen und demographischen Entwicklung, aber auch die von Bodengestalt, Wasserläufen und älteren Wegen bedingten die verschiedenen Formen der Siedlungen und Städte.

K l a u s e n b u r g[44] entstand auf ebenem Gelände, auf der Stelle der römischen Stadt Napoca. Zu Beginn des Mittelalters dürften von der alten „colonia" noch erhebliche Reste erhalten gewesen sein, wie Ruinen von Tempeln, Palästen und andern Bauten. Diese waren beinahe über die ganze Fläche der späteren Innenstadt verteilt[45] (Abb. 20), während vermutlich nur das Gebiet der späteren Alten Burg von Wehrmauern umgeben gewesen war.[46] Wichtige Fernstraßen führten nach vier Richtungen: westwärts ging es nach Großwardein, nordwärts über den Somesch nach Desch bzw. Zilah (Zalău) und in östlicher und südlicher Richtung gelangte man nach Neumarkt (Tîrgu Mureș) bzw. Thorenburg.[47]

In der unmittelbaren Nähe der Stadt gab es zuerst in Mănăştur eine wichtige Erdburg mit einem dazugehörigen Dorf[48] und in Cojocna Salz-

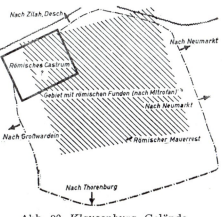

Abb. 20. *Klausenburg*, Gelände

---

[44] In P. N i e d e r m a i e r, *Cluj*, ist die Argumentation und Problematik der Wachstumsphasen enthalten.

[45] I. M i t r o f a n, *Contribuții*, 210; *Istoria Clujului*, 33.

[46] S. Fußnote 35 des letzten Kapitels.

[47] Vgl.: O. M i t t e l s t r a ß, *Beiträge*, Karte IV, mit *Istoria României*, II, Karte VIII.

[48] *Istoria Clujului*, 55—76.

 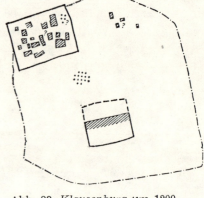

Abb. 21. *Klausenburg um 1175*   Abb. 22. *Klausenburg um 1200*

gruben[49] mit einer zweiten Siedlung. Während Cojocna ein wichtiger Bergwerksort blieb, wurde in Mănăştur auf der Stelle der alten Burg ein Benediktinerkloster erbaut; eine neue Burg entstand in Klausenburg selbst. Als Wehranlagen wurden hier zunächst vermutlich römische Mauerreste hergerichtet. Im 12. Jh. gab es im befestigten Gebiet, in der sogenannten Alten Burg schon Gehöfte. Sie hatten eine nahezu quadratische Form und waren vereinzelt, aber sehr nahe aneinander angeordnet (Abb. 21; durch die Einzeichnung der Einzelgehöfte wurde, wie auch bei den Abb. 22—26, vor allem die Andeutung des allgemeinen Siedlungsbildes bezweckt, die Reihenfolge, in der die Höfe entstanden sind, steht aber nicht in allen Fällen fest). Da fast die ganze befestigte Fläche von Einzelparzellen oder -häusern besetzt war, legte man wohl schon damals auch die ersten Einzelgehöfte außerhalb der Burg an; sie befanden sich im Gebiet der späteren Seifengassen (Abb. 21, rechts oben). Ebenfalls abseits, auf dem späteren Marktplatz, lag ein Friedhof.

Gegen Ende des 12. Jh. war die Zahl der Hofstellen in der Burg schon so groß und der Abstand zwischen ihnen so klein geworden, daß die neuen Parzellen fest neben den bestehenden angelegt werden mußten (Abb. 22). Dagegen pflegte man im Gebiet der Seifengassen neue Gehöfte noch lange Zeit vereinzelt anzulegen. Wichtig für die spätere Entwicklung der Stadt ist die damalige Entstehung des ersten geschlossenen Baublocks gewesen. Er bestand aus 10 Parzellen, befand sich südlich des Marktplatzes und der Mittelgasse und bildete zu Beginn eine eigenständige Siedlung (Abb. 22, Mitte).

Nach dem Anfang des 13. Jh. begannen sich in der Alten Burg einzelne Straßenzüge und Freiräume herauszubilden, die jedoch noch kein geordnetes

---

[49] Şt. Pascu, *Voievodatul Transilvaniei*, I, 33, 169.

Wachstumsetappen

oder geschlossenes Bild boten (Abb. 23). Möglicherweise entstand am Ostrand der Alten Burg schon damals auch eine Kapelle mit Friedhof. Die Parzellengruppe südlich des Marktplatzes wurde wahrscheinlich die Mittelgasse entlang erweitert und dabei verlängerte man wohl auch den Anger, der vor den Hofstellen gelegen haben wird.

Die fortschreitende Bebauung der Alten Burg führte bis zum Mongolensturm zur Ausbildung des endgültigen Straßennetzes und des zentral gelegenen Kleinen Platzes (Abb. 24). Bei den beiden anderen Siedlungen wurde zumal ihre Oberfläche vergrößert. Auffallend ist vor allem die Verlängerung der geschlossenen Parzellenreihe, die nun die ganze Südseite der Mittelgasse und teilweise die Südseite des Marktplatzes umfaßte. Da in der Michaelskirche romanische Steine gefunden wurden, die wohl kaum von anderswo hingelangt sind, ist anzunehmen, daß im zweiten Viertel des 13. Jh. mit dem Kirchenbau auf dem alten Friedhof begonnen wurde; der Gemeinschaftsbau entstand also zwischen den Einzelsiedlungen.

Aus Chroniken, in denen die Ereignisse der Jahre 1241/1242 geschildert werden, ist zu schließen, daß die Hospites-Siedlung im Südteil der Stadt damals weniger zu leiden hatte als die anderen Niederlassungen aus dem Weichbild von Klausenburg.[50] Im dritten Viertel des 13. Jh. wird also die ursprünglich unabhängige Siedlung stark angewachsen sein. Da die dortige Häuserzeile schon eine beträchtliche Länge hatte, gruppierte man die neuen Höfe in einer andern Zeile, die vor der ersten lag (Abb. 25). Dabei blieb ein ziemlich großer Abstand zwischen ihnen bestehen, so daß sich hier ein Straßenmarkt herausbildete. Im Nordteil der späteren Innenstadt hingegen werden nur wenig neue Parzellen entstanden sein; sie lagen unmittelbar neben schon vorhandenen. Die Bauarbeiten an der Michaelskirche wurden im frühgotischen Stil weitergeführt und wohl gleichzeitig entstanden rundum die ersten Wehranlagen. Auch die Befestigungen der Alten Burg dürften ausgebaut worden sein.

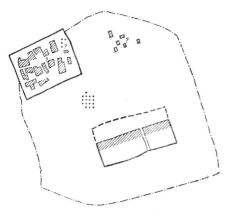

Abb. 23. *Klausenburg* um 1225

---

[50] Den Wortlaut der entsprechenden Stelle der Friesacher Annalen s. bei: G. E n t z, *Die Baukunst*, 168, den des Echternacher Kodex bei E. W a g n e r, *Quellen*, 20.

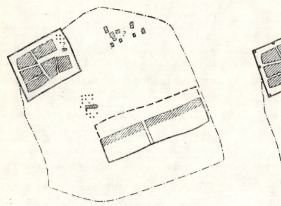
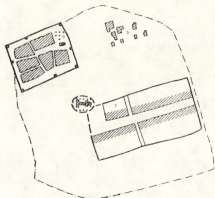

Abb. 24. *Klausenburg* um 1240   Abb. 25. *Klausenburg* um 1270

In einer Urkunde aus dem Jahre 1316 heißt es, König Stephan wollte die „Stadt Klausenburg gründen und zusammenschließen".[51] Da die Hofstellen um den Marktplatz vermutlich später als die der Mittelgasse entstanden, kann der großzügige Quermarkt eher mit der „Stadtgründung" in Zusammenhang gebracht werden (Abb. 26). Durch seine Form wurde die spätere Anordnung der Hauptstraßen vorgezeichnet.

Sie entstanden zum Großteil noch vor dem Ende des 14. Jh.; es sind dies die Ungar-, Monostorer- und Heugasse, ein großer Teil der Brückengasse und der Anfang der Tordaer-Gasse (Abb. 27). Durch die Erweiterungen

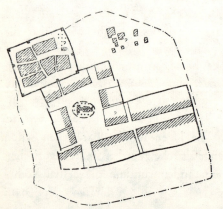
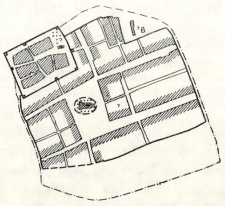

Abb. 26. *Klausenburg*. Gründung und Zusammenschluß der Stadt durch König Stephan

Abb. 27. *Klausenburg* um 1300

---

[51] *Urkundenbuch*, I, 319.

wuchs die Marktsiedlung mit der im Gebiet der Seifengassen gelegenen Niederlassung zusammen. Der geschlossene Umriß der Ortschaft deutet darauf hin, daß die parzellierte Fläche — wie auch in den vorhergehenden Etappen — fest begrenzt war. Längs der Siedlungsgrenze wird sich eine einfache Wehranlage oder auch nur ein fester Zaun befunden haben.

Wenig später ist die Begrenzung durch stärkere Befestigungen mit gemauerten Tortürmen ersetzt worden. Ihr Baubeginn ist um das Jahr 1316 anzusetzen; damals erhielt Klausenburg verschiedene Rechte und wurde erstmals als „civitas" bezeichnet.[52] Vorher war noch die Nordostecke der Innenstadt, das Gelände zwischen Königs- und Wolfgasse sowie der Streifen südlich der Burggasse parzelliert worden, so daß die gesamte Stadtfläche nun eine regelmäßige Ausdehnung besaß (Abb. 28).

Später entstanden Vorstädte; eine von diesen, in der auch das Hospital gelegen war, ist bereits durch einen Vermerk des Jahres 1332 urkundlich belegt.[53] Die Innenstadt breitete sich aber kaum noch aus. Nur an ihrer Nordseite wurde bald eine kleine Fläche neu einbezogen und auf der Südseite die Parzellenreihe an der Wolfgasse, diese aber erst in der zweiten Hälfte des 15. Jh. (Abb. 29). Dagegen entstanden in vielen Nebenstraßen neue Häuser, was zu einer immer dichteren Bebauung der Stadtfläche führte. Auch die Zahl der Gemeinschaftsbauten wuchs wesentlich an. Neben der neugebauten Pfarrkirche war eine Kapelle entstanden, in der Alten Burg ein Dominikaner- und ein Dominikanerinnenkloster und in der Südostecke der Stadt (Abb. 29 unten

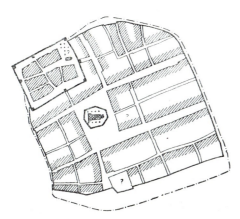

Abb. 28. *Klausenburg* um 1316

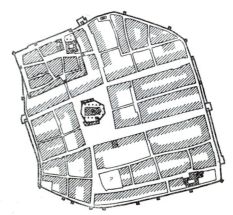

Abb. 29. *Klausenburg*, im 16. Jahrhundert (ohne Vorstädte)

---

[52] Ebenda, I, 319 f.
[53] *Documente*, C, XIV/III, 146.

rechts) das Minoritenkloster. Außerdem gab es ein großes Kolleg an der Tordaer-Gasse, das Rathaus auf dem Marktplatz und Zunftlauben, die sich an die Mauer der Kirchenburg anlehnten. Diese war unnötig geworden, seit — nach 1405 — die neue starke Stadtmauer, und im 16. Jh. zusätzliche Türme, Vorwerke und Zwinger errichtet wurden.

S c h ä ß b u r g[54] entstand an der Kreuzung von zwei wichtigen Straßen: die eine führte das Kokeltal entlang von Mediasch nach Oderhellen (Odorheiu Secuiesc) und Reps, die andere verlief im Schaaserbachtal von Halmagen (Hălmeag) nach Neumarkt.[55] Da die Kokelau im Stadtgebiet leicht überschwemmbar ist, war sie für eine Besiedlung nicht sehr geeignet. Die Talsohlen des auf Schäßburger Gebiet in die Kokel mündenden Schaaser- und Hundsbaches waren jedoch ziemlich schmal und die Berglehnen — mit Ausnahme der südöstlich des Schaaserbaches — steil (Abb. 30). Über den Lehnen befanden sich an zwei Stellen verhältnismäßig ebene Flächen, die sich für eine Verteidigung vorzüglich eigneten; eine von diesen — die spätere Burg mit dem danebenliegenden Schulberg — war groß, die andere — der Hennerberg — klein.

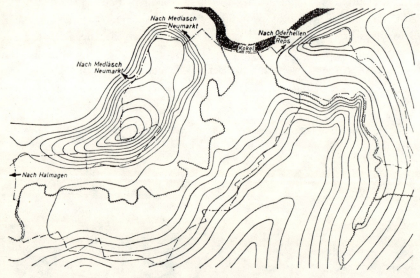

Abb. 30. *Schäßburg*, Gelände

---

[54] In P. N i e d e r m a i e r, *Sighişoara*, ist die Argumentation und Problematik der Wachstumsphasen enthalten.

[55] O. M i t t e l s t r a ß, *Beiträge*, Karte IV; s. auch: *Istoria României*, II, Karte VIII.

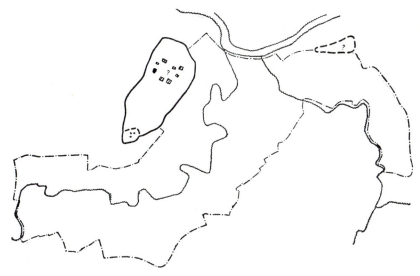

Abb. 31. *Schäßburg* um 1200

Wegen seiner geringen Größe dürfte sich der Hennerberg vor allem in einer sehr frühen Zeit für eine Befestigung geeignet haben, aber außer einem, wohl künstlich angelegten Graben an der Ostseite der Anhöhe besitzen wir bis jetzt keine Anhaltspunkte für seine einstige Verwendung als Burg. Dagegen wird das spätere Burgviertel schon um das Jahr 1200 mit Verhauen umgeben gewesen sein, und möglicherweise war der die Burg beherrschende Schulberg schon für sich befestigt. Die ersten wenigen Einzelgehöfte und -häuser standen frei in der Mitte des Viertels (Abb. 31; durch die Einzeichnung der Einzelhöfe wurde, wie auch bei den Abb. 32—35, vor allem die Andeutung des allgemeinen Siedlungsbildes bezweckt, die Reihenfolge, in der die Höfe entstanden sind, steht nicht in allen Fällen fest).

In der ersten Hälfte bzw. gegen die Mitte des 13. Jh., bei der Ansiedlung der Hospites, entstand in der Burg, nordwestlich der späteren Schul- und Schanzgasse, die erste geschlossene Hofreihe (Abb. 32). Wie bei vielen andern Siedlungen Mitteleuropas dieser Zeit waren die Hofstellen klein und die Häuserzeile durch schmale Quergäßchen gegliedert. An dem einen Ende der Parzellierung war die Burg vermutlich durch eine querlaufende Begrenzungslinie geteilt und an dem andern Ende kann eine solche auch bestanden haben. Da zwischen diesen beiden Sperren auch neue Einzelhöfe entstanden, war die Siedlungsfläche schon wesentlich dichter bebaut als anfangs. Auf dem Schulberg, wo heute die Bergkirche steht, wurde eine romanische Kapelle mit einer später geänderten Krypta gebaut, der Friedhof ist spätestens damals durch einfache

Die städtebauliche Entwicklung der Handwerksorte

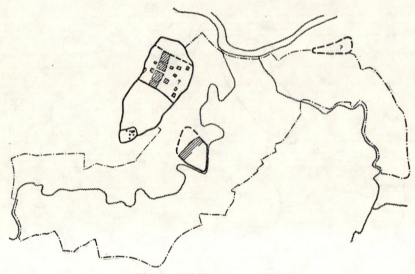

Abb. 32. *Schäßburg* um 1225

Wehranlagen von dem Rest der Burg getrennt worden. Eine zweite Hospites-Siedlung mit größeren Parzellen entstand neben der Wegkreuzung — südöstlich des späteren Marktplatzes — auch in der ersten Hälfte des 13. Jh.

Die dort angelegte Zeile wurde bis nach dem Mongoleneinfall verlängert, so daß nun die eine Seite aus dem Marktplatz und dem Anfang der Baiergasse

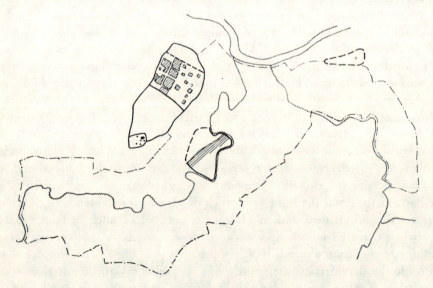

Abb. 33. *Schäßburg* um 1250

bestand. Die Talsiedlung war überaus günstig gelegen, da sie auf drei Seiten vom Schaaserbach geschützt war und nur auf der vierten — wohl jenseits eines kleinen Angers — besondere Abgrenzungselemente errichtet werden mußten (Abb. 33). In der Burg wurden die neuen Hospites-Parzellen neben der Tischlergasse, hinter den schon bestehenden, angelegt; dadurch war die eine Burgseite viel dichter bebaut als die andere.

In der zweiten Hälfte des 13. Jh. wurde wahrscheinlich vor allem an den Wehranlagen gearbeitet. Auf dem Schulberg entstand neben der Kapelle ein Bergfried — der möglicherweise von Anfang an als Kirchturm gedacht war und später in die Bergkirche einbezogen wurde — und um diesen herum wurden voraussichtlich die alten Befestigungen durch gemauerte ersetzt; ebenso könnten auch um das Burgviertel an einigen Stellen Mauerteile entstanden sein. In der Nordostecke der Siedlung baute man einen Wohnturm, der auch in den Verlauf der Wehranlagen eingegliedert war (Abb. 34), die Tore aber werden Türme erhalten haben. Im dritten Viertel des Jahrhunderts wurde außerdem die Westhälfte der Burg restlos verbaut und auch in der Osthälfte, die vor allem von der alten Burgbesatzung bewohnt wurde, entstanden die ersten dicht nebeneinander liegenden Hofstellen. Kleiner waren die Veränderungen im unteren Teil der Ortschaft: einige neue Parzellen befanden sich in Verlängerung der alten Zeile, am Anfang der Spitalgasse, und andere jenseits des Schaaserbaches, am Brunnenplätzchen.

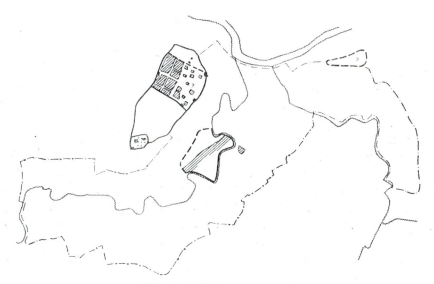

Abb. 34. *Schäßburg* um 1275

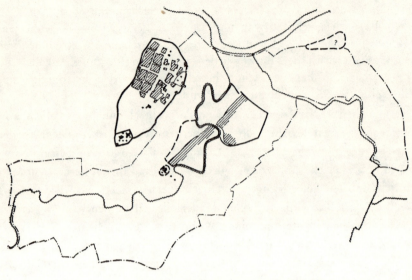

Abb. 35. *Schäßburg* um 1300

Neben diesen lagen die Höfe, die bis gegen Ende des 13. Jh. angelegt wurden; sie bildeten einen Teil der Baiergassenfront (Abb. 35). Davor befand sich bis zum Schaaserbach eine freie Fläche, die als Anger verwendet wurde. Am einen Ende der Talsiedlung entstand außerdem, vielleicht schon damals, das Hospital. Da in der westlichen Hälfte der Burg keine Hospites-Parzellen mehr angelegt werden konnten, wuchs die Siedlung über die beiden Querbegrenzungen hinaus. Auf der einen Seite wurden auch weiterhin regelmäßig nebeneinanderliegende Hofstellen angelegt und auf der anderen unregelmäßiger angeordnete. Aber auch die Bebauung der Osthälfte verdichtete sich allmählich, so daß für ein Dominikanerkloster, das gegen Ende des Jahrhunderts gegründet wurde und 1298 teilweise schon erbaut war,[56] nur wenig Raum zur Verfügung stand.

Im ersten Viertel des 14. Jh. wurden dann die letzten freien Stellen im Zentralteil der Burg bebaut. Eine Kapelle, deren Errichtung vielleicht schon früher begonnen worden war, und die angeblich die erste Pfarrkirche der Stadt gewesen sein soll, fand nur am Rande des parzellierten Gebietes noch Platz: Sie entstand am Fuß des Schulberges, neben der späteren Schülertreppe (Abb. 36). Ebenfalls abseits, am Nordrand der Burg, wurden zwei Nonnenklöster erbaut. Zum Unterschied vom oberen Teil der Stadt wies der untere, selbst in seinem Zentrum, noch eine sehr einfache Anlage auf. Die Mühlgasse

---

[56] *Urkundenbuch*, I, 210 f.

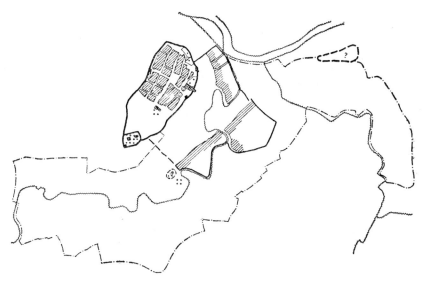

Abb. 36. *Schäßburg* um 1325

entlang entstand allmählich, von ihrem späteren Nordende an, eine neue Häuserzeile, zwischen den einzelnen Parzellenreihen blieb jedoch noch viel freier Raum.

Erst gegen die Mitte des 14. Jh. wurde der Freiraum teilweise verbaut (Abb. 37). Damals parzellierte man das ebene Gelände zwischen Baiergasse und

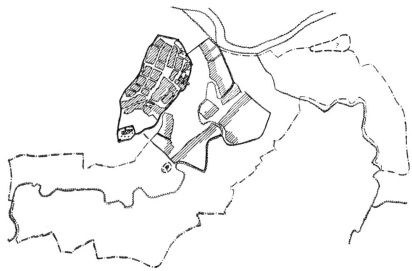

Abb. 37. *Schäßburg* um 1350

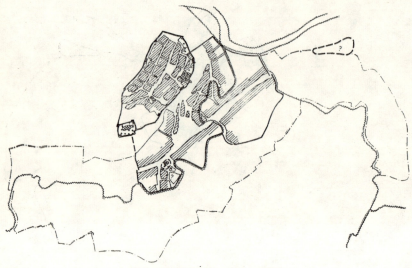

Abb. 38. *Schäßburg* um 1375

Schaaserbach, und die neue Häuserzeile bildete die zweite Front der hier sehr breiten Straße. Auch westlich des Marktplatzes entstanden — beginnend vom Anfang der Spitalgasse — die ersten Hofstellen, ohne daß sich die spätere Form des Marktplatzes schon vollständig herausgebildet hatte. In der Burg wurden die letzten Höfe auf ganz kleinen noch freien Flächen angelegt, vor allem an der Berglehne; in diesem Teil griff die unregelmäßige Parzellierung aus dem Ost- in den Westteil des Viertels über. Auch die Gemeinschaftsbauten entwickelten sich weiter; auf dem Schulberg entstand zwischen einem gotischen Chor, das an Stelle der alten Kapelle errichtet worden war, und dem Bergfried ein Saal.

1367 wurde Schäßburg erstmals als „civitas" bezeichnet.[57] Wie in andern Ortschaften wird man auch hier in dieser Zeit die alten Befestigungsanlagen um die Burg verstärkt haben. Größere Veränderungen gingen aber im unteren Teil der Stadt vor sich (Abb. 38). In dieser Zeit dürften auch ganz kleine Flächen, z. B. am Fuß der Burgterrasse und neben dem Schaaserbach bebaut worden sein, und so erhielt der Marktplatz mit den angrenzenden Straßen — das spätere Stadtzentrum — seinen endgültigen Grundriß. Da auch in der Burg kein Platz mehr frei war, mußte nach dem vollständigen Ausbau der alten Stadtfläche der Umfang der Ortschaft vergrößert werden. Zunächst wurde die Baiergasse bis zum Hundsbach verlängert und dann entstand ein

---

[57] *Urkundenbuch*, II, 283.

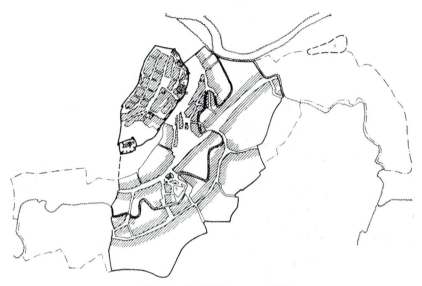

Abb. 39. *Schäßburg* um 1400

Teil der Spitalgasse, wobei allerdings das Hospital in die Stadtfläche eingegliedert werden mußte.

Nach einer weiteren unbedeutenden Verlängerung der Spitalgasse (Abb. 39) erschien gegen Ende des 14. Jh. eine Bebauung des Gebietes jenseits des Schaaserbaches angebracht. Es entstand hier ein neuer Straßenzug (bestehend aus dem Unteren Galtberg und der Hintergasse), der im großen ganzen parallel zu dem alten verlief, aber den Geländegegebenheiten und auch der hinteren Begrenzung eines alten Baublocks entsprechend betonte Krümmungen aufwies. Die neue Siedlungsgrenze hatte auch einen weniger geschlossenen Verlauf als die der vorhergehenden Parzellierungsetappen. Nach der späteren Lage zu schließen werden sich entlang der Siedlungsgrenze trotzdem einfache Wehranlagen befunden haben. Stärkere Befestigungen wurden aber auch weiterhin nur um die Burg errichtet.

Am Anfang des 15. Jh. fand vor allem eine Längsausdehnung der Ortschaft statt. Nach neuen Parzellierungen längs einer Straße, die parallel zum alten Straßenzug verlief, entstand damals, bald nach 1400, die Mittlere Baiergasse (Abb. 40). Da sie nicht im Tal des Schaaserbaches, sondern im noch engeren Hundsbachtal liegt, gibt es hier keinen zweiten Straßenzug. Über Arbeiten an Gemeinschaftsbauten wissen wir aus dieser Zeit wenig, möglicherweise wurde aber die Hospitalkirche mit ihren Befestigungsanlagen neu aufgebaut.

Die nächste Erweiterung, vor der Mitte des 15. Jh., wird wieder im Schaaserbachtal erfolgt sein. Dort wurden die beiden Straßen (Hüll- und Schaasergasse)

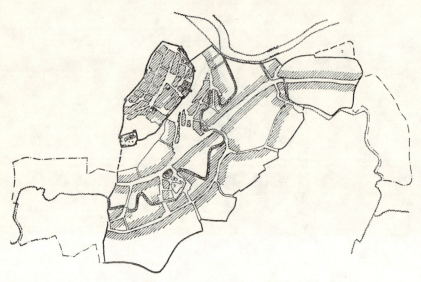

Abb. 40. *Schäßburg* um 1425

westwärts verlängert, so daß die Stadt eine längliche Form bekam (Abb. 41); obwohl dies Nachteile mit sich brachte, ließ sie sich bei der Bodengestalt des Schäßburger Gebietes nicht umgehen. Andere Veränderungen werden an den Befestigungsanlagen der Burg durchgeführt worden sein, auf dem Schulberg aber wurde die alte Kirche durch einen dreischiffigen Bau ersetzt.

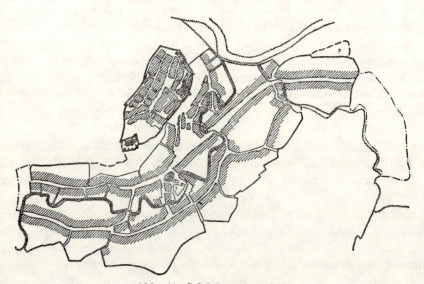

Abb. 41. *Schäßburg* um 1450

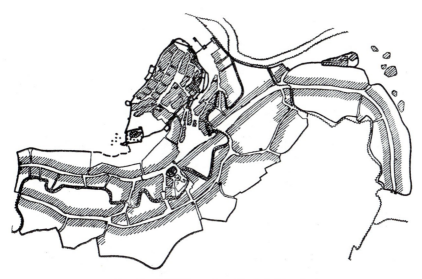

Abb. 42. *Schäßburg* im 16. Jahrhundert

Bis ins 16. Jh. hinein fanden schließlich die letzten bedeutenden Erweiterungen des Mittelalters statt. Die neuen Hofstellen lagen vor allem neben der Oberen Baiergasse, am Ende der Schaasergasse und vielleicht am Hennerberg oder in dessen Nähe (Abb. 42). Die Befestigungsanlagen der Burg wurden immer weiter vervollständigt, und u. a. mit Basteien, Vorwerken und Zwingern versehen. Auch an besonders wichtigen Punkten des unteren Stadtteiles wurden die alten Befestigungen aus Holz und Erde durch neue gemauerte ersetzt. Auf weiten Strecken blieben sie aber erhalten, und zwar nicht nur entlang des Stadtumfangs, sondern auch längs der Grenzen der einzelnen Ausbauetappen So kam es, daß Haupt- und Nebenstraßen an manchen Stellen bis ins 18. Jh. mit Toren und Türmen gesperrt waren.[58]

B r o o s. Das Gebiet der Stadt wurde einst von zwei wichtigen Fernstraßen durchquert: die eine führte von Weißenburg (Karlsburg) bzw. Mühlbach nach Diemrich (Deva) und die andere zweigte von dieser nach Hatzeg (Haţeg) ab (Abb. 43). Das Gelände, auf dem die Stadt errichtet wurde, ist verhältnismäßig eben. An seinem Südostrand fließt der Beriner-Bach vorbei und ungefähr parallel dazu, durch die Ortschaft selbst, der breite Mühlkanal. Das Gebiet dieser beiden Wasserläufe — das ist die Osthälfte von Broos — liegt etwas tiefer als andere Stadtteile, ebenso auch ein kleiner Bach südlich des

---

[58] A. B o r b è l y, *Erdélyi városok*, Abb. 10.

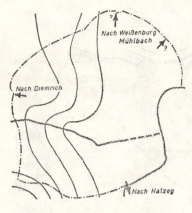
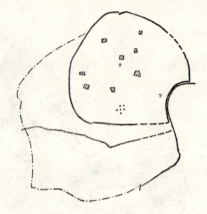

Abb. 43. *Broos*, Gelände   Abb. 44. *Broos* um 1125

Marktplatzes. Von hier steigt das Gelände mit geringem Gefälle zum Marktplatz an, vor allem die Himmelsbergstraße entlang.

In der ersten Hälfte des 12. Jh. bestand die Vorsiedlung, die an der Stelle der späteren Stadt lag, aus einigen Einzelgehöften, die über eine ziemlich große Fläche verstreut waren (Abb. 44; durch ihre Einzeichnung ist, wie auch bei Abb. 45—49, vor allem die Andeutung des allgemeinen Siedlungsbildes bezweckt worden, die Reihenfolge, in der die Höfe entstanden sind, steht aber nicht in allen Fällen fest). Die Streusiedlung war von einfachen Wehranlagen umzogen, innerhalb derer es am Südrand der Ortschaft auch einen Friedhof gab. Wenigstens drei Tore — an den Fernstraßen — verbanden die Siedlung von Anbeginn mit der Außenwelt; sie befanden sich an ihrer Nord-, West- und Südseite.

Um die Mitte des 12. Jh. entstanden die großen Hospites-Parzellen westlich der Vorsiedlung (Abb. 45). Sie waren von der alten Ortschaft durch die schon bestehenden Wehranlagen getrennt, an die sich auch die Begrenzungselemente der neuen Siedlung anschlossen. Entsprechend dem annähernd halbovalen Verlauf der jüngeren Abgrenzung und einem Streben nach ungefähr gleichgroßen Grundstücken, wurde die Häuserzeile mit einem scharfen Knick angelegt.

Die Hospites-Siedlung wuchs nach der Mitte des 12. Jh. in Verlängerung der alten Parzellenreihe weiter, wobei die neue Zeile wieder geknickt wurde. So umgaben die Hofstellen einen nach drei Seiten geschlossenen Raum, den späteren Marktplatz, der vermutlich schon damals Handelszwecken diente (Abb. 46). In der Vorsiedlung wuchs die Zahl der Einzelgehöfte an, doch ist es ungewiß, ob sie gleichmäßig über ihre ganze Fläche verstreut — also auch auf dem Gebiet östlich des späteren Mühlkanals vorhanden waren.

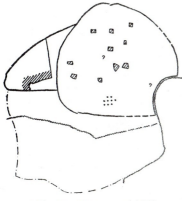

Abb. 45. *Broos* um 1150

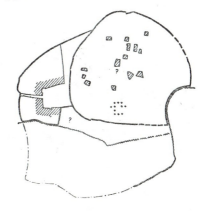

Abb. 46. *Broos* um 1175

Bis gegen das Jahr 1200 kam die Hospites-Siedlung an die Grenze der Vorsiedlung heran (Abb. 47). Da sich ihr zentraler Freiraum — der spätere Marktplatz — zu dem Gebiet der Vorsiedlung hin öffnete, mußte bei einer neuen Erweiterung die Wehrlinie von dieser überschritten werden. Dabei ist aber auf eine Abgrenzung der beiden Einzelsiedlungen nicht verzichtet worden. Während auf der einen Seite der neuen Wehrlinie, innerhalb der Hospites-Siedlung, der Marktplatz immer geschlossenere Formen bekam, wurden auf der andern Seite, in der Vorsiedlung, nun auch nebeneinanderliegende Hofstellen angelegt; es entstanden hier die ersten Straßenfronten, und zwar der künftigen Mühlgasse und der Landstraße.

Durch neue planmäßige Erweiterungen der Hospites-Siedlung auf dem Gebiet der Vorsiedlung sind die beiden Ortschaftsteile bald nach dem Beginn des 13. Jh. immer enger zusammengewachsen (Abb. 48); dabei entstand

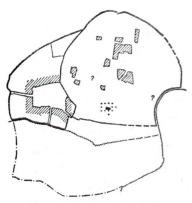

Abb. 47. *Broos* um 1200

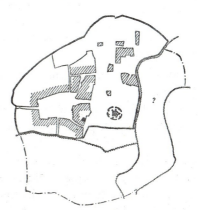

Abb. 48. *Broos* um 1225

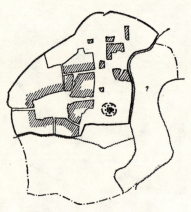
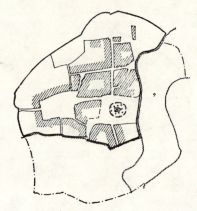

Abb. 49. *Broos* um 1250   Abb. 50. *Broos* um 1275

die Windgasse sowie der Anfang der Wasser-, Markt- und Salzgasse, die zusammen mit dem Marktplatz schon ein recht kompliziertes städtebauliches Gefüge bildeten. Um die gleiche Zeit baute man auf dem alten, noch immer abseits gelegenen Friedhof die romanische Kirche, um die es vielleicht schon einfache Befestigungsanlagen gab.

Da in der ersten Hälfte des 13. Jh. wahrscheinlich auch der Mühlkanal angelegt und dadurch das Gebiet der Vorsiedlung verkleinert wurde, war nach weiteren Parzellierungen schon ein beträchtlicher Teil der Vorsiedlung besetzt worden (Abb. 49). Bis gegen die Mitte des 13. Jh. sind die Baublöcke nach Osten hin vergrößert und die bestehenden Straßen verlängert worden. Sie erhielten einen geraden Verlauf und verschiedene Breiten: Im Vergleich zu der in der Mitte liegenden Marktgasse waren die seitlichen Parallelgassen viel schmäler.

Bei neuen Erweiterungen nach der Mitte des 13. Jh. wurde das ganze Gebiet bis zum Mühlkanal besetzt (Abb. 50). Die Ortschaft nahm jetzt eine geschlossene Fläche ein und auch die Kirche lag nicht mehr abseits. Ungewiß ist, ob die Hoffronten um die Kirche damals einen regelmäßigen Raum begrenzten oder nördlich und westlich von ihr (am Kleinen Platz) unregelmäßig verliefen.

Bis zum Jahr 1300 wurde — vielleicht mit Ausnahme des späteren Friedhofs (Abb. 51, Mitte oben) — die letzte freie Fläche der Vorsiedlung parzelliert. Dadurch trat nun das Straßennetz der späteren Stadt klar in Erscheinung. Es ist durch verhältnismäßig gerade, parallel und senkrecht zueinander angelegte Straßen gekennzeichnet, deren Verlauf sich vor allem aus der Lage und ähnlichen Ausrichtung der alten Einzelgehöfte ergeben hatte, die wohl von klimatischen Gesichtspunkten bestimmt worden waren. Das Zen-

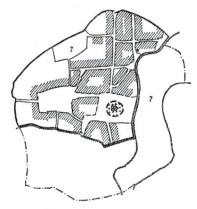
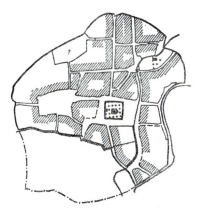

Abb. 51. *Broos* um 1300   Abb. 52. *Broos* um 1325

trum der städtebaulichen Komposition, das aus dem Marktplatz und dem Kirchenplatz mit der dazwischen liegenden breiten Marktgasse bestand, lag jedoch ziemlich asymmetrisch, nahe dem Rande der Ortschaft.

Dieser Nachteil ist spätestens im ersten Viertel des 14. Jh. zum Teil behoben worden, indem man die Stadt jenseits des Mühlkanals, bis zum Berinerbach erweiterte (Abb. 52). In diesem Gebiet befand sich auch das 1309 urkundlich erwähnte Minoritenkloster. Die alten Wehranlagen um die Pfarrkirche wurden wahrscheinlich damals durch eine Ringmauer ersetzt, wobei das Zentrum und die Silhouette der Ortschaft ein wesentlich anders Gepräge bekamen.

In der ersten Hälfte des 14. Jh. erfolgte eine Erweiterung der parzellierten Fläche in südwestlicher Richtung, also im Gebiet der Schuster- und Himmelsberggasse (Abb. 53). Durch diese Vergrößerung erhielt die schon 1324 als „civitas" bezeichnete Ortschaft[59] einen sehr klar geschlossenen Umriß, der sich vorzüglich für eine Befestigung eignete; es ist denkbar, daß die Anlage einer solchen im zweiten Viertel des 14. Jh. dann auch erfolgte. Die Stadt war damals sehr regelmäßig ausgebildet und ihr kompositionelles Zentrum befand sich tatsächlich in ihrer Mitte. Möglicherweise entstanden vor 1347 schließlich noch weitere Randviertel bzw. Vorstädte.

Wegen des späteren Bevölkerungsrückgangs mußten die im 14. und 15. Jh. parzellierten Gebiete jedoch wieder aufgelassen werden (Abb. 54); der weiterhin bewohnte Stadtteil wurde vermutlich von dem Mühlkanal, der Schmiedgasse, der Oberen und Alten Meierhofgasse und dem Bächlein südlich des Marktplatzes begrenzt. Im älteren Teil der Ortschaft änderte sich wenig. Nur die

---

[59] *Urkundenbuch*, I, 387.

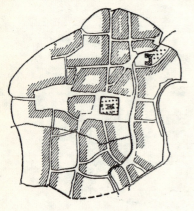 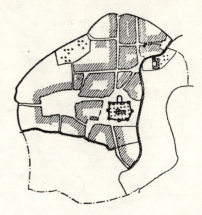

Abb. 53. *Broos* um 1350   Abb. 54. *Broos* im 16. Jahrhundert

Pfarrkirche erhielt ein neues Chor und die Befestigungsanlagen um sie herum baute man weiter aus. In den aufgelassenen Stadtgebieten wurden die alten Parzellen als Gärten verwendet und dabei teilweise zusammengelegt. Die spätere Neuteilung hatte sich darum hier in ein sehr ungleichmäßiges Parzellengefüge einzugliedern.

Hermannstadt[60] lag auch an der Kreuzung von zwei Fernstraßen. Sie trafen sich bei der Dragonerwacht, und zwar ging es von hier durch die Elisabethgasse nach Kronstadt, durch den oberen Teil der Burgergasse und die Heltauergasse in den Roten-Turm-Paß, durch den unteren Teil der Burgergasse und später durch die Schmied- und Saggasse nach Weißenburg und ebenfalls durch den unteren Teil der Burgergasse nach Mediasch.[61] Die Stadt erstreckt sich über zwei Terrassen, zwischen denen heute ein im allgemeinen verhältnismäßig steiler, vor allem mit Mauern gestützter Hang liegt. Der höhere, südliche Teil — die sogenannte Oberstadt (Abb. 55) — steht auf ziemlich ebenem Gelände, das nur am Ostrand der Terrasse etwas geneigt ist. Auch der tiefer gelegene nördliche Teil — die Unterstadt — befindet sich heute auf ebenem Gelände, früher aber bestand ein Teil davon aus einem

---

[60] In P. Niedermaier, *Die städtebauliche Entwicklung* (136—145, 159—162, 168 ff, 172 f), ist die Argumentation und Problematik der Wachstumsphasen enthalten. An Stellen wo in der vorliegenden Arbeit abweichende Ansichten geäußert werden, ist im Text oder den dazugehörigen Fußnoten die Argumentation dafür gebracht.

[61] S. auch: O. Mittelstraß, *Beiträge*, Karte IV; M. v. Kimakowicz, *Alt-Hermannstadt*, 243.

Teich, der ursprünglich wahrscheinlich das Gebiet westlich der Kempel-, Enten-, Kälber- und Mariagasse einnahm.

Wegen der sehr geringen Gehöftezahl ist es nicht ganz so eindeutig wie bei andern Städten, daß es zuerst eine Vorsiedlung gab; sehr wahrscheinlich waren aber die ersten Hofstellen auch in Hermannstadt Einzelgehöfte (Abb. 56; durch ihre Einzeichnung wurde wie bei den andern Städten vor allem die Andeutung des allgemeinen Siedlungsbildes bezweckt, die Reihenfolge, in der die Höfe entstanden sind, steht nicht in allen Fällen fest). Sie befanden sich in der Unterstadt, neben dem Markt- und Fingerlingsgäßchen, und da der erste Marktplatz, der an der Stelle der Dragonerwacht gelegen haben soll,[62] nicht bis zum Marktgäßchen reichen konnte, ist es denkbar, daß die Gehöfte eine kleine Marktsiedlung gebildet haben.

Um 1150 wurden die beiden ersten geschlossenen Baublöcke angelegt. Der eine, vermutlich der etwas ältere, lag westlich der Einzelgehöfte, auf der Nordseite der späteren Schmiedgasse (Abb. 57, links). Einen Friedhof, der vor ihm um das spätere Siechenhaus gelegen war, dürfte es auch kurz nach der Gründung dieser Siedlung gegeben haben. Der zweite Baublock wurde

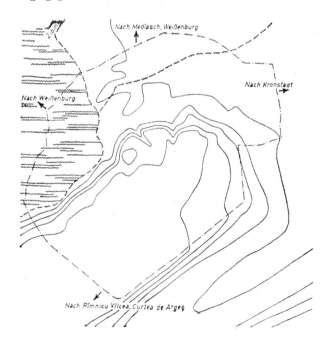

Abb. 55. *Hermannstadt*, Gelände

---

[62] Ebenda.

106 Die städtebauliche Entwicklung der Handwerksorte

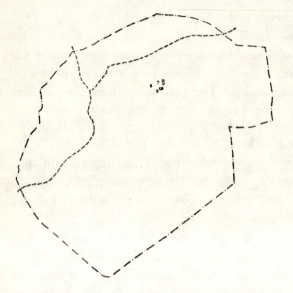

Abb. 56. *Hermannstadt* um 1125

auf der Nordseite der Elisabethgasse abgesteckt (Abb. 57, rechts) und bildete gleichfalls eine eigene Niederlassung. Die auf diese Weise geformte Ortschaft lag in einem verhältnismäßig geschützten Gelände: vor den Parzellengruppen erhob sich der Steilhang der höher gelegenen Terrasse, auf der einen Seite lag der Teich und hinter der Parzellengruppe ein Wasserlauf, der dem Schiffbäumel und der Neugasse folgte.

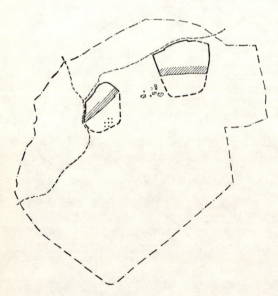

Abb. 57. *Hermannstadt* um 1150

Abb. 58. *Hermannstadt* um 1175

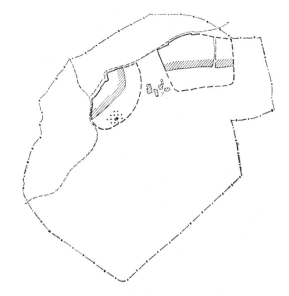

Da die Vorsiedlung auf einer kleinen Fläche zwischen den beiden Hospites-Siedlungen lag, sind darin schon bald nach der Mitte des 12. Jh. nebeneinanderliegende Parzellen entstanden (Abb. 58). Auch der westliche Baublock konnte wegen seiner Lage zwischen dem Teich und einer Fernstraße nicht geradlinig verlängert werden, die Erweiterung mußte sich dem Verlauf der Überlandstraße anpassen und so entstanden die ersten Hofstellen der späteren Burgergasse. Nur die dritte Siedlung ließ sich unter ganz normalen Bedingungen vergrößern. Bei ihr wurde die Parzellenreihe geradlinig nach Osten hin verlängert, so daß der ursprüngliche Abstand zwischen den Einzelsiedlungen bestehen blieb.

Im letzten Viertel des 12. Jh. wuchsen diese in der gleichen Art weiter: die eine Niederlassung entlang der Burgergasse, die andere entlang der Elisabethgasse und in der Vorsiedlung entstanden neben den alten neue Hofstellen (Abb. 59). Möglicherweise wurde auch die erste Kirche mit einfachen Wehranlagen an der Stelle des späteren Siechenhauses gebaut.[63] Zu einer regen Bautätigkeit wird es besonders nach der Gründung der Hermannstädter Propstei gekommen sein, die vom Papst 1191 bestätigt wurde. Über den alten Siedlungen entstand am Rand der Oberstadtterrasse, um den späteren Huetplatz eine Wehranlage und, nach späteren Kompetenzstreitigkeiten zu schließen, errichteten die Propstei und die Ortschaft gemeinsam einen Kultbau innerhalb der befestigten Fläche. Die Gründung einer neuen Sied-

---

[63] Ebenda, 242.

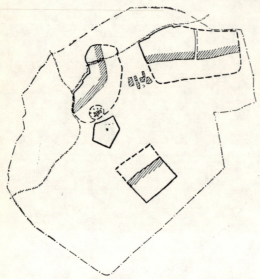

Abb. 59. *Hermannstadt* um 1200

lung — der Oberstadt — wird auch von der Propstei angeregt worden sein; ihr erster Baublock befand sich südwestlich des Großen Rings.

Nach dem Beginn des 13. Jh. haben in Hermannstadt besonders in der Oberstadt große Veränderungen stattgefunden. 1224 war die „Hermannstädter Provinz" entstanden, und als Folge davon mußte auch die befestigte Fläche vergrößert werden: Neben der Kirchenburg mit dem dazugehörigen Propsteigebäude wurden zunächst um den späteren Kleinen Ring provisorische

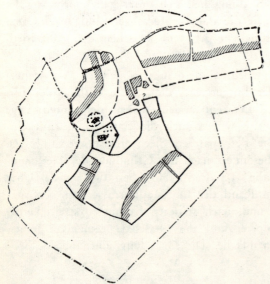

Abb. 60. *Hermannstadt* um 1225

Wehranlagen gebaut (Abb. 60). Die erste Parzellenreihe der Oberstadt ist seitlich erweitert worden, wobei der Anfang einer Häuserzeile der Sporer- und Heltauergasse entstand. Die weiteren Parzellierungen sind schwerer zu bestimmen. Da der Geländestreifen zwischen Sporer- und Reispergasse erst nach den danebenliegenden Zeilen bebaut wurde[64] und in andern Siedlungen damals Anger vorhanden waren, ist es durchaus möglich, daß auch in Hermannstadt ein großer Freiraum zwischen zwei geschlossenen Parzellenreihen entstand.[65] In der Unterstadt erhielt die Häuserzeile neben der

[64] Bei den ersten Parzellen auf der Südostseite der Sporergasse (Abb. 3, 61) und zwar jenseits der Reissenfelsgasse (74) gegen die Kleine Erde (75) zu, wurde die Südostfront des Großen Rings nahezu geradlinig verlängert. Die Vorderseite der Grundstücke an der Ecke der Kleinen Erde (75) springt etwas zurück, so daß dadurch ein paralleler Verlauf zur Reispergassen-Nordfront (62) erzielt wurde. Jenseits der Kleinen Erde (75) ist die Vorderfront der Parzellen etwas anders ausgerichtet, und nach einem kräftigen Vorsprung verläuft sie weiterhin geradlinig auf das spätere Salztor (f15) zu. Die Nordwestfront der Sporergasse (61) weist dagegen einen leicht geschwungenen Verlauf auf, der den verschiedenen Ausrichtungen und dem starken Vorsprung Rechnung trägt. Das anfangs sowohl die Nordostfront des Großen Rings (57) als auch die Nordwestseite der Sporergasse nicht bebaut, demnach in architektonischer Hinsicht recht bedeutungslos waren (s. auch P. Niedermaier, *Die städtebauliche Entwicklung*, 144), lassen sich die Unregelmäßigkeiten der Südostfront der Sporergasse durch ästhetische Erwägungen kaum erklären; sie werden durch eine Abänderung des ursprünglichen Planes entstanden sein. Da die Nordwestfront der Sporergasse diese Abänderung berücksichtigt, ist die Parzellierung erst nachher, also in einer zweiten Etappe durchgeführt worden. Anfangs wird der Raum zwischen Sporer- und Reispergasse frei gewesen sein (s. auch P. Niedermaier, *Die städtebauliche Entwicklung*, 162).

[65] Gegen die Fortsetzung des Angers auf dem Gelände zwischen Heltauer- und Fleischergasse (58, 60) spricht die einheitliche Durchbildung der Straßenfronten — die allerdings auch das Ergebnis einer geschickten Einfügung des neueren Teiles zwischen die schon bestehenden Baublöcke sein könnte — sowie die bedeutende Größe der Parzellen südwestlich des Großen Rings (57). Außer dem Bestehen des Angers zwischen Sporer- und Reispergasse (61, 62) und in verschiedenen andern Ortschaften spricht mehreres auch für einen Anger zwischen Heltauer- und Fleischergasse (58, 60). Wäre nach der Südostfront zuerst die Südwestfront des Großen Rings angelegt worden, so hätte die ganze Siedlungsanlage ein betont asymmetrisches und wenig geschlossenes Gepräge erhalten. Wenn entlang der Ballgasse (59) eine feste Siedlungsgrenze verlaufen wäre, so wäre diese vermutlich auch bei den gegenüberliegenden Parzellenreihen — zumal südöstlich der Heltauergasse (58) — kenntlich; auch die Siedlungsgrenze längs der Honterus- und Baiergasse wäre in diesem Fall eher parallel zur Ballgasse (59) statt ungefähr senkrecht zur Achse des Raumes zwischen Heltauer- und Fleischergasse (58, 60) angeordnet worden. Wägt man diese Überlegungen gegeneinander ab, so erscheint das zeitweilige Bestehen des Angers wahrscheinlich.

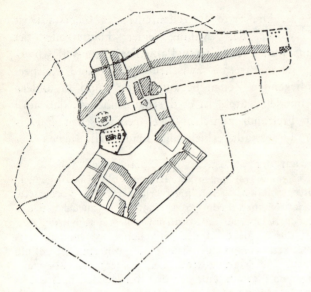

Abb. 61. *Hermannstadt um 1240*

Elisabethgasse eine immer größere Länge, die Vorsiedlung wurde immer dichter bebaut, und die Burgergasse erhielt stellenweise eine zweite Häuserfront.

Aber erst vor dem Mongoleneinfall begannen die Einzelsiedlungen dieses Stadtteiles zusammenzuwachsen (Abb. 61). In der einen Hospites-Niederlassung entstanden Parzellen entlang des oberen Teiles der Burgergasse, also unmittelbar neben der Vorsiedlung. Letztere belegte nun eine sehr kompakt bebaute Fläche, die an einer zweiten Seite bis zur Siedlung der Oberstadt reichte und an einer dritten von der anderen Hospites-Niederlassung der Unterstadt begrenzt wurde. Als diese letzterwähnte Siedlung nämlich bis in die Nähe des heutigen Bahnhofs erweitert worden war, wurde von ihr schließlich auch das Gebiet neben den beiden andern Siedlungen besetzt, ohne daß die Begrenzungselemente zwischen ihnen vollständig aufgelassen worden wären. In der Oberstadt dürfte — wie in andern Ortschaften — der Anger parzelliert worden sein; im zweiten Viertel des 13. Jh. entstanden also vermutlich Seitenfronten des Großen Rings, und wenn vorläufig auch nur eine davon bebaut war, so bildete seine Fläche doch einen klar begrenzten Freiraum. Von zwei schriftlich erwähnten Klöstern — einem Dominikaner- und einem Prämonstratenserinnenkloster —[66] kennen wir den Standort des einen: es befand sich am Ostende der Elisabethgasse und war vermutlich schon von Wehranlagen umgeben; über das andere gibt es keine weiteren Nachrichten, es könnte sich aber an der Stelle der angeblich ersten Pfarrkirche — des

---

[66] G. Entz, *Die Baukunst*, 140 f.

Abb. 62. *Hermannstadt* um 1275

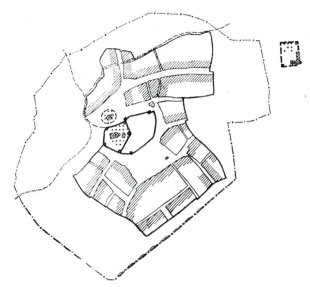

späteren Siechenhauses — befunden haben. Daß es damals eine ähnliche Niederlassung an der Stelle eines späteren Klosters, Ecke Elisabeth-Knopfgasse gegeben hat, ist unwahrscheinlich.[67]

Wesentlich einheitlicher wurde die Ortschaft nach dem Mongoleneinfall. Um diese Zeit wurde der äußere Teil der Elisabethgasse aufgelassen, und das Dominikanerkloster blieb auf freiem Feld stehen (Abb. 62). Statt der aufge-

---

[67] Die frühe Ansiedlungszeit der Hospites in Hermannstadt, die besondere Bedeutung des Ortes als Sitz der Propstei, die nicht sehr großen Ausmaße der Marienkirche und die Beendigungszeit mancher romanischer Kirchen in früh gegründeten Dörfern der Umgebung machen es wahrscheinlich, daß die Marienkirche (d1) noch vor der Mitte des 13. Jh. fertiggestellt wurde. Da sie auch als Pfarrkirche diente, wird die ältere Kirche (auf dem Standort von d15) damals ihre ursprüngliche Bedeutung eingebüßt haben; da sie auch in unmittelbarer Nähe der neuen Kirche lag, wäre ihre Übergabe an die prämonstratenser Chorfrauen nicht ausgeschlossen. Nach dem Mongoleneinfall wurde das Kloster nicht mehr erwähnt; 1292 konnten die Gebäude von der Stadt einem neuen Besitzer zugewiesen werden (*Urkundenbuch*, I, 192). Auch in Kronstadt kommt es zu einer ähnlichen Übergabe, nur treten dort an Stelle der Prämonstratenserinnen Zisterzienserinnen.

Die Kapelle Elisabethgasse-Ecke Knopfgasse kommt als Prämonstratenserinnenkloster nicht in Frage, weil der Bau gotisch, also neuer ist. Da sich in seiner Nähe das Dominikaner- und das Minoritenkloster befanden, könnte es sich hier um ein Dominikanerinnen- oder Klarissenkloster gehandelt haben. Nach verschiedenen Nachrichten aus dem 18. Jh. wurde das Dominkanerinnenkloster von den Franziskanern übernommen (d14; B. I v a n y i, *Dominikanerorden*, II, 38 f), demnach wird die Kapelle eher den Klarissinnen gehört haben.

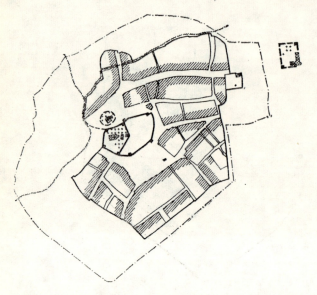

Abb. 63. *Hermannstadt* um 1300

gebenen Hofstellen wurden jetzt an der Südseite der Elisabethgasse neue angelegt u. zw. so, daß die Straße eine ziemlich große Breite erhielt. Auch in der Oberstadt entstanden neue Höfe südöstlich und nordöstlich des schon bebauten Gebietes, zwischen der Winter- und Wiesengasse sowie entlang der Kleinen Erde, Franziskaner-, Sporer- und Reispergasse. Wie bisher wird die Ortschaft von Begrenzungselementen bzw. einfachen Wehranlagen umgeben gewesen sein, doch sind die Grenzen zwischen den Einzelsiedlungen möglicherweise aufgelassen worden.

Im letzten Viertel des 13. Jh. wurde in Hermannstadt ein Minoritenkloster gegründet. Es ist im Jahr 1300 urkundlich erwähnt[68] und befand sich südlich der Elisabethgasse, an der Ecke der Salzgasse (Abb. 63). Da es am Rand der Ortschaft lag, ist die Unterstadt nur wenig gewachsen, und zwar ostwärts bis zur Annagasse. Weil die abgerundete neue Begrenzungslinie im Gebiet der Laterngasse an die Oberstadtgrenze organisch anschließt, muß die Bergsiedlung zwischen 1275 und 1300 auch ostwärts erweitert worden sein; die neuen Hofstellen lagen hier vor allem entlang von Reisper- und Sporergasse.[69] In den gleichen Zeitraum fällt die Gründung eines Hospitals (des späteren Siechen-

---

[68] *Urkundenbuch*, I, 215.

[69] Das Jahr 1300, in dem das Minoritenkloster (d9) erwähnt wird, ist ein „terminus ante quem" für das Bestehen der Siedlungsgrenze östlich der Laterngasse (14), und mithin auch für die Erweiterung der Oberstadt bis an ihren späteren Ostrand — dieses, wenn sich die Parzellen der Reispergase (48) ursprünglich bis zum Neustift (7) erstreckten (s. Fußnote 73).

Abb. 64. *Hermannstadt* um 1325

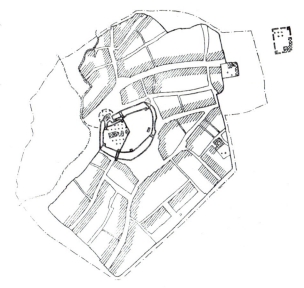

hauses) an der Stelle der vermutlich ersten Kirche, und vielleicht eines Klosters in der Franziskanergasse.

Nach dem Beginn des 14. Jh. wurde die Oberstadt nach Südwesten hin erweitert; es entstanden die Hofstellen der Heltauer- und Fleischergasse, die zwischen Baier- bzw. Honterusgasse und Quergasse liegen (Abb. 64). Einige neue Höfe dürften auch auf dem Großen Ring abgesteckt worden sein, an seiner Ostseite, wo es früher keine Häuserzeile, und damit keine architektonisch relevante Marktfront gab.[70] Die Unterstadt breitete sich nach Norden hin aus, wobei der Schiffbäumel, die Neu-, Lederer- und Färbergasse angelegt wurden. Stark veränderte sich schließlich auch das Aussehen der Burg in der Stadtmitte: Um sie herum entstanden eine Reihe von Zwingern[71] und darin selbst, am Kleinen Ring, das erste Rathaus der Stadt.

---

[70] Am Nordrand der Parzelle Großer Ring (57) — Ecke Sporergasse (61) stand eine Kapelle. Ihr Umriß bildet auf der Nordseite eine Ausbuchtung der Parzellengrenze, so daß ihre Nachbarparzelle dort schmäler ist als an andern Stellen (s. auch Abb. 3). Diese Besonderheit läßt sich am ehesten durch ein Bestehen der Kapelle vor den umliegenden Parzellen erklären. Für eine verhältnismäßig späte Parzellierung der Ostfront des Großen Rings (57) spricht auch die geringere Oberfläche der Grundstücke sowie die überaus geschickte Führung der Platzfront und Teilung der Fläche in Parzellen.

[71] Der Torturm der Oberstadt, der sich neben dem Alten Rathaus erhalten hat (f38), ist auf die Zwingermauer aufgebaut. Andere Reste der Mauer erhielten sich bis spät links und rechts des Ratsturms (f8; s.: E. S i g e r u s, *Aus alter Zeit, Großer Ring, Hermannstadt*).

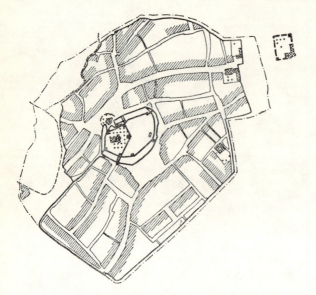

Abb. 65. *Hermannstadt um 1350*

Hermannstadt wurde in Urkunden zum erstenmal im Jahr 1326 als „civitas" bezeichnet.[72] Man begann die Stadtmauer um die Oberstadt zu erbauen, und zwar zuerst an ihrer Südwest- und Nordwestseite. Dabei richtete sich der Mauerverlauf im großen nach den Grenzen des parzellierten Gebietes; nur ein schmaler, noch freier Geländestreifen zwischen Quer- und Hechtgasse wurde in die Stadtfläche einbezogen und allmählich parzelliert (Abb. 65). Eine viel größere Anzahl von Höfen entstand in der Unterstadt zunächst in ihrem Nord- und Ostteil (vor allem entlang der Neu- bzw. Bahngasse); auch ein vermutlich neueres Kloster gab es hier, nördlich der Elisabethgasse. Später wurde der Teich auf der Westseite des Stadtteils zugeschüttet und an seiner Stelle wurden die Entengasse, der Weinanger und ein Abschnitt der Saggasse angelegt.

In weiteren Gebieten dieses Stadtviertels kam es nach der Mitte des 14. Jh. zu Parzellierungen; dabei entstanden der Rest der Saggasse, der Rosenanger, die Binder-, Rosmarien- und Kempelgasse sowie der Zeughofplatz, und weiter nördlich bildeten sich noch die Mariagasse, und an der Ostseite der Unterstadt, die Salzgasse mit dem angrenzenden Abschnitt der Elisabethgasse heraus (Abb. 66). Dadurch hatte auch der in der Zibinsau gelegene Stadtteil seinen endgültigen Umfang erreicht. Entlang der Begrenzung errichtete man wahrscheinlich provisorische Wehranlagen. Gemauert wurde aber auch weiterhin nur an dem Oberstadtring; um ihm einen möglichst günstigen Ver-

---

[72] *Urkundenbuch*, I, 405.

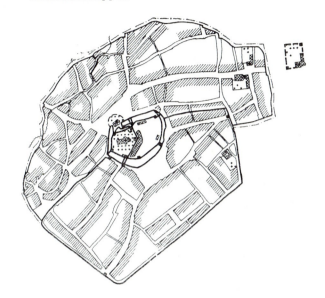

Abb. 66. *Hermannstadt* um 1375

lauf zu sichern, mußten die Hofstellen der Reispergasse durchschnitten werden.[73] Zusammen mit der allmählichen Parzellierung der beiden Stadtteile war in diesen ein sorgsam angelegtes Straßennetz entstanden. In der Oberstadt bildeten die Sporer-, Reisper-, Heltauer- und Fleischergasse die Hauptverkehrsadern und der dazwischenliegende Große Ring den Mittelpunkt des städtebaulichen Gefüges. Das Gegenstück war in der Unterstadt der Platz um das Hospital mit der angrenzenden Dragonerwacht und dem Saggassenplätzchen; ein wichtiger Längsstraßenzug bestand aus der Elisabeth- und Entengasse, und entsprechend wichtige Querachsen bildeten die Burger- und Saggasse. Bedeutende Bauten wurden vor allem in der Burg errichtet. Auf dem Friedhof hatte um 1350 der Neubau der Kirche begonnen und auf dem Kleinen Ring gab es 1370 schon eine ganze Reihe von Zunftlauben und Verkaufsgewölben.

Obwohl sich die Stadt bis ins 16. Jh. nicht weiter ausbreitete, waren die Veränderungen, die allmählich vor sich gingen, recht bedeutend. Beinahe alle

---

[73] Die Stadtmauer der Oberstadt entstand mit Sicherheit nach den Parzellen der Reispergasse (62). Vor ihrem Bau hatte der Terrassenabhang gewiß ein halbwegs gleichmäßiges Gefälle — darauf läßt sich zumal aus der weiteren Geländeneigung jenseits des Neustifts zur Elisabethgasse hin schließen. Da es also ursprünglich keinen Terrassenrand wie heute gab und mithin keinen Grund, die Parzellen nördlich der Reispergasse viel kleiner als andere abzustecken, dürften sie ursprünglich eine ähnliche Größe gehabt haben wie die südlich der Sporergasse (61) und teilweise die zwischen den beiden Straßen gelegenen.

Die städtebauliche Entwicklung der Handwerksorte

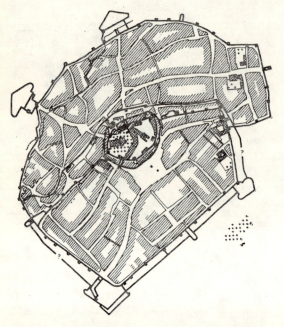

Abb. 67. *Hermannstadt* im 16. Jahrhundert

Nebenstraßen entlang entstanden Verdichtungsparzellen (Abb. 67). Die Unterstadt wurde mit einer Ringmauer umzogen und um die Oberstadt sogar ein zweiter Mauerkranz gelegt; außerdem entstanden neue Türme, Rondelle und Basteien. Bedeutende Gebäude waren auch weiterhin in der Burg — zumal um den Kleinen Ring — gebaut worden. Dagegen zog das Rathaus von hier um, und das Dominikanerkloster wurde von außerhalb der Stadt ins Innere verlegt. Schließlich war das Straßennetz der Unterstadt verändert worden: Mit einer zweiten Oberstadtmauer wurde der Hospitalplatz durchschnitten und damit die organische Verbindung zwischen Elisabeth- und Entengasse zerstört. In der Folgezeit ist der erwähnte Platz vollständig parzelliert worden, dann verbaute man die geräumigen Einfahrten in die Entengasse und verringerte die Breite der Elisabethgasse; dadurch verlor das Gefüge dieses Stadtteils viel von seiner einstigen Prägnanz.

Mühlbach lag gleichfalls an der Kreuzung zweier Wege. Der eine führte von Broos nach Reußmarkt, der andere von Weißenburg über das Gebirge in die Walachei.[74] In der Innenstadt stimmte der Verlauf der einen Fernstraße sicher mit der Petri- und Sikulorumgasse überein, der des andern

---

[74] O. Mittelstraß, *Beiträge*, Karte IV; Str[eitfeld Th.], *Mühlbach 1584*, 2.

wahrscheinlich mit der Sachs- und Petersdorfer Gasse (Abb. 68); in Richtung Weißenburg gelangte man aber nicht nur durch die Sachsgasse, sondern auch auf einem Weg, der in der Vorstadt, beim Mühlkanal von der Griechengasse abzweigte. Das Gelände der Innenstadt ist eben. Wasserläufe flossen nur seitlich davon vorbei, und zwar der Mühlbach anfangs östlich, später westlich der Stadt und der Mühlkanal auf der Westseite, aber näher an der Stadtmauer.

Um die Mitte des 12. Jh. gab es im Stadtgebiet nur Einzelgehöfte und -häuser. Sie befanden sich im Ostteil der späteren Innenstadt neben der Marienburger-, Jakobi-, Entengasse und Petersdorfer Gasse sowie neben dem Großen Platz (Abb. 69). Wie in andern Vorsiedlungen waren sie — wohl aus klimatischen Gesichtspunkten — ähnlich ausgerichtet.

Der erste geschlossene Baublock entstand in der zweiten Hälfte des 12. Jh. Er wurde neben der Rosengasse und dem Großen Platz angelegt, also seitlich der alten Gehöfte, und hatte eine halbovale Form (Abb. 70). Begrenzungselemente, die ihn umgaben, werden vor der nach Süden gerichteten Häuserzeile einen kleinen Anger umschlossen haben, auf dem auch der Friedhof lag.

Bis um das Jahr 1200 wurde die Parzellenreihe seitlich erweitert; dabei entstand die restliche Nordzeile des Großen Platzes und eine Seite der Jakobigasse. Um die Häuserreihe mit der dazugehörigen Straße zwischen die Hofstellen der Vorsiedlung einzuordnen, wurde die Front mit zahlreichen Rücksprüngen versehen (Abb. 71). Die Höfe der alten Niederlassung hatten sich mittlerweile auch vermehrt, doch lagen nun auch hier die neuen Besitze unmittelbar neben früher angelegten.

Da die Hospites-Siedlung mit 470 m schon recht lang war, entstand nach dem Beginn des 13. Jh. eine neue Zeile (die Petrigasse; Abb. 72, unten). Die ersten Hofstellen der Zeile lagen dem Siedlungskern gegenüber, jenseits des Friedhofs, auf dem der Kirchenbau begonnen hatte.

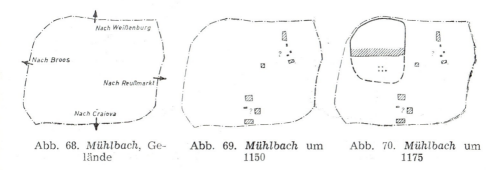

Abb. 68. *Mühlbach*, Gelände

Abb. 69. *Mühlbach* um 1150

Abb. 70. *Mühlbach* um 1175

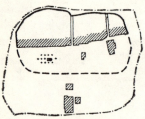 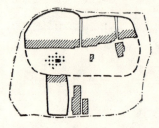 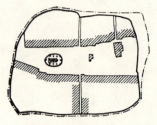

Abb. 71. *Mühlbach* um 1200   Abb. 72. *Mühlbach* um 1225   Abb. 73. *Mühlbach* um 1250

Vor 1250 wurde die neue Parzellenreihe zuerst ostwärts, dann westwärts verlängert (Abb. 73). Die zur Vorsiedlung gehörenden Hofstellen der Petersdorfer Gasse wurden dabei den anschließenden Baublöcken eingegliedert, während andere Parzellen der Vorsiedlung auf den Anger zu stehen kamen; dieser war durch den von der Fläche des Friedhofs bedingten Abstand zwischen den beiden langen Zeilen entstanden. Wie in den vorherigen Etappen war die Ortschaft von Verhauen umgeben.

Nach der Mitte des 13. Jh. wurde der Ostteil des Angers parzelliert und es entstanden hier zwei Baublöcke (Abb. 74). Zwischen seinem einstigen Mittelteil — dem Großen Platz — und seinem einstigen Westteil — dem Kleinen Platz — war auf dem Friedhof die Kirche gebaut worden und dann entstand auch die erste Ringmauer der Kirchenburg.

Vorstädte, die im 13. und 14. Jh. um die Innenstadt herum angelegt worden waren, ließ man nachher wieder auf. Trotzdem erfuhr das alte Stadtzentrum keine wesentlichen Veränderungen. Entlang einer Straße wurden Verdichtungsparzellen angelegt, ein Dominikanerkloster am Ostende der Jakobigasse gebaut und die Pfarrkirche teilweise, ihre Wehranlagen aber vollständig erneuert (Abb. 75). Auch die Stadtbefestigungen sind ausgebaut worden, sie bestanden aus einer doppelten Ringmauer mit Türmen und Vorwerken.

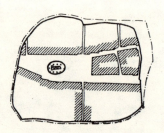   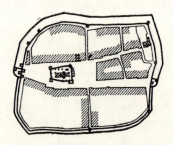

Abb. 74. *Mühlbach* um 1275   Abb. 75. *Mühlbach* im 16. Jh. (ohne Vorstädte)

Bistritz[75] entstand wie die andern Städte an der Kreuzung mehrerer Straßen.[76] Im Gebiet der Innenstadt trafen sich drei davon; ihrem Verlauf folgen die Spital-, Holz- und Ungargasse (Abb. 76). Das Gelände der Stadt ist eben, soll aber früher zumindest teilweise sumpfig gewesen sein. Ein bedeutender Wasserlauf, die Bistritz, fließt südöstlich an der Stadt vorbei, und nicht weit von diesem, in der Nähe der Klostergasse, soll sich der Brunnen mit dem besten Trinkwasser des Ortes befunden haben.

Aus Straßennamen und anderm läßt sich auf zwei gesonderte Vorsiedlungen schließen: Eine dürfte im Südostteil der Innenstadt gelegen haben, die andere an der Südecke. Die Spuren der letzteren haben sich auch im Parzellengefüge erhalten. Nach diesem gab es in der Nähe der Klostergasse schon um das Jahr 1150 einige kleine Einzelgehöfte (Abb. 77; durch ihre Einzeichnung wurde, wie auch bei den Abb. 78—83, vor allem die Andeutung des allgemeinen Siedlungsbildes bezweckt, die Reihenfolge, in der die Höfe entstanden sind, steht aber nicht in allen Fällen fest).

In der zweiten Hälfte des 12. Jh. wurde der erste geschlossene Baublock angelegt. Er befand sich neben dem Kornmarkt, in einigem Abstand von den erwähnten Gehöften, das heißt nordwestlich des späteren Marktplatzes (Abb. 78). Wie andere Siedlungskerne dürfte auch er, zusammen mit Anger und Friedhof, von Begrenzungselementen umgeben gewesen sein.

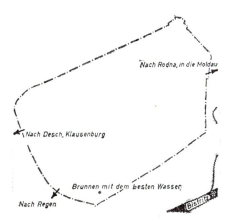

Abb. 76. *Bistritz*, Gelände

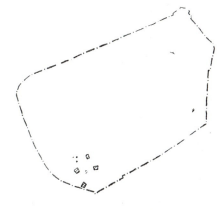

Abb. 77. *Bistritz* um 1150

---

[75] In P. Niedermaier, *Die städtebauliche Entwicklung* (145—149, 162 f, 170, 173 ff) ist die Argumentation und Problematik der Wachstumsphasen enthalten. An Stellen, wo in der vorliegenden Arbeit abweichende Ansichten geäußert werden, ist im Text oder den dazugehörigen Fußnoten die Argumentation dafür gebracht.

[76] O. Mittelstraß, *Beiträge*, Karte IV.

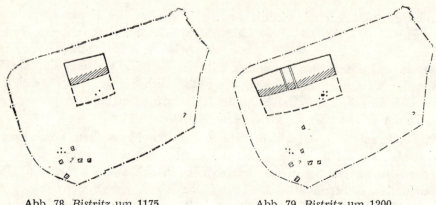

Abb. 78. *Bistritz* um 1175   Abb. 79. *Bistritz* um 1200

Neueste Untersuchungen haben gezeigt, daß die erste Erweiterung der Hospites-Siedlung bis zum Beginn des 13. Jh. seitlich erfolgte (Abb. 79);[77] die westwärts des Kerns, neben der Spitalgasse gelegenen Baublöcke bilden zusammen mit ihm eine über 300 m lange, besonders einheitliche Parzellenreihe, die zumal in ihrem neueren Teil aus großen regelmäßig ausgebildeten Hofstellen bestand.

Obwohl eine weitere Verlängerung der ersten Zeile möglich gewesen wäre, gruppierte man die neuen Hofstellen in einer zweiten Parzellenreihe; wie archäologische Grabungen gezeigt haben, entstand sie erst im 13. Jh.[78] Die Zeile wurde dem Kern gegenüber angelegt; da sich vor diesem jedoch auch der Friedhof befand, kam sie südöstlich des Marktplatzes in verhältnismäßig große Entfernung von der ersten Parzellenreihe zu stehen (Abb. 80). Ob damals der Mühlkanal hinter den neuen Hofstellen bereits bestand, ist fraglich.

---

[77] Trennt man die Fläche des wohl erst später hinzugekommenen Laubenganges vom Kern ab (Abb. 4; 1), so weist er eine etwa trapezförmige Oberfläche auf, d.h. der eine Seitenrand ist um 15 m länger als der andere; die Form läßt sich nicht durch eine ungenaue Vermessung erklären, sondern nur durch eine schon anfangs eingeplante seitliche Erweiterung. Die zwei Baublöcke nordwestlich der Spitalgasse (4) bilden zusammen mit dem Kern auch tatsächlich eine vollkommene Einheit. (Durch den ersten Baublock, der nur wenige Parzellen umfaßt, wurde zunächst wohl die Grundstückzahl des Kerns auf zwei volle Zehntschaften ergänzt; s. auch G. B a k o, G. N u s s b ä c h e r, *Hundertschaften*.) Dieses, sowie das Alter der Südostfront des Marktplatzes (s. auch Fußnote 78 mit der dazugehörigen Textstelle) zeigt, daß nach der Nordseite des Platzes (1) zunächst die anliegenden Parzellen der Spitalgasse (4) entstanden.

[78] L. B ă t r î n a, A. B ă t r î n a, *Bistriţa*. Es handelt sich um Grabungen auf der Parzelle Marktplatz—Ecke Alleegäßchen, und zwar westlich der Ecke.

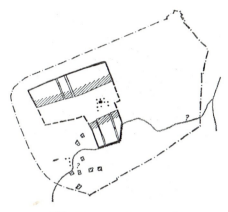
Abb. 80. *Bistritz* um 1225

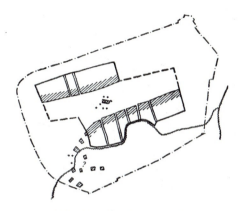
Abb. 81. *Bistritz* um 1250

Im Jahre 1268 gab es in Bistritz ein Minoritenkloster.[79] Es befand sich am späteren Roßmarkt, und sein Standort beweist, daß die Ortschaft bis nach der Mitte des 13. Jh. ostwärts erweitert wurde. Gleichzeitig geht aus der späteren Parzellenanzahl hervor, daß der 1241 als „Markt" erwähnte Ort zur Zeit der Klostergründung noch recht klein war und höchstens eine Zeile bis zum Kloster reichte; nach der Anordnung des Kloster und der Grundstückgröße wird in diesem Stadtteil zunächst eine Zeile der Holzgasse entstanden sein (Abb. 81).

Sie wurde bis um das Jahr 1265 verlängert und anschließend entstand eine Zeile der Beutlergasse (Abb. 82). Zwischen ihnen lag ein großer Anger mit dem Friedhof, auf dem sich die Nikolauskirche im Bau befand. Auch die Vorsiedlung am Südwestende der Ortschaft wuchs im Laufe der Zeit an; trotzdem gab es hier noch sehr wenig nebeneinanderliegende Höfe. Zu erwähnen ist auch eine Gräfenburg, die an der gegenüberliegenden Ecke der späteren Stadt in ihrer ersten Form vielleicht schon im 13. Jh. entstanden ist.

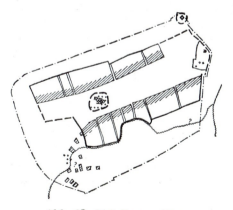
Abb. 82. *Bistritz* um 1275

Da der Anger ziemlich groß war und nach der einen Seite wegen des Minoritenklosters, nach der andern wegen der Vorsiedlung bzw. eines vor

---

[79] *Urkundenbuch*, I, 100.

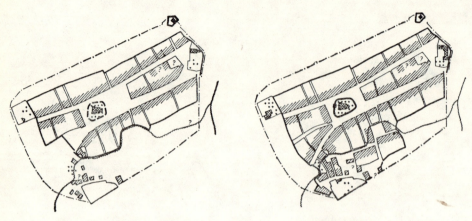

Abb. 83. *Bistritz* um 1300   Abb. 84. *Bistritz* um 1325

1295 gegründeten Hospitals[80] nicht verlängert werden konnte, ist es verständlich, daß er parzelliert wurde. Westlich der Kirche entstanden zwei Baublöcke neben der Spitalgasse und östlich zunächst möglicherweise auch nur zwei Baublöcke (Abb. 83). Ein vor 1309 entstandenes Dominikanerkloster lag in der Vorsiedlung.

Da Bistritz um das Jahr 1333 beiläufig 250 Herdstellen hatte,[81] sind in der vorhergehenden Zeit eine große Anzahl neuer Hofstellen angelegt worden. Zuerst wurde vermutlich der letzte Baublock auf dem alten Anger, zwischen der Holz- und Beutlergasse parzelliert (Abb. 84) und dann erfolgte eine Erweiterung der Ortschaft nach Südwesten und Süden hin; auf diese Weise entstanden Höfe zwischen der unteren Neugasse und Ungargasse bzw. dem Kleinen Ring, der Badergasse und der Klostergasse. Außer dem Minoriten- und dem Dominikanerkloster, das wohl im 14. Jahrhundert mit einer Ringmauer befestigt wurde, gründete man — zu einem unbekannten Zeitpunkt — ein Dominikanerinnen- und ein Klarissenkloster, ersteres an der Ecke Ungargasse—Backhausgäßchen, das andere am ehesten Ecke Beutlergasse—Roßmarkt.

Die letzten Höfe, die vor der Mitte des 14. Jh. abgesteckt wurden, erstreckten sich von der Reisgasse bis zur Straße Hinter der Mauer, von der Burg- bzw. Elisabethgasse bis zur Fleischerallee usw. (Abb. 85). Dadurch waren die entscheidenden Punkte für den späteren Verlauf der Stadtbefestigungen festgelegt. Da man Bistritz im Jahr 1349 zum erstenmal als „civitas" bezeich-

---

[80] *Urkundenbuch*, I, 200.

[81] Der Wert wurde nach den Abgaben von freien Pfarren (*Urkundenbuch*, I, 324—330) und der Größe von Ortschaften des Mühlbacher Dekanats errechnet.

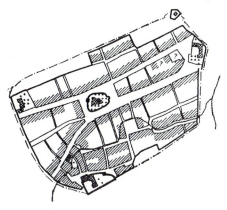
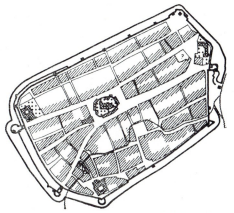

Abb. 85. *Bistritz* um 1350   Abb. 86. *Bistritz* im 16. Jahrhundert
(ohne Vorstädte)

nete,[82] wird man um dieselbe Zeit auch mit dem Bau der wohl nur zum Teil gemauerten Wehranlagen begonnen haben. Dabei wurden auch unbebaute Flächen in die Stadt mit einbezogen. Als später die Bevölkerungsanzahl zurückging, werden sich diese vergrößert haben; nicht mitbefestigt wurde dagegen der unmittelbar neben der Innenstadt liegende Ort Niederwallendorf.

Die freien Flächen sind erst viel später besetzt worden (Abb. 86), anschließend werden Verdichtungsparzellen entstanden sein. Die Arbeiten an den Stadtbefestigungen wurden im 15. Jh. fortgesetzt und im 16. Jh. im großen beendet; sie bestanden letztlich aus einer doppelten, teilweise dreifachen Mauer mit Teichen, Gräben, Wällen, Türmen, Vorwerken und Basteien. Die Gebäude der vier Klöster, des Hospitals und der Pfarrkirche hatten ihre endgültige Form erhalten. An die Ringmauer der letzteren baute man verschiedene Gebäude, zumal Zunftlauben an und das Rathaus befand sich damals am Marktplatz, Ecke Untere Neugasse.

Kronstadt[83] ist aus mehreren ursprünglich gesonderten Siedlungen zusammengewachsen; es sind dies die Obere Vorstadt (Şchei), Bartholomä, die Altstadt und Corona. Von diesen hat die letztere — die spätere Innere Stadt — eine betonter städtische Entwicklung erfahren. Obwohl sie zum Unterschied von den andern Städten nicht unmittelbar an einer Fernstraße lag, dürften auch hier frühe Wege den Verlauf einiger Straßen — und zumal den der Kloster- und Purzengasse — mitbestimmt haben (Abb. 87). Für die spätere

---

[82] *Urkundenbuch*, II, 63.
[83] In P. Niedermaier, *Die städtebauliche Entwicklung* (150—154, 163 ff, 171, 174 f) ist die Argumentation und Problematik der Wachstumsphasen enthalten.

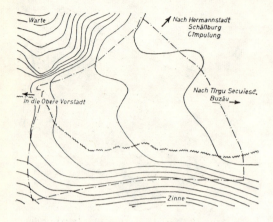

Abb. 87. *Kronstadt*, Gelände

Form der Stadt war jedoch ihre Bodengestalt ausschlaggebend. Die Innere Stadt entstand auf einer Talsohle, die an zwei Seiten durch Berghänge begrenzt war: Nordwestlich davon befand sich der sehr steile Abhang der Warte, und im Süden der Abhang der Zinne (er beginnt nicht erst jenseits der Ringmauer, sondern noch in der Inneren Stadt, in unmittelbarer Nähe der Burggasse). Aber auch die eigentliche Talsohle ist nicht vollständig eben; zumal die Südwestecke der Stadt liegt höher, so daß die letzten Stücke von Burg-, Neu- und Waisenhausgasse zum Teil stark ansteigen. Der Kronstädter Bach, die Graft, die vorher mitten durch den Ort floß, erhielt erst im 16. Jh. ihr jetziges Bett am Fuß des Warteabhangs.

Den Kern der Inneren Stadt bildet eine Parzellengruppe, die nördlich des Marktplatzes und Roßmarktes liegt. Er ist nach dem Jahr 1211 entstanden und erstreckte sich ursprünglich bis zum Fuß der Warte (Abb. 88; ungewiß ist, ob dieses auch beim Ostende des Siedlungskerns der Fall war, oder ob die letzte Parzelle eher — wie in der Abbildung — nur von dem Marktplatz bis zur späteren inneren Stadtmauer reichte). Obwohl seine Lage durch das Gelände besonders gut geschützt war, dürfte er von Begrenzungselementen umschlossen gewesen sein; sie werden auch einen Anger mit dem Friedhof umfaßt haben, der vor dem Stadtkern lag.

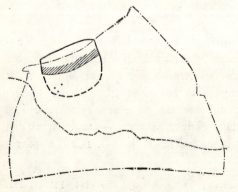

Abb. 88. *Kronstadt* um 1215

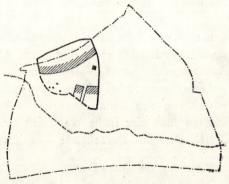

Abb. 89. *Kronstadt* um 1225

Bei der Erweiterung der Siedlung entstand vor der ersten Parzellenreihe eine neue Zeile, die zu dieser — wohl dem Verlauf der Wege entsprechend — nicht parallel angeordnet war. Ihr eines Ende führte näher an sie heran, bis neben den Friedhof, das andere lag jedoch entfernter; zwischen den Zeilen gab es einen dreieckigen Anger mit einem Bergfried (Abb. 89). Dem späteren Parzellengefüge und den Wasserläufen gemäß ist es denkbar, daß die neue, durch zwei Gassen gegliederte Hofstellenreihe eine nahezu halbovale Fläche belegte.

Da anscheinend eine möglichst kompakte Form der Siedlung angestrebt wurde, entstanden vor der Mitte des 13. Jh. weitere Höfe nicht in Verlängerung der alten Zeilen, sondern hinter den neueren Baublöcken, wahrscheinlich an der Ostseite der Hirschergasse (Abb. 90). Ein Prämonstratenserinnenkloster, das schon vor dem Mongoleneinfall schriftlich erwähnt wurde, fand seinen Standort südwestlich des Friedhofs und der wohl schon begonnenen Pfarrkirche, so daß die Siedlungsgrenze auch nach dieser Richtung hin verschoben werden mußte.

Nach 1250 wurden allmählich mehrere Parzellengruppen südlich der Waisenhausgasse angelegt, die zwei Baublöcke bildeten. Weil einer davon über die alte Westgrenze der Siedlung hinausragte, mußte auch die Zeile des Kerns neben dem Roßmarkt verlängert und die Grenze verschoben werden, so daß die Ortschaft wieder einen gut geschlossenen Umriß erhielt (Abb. 91). Charakteristisch für die zukünftige Stadt waren zwei große Freiflächen in ihrer Mitte, die zusammen mit den Gemeinschaftsbauten und umliegenden Parzellengruppen ein kompliziertes städtebauliches Gefüge bildeten.

Im letzten Viertel des 13. Jh. wurde die Siedlung nach Osten hin erweitert. Dabei entstanden die dritte Front des Marktplatzes und die ersten Hofstellen

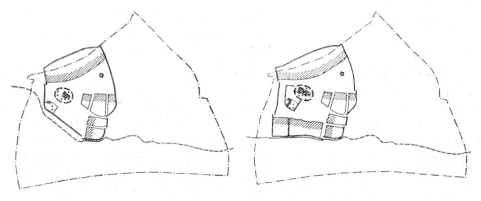

Abb. 90. *Kronstadt* um 1250   Abb. 91. *Kronstadt* um 1275

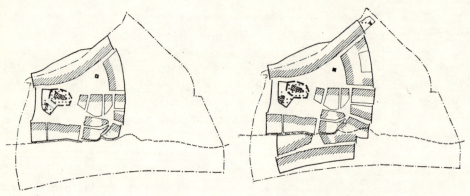

Abb. 92. *Kronstadt* um 1300   Abb. 93. *Kronstadt* um 1325

der Kloster-, Purzen- und Schwarzgasse, außerdem ein neuer Freiraum, der Kühmarkt (Abb. 92). Die Straßenanfänge sollten die spätere Gliederung des Ostteils der Stadt bestimmen, aber um 1300 wurde zunächst am damaligen Siedlungsrand eine starke Wehrlinie angelegt; sie bestand nicht nur aus Holz, sondern auch aus Erde, das heißt einem Graben und Wall. Möglicherweise ist um die frühgotische Pfarrkirche sogar eine Ringmauer gebaut worden.

Von ausschlaggebender Bedeutung für das spätere Gefüge der Stadt war auch eine Erweiterung nach dem Beginn des 14. Jh. Damals entstand die Burggasse (Abb. 93); dadurch wuchs die Siedlung südwärts bis zum Abhang der Zinne, so daß sie nun die ganze Breite des Tals einnahm. Andere Hofstellen entstanden nachher an den Straßen des östlichen Stadtteiles, doch verlief die neue Siedlungsgrenze noch westlich der Michael-Weiß-Gasse. Nur das Dominikanerkloster, das man im ersten Viertel des Jahrhunderts gründete, lag jenseits dieser Linie.

Zwischen 1325 und 1350 entstanden noch einige Höfe im Westteil der Ortschaft; die Parzellierung reichte hier ungefähr bis zur Linie der späteren Stadtmauer (Abb. 94). Im Ostteil entstanden nur südlich der Purzengasse Hofstellen; nördlich davon wurde nur vor dem Kloster ein großes Gelände — zwischen der Michael-Weiß- und Johannisgasse — begrenzt, aber nicht aufgeteilt. Im Zentrum der Ortschaft wurde wahrscheinlich die Pfarrkirche vergrößert, und deshalb mußte vermutlich auch der Kirchhof erweitert werden.

Nach der Mitte des 14. Jh. erfolgten schließlich noch andere Erweiterungen in südöstlicher Richtung, doch so daß die Dominikanerniederlassung am Stadtrand verblieb. Dabei wurde zunächst das Gelände bis zur Johannis- und Kniegasse, dann bis zur Goldschmied- und Kaserngasse und zuletzt das südlich der Purzengasse gelegene Gelände bis zur Stadtmauer parzelliert (Abb. 95).

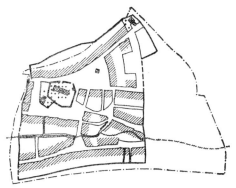 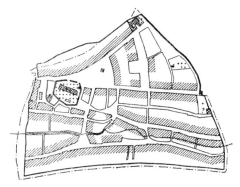

Abb. 94. *Kronstadt* um 1350   Abb. 95. *Kronstadt* um 1375

Da man vermutlich auch in der Nähe der Kirchenburg einige freie Flächen besetzte, u. zw. zwischen dieser und der Waisenhausgasse, erhielt die Innere Stadt in dieser Zeit nicht nur ihre spätere Ausdehnung, sondern es bildeten sich auch die letzten Merkmale ihres Straßennetzes heraus. Dieses war durch mehrere wichtige Längsstraßen gekennzeichnet (Klostergasse, Purzengasse, Schwarzgasse-Waisenhausgasse und Burggasse), die aber nur durch zwei wichtigere Quergassen verbunden waren (durch die Hirschergasse und die Michael-Weiß-Gasse). Der große Marktplatz und vielleicht andere kleinere Plätze, die es gab oder auch noch gibt (Rosenanger, Kühmarkt, Fischmarkt, Kotzenmarkt und Roßmarkt), befanden sich nach den geländebedingten Erweiterungen in südöstlicher Richtung nicht mehr in der Mitte der Ortschaft. Ganz an den Rand, in die Nähe der im Bau befindlichen Stadtmauer kamen ein Dominikanerinnenkloster und ein Hospital zu stehen.

Bis gegen Ende des 16. Jh. waren außer dem Marktplatz und dem Kotzenmarkt alle freien Flächen der Inneren Stadt parzelliert worden. Auch die mittlerweile vergrößerte Kirchenburg war von bebauten Höfen umgeben und auf den hinteren Teilen größerer Hofstellen entstanden Verdichtungsparzellen (Abb. 96). Die Befestigungsanlagen waren überaus stark; sie bestanden stellenweise sogar aus vier hintereinanderliegenden Mauern, aus Türmen, Basteien, Vorwerken und anderem mehr. Auch die Gemeinschaftsbauten sind besonders groß und bedeutend gewesen. Außer der Pfarrkirche, der späteren Schwarzen Kirche, gab es mehrere Klosterkirchen und Kapellen, eine Schule, das Rathaus in der Mitte des Marktplatzes, das Kaufhaus südlich davon und andere Verkaufsräume der Zünfte.

M e d i a s c h lag wie die vorher behandelten Städte auch an einem strategisch bedeutsamen Ort; der Weg im Tal der Großen Kokel führte süd-

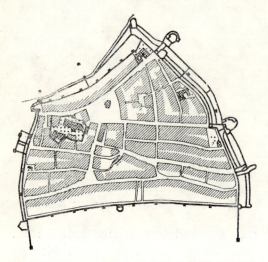

Abb. 96. *Kronstadt* im 16. Jh. (ohne Vorstädte)

lich daran vorbei, und ein Weg in das Mireschtal verlief über den Zekesch, also durch die Ortschaft selbst.[84] Das Gelände der Stadt ist ziemlich uneben. Von einer höher gelegenen Terrasse südlich der Stadt reicht ein Ausläufer bis in die Innenstadt. Auf ihm — und damit höher gelegen als andere Teile — liegt der Süd- und Ostrand des Ortes, aber zum Teil auch dessen Mitte mit der Margarethenkirche (Abb. 97).[85] Von hier fällt das Gelände nach Norden und Westen langsam ab, steiler jedoch nach Süden, zum Marktplatz hin. Dieser befindet sich mit den umliegenden Flächen in einer Senke, die an ihrer Südseite von steilen, nach Osten jedoch von weniger abschüssigen Hängen begrenzt ist. Einstmals wurde die Senke von einem Wasserlauf durchzogen, dessen Bett einige Meter unter dem heutigen Straßenniveau lag.

Zu Beginn des 13. Jh. gab es im Gebiet der Innenstadt vereinzelte Gehöfte; sie befanden sich entlang des späteren Zekesch, der Langgasse und des Pfarrergäßchens und waren von verschiedener Größe und Form (Abb. 98; durch ihre Einzeichnung wurde wie auch bei Abb. 99—100 die Andeutung des allgemeinen Bildes der Vorsiedlung bezweckt, die Reihenfolge, in der die Höfe entstanden sind, steht nicht für alle Fälle fest). Zu dieser höher gelegenen Vorsiedlung gehörte ein Friedhof im Bereich der späteren Margaretenkirche. Möglicherweise war er von einer einfachen Wehranlage aus Holz und Erde umgeben.

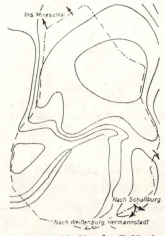

Abb. 97. *Mediasch,* Gelände

---

[84] G. Treiber, *Kirchen*, 135; O. Mittelstraß, *Beiträge,* Karte IV; *Istoria României,* II, Karte VIII.

[85] Für das Gelände um die Stadt s.: K. Römer, *Mediasch,* 51 f.

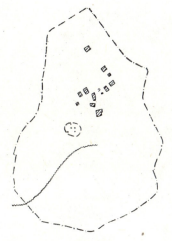

Abb. 98. *Mediasch* um 1225

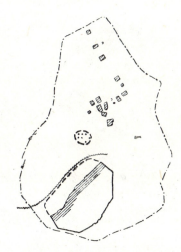

Abb. 99. *Mediasch* um 1250

Im Laufe der ersten Hälfte des 13. Jh. entstanden in der Vorsiedlung neue Einzelgehöfte. Sie befanden sich in der Nähe der alten Hofstellen, möglicherweise in kleinerem Maß aber auch weiter nördlich, gegenüber des späteren Franziskanerklosters (Abb. 99). Im Unterschied zur Vorsiedlung ist die erste Hospites-Siedlung, wie andere Ortschaften dieser Art, in der Talmulde angelegt worden. Ihr erster Baublock befand sich südöstlich des Marktplatzes und der Kotgasse. Er hatte eine annähernd halbovale Form und war vermutlich von Begrenzungselementen oder einfachen Wehranlagen umgeben.

Da immer mehr Höfe in der Vorsiedlung entstanden, wurden nach der Mitte des 13. Jh. die ersten nebeneinanderliegenden Parzellen angelegt, und zwar in der Nähe der Kreuzung Langgasse — Neugasse — Pfarrergäßchen (Abb. 100). Weil sich der Kern der Talsiedlung sowohl durch seine Lage im Gelände als auch durch seine Form nicht für eine seitliche Erweiterung eignete, entstand im gegenüber, jenseits des alten Baches, ein neuer Baublock, der in mehreren aufeinanderfolgenden Etappen parzelliert wurde. Zwischen diesen beiden Parzellengruppen gab es einen Anger, der in die Siedlungsfläche mit einbezogen war.

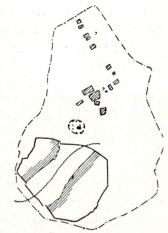

Abb. 100. *Mediasch*, 1250—1275

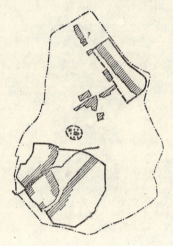 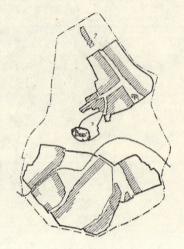

Abb. 101. *Mediasch* 1275—1300   Abb. 102. *Mediasch* um 1325

In der zweiten Hälfte des 13. Jh. wurde der Anger zur Hälfte parzelliert; ein Teil, der spätere Marktplatz, blieb jedoch frei (Abb. 101). Um die gleiche Zeit entstanden in der Vorsiedlung neben den alten neue Grundstücke, so daß es mehrere Parzellengruppen gab, die ganze Straßenfronten bildeten. In der Nähe dieser Grundstücke wurde den Zekesch entlang wahrscheinlich eine zweite Hospites-Siedlung angelegt. Außerdem war vor 1300 auf dem Friedhof mit dem Bau einer Kirche begonnen worden, von der das Chor und einer von zwei Westtürmen errichtet wurden. So wie Kirche und Friedhof abseits der verschiedenen Siedlungen lagen, bestand auch zwischen diesen beiden keine organische Verbindung; sie waren gesonderte im Gelände verteilte Siedlungsgebilde, ohne kompositionelle Beziehung zueinander.

Einheitlicher wurde das Bild im ersten Viertel des 14. Jh. Damals entstanden vermutlich Hofstellen zwischen dem Zekesch und dem Pfarrergäßchen bzw. der Neugasse. Dadurch ist die Vorsiedlung mit der zweiten Hospites-Siedlung zusammengeschlossen worden (Abb. 102). Wahrscheinlich umschloß beide eine gemeinsame Begrenzungslinie, und möglicherweise verbanden zwei Begrenzungslinien sie auch mit der Burg. Diese Burg bestand aus einer Ringmauer mit zwei Türmen und einer Saalkirche in der Mitte des Hofes. Jenseits der Kirche ist die Talsiedlung nicht in Richtung Bergsiedlung hin erweitert worden; man zog es vor, die neuen Gehöfte die Kletten- und Forkeschgasse entlang, hinter den anderen anzulegen.

Die unmittelbar darauf durchgeführten Erweiterungen der Ortschaft waren unwesentlich: Im oberen Teil entstanden einige Gehöfte längs des Kasernbergs,

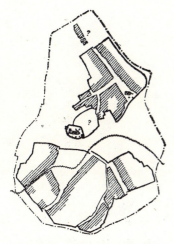
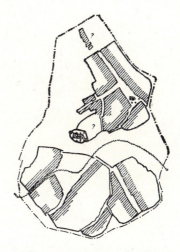

Abb. 103. *Mediasch* um 1330   Abb. 104. *Mediasch* um 1350

und im unteren Teil parzellierte man eine kleine Fläche zwischen der Kletten- und Forkeschgasse, wobei auch eine Straße aufgelassen wurde, die hier geplant war (Abb. 103). Zwischen den beiden für sich begrenzten Siedlungen wurde auch weiterhin eine große freie Fläche beibehalten.

Bis zur Mitte des 14. Jh. ist die Bergsiedlung auf dem Kasernberg durch weitere Hofstellen erweitert worden (Abb. 104). Der Abstand zur Talsiedlung wurde dadurch zwar verringert, aber die abgerundete hintere Begrenzungslinie eines neuen Baublocks weist mit Sicherheit darauf hin, daß die Bergsiedlung auch damals von eigenen Begrenzungselementen umgeben blieb. Solche besaß auch die Talsiedlung: Sie war weiterhin entlang der Forkeschgasse erweitert worden, also nicht in Richtung Bergsiedlung.

Eine Vergrößerung in diese Richtung fand vermutlich vor 1375 statt (Abb. 105). Damals entstand der erste Teil der Unteren Schmiedgasse und gleichzeitig wird man die beiden Teile der Ortschaft in diesem Bereich erstmals durch eine gemeinsame Begrenzung verbunden haben. Eine zweite ähnliche Begrenzungslinie querte jenseits des Ortes wahrscheinlich den Kleinen Platz. Sie umzog das Gebiet der Steingasse, denn hier entstanden damals die neuen Gehöfte der Bergsiedlung. Nach dem Zusammenschluß der beiden Stadtteile lag nun die schon früher vergrößerte Pfarrkirche in der Mitte der Ortschaft; ihre Befestigungsanlagen wurden durch einen zweiten Mauerkranz wesentlich verstärkt.

Bis 1450 führten weitere Parzellierungen längs der Steingasse und der Unteren Schmiedgasse zu einem allmählichen Zusammenwachsen der Ortschaftsteile (Abb. 106). Der 1359, 1393, 1398 und 1428 je einmal als „civitas",

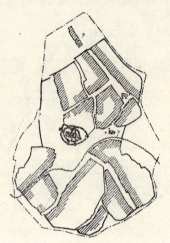 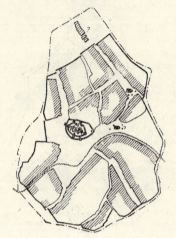

Abb. 105. *Mediasch* um 1375   Abb. 106. *Mediasch* um 1450

sonst, aber in der ersten Hälfte des 15. Jh. als „oppidum" bezeichnete Ort[86] erhielt dadurch eine viel geschlossenere Begrenzungslinie, die auf große Strecken mit dem Verlauf der späteren Stadtmauer zusammenfällt. Innerhalb davon waren die beiden Teile jedoch auch weiterhin durch eine ziemlich große freie Fläche voneinander getrennt. Nur die Margarethenkirche und eine Ulrichkapelle (im Bereich der Schmiedgasse) stellten im Ortschaftsgefüge und -gepräge Verbindungsglieder zwischen den beiden Teilen dar.

Durch Parzellierungen nach der Mitte des 15. Jh. wurden diese freien Flächen verkleinert; es handelt sich um einige Hofstellen an der Ecke Steingasse — Kleiner Platz — Badergasse und um einen Baublock zwischen der Oberen Schmiedgasse und dem Zigeunerberg (Abb. 107). Andere Höfe entstanden nördlich der Ortschaft, längs der Steingasse, der Neugasse und des Zekesch; hier fand auch das neu gegründete Franziskanerkloster seinen Standort. Nach diesen Parzellierungen traten die Merkmale des späteren Straßennetzes klar hervor: Im Nordteil von Mediasch hatten sich drei annähernd parallele Längsstraßen mit einer wichtigen Querverbindung herausgebildet, im Südteil gab es mehrere Hauptstraßen, die vom großen Marktplatz in verschiedene Richtungen auseinander strebten. Die Margarethenkirche neben dem Markt war wieder vergrößert und mit einer dritten Mauer umgeben worden, man begann mit dem Bau des Klosters und auch ein Hospital gab es, wahrscheinlich am Nordrand des Ortes.

Bis ins 16. Jh. wurden schließlich noch einige kleine Flächen am Stadtrand besetzt; außerdem entstanden entlang vieler Straßen Verdichtungspar-

---

[86] *Urkundenbuch*, II, 166; III, 67, 218; III 335.

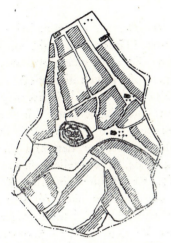 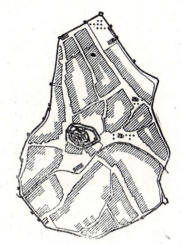

Abb. 107. *Mediasch* um 1475   Abb. 108. *Mediasch* im 16. Jahrhundert

zellen und unter der Kirchenburg einige Häuser (Abb. 108). Durch diese erhielt der Marktplatz einerseits eine vierte bebaute Front, andererseits wurde er räumlich von den Freiflächen getrennt, die es noch immer zwischen den beiden Stadtteilen gab (die eine ist als Kleiner Platz bis heute erhalten, die andere bebaute man zwischen 1699 und 1705[87]). Der Marktplatz selbst wurde durch ein verhältnismäßig großes Kaufhaus gegliedert. Wichtig für die allgemeine, aber auch für die städtebauliche und architektonische Entwicklung der Stadt war, daß gegen Ende des 15. und zu Beginn des 16. Jh. um die ganze Stadt eine Ringmauer mit mehreren Türmen gebaut wurde; ältere und neuere Gräben, Teiche, Türme und Basteien vervollständigten die Wehranlagen.

Die Besonderheiten der allgemeinen Entfaltung und die örtlichen Gegebenheiten führten in jeder Stadt zu einem anderen Gefüge und Gepräge; trotz aller Unterschiede gibt es dennoch viele Parallelen. Sie zeigen die Wandlung der städtebaulichen Grundsätze, zumal für die Flächennutzung und innere Gliederung der Ortschaften.

Parzellierte Gebiete

Innerhalb der Städte nehmen die parzellierten Gebiete besonders große Flächen ein, die je nach Siedlungstyp und Zeitabschnitt verschiedene Merkmale aufweisen.

---

[87] Vgl. den Grundriß von M. V i s c o n t i *(Mappa)* aus dem Jahr 1699 mit dem Entwurf aus dem Jahr 1705 (E. G r e c e a n u, *Mediasch*, 24).

In den Vorsiedlungen gab es — wie schon erwähnt — ursprünglich einige nahezu quadratische Gehöfte oder uneingezäunte Häuser, die wohl aus klimatischen Gründen ähnlich ausgerichtet waren. Sie sind vereinzelt, aber in kleinem Abstand voneinander angelegt worden. Außergewöhnlich groß waren die Vorsiedlungen innerhalb der Burgen von Klausenburg und Schäßburg, die bis zu 20 Einzelgehöfte umfaßten, bescheidener die Vorsiedlungen in Broos, Mediasch und vielleicht Kronstadt (Obere Vorstadt), wo es etwa 15 Einzelgehöfte gab. In Hermannstadt, Bistritz, Mühlbach und vor den Mauern der Alten Burg in Klausenburg haben sich weniger als 10 Parzellen dieser Art erhalten. Auf die Anlage vereinzelter Gehöfte wurde nicht in allen Orten gleichzeitig verzichtet; in einigen Siedlungen wurde schon nach der Mitte des 12. Jh. davon abgesehen, in Mediasch jedoch erst nach der Mitte des folgenden Jahrhunderts. Es ist nicht ausgeschlossen, daß der Verzicht auf diese Anordnungsart mit der Ansiedlung der Hospites in dem betreffenden Gebiet zusammenhängt.

In der zweiten Entwicklungsphase der Vorsiedlungen sind, wie in der vorhergehenden Etappe, kleine, annähernd quadratische Parzellen unmittelbar neben den schon vorhandenen entstanden. Die nebeneinanderliegenden Parzellen bilden geschlossene Gebiete, deren Größe vom Entwicklungsgrad der Ortschaften abhing. Kleine Parzellengruppen haben sich in Mühlbach erhalten, längere Häuserzeilen in Broos und Mediasch; in Schäßburg besetzen sie ungefähr die Hälfte des Burgviertels und in Klausenburg die gesamte Alte Burg. Anscheinend ist zum Zeitpunkt der Verschmelzung der Vorsiedlungen mit jenen der Hospites auf die Anlage weiterer kleiner Parzellen verzichtet worden, in Mediasch allerdings erst um die Mitte des 14. Jh.

In den von Hospites angelegten Vierteln bestehen die ältesten Parzellierungen aus einigen größeren langgestreckten Grundstücken, die nebeneinander angelegt wurden und geschlossene Kerne bilden. Die Kerne finden sich in zwei Formen vor: manche sind abgerundet wie in Broos, Hermannstadt (Unterstadt), Mühlbach, Kronstadt (Innenstadt), Schäßburg (unterer Stadtteil) und Mediasch. Die zweite Form ist annähernd rechteckig, wie z. B. in der Oberstadt von Hermannstadt, in Bistritz und Klausenburg. Die ersten Baublöcke umfaßten 8—30 Hofstellen; den Mindestwert finden wir in Hermannstadt, den Höchstwert in Kronstadt vor.

In den Städten, in denen es ursprünglich nur kleine Kerne gab, sind nach einer bestimmten Zeitspanne weitere, gesondert gelegene Kerne entstanden, so daß die Gesamtzahl der angesiedelten Familien im allgemeinen zwischen 20 und 32 schwankt; die unteren Grenzwerte liegen bei 12 und 23 in Broos und Mühlbach, die oberen bei 45 und 55 in Mediasch und Klausenburg.

Die künftigen Städte haben sich demnach in ihrer ursprünglichen Parzellenanzahl von gewöhnlichen Dörfern kaum unterschieden. Die Größenordnung der Werte widerspiegelt hingegen den Zeitpunkt, zu dem die Ortschaften entstanden sind, ziemlich eindeutig; die Entwicklung der früh entstandenen Städte ist von einer relativ kleinen Parzellenanzahl ausgegangen, während sich in später gegründeten Ortschaften mehr Familien niederließen. Die ersten Kerne sind frühestens um die Mitte des 12. Jh. und spätestens nach der Mitte des 13. Jh. angelegt worden. Die zweiten Kerne in Hermannstadt (Unterstadt), Schäßburg und Mediasch dürften zwischen der Mitte des 12. Jh. und dem zweiten Viertel des 14. Jh. entstanden sein. In Hermannstadt legte man in der Oberstadt gegen Ende des 12. oder zu Beginn des folgenden Jahrhunderts sogar einen dritten Kern an.

Die Vergrößerung der Hospites-Siedlungen durch eine seitliche Erweiterung der Parzellierungen (d.h. durch eine Verlängerung der Häuserzeilen) erfolgte schon früh — so in Hermannstadt, Mühlbach, Klausenburg und Schäßburg. Einen Sonderfall stellt die in Broos angewandte Lösung dar, wo die Parzellierung und mithin die Häuserzeile nicht geradlinig verlängert wurde. Zumal nach den Erweiterungen umfaßten die Zeilen häufig eine große Anzahl von Hofstellen. Die in Klausenburg angetroffene Zahl von 30 Hofstellen erweist sich als niedrig; die Werte schwanken im allgemeinen zwischen 40 und 45 und für Mühlbach ergibt sich mit 55 aneinandergereihten Höfen das Maximum. Entsprechend einer organisatorischen Gliederung[88] beträgt — wie schon bei den Kernen, aber auch bei späteren Erweiterungen — die Parzellenanzahl manchmal ein Vielfaches der Zahl 10 oder selten 12 (am klarsten in Klausenburg, Bistritz und Kronstadt).

Mit Ausnahme der Kerne, die bei neuen Ansiedlungen entstanden sind, erfolgten Vergrößerungen der Hospites-Siedlungen durch neuangelegte gesonderte Parzellengruppen hauptsächlich erst in einer dritten Etappe, nach der Verlängerung der ersten Häuserzeilen — so in Hermannstadt, Mühlbach, Bistritz und Klausenburg. In Kronstadt und Mediasch, wo sie z. T. geländebedingt der zweiten Etappe angehören, sind die ersten Baublöcke besonders groß bzw. die Häuserzeilen besonders lang. Ungeachtet dessen, ob diese neuen Parzellengruppen aus der zweiten oder dritten Entwicklungsetappe stammen, sind sie in bezug auf ältere Baublöcke nicht willkürlich angelegt worden, sondern entsprechen einer bestimmten Grundrißstruktur; gewöhnlich befinden sich die neuen Zeilen in einer gewissen Entfernung gegenüber der alten. Die neuen Parzellengruppen umfaßten ursprünglich eine kleine Gehöftezahl,

---

[88] Şt. Pascu, *Voievodatul Transilvaniei*, I, 123.

im allgemeinen 5—7, aber sie wuchs mit der Entwicklung der Orte an. Ihre Entstehungszeit ist von der des Kerns bzw. der Erweiterung der Parzellierung abhängig gewesen und zwischen dem letzten Viertel des 12. Jh. und dem des 13. Jh. anzusetzen.

Die immer bedeutendere Entwicklung der Ortschaften bedingte den Übergang von einer aufgelockerten zu einer kompakten Parzellierung ohne größere Freiräume zwischen den Hofgruppen oder Häuserzeilen. In den untersuchten Städten sind zunächst in Broos, Hermannstadt und Klausenburg beidseitig bebaute Straßen entstanden; erst später ging man allgemein zur geplanten kompakten Anlage von Baublöcken seitlich der schon bebauten Gebiete über. Die letztgenannte Entwicklungsphase kann in Hermannstadt, Bistritz, Kronstadt, Klausenburg, Mediasch und andern Orten festgestellt werden. Gleichzeitig — und in einigen Städten sogar vorher — wurden die in den Siedlungen freigebliebenen Flächen teilweise bebaut, so in Mühlbach, Bistritz, Mediasch und Schäßburg. Die Gesamtflächen haben unterschiedliche Formen, die durch die Art der vorher durchgeführten Parzellierungen und die Geländebeschaffenheit bedingt sind. Ebenso verschieden ist ihre Größe: Hermannstadt steht mit einer Grundstückoberfläche von über 55 ha an erster Stelle, gefolgt von Schäßburg (unterer Teil der Stadt) mit über 40 ha. In Kronstadt, Klausenburg (neuer Teil der Innenstadt), Mediasch und Bistritz belegen die Parzellen rund 25—30 ha, in Mühlbach und Broos (erhaltener Teil der alten Stadt) etwa 15 ha und in den frühen Burgen beiläufig 3 ha (Abb. 109). In den hier untersuchten Hospites-Siedungen kam es seit dem 13. Jh. zu dieser kompakten Bebauung, spätestens aber im Laufe des folgenden Jahrhunderts.

In einer letzten Etappe der planimetrischen Entwicklung der Innenstädte fand die Verdichtung des Parzellengefüges statt. Innerhalb der mit Mauern befestigten Gebiete wurde diese Verdichtung in Orten durchgeführt, in denen sich keine Vorstädte herausgebildet haben, aber auch in solchen, wo es sie schon früh gab. Ihr Umfang stand auch mit der Stadtfläche in einem bestimmten Verhältnis und war sowohl zahlen- als auch flächenmäßig in Hermannstadt am bedeutendsten. Ein geringeres Ausmaß erreichten sie in Kronstadt, Mediasch, Klausenburg und Bistritz, in Mühlbach waren die Verdichtungen unbedeutend (Abb. 111). Da die hintere Grenze der neu geschaffenen Parzellenreihen teilweise über weitere Strecken gradlinig verläuft — z.B. in Klausenburg —, müssen sie wie andere Entwicklungsvorgänge der Städte planmäßig durchgeführt worden sein. Diese allgemeine Regel schließt aber keineswegs aus, daß es bisweilen zu einem direkten Abkommen zwischen den beiden interessierten Teilen — dem Besitzer des ursprünglichen Grundstückes und dem Anwärter auf eine Verdichtunsparzelle — kommen konnte. Bei den

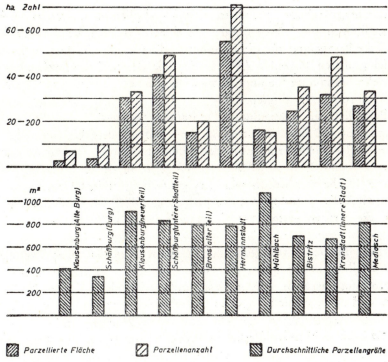

Abb. 109. Ursprüngliche Merkmale der parzellierten Flächen

größten zentral gelegenen Hofstellen, die wahrscheinlich wohlhabenden Patriziern gehört haben, kam es bezeichnenderweise aber nur in außergewöhnlichen Fällen zu Teilungen. Nach der Beschäftigungsart der Stadtbewohner, d.h. nach ihrem geringeren Interesse an Ackerbau und Viehzucht und mithin an einem größeren Hof und Garten kann man schließen, daß Verdichtungen vor allem seit der Mitte des 14. Jh. durchgeführt wurden.

Trotz der Verdichtungen sind schon in einer frühen Etappe auch Vorstädte entstanden. Sie bildeten sich auf verschiedene Art heraus: Manchmal wurden benachbarte, ursprünglich selbständige Siedlungen der Stadt einverleibt, so in Kronstadt, Bistritz und Klausenburg; manchmal konnte nur ein Teil der Stadt von der Ringmauer umschlossen werden, so in Mühlbach, Klausenburg und Schäßburg; manche Ortschaften wuchsen aber auch nach dem Bau der Stadtmauern über die Befestigungsanlagen hinaus.

Die Größenunterschiede zwischen den parzellierten Gebieten sind vor allem auf die unterschiedliche Hofstellenanzahl zurückzuführen (Abb. 109). Zwischen den zwei Werten gibt es einen Zusammenhang, weil die durchschnittliche

Größe der ursprünglichen Parzellen ziemlich ähnlich war; letzteres geht für die Vorsiedlungen und frühen Burgen aus einem Vergleich der dortigen kleinen Grundstücke hervor und für die Hospites-Siedlungen aus der Gegenüberstellung ihrer viel größeren Parzellen (Abb. 109). Die Ähnlichkeiten zeigen, daß die Grundstücke bestimmter Siedlungskategorien Flächen einer ungefähr feststehenden Größenordnung benötigten.[89]

Die Parzellen der Vorsiedlungen umfaßten für gewöhnlich 200—400 m², oder zumindest 100 und höchstens 800 m². Bedeutendere Unterschiede weisen die Hospites-Parzellen vor allem in der ersten Etappe auf; ihre Größe schwankt zwischen 300 und 2600 m² (Abb. 18). Die Anzahl der Gehöfte mit weniger als 500 m² Fläche war jedoch sehr gering (auch in andern Gebieten der Ostsiedlung wird die ursprüngliche Stadtparzellengröße mit rund 500 m² angegeben)[90], die meisten erstreckten sich auf 600 bis 1100 m², und eine etwas kleinere Anzahl auf 1100—2000 m².

Parallel mit der Entwicklung der Städte wurden die neuen Parzellen der Hospites-Siedlungen und später der Gesamtsiedlungen kleiner bemessen als die ersten Hospites-Parzellen. Wegen des Mindestflächenbedarfs der Stadtgehöfte einerseits und der verschieden großen Oberfläche der frühen Parzellen andererseits, war der Größenabfall von Ort zu Ort verschieden; in den Städten, in denen die frühen Hospites-Parzellen größer waren — so in Hermannstadt oder Klausenburg —, gibt es deutlichere Unterschiede (Abb. 110), und in den Ortschaften mit anfänglich kleinen Parzellen ist der Abfall bedeutend geringer — so in Bistritz, Mühlbach und Schäßburg. In den Vorsiedlungen, wo die Höfe ursprünglich sehr klein waren, sind die späteren sogar größer bemessen worden (Abb. 110), so daß auch dadurch die mittlere Gehöftgröße gleichmäßiger wurde.

Diese Tendenz zu einer Oberfläche gleicher Größenordnung läßt sich nur bei den ursprünglichen Hofstellen der Innenstädte finden. Die Verdichtungsparzellen, die unter besonderen, von Ort zu Ort verschiedenen Bedingungen angelegt wurden, sind kleiner und

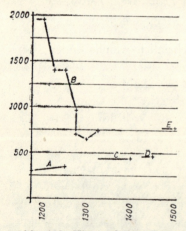

Abb. 110. *Klausenburg*, Größe der Parzellen
A Alte Burg. B Neuer Teil der Innenstadt. C Verdichtungsparzellen. D Neuere Parzellen in der Alten Burg. E Erweiterung der Innenstadt.

[89] S. auch Seite 25—28 des vorliegenden Bandes
[90] W. K u h n, *Westslawische Landesherren*, 241.

etwas unterschiedlicher (Abb. 111), die Parzellen der Vorstädte hingegen viel größer.

So ergibt sich eine gebietsmäßige Gruppierung der Parzellen verschiedener Größe. Die ackerbauende Bevölkerung wohnte gewöhnlich auf weitläufigen Hofstellen außerhalb der Mauern, während die Handwerker die kleineren Parzellen im Stadtkern vorzogen. Aber auch die Handwerker benötigten unterschiedlich große Hofstellen; nach einem Schäßburger Erlaß aus dem Jahr 1517 mußten z. B. die Schneider, Goldschmiede, Riemer und Schlosser die kleineren Höfe in der dortigen Burg bewohnen.[91] Da die Parzellen bestimmter Stadtteile oft ähnlich groß und mindestens z. T. von Handwerkern derselben Zunft bewohnt waren (auch der Bedarf von fließendem Wasser für die Ausübung gewisser Gewerbe war hierzu in manchen Fällen ausschlaggebend)[92], ist es nicht ausgeschlossen, daß ursprünglich die Größe der Hofstellen in einem noch engeren Abhängigkeitsverhältnis zur Beschäftigung der Besitzer gestanden hat. Offenkundiger sind jedoch andere Zusammenhänge: die wohlhabenderen Bürger saßen vor allem auf den großen Hofstellen an den Plätzen und Hauptstraßen, die armen mußten sich mit Hofstellen in den Nebengassen und in den Randvierteln begnügen.

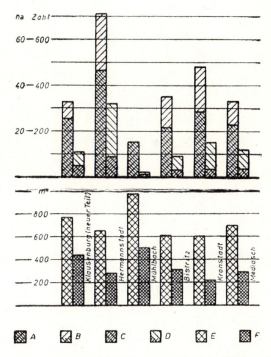

Abb. 111. Merkmale der parzellierten Flächen nach der Durchführung der Verdichtungen

A Restliche Fläche der ursprünglichen Parzellen. B Anzahl der ursprünglichen Parzellen. C Abgetrennte Fläche. D Anzahl der Verdichtungsparzellen. E Durchschnittliche Fläche der alten Parzellen. F Durchschnittliche Fläche der Verdichtungsparzellen.

Gebiete mit besonderer Bestimmung

Bei der Standortwahl von Friedhöfen und Marktplätzen samt dazugehörigen Gebäuden sowie von Klöstern treten Parallelen auf; sie deuten auf zeitlich

---
[91] E. Dubowy, Sighişoara, 139.
[92] Für die Gruppierung s. z.B.: S. Goldenberg, Clujul, 22; E. Jekelius, Gassen und Plätze, 31; G. Reimann, Baukunst, 10.

bestimmte Bevorzugungen gewisser Lösungen hin, die einen Einfluß auf den späteren Ausbau der Städte hatten.

In diesem Zusammenhang sind die Friedhöfe von besonderer Bedeutung. Sie dienten zunächst als solche, dann für den Bau der Pfarrkirche und später auch anderer Gebäude (wie Kapellen, Schulen, und Rathäuser und waren von Befestigungen umgeben; manchmal fanden dort auch Prozessionen statt, zuweilen wurden sogar Märkte abgehalten.[93]

In den Vorsiedlungen hatten die Friedhöfe bescheidene Ausmaße und lagen, so weit bisher bekannt ist, etwas abteits — so in Broos, Schäßburg, Klausenburg und Mediasch. Wenn das spätere Dominikaner- oder das Dominikanerinnenkloster in Bistritz auf einem älteren Friedhof errichtet wurde, was im Hinblick auf die Bebauungsdichte des betreffenden Stadtviertels durchaus denkbar ist, so gilt auch für diese Stadt das gleiche. Nur in einigen Fällen ist ihr Standort höher gelegen und mithin von Geländeformen bedingt gewesen, aber wahrscheinlich nur mittelbar durch die besseren Befestigungsmöglichkeiten, wie in Schäßburg und vielleicht in Mediasch.

Nach der Ansiedlung der Hospites ist der Standort des alten Friedhofs, in dessen Mitte es vielleicht schon eine kleine Kirche gegeben hat, manchmal auch für die neue Pfarrkirche beibehalten worden, so in Klausenburg, Mediasch, Broos und Schäßburg (wo die Hauptkirche möglicherweise in einer dritten Etappe an die Stelle des ursprünglichen Friedhofs und der dazugehörigen Kapelle zurückverlegt wurde). Desgleichen sprechen verschiedene Hinweise dafür, daß an der Stelle eines früheren Friedhofs oder der ersten Kirche bisweilen später gegründete Klöster oder Hospitäler angelegt worden sind (im Klausenburg, Bistritz und Hermannstadt).

Manchmal haben die Hospites für den Friedhof und die Pfarrkirche einen neuen Standort gewählt, und in diesen Fällen gibt es auf ebenem Gelände eine bestimmte Beziehung zwischen den ersten Parzellen und dem Standort der Kirche. In Mühlbach, Bistritz und in der Hermannstädter Unterstadt befand sich das Zentrum der Kirche 50—60 m von der Vorderfrontmitte des Siedlungskerns entfernt und in Kronstadt auch gleich weit, nur etwas seitlich verschoben.

Bisweilen ist der Abstand zwischen dem Mittelpunkt der Pfarrkirche und dem von den Hospites angelegten Kern größer; im unteren Stadtteil von Mediasch beträgt er ungefähr 110 m, im neuen Teil von Klausenburg 140 m und in der Hermannstädter Oberstadt 220 m. In all diesen Fällen gab es jedoch jenseits der Kirche eine ältere Siedlung und es ist nicht ausgeschlossen,

---

[93] F. Teutsch, *Siebenbürgisch-deutsche Altertümer*, 18; A. Pancratz, Gassennamen, 41.

daß durch die größere Entfernung ein auf den Hauptbau bezogenes Gleichgewicht zwischen den Siedlungen hergestellt werden sollte. Hierfür spricht auch die Achsenverschiebung der betreffenden Ensembles in bezug auf den Kern (vor allem in Klausenburg).

Die Kirchhöfe sind zumindest in einer späteren Etappe meist oval oder poligonal gewesen. Da in ihrer Mitte die Kirche stand und am Rand die übrigen Gebäude in möglichst vorteilhafter Lage errichtet wurden, konnte kein einheitlich geschlossener Raum geschaffen werden. In einigen Fällen, in denen die Kirche mehr an den Rand zu stehen kam (so in Hermannstadt und Kronstadt), ergab sich auf der einen Seite ein kleiner Platz, in anderen Fällen (z. B. in Mediasch) hat der freie Raum aber eine ringähnliche, ungegliederte Form. Da die Kirchhöfe im Leben der Ortschaften eine wichtige Rolle spielten, sind sie für gewöhnlich konzentrisch um sie herum angewachsen, so daß diese Freiräume später — von Ausnahmen (wie Kronstadt) abgesehen — in die Mitte der Städte zu liegen kamen.[94] Auch wegen ihrer zentralen Lage und der strahlenförmigen Anlage einiger Straßen wurden die Kirchhöfe, und zumal die Pfarrkirchen in deren Mitte, zu Dominanten in der Grundrißkomposition und in dem Gepräge der Städte.

Trotz ihrer erheblichen Bedeutung waren sie aber im allgemeinen verhältnismäßig klein (Abb. 112). Die meisten besaßen eine Gesamtfläche von ungefähr 0,5 ha (Klausenburg, Schäßburg, Broos, Mühlbach und Bistritz); der Kirchhof in Hermannstadt, der auch der Propstei diente, und der gewiß ziemlich spät, zusammen mit dem Bau der (Schwarzen) Kirche neubegrenzte Hof in Kronstadt waren wesentlich größer, der in Mediasch etwas kleiner (Abb. 112). Obwohl bei einigen, vom Marktplatz etwas abgelegenen Kirchhöfen, auch die Anlage von Ergänzungsflächen (Zwingern) um sie herum möglich war, und andererseits auch in Klostergärten Beerdigungen vorgenommen wurden (so in Bistritz[95]), genügte ihre Fläche in einer späteren Zeit — zumal bei Seuchen — nicht mehr für den Friedhof der Ortschaft. So entstanden im 16. Jh. die ersten Friedhöfe außerhalb der

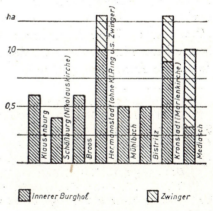

Abb. 112. Größe der Kirchhöfe

---

[94] Vgl. auch: G. Ionescu, *Istoria arhitecturii*, I, 188.
[95] O. Dahinten, *Bistritz*, 429.

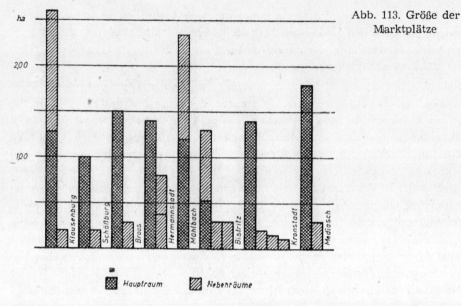

Abb. 113. Größe der Marktplätze

Städte (1554 in Hermannstadt, 1585 in Klausenburg)[96], welche die Kirchhöfe entlasteten.

Die Hauptplätze, auf denen bereits seit dem 12. Jh. Wochenmärkte abgehalten wurden[97] und auf denen seit dem 14. oder den späteren Jahrhunderten auch die Jahrmärkte stattfanden, haben gelegentlich auch zu Verwaltungszwecken[98], Festveranstaltungen[99] und zum Rechtsvollzug[100] gedient. Für die erwähnten Zwecke wurde ein Teil ihrer Fläche stets freigehalten. In der Mitte oder am Rand der Plätze wurden Zunftlauben und manchmal das Rathaus erbaut; hier standen auch der Pranger[101], ein oder zwei Brunnen und anderes. Die Anrainer waren jedoch in der Hauptsache Privatleute.

---

[96] Gh. Sebestyen, V. Sebestyen, *Arhitectura renașterii*, 31.
[97] G. Müller, *Stühle und Distrikte*, 23, 284; O. F. Jickeli, *Der Handel*, 11; Șt. Pascu *Voievodatul Transilvaniei* I, 244. Für frühere Märkte s.: V. Cucu, *Orașele României*, 15, 31—32; M. Jenö, *A magyar városok*, 48—59; G. Treiber, *Siedlungsgeschichtliche Untersuchungen*, 177, 181—182.
[98] *Documente*, C, XIV/I, 272; G. D. Teutsch, *Beiträge*, 53 f.
[99] Gh. Curinschi, *Centrele istorice*, 16; O. Kisch, *Bistritz*, I, 100; A. Mökkel, *Aus Mühlbachs Vergangenheit*, 8 f; E. Sigerus, *Vom alten Hermannstadt*, I, 18 ff.
[100] Ebenda, 16; E. Jekelius, *Gassen und Plätze*, 28; R. Schuller, *Alt-Schäßburg*, 39 f.
[101] S. z. B.: E. Jekelius, *Gassen und Plätze*, 28 f; O. Kisch, *Bistritz*, I. 22.

Die Form der Marktplätze hat sich zugleich mit der Bebauungsverdichtung der Innenstädte herausgebildet. Demnach kann bei Vorsiedlungen wegen der geringeren Hofstellenanzahl nur in Klausenburg und teilweise Schäßburg die Entstehung von Plätzen verfolgt werden. Die Fläche, die die Marktplätze hier einnehmen, ist in Übereinstimmung mit den allgemeinen Ausmaßen der Siedlungen, zu denen sie gehören, sehr klein (Abb. 113).

Auch in den neueren Stadtteilen haben sich die viel größeren, im allgemeinen rechteckigen Plätze erst allmählich herausgebildet. Ursprünglich wurde nur neben den Pfarrkirchen eine zu Handelszwecken bestimmte Fläche freigehalten, ohne daß diese nach allen Seiten allzu genau abgegrenzt worden wäre. Sehr bald jedoch ergab sich die Abgrenzung zum Kirchhof durch dessen Befestigung. Desgleichen wurden allmählich auf allen Seiten der Marktplätze Privatparzellen angelegt, die sich in die allgemeine Parzellenstruktur, also auch zwischen ganz bestimmte Baublockgrenzen eingliederten. Die Platzfronten umschlossen fast immer verhältnismäßig regelmäßige quadratische, rechteckige, trapezförmige oder dreieckige Flächen. Wenn sich im Freiraum auch der Kirchhof befand — wie in Klausenburg, Bistritz und Mühlbach —, so bestand der Marktplatz nicht aus einem einheitlich geschlossenen Raum, sondern aus mehreren Einzelräumen, die zum Teil eine weniger vorteilhafte Form hatten und von denen einer durch seine größeren Ausmaße für gewöhnlich eine beherrschende Rolle besaß.

Die Abgrenzung der Marktplätze von den Kirchhöfen wurde durch die stärkere Befestigung der letzteren immer deutlicher, wobei das unbebaubare Vorfeld rund um die Wehranlagen mindestens z. T. mit den Marktflächen zusammenfiel,[102] so vor allem in Klausenburg, Mühlbach und Bistritz (die letztgenannte Stadt stellt einen Extremfall dar, in dem nicht mehr von einem Marktplatz im engeren Sinn des Wortes gesprochen werden kann; vgl. auch Abb. 113). Nachdem die Befestigungswerke der Pfarrkirchen aufgelassen worden waren, sind auf dem Gelände die Mauern entlang verschiedene bürgerliche Bauten errichtet worden; in Klausenburg, Mühlbach und Bistritz waren es Zunftlauben, in Kronstadt, Mediasch und Hermannstadt (Kleiner Ring) auch Privathäuser. Die immer größer gewordenen Gebäude unterstrichen die Trennung von Marktplatz und Kirchhof in noch größerem Maß.[103] Der naturgegebene Unterschied zwischen den beiden Räumen — dem einen mit seinem pulsierenden Leben und dem andern mit seiner ruhigen Abgeschiedenheit — wurde damit zu einem Charakteristikum der mittelalterlichen Städte.[104]

---

[102] S. auch: Ch. Klaiber, *Burgen-, Dorf- und Stadtanlagen*.
[103] Vgl. auch: Gh. Curinschi, *Centrele istorice*, 46.
[104] E. Egli, *Geschichte des Städtebaues*, II, 25; C. Sitte, *Der Städtebau*, 18.

Seltener ist es von Anbeginn zu einer Trennung der beiden wichtigen Gebiete gekommen, wie bei den Hauptplätzen in Broos und Schäßburg und bei der Anlage eines zweiten, kleineren Platzes, in Hermannstadt, Bistritz, Schäßburg und vielleicht Mediasch (s. auch Abb. 113). Gleich ungewöhnlich ist in Siebenbürgen die Lage von Zunftlauben außerhalb des Marktplatzes, wie teilweise in Schäßburg; aus Mangel an Baugrund sind sie häufiger in der Mitte des Marktplatzes erbaut wurden, wie in Mühlbach, Klausenburg, Schäßburg, Hermannstadt, Kronstadt und Mediasch. Es war dies wahrscheinlich eine sehr alte Lösung; schon in vielen Lokationsurkunden von Ortschaften in Böhmen und Schlesien werden Fleischbänke u. a. Verkaufsstände erwähnt,[105] die nicht recht zwischen Privatparzellen eingefügt werden konnten und daher wohl im Freiraum der Plätze aufgestellt wurden.

Zum Unterschied von den erwähnten Plätzen und Gebäuden wurden die Hospitäler und Bettelmönchsklöster am Rand der Siedlungen errichtet[106] wie in Kronstadt, Klausenburg, Broos, Mühlbach, Bistritz, Mediasch und Hermannstadt. Nur in besonderen Fällen — so in Hermannstadt und Schäßburg — wenn es keine andere Entwicklungsmöglichkeit gab, sind die Innenstädte über diese Gebäude hinausgewachsen. Für Klöster aber wurden Standorte innerhalb der Stadtmauer gewählt — das beste Beispiel hierfür bietet Schäßburg: in Hermannstadt wurde sogar im 15. Jh. ein Kloster in die Innenstadt verlegt. Die Hospitäler hingegen befanden sich häufiger außerhalb der Innenstädte (Klausenburg). Die erwähnten Niederlassungen besetzten je nach Möglichkeit verschieden große Flächen (Abb. 114). Sie sind in Siebenbürgen zwischen dem Anfang des 13. und dem Ende des 15. Jh. entstanden.

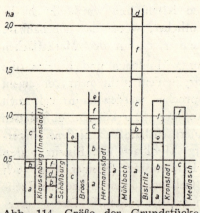

Abb. 114. Größe der Grundstücke von Klöstern und Hospitälern.
(Die Niederlassungen der Vorstädte sind nicht einbezogen.) *a* Dominikanerklöster. *b* Dominikanerinnenklöster. *c* Franziskanerklöster. *d* Franziskanerinnenklöster. *e* Andere Klöster. *f* Hospitäler.

Grünflächen

In den siebenbürgischen Städten des Mittelalters verloren die mit Vegetation bestandenen Flächen immer mehr an Bedeutung und Größe.

---

[105] *Urkunden*, II, 132, 154, 250, 258, 366—368.
[106] Vgl. auch: G. Reimann, *Baukunst*, 9.

Grünflächen

Am Anfang gehörten in den Vorsiedlungen zu den Höfen keine dahinter liegenden Gärten, doch gab es viel freien Platz rund um die Gehöfte. Da in dem Parzellengefüge der später auf diesem Gelände angelegten Baublöcke keinerlei Spuren einer alten Aufteilung in Äcker festzustellen sind (wie z. B. in Săliște neben Hermannstadt)[107], können wir annehmen, daß die Freiflächen als Nachtweide verwendet wurden, so in den Burgen von Klausenburg und Schäßburg, in den älteren Teilen der Städte Broos, Mediasch usw. In dem Maße, in dem die Zahl der Höfe wuchs, schrumpften die Weideflächen innerhalb der Vorsiedlungen. Nach und nach wurde das Gelände zur Gänze parzelliert, zuerst gegen Mitte des 13. Jh. in der Klausenburger Burg.

In den Hospites-Siedlungen gehörten zu den ersten Höfen dahinter liegende Gärten. Außerdem gab es vor den Parzellen einen großen Anger, der hauptsächlich als Weide benutzt wurde; zum Unterschied von dem unbebauten Gelände der Vorsiedlungen bildete dieser eine geschlossene Fläche (z. B. im unteren Teil von Schäßburg — Abb. 32—36). Auch bei der Erweiterung der Siedlungen wurde der Anger viele Jahrzehnte hindurch beibehalten: Eine zweite, der ersten gegenüberliegende Parzellenreihe bzw. Häuserzeile wurde in relativ großem Abstand von der alten abgesteckt (so in Mühlbach, Bistritz, Kronstadt, Hermannstadt und Mediasch), wobei allerdings öfter außer dem Streben nach Freiraum auch andere Gründe mitspielten.

In später erweiterten Ortschaften ist die zweite Parzellenreihe bzw. Häuserzeile in geringem Abstand von der ersten angelegt worden, so daß das freie Gelände teils schon um die Mitte des 13. Jh. viel kleiner war (so in der Hermannstädter Unterstadt, in Klausenburg und Schäßburg). Aber auch in den anderen Städten wurden die Anger vor allem gegen Ende des 13. Jh. parzelliert. Als Grünfläche blieben also bloß die Gärten.

Da die neuen Parzellen jedoch immer kleiner bemessen wurden, ging auch hier der Anteil der pflanzenbestandenen Fläche zurück; durch Anbauten und durch Verdichtungsparzellierungen wurde sie weiterhin verringert. Gegen Ende der untersuchten Zeitspanne gab es schließlich in den Innenstädten nur noch wenig Gärten; dafür lagen ausgedehnte Gärten mit Blumen, veredelten Obstbäumen und anderem vor den Stadttoren.[108]

---

[107] P. Niedermaier, *Dezvoltarea unor localități rurale*, Ms.
[108] Gh. Sebestyen. V. Sebestyen *Arhitectura renașterii*, 29—30, 42.

Befestigungsanlagen

Sowohl Befestigungen, die kleine Gebiete als auch solche die ganze Stadtviertel schützen sollten, haben das Gefüge und die Ausdehnung der mittelalterlichen Städte beeinflußt.

Erwähnt wurden bereits die Mauern um die Pfarrkirchen. Es hat sie in allen untersuchten Städten, nicht nur um die Hauptkirchen, sondern oft auch um weniger wichtige Kirchen und Klöster gegeben, vor allem wenn sich diese außerhalb der eigentlichen Innenstadt befanden. Aus Bistritz ist sogar ein befestigtes Kloster innerhalb der Stadtmauern bekannt.[109] Die ummauerten Flächen sind — wohl auch nach ihrer Entstehungszeit — von unterschiedlicher Form. Auch die Größe schwankte (s. Abb. 112); bei den Pfarrkirchen dürfte sie, zweckbedingt, in unmittelbarem Zusammenhang mit der Siedlungs-, Ortsteil-beziehungsweise Stadtgröße gestanden haben. Von Kirchenburgen in siebenbürgischen Dörfern wissen wir, daß zur Bauzeit der Ringmauern im allgemeinen rund 5 m² Burghof auf jeden Ortschaftsbewohner, bzw. 25 m² pro Familie entfielen.[110] In Broos, Mühlbach und Mediasch sind die gleichen Größenverhältnisse sehr wahrscheinlich[111] und in Klausenburg (neuer Teil der Innenstadt ohne die Alte Burg), Bistritz, Schäßburg und Kronstadt (Innere Stadt) nicht ausgeschlossen, wenn man eine Bauzeit der Ringmauern um 1300, 1320, 1330, bzw. 1370 annimmt (vgl. Abb. 112[112] und 19). Für Hermannstadt treffen die Verhältniszahlen nicht zu, aber dies ist ein Sonderfall, da sich dort auch die Propstei innerhalb der Kirchenburg befand.[113]

Ebenfalls von geringen Ausmaßen waren abseits gelegene, wall- oder mauerumgebene Wohntürme, die wahrscheinlich zuerst Eigentum von Gräfen oder Würdenträgern waren. Eine solche vieleckige Burg hat es in Bistritz, möglicherweise aber auch in andern Städten wie Kronstadt gegeben.

Von größerer Bedeutung für die Entwicklung von Klausenburg und Schäßburg waren jedoch die dortigen Königsburgen.[114] Bedingt durch ihre große, teilweise von andern Faktoren bestimmte Nutzfläche (5,1 bzw. 5,3 ha), sind in ihrem Inneren Wohnviertel entstanden, deren Ausdehnung und Struk-

---

[109] S.: M. Visconti, *Mappa*.
[110] P. Niedermaier, *Siebenbürgische Wehranlagen*, 456, 1976.
[111] S. Seite 180—181, 192—193, 207—209.
[112] Im Diagramm 112 sind die Zwinger eingerechnet.
[113] P. Niedermaier, *Die städtebauliche Entwicklung*, 168; vgl. auch 169 f, 208.
[114] G. Entz, *Die Baukunst*, 19 f; K. Horedt, *Contribuţii*, 121; Gh. Anghel, *Cetăţi*, 70.

tur von der Gesamtform und der Lage der Burgtore abhängig war. Auch in Hermannstadt gab es um den Kleinen Ring eine Befestigungsanlage ähnlicher Art, die später jedoch wegen ihrer geringeren Ausdehnung nicht bebaut wurde, sondern als Marktplatz diente. Als neueste unter den drei erwähnten Burgen entstand die von Hermannstadt wahrscheinlich im 2. Viertel des 13. Jh.

Eine gewisse Ähnlichkeit mit den erwähnten Burgen wiesen auch die Wehranlagen um die Vorsiedlung von Broos auf. Sie schlossen eine ovale, größtenteils freie Fläche von 13—14 ha ein und waren — nach dem Grundrißgefüge der Stadt zu schließen — mit wenigstens drei Toren versehen. Es ist denkbar, daß auch andere Vorsiedlungen irgendwie verteidigt werden konnten, doch gibt es hierfür keinerlei Anhaltspunkte.

Andersartig waren die Wehranlagen oder Begrenzungselemente um die Hospites-Siedlungen; sie folgten unmittelbar den Parzellengrenzen und schlossen noch einen Anger mit ein. In ihrer einfachen Form, aus Holz und Erde hergestellt, hatten sie vor allem in juristischer Beziehung eine große Bedeutung.[115] Da sie leicht ausgeführt werden konnten und dazu wenig dauerhaft waren, wurden sie bei jeder Siedlungserweiterung frisch errichtet. Sie haben die Parzellierungsformen mitbestimmt, besonders in Broos, Hermannstadt, Mühlbach, Kronstadt, Schäßburg und Mediasch. Einfache Wehranlagen sind lange Zeit in Gebrauch gewesen,[116] zum Schutz der Vorstädte selbst nach der endgültigen Befestigung der Innenstädte. Unklar ist vorläufig, ob die alten Begrenzungslinien nach dem Errichten von neuen, peripherer gelegener aufgelassen wurden (in Abb. 21—108 sind die jeweils älteren Grenzen nicht angedeutet), oder ob sie wie im unteren Siedlungsteil von Schäßburg beibehalten worden sind[117] und die Stadtfläche in viele Einzelgebiete gliederten.

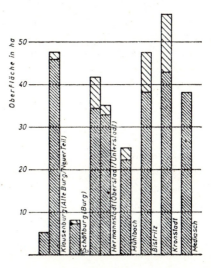

Abb. 115. Größe der befestigten Stadtflächen

---

[115] A. Dachler, *Dorf- und Kirchenbefestigungen*, 57 f; G. Franz, *Bauernstand*, 53.

[116] Vgl. auch: G. Entz, *Die Baukunst*, 20.

[117] A. Borbely, *Erdélyi városok*, Abb. 10.

Außer diesen ganz einfachen gab es auch viel stärker ausgebildete provisorische Befestigungen, und zwar in Kronstadt, Mühlbach und Klausenburg.[118] Bei ihrem Bau, gegen Ende des 13. oder zu Beginn des folgenden Jahrhunderts, umgaben sie die ganze Ortschaft. Wegen ihrer gediegenen Ausführung wurden in Mühlbach und Klausenburg auch die späteren Stadtmauern auf dem Verlauf dieser viel älteren Befestigungen aus Holz und Erde errichtet.

Der Bau von endgültigen Stadtmauern hat in Siebenbürgen im 14. Jh. begonnen.[119] Bis zum Ende des 16. Jh. umschlossen gemauerte Befestigungen in Hermannstadt und Mediasch die ganze Stadt, während sie in Bistritz, Kronstadt, Mühlbach und Klausenburg von Anfang an nur die Stadtmitte ohne die Vorstädte umgaben. In Schäßburg waren die Wehranlagen außerhalb der Burg nur streckenweise gemauert und über die frühen Befestigungen von Broos wissen wir nichts genaues. Auch die Größe der mauerumgebenen Fläche war verschieden (Abb. 115). Mit beinahe 80 ha war sie in Hermannstadt am größten, es folgten Kronstadt, Klausenburg, Bistritz und Mediasch mit rund 40—50 ha, Mühlbach mit etwas über 20 ha und die frühen Burgen besetzten sogar nur eine Fläche von 5—7 ha. Unterschiedlich war schließlich auch die Form der befestigten Flächen. Der Verlauf der Stadtmauern wurde im allgemeinen der Form der umschlossenen Baublöcke angepaßt und so gibt es sowohl gerade als auch gekrümmte Mauerabschnitte.

Straßennetze

In den siebenbürgischen Städten sind die Straßen im Laufe der Zeit nach verschiedenen Gesichtspunkten angeordnet und ausgebildet worden.[120]

In den Burgen von Klausenburg und Schäßburg haben sich früh zwei Hauptrichtungen des Verkehrs herausgebildet, Wege, die einander senkrecht schnitten. Wie die vermutlich nach klimatischen Gesichtspunkten ausgerichteten Einzelgehöfte waren sie ungefähr nach den Himmelsrichtungen angeordnet und bestimmten zum Teil die Form des Straßennetzes, das sich im Lauf des 12. und 13. Jh. zwischen den Gehöften und später zwischen den kleinen Baublöcken ausgebildet hatte. So ist dieses Straßennetz durch Straßen gekennzeichnet, die parallel zu den beiden Hauptrichtungen angelegt wurden. Sie verlaufen geradlinig und sind annähernd gleich breit; sanfte Biegungen und

---

[118] Vgl. auch: Gh. Anghel, *Cetăți*, 28, 38.
[119] S. auch: G. Ionescu, *Istoria arhitecturii*, I, 183.
[120] Für die Typologie s. z.B.: E. Egli, *Geschichte des Städtebaues*, II, 21 ff; J. Ganter, *Grundformen*, 48; K. H. Clasen, *Baukunst*, 29 ff.

kleine Verwerfungen beleben das Straßenbild. Einige laufen auch auf einem kleinen Platz zusammen. Er hat unterschiedliche Formen (in Klausenburg 20/100 m, in Schäßburg 40/40 m), bildet aber in allen Fällen die Dominante des städtebaulichen Gefüges der betreffenden Stadtteile. Anfänge einer ähnlichen Entwicklung lassen sich auch in den älteren Teilen von Broos und Mediasch feststellen, in bescheidenerem Ausmaß in Mühlbach, Bistritz, Hermannstadt und im neueren Teil der Klausenburger Innenstadt.

In den Hospites-Siedlungen finden wir zunächst eine einzeilige Reihung der Parzellen (so in Broos, Mühlbach, Bistritz, Klausenburg, Kronstadt und Mediasch) oder zwei Zeilen, deren Lage nicht aufeinander abgestimmt wurde (in Schäßburg und Hermannstadt). Für gewöhnlich verliefen die Häuserzeilen verhältnismäßig geradlinig. Da auch die Hospites-Parzellierungen Siebenbürgens verhältnismäßig alt sind, wurden sie nicht durch viele Quergassen gegliedert, wie das in etwas jüngeren Städten anderer Gebiete geschehen ist;[121] diesbezüglich bildet allein die Burg von Schäßburg eine Ausnahme. Nur wenn die Häuserzeilen verlängert wurden, sind manchmal schmale Quergäßchen zwischen den zu verschiedenen Zeiten entstandenen Parzellengruppen angelegt worden. Desgleichen wurden Parzellenreihen von mehr als 500—600 m Länge vermieden.

Spätestens dann, wenn diese Höchstlänge mit zunehmendem Wachstum der Ortschaften erreicht wurde, entstand parallel zur ersten eine zweite Häuserzeile. Diese konnte nach der alten Parzellenreihe ausgerichtet sein und seitlich der Kirche angelegt werden (Klausenburg, Kronstadt), doch hatte diese Lösung einige Nachteile. Deshalb zog man es häufig vor, sie jenseits der Kirche anzulegen. Die Größe des Kirchhofs bestimmte in diesem Fall einen größeren Abstand zwischen den Häuserzeilen. Bei der Verlängerung der zweiten Parzellenreihe im 13. Jh. hat sich dadurch der Anger ergeben (in Bistritz und Mühlbach). Da diese Lösung zu jener Zeit zweifellos vorteilhaft war, wurde sie auch dann angewendet, wenn die beiden Häuserreihen nicht durch einen Friedhof getrennt wurden, wie im südlichen Teil von Mediasch, in der Hermannstädter Oberstadt und in Kronstadt. Die Anger waren im allgemeinen rechteckig, 100—120 m breit und höchstens 600 m lang.

Bei einer weiteren Entwicklung der Ortschaften wurden die Anger parzelliert. Von ihrer einstigen Fläche sind Marktplätze übrig geblieben wie in Mühlbach, Bistritz, Hermannstadt, Mediasch, Kronstadt und Schäßburg. Sie bilden die wichtigste Querverbindung zwischen den meist parallelen Hauptstraßen und somit das Zentrum, in dem diese Straßen zusammenlaufen. Da sie gleicher-

---

[121] S. z.B.: E. A. Gutkind, *Urban Development*, 29, 34, 36, 39, 57, 254.

maßen eine praktische und ästhetische Rolle spielten, waren die Marktplätze auch in Ortschaften notwendig, in denen es vorher keine Anger gegeben hat. In diesen Orten wurde ein Freiraum durch eine besondere Anordnung der Baublöcke geschaffen, z. B. in Broos und Klausenburg.

Unabhängig von der Art ihrer Entstehung weisen die Hauptplätze als Dominanten der städtebaulichen Gesamtanlage im allgemeinen ähnliche Ausmaße auf (s. auch Abb. 113). Ihre mittlere Länge schwankt zwischen 100 m (Mühlbach) und 140 m (Broos und Mediasch), die mittlere Breite zwischen 70 m (Schäßburg) und 110 m (Kronstadt und Mediasch). Den obigen Maßen entsprechen auch die Flächen der Marktplätze in Klausenburg und Hermannstadt, die sehr groß erscheinen.

Charakteristisch für die Plätze ist ihr geschlossenes Gefüge. Dieses hat sich erst allmählich ergeben, doch wurde es seit einem bestimmten Zeitpunkt bewußt angestrebt. Größere Lücken in der Häuserfront wurden häufig mit Bauten ausgefüllt (in Klausenburg, Schäßburg und Kronstadt) und auch über der Einmündung von Nebengassen wurden manchmal Gebäude errichtet (in Klausenburg, Hermannstadt, Schäßburg und Kronstadt). Wenn eine Seite des Platzes wegen angrenzenden Befestigungen eingebuchtet war, so versuchte man die Folgen dieses unästhetischen Verlaufs durch eine besondere Anordnung der anstoßenden Fronten (so in Hermannstadt) manchmal auch durch den Standort von Bauten in der freien Fläche (in Klausenburg und Hermannstadt) auszugleichen. Auch Pranger, Brunnen und ähnliches dienten zur Gliederung des Freiraums.

Schon früh gab es in besonders großen Ortschaften (wie Heltau) beidseitig bebaute Straßen.[122] Ungefähr gleichzeitig mit den Angern entstanden in den untersuchten Ortschaften gewöhnliche Straßen, z. B. in der Hermannstädter Unterstadt. Bei einer größeren Anzahl von Hofstellen wurden diese entlang von zwei parallelen oder zusammenlaufenden Straßen angeordnet (in Klausenburg bzw. Schäßburg). Ebenfalls zwei ungefähr parallele Straßenzüge ergab auch die Parzellierung der Anger in den Städten Mühlbach, Bistritz, Hermannstadt und Mediasch. Meist sind in diesen Ortschaften die Straßen verschieden breit angelegt worden. Vor allem in Klausenburg und Schäßburg, in der Hermannstädter Unterstadt sowie in Mühlbach, Mediasch (oberer Stadtteil) und Bistritz ist einer der Straßenzüge, die man in der zweiten Hälfte des 13. Jh. und seltener in der darauffolgenden Zeit anlegte, viel breiter; er diente möglicherweise als Markt. Aber auch die andern Hauptstraßen jener Zeit sind oft großzügig bemessen und geradlinig angelegt worden, was wesentlich

---

[122] P. Niedermaier, *Dorfkerne*, 56 f.

zur Gliederung des städtebaulichen Gefüges beiträgt.[123] Wie die ersten Häuserzeilen und Anger sind auch diese Straßen höchstens 500—600 m lang. Wenn örtliche Gegebenheiten größere Längen erforderlich machten, so wurden die Straßen in klar erkennbare Abschnitte unterteilt, so die Hauptstraßen im unteren Teil von Schäßburg, in der Südhälfte von Kronstadt un in der Hermannstädter Unterstadt. Die Unterteilung wurde häufig mittels kleiner dreieckiger Plätze vorgenommen (z. B. in Hermannstadt und Kronstadt). Andere Gliederungselemente sind Brunnen, auffälligere Verwerfungen in der Häuserfront, Knicke oder Krümmungen im Straßenverlauf und ähnliches gewesen.

Die zunehmende Zahl der Wirtschaften hat auch zur Anlage anderer Längs- und Quergassen geführt. In manchen Städten wurden diese verhältnismäßig regelmäßig angeordnet (so im Südteil von Klausenburg, in der nördlichen Hälfte von Mediasch und im südlichen Teil von Kronstadt). Zu einer konsequenteren Anwendung des neueren „Baublocksystems" mit seinem „Quadratblockplan"[124] kam es in Siebenbürgen jedoch kaum. Die Nebenstraßen sind entsprechend ihrer geringeren Bedeutung schmäler als die Hauptstraßen und einander ziemlich ähnlich; die Längsgassen im allgemeinen 250—350 m lang, die Quergassen 125—250 m. Allein in Bistritz und Klausenburg verlaufen die Seitenstraßen geradliniger. In den meisten Städten haben Grenzen der vorher angelegten Baublöcke, Geländeformen, Wasserläufe und ältere Überlandstraßen ihren gekrümmten Verlauf bestimmt. Diese unregelmäßige Straßenführung bedingt ihrerseits das geschlossene Gepräge der einzelnen Straßenräume wesentlich und bildet ein Charakteristikum der mittelalterlichen Städte.

Bei aller Ähnlichkeit der verschiedenen Straßennetze schwankt jedoch die Größe der Verkehrsflächen im Verhältnis zur Gesamtfläche der Stadt in erheblichem Maß (Abb. 116). In den frühen Burgen mit ihren kleinen Parzellen beträgt ihr Anteil rund 30%, etwas kleiner ist er in Bistritz, im unteren Teil von Schäßburg, in Broos und Mediasch; in Kronstadt, Hermannstadt, Klausenburg (neuer Teil der Innenstadt) und Mühlbach macht er sogar nur 15% aus.

Unterschiede lassen sich auch bei andern Merkmalen des Straßennetzes finden. Besonders wichtig ist die größte Entfernung zwischen Stadtrand und -mitte (Abb. 116). Sie war im unteren Teil von Schäßburg — der nicht von Mauern umzogen war und dessen allgemeine Form durch das Gelände bestimmt wurde — mit 1200 m besonders groß. In den meisten Innenstädten (Hermannstadt,

---

[123] R. Laurian, *Estetica oraşelor*, 12 f, 37.
[124] S. z. B.: E. Egli, *Geschichte des Städtebaues*, II, 67—68, 109—113, 209—225.

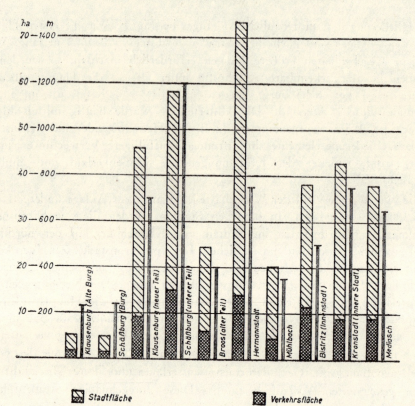

Abb. 116. Merkmale des Straßennetzes

Kronstadt, Klausenburg, Mediasch) betrug er 650—750 m, in kleineren Orten war er kürzer und in den frühen Burgen von Klausenburg und Schäßburg betrug er nicht einmal 250 m.

Technische Versorgungsanlagen

Mit der Errichtung gemeinschaftlicher Versorgungsanlagen ist im allgemeinen erst nach der Parzellierung begonnen worden, so daß sie auf die letztere wenig Einfluß haben konnten.

Eine Ausnahme bilden die ersten Brunnen. Ihr Standort wurde auch vom Grundwasserspiegel bestimmt und war in einigen Fällen möglicherweise bei der Anordnung der ersten Hofstellen ausschlaggebend gewesen; in Bistritz beispielsweise, wo es Schwierigkeiten mit dem Grundwasser gab, befand sich die Vorsiedlung im Bereich des besten Brunnens der späteren Zeit.[125] Weil aber die Parzellengrenzen hauptsächlich nach andern Kriterien bestimmt wurden, kamen die Gemeinschaftsbrunnen manchmal auch auf Privatgrundstücke zu stehen, wie etwa im Falle des ersten Baublocks der Inneren Stadt in Kronstadt. Allmählich wuchs die Zahl der damaligen Zieh- und Schöpfbrunnen[126] stattlich an. In der Schäßburger Burg gab es acht Brunnen, die bis zu 34 m tief waren,[127] und in Hermannstadt und Kronstadt verfügte jede Nachbarschaft über ein bis zwei Brunnen;[128] gelegentlich waren außerdem auch Sammelbecken vorhanden, in denen Wasserreserven für das Löschen von Bränden angelegt wurden. Im Laufe der Zeit änderte sich das Aussehen der Brunnen; es tauchten die Radbrunnen auf (für Kronstadt sind sie ab 1524 belegt),[129] deren Brunnenhaus sich für die Raumgestaltung vorzüglich eignete (z. B. die Schulgasse in Schäßburg wurde durch ein solches Häuschen in zwei Abschnitte geteilt).

Gleiche Vorteile boten die Röhrenbrunnen; aus funktionellen Gründen wurden sie oftmals mit einem Gitter umgeben. Wenn dieses kunstvoller hergestellt war, ließen sich auch diese Brunnen ästhetisch auswerten, wie z. B. auf dem Kronstädter Marktplatz.[130] Die Zuleitungen dafür wurden ganz allgemein längs der bestehenden Straßen verlegt; in Kronstadt sind sie zu Beginn des 16. Jh. urkundlich erwähnt,[131] in Bistritz wurden sie im Jahre 1519 verlegt[132] und in Hermannstadt stammt das älteste erhaltene Teilstück eines solchen Brunnens aus dem Jahre 1538.[133] In Kronstadt und Bistritz speisten gefaßte Quellen die Leitung; nur in Hermannstadt wurde ein offenes Gewässer angezapft und ein Klärbecken dazwischengeschaltet.[134]

Unentbehrlich für das Leben in den mittelalterlichen Städten waren die Wasserläufe in der Mitte von wichtigen Straßen. Ihr Wasser war für die Hand-

---

[125] Für den Standort des Brunnens s. O. D a h i n t e n, *Bistritz*, 407.
[126] F. Z i m m e r m a n n, *Die Nachbarschaften*, 101 f.
[127] R. S c h u l l e r, *Alt-Schäßburg*, 22.
[128] F. Z i m m e r m a n n, *Die Nachbarschaften*, 101; E. J e k e l i u s, *Wasserversorgung*, 234.
[129] Ebenda.
[130] Ebenda, 233.
[131] Ebenda, 225.
[132] O. D a h i n t e n, *Bistritz*, 407 f.
[133] E. S i g e r u s, *Chronik*, 7; Ders., *Vom alten Hermannstadt*, I. 104 f; S. auch: *Geschichtliches über die Wasserversorgung*, 868.
[134] E. S i g e r u s, *Chronik*, 11.

werker notwendig, ebenso zum Wäschewaschen, Tränken der Tiere, Löschen von Bränden sowie zum Antrieb von Mühlen; gleichzeitig führten die offenen Kanäle auch das Regenwasser ab. Anfangs waren die Waserläufe nicht allzu sorgfältig angelegt, später jedoch wurden sie mit Steinen oder Brettern ausgekleidet.[135] In einigen Städten (wie Hermannstadt) zogen sich die Zuleitungskanäle viele Kilometer hin; in Kronstadt gehörten auch Teiche als Wasserreserve für Feuerbrünste dazu.[136] Wie alle städtischen Anlagen, wurde das Kanalnetz nach und nach ausgebaut und dem Verlauf der bestehenden Straßenzüge angepaßt. Dieses geht vor allem aus der Entstehungszeit der ersten Wasserläufe solcher Art hervor; in Kronstadt und in der Hermannstädter Unterstadt sind sie älter,[137] vielleicht schon aus dem 14. Jh. In Bistritz wurde ihr Bau im Jahr 1487 begonnen und im 16. Jh. weitergeführt,[138] in der Hermannstädter Oberstadt bestanden die Wasserläufe in der zweiten Hälfte des 15. Jh.,[139] in Klausenburg entstanden sie nach 1558[140], und auch in Mühlbach und Schäßburg dürften sie im 15.—16. Jh. angelegt worden sein.

Kleine Bäche, die bei der Parzellierung einzelner Gebiete vorhanden waren (wie in Kronstadt und Broos), hat das spätere Straßennetz manchmal nicht berücksichtigt; diese Wasserläufe durchqueren die Baublöcke dann oft auf größere Längen. Anders verhielt es sich mit großen Bächen, Flüssen und Teichen. Sie beeinflußten die Richtungen und Merkmale der Stadterweiterungen und wurden nur ausnahmsweise verlegt oder zugeschüttet (wie in Hermannstadt).

Unterirdische Kanäle waren selten. Kompliziertere, aus Holz gebaute und mit Kontrollschächten versehene, dienten in Bistritz als Abwässerkanäle,[141] einfachere waren in Kronstadt zur Dränierung der Keller angelegt worden.[142] Weil man sie erst um das Jahr 1538 zu bauen begonnen hatte,[143] wurde ihr Verlauf dem der Straßen angepaßt.

Das Pflastern der Straße hat ebenfalls verhältnismäßig spät eingesetzt. Das erste Steinpflaster dürfte in Hermannstadt aus dem 15. Jh. stammen, doch

---

[135] E. Jekelius, *Wasserversorgung*, 221; O. Dahinten, *Bistritz*, 406.
[136] E. Jekelius, *Wasserversorgung*, 221.
[137] Ebenda.
[138] O. Dahinten, *Bistritz*, 406.
[139] *Geschichtliches über die Wasserversorgung*, 868; *Quellen zur Geschichte*, 178.
[140] E. Jakab, *Kolozsvár története*, II, 113.
[141] O. Dahinten, *Bistritz*, 410.
[142] E. Jekelius, *Wasserversorgung*, 223.
[143] O. Dahinten, *Bistritz*, 410.

wird seine Fläche nicht allzu groß gewesen sein.[144] In Kronstadt sind die Hauptstraßen Anfang des 16. Jh. geschottert worden[145] und in Mediasch bzw. Klausenburg waren sie streckenweise mit Holz ausgelegt.[146] In Bistritz ist das Beschichtungsmaterial unbekannt,[147] doch wurde hier z. B. 1531 Geld für Straßen und Nebenwege gestiftet.[148] Um die gleiche Zeit entstanden Brücken: 1486 und 1487 werden Brückenreparaturen in Bistritz erwähnt,[149] 1494 und 1501 in Hermannstadt[150] und 1520 ist in Kronstadt der Ankauf von Steinen für eine Brücke verzeichnet;[151] neue Steinbrücken entstanden außerdem 1573 und 1585 in Klausenburg.[152]

Diese Arbeiten haben die Entwicklungsrichtung der Ortschaften zwar nicht beeinflußt, dafür aber ihr Aussehen. Dasselbe gilt für die im 16. Jh. getroffenen Maßnahmen zur Reinhaltung von Straßen und Plätzen,[153] doch ist es dadurch nicht gelungen, in den damals schon etwas größeren Orten den Straßen oder den Plätzen ein sehr gepflegtes Aussehen zu verleihen (was aus Mediasch, Hermannstadt und Broos bekannt ist).[154]

Die Untersuchungen zeigen, daß die Größenordnung der Orte zu verschiedenen Zeiten sehr unterschiedlich war; deshalb können für die Beurteilung ihrer städtebaulichen Merkmale nicht die gleichen Maßstäbe angelegt werden. Die Gründung einer Vorsiedlung für 5 und einer Hospites-Siedlung für 50 Familien verlief naturgemäß jeweils anders. Auch das prozentuell gleiche Anwachsen der Bewohnerzahl um 10% warf bei Ortschaften mit 50, 500 oder 5000 Einwohnern in städtebaulicher Beziehung verschiedene Fragen auf. Schließlich hat sich eine um 1150 gegründete und in den folgenden Jahrhunderten oft vergrößerte Stadt ganz anders entwickelt als ein um 1500 angeleg-

---

[144] M. v. K i m a k o w i c z, *Alt-Hermannstadt*, 247.
[145] E. J e k e l i u s, *Gassen und Plätze*, 38.
[146] *Călători străini*, II, 350; *Istoria Clujului*, 226.
[147] *Siebenbürgischer neuer und alter Volkskalender*, 1798.
[148] T h. W o r t i t s c h, *Das evangelische Kirchengebäude*, 31.
[149] O. D a h i n t e n, *Bistritz*, 110.
[150] *Quellen zur Geschichte*, 345—349, 356.
[151] *Quellen*, I, 234.
[152] E. J a k a b, *Kolozsvár története*, II, 221, 287.
[153] F. Z i m m e r m a n n, *Die Nachbarschaften*, 105; E. S i g e r u s, *Vom alten Hermannstadt*, I, 89; G. M ü l l e r, *Stühle und Distrikte*, 132; E. J e k e l i u s, *Gassen und Plätze*, 37 f; Ders., *Wasserversorgung*, 232; S. G o l d e n b e r g, *Clujul*, 154.
[154] S.: V. W e r n e r, *Fürstenzeit*, 50; H. H e r b e r t, *Die Gesundheitspflege*, 262; D. L[eonhard], *Broos*, 28.

ter und bis zum Ende des Mittelalters kaum gewachsener Ort.[155] Werden dazu die Auswirkungen vielfältiger zweck- und geländebedingter Faktoren und die Entwicklung der Kompositionsprinzipien[156] in Betracht gezogen, so ist eine Unterscheidung zwischen „gewachsenen" und „geplanten" oder „regelmäßigen" und „unregelmäßigen" Städten unwesentlich.[157] Die Ortschaften sind nicht zufällig weitergewachsen, sondern aufgrund bestimmter Überlegungen in gewissen Sinn planmäßig ausgebaut worden. Ihre große — selbst typologische — Vielfalt sowie die malerischen Unregelmäßigkeiten erklären sich vor allem durch ihre Entwicklung.[158]

---

[155] Vgl. auch: H. S t o o b, *Forschungen*, I, 100—104, 238—242.
[156] Für diese s. z. B.: W. R a u d a, *Raumprobleme*, 20—24, 81—84.
[157] Vgl. auch: E. E g l i, *Geschichte des Städtebaues*, II, 19.
[158] S. auch: C. S i t t e, *Der Städtebau*. 58,

DIE ARCHITEKTONISCHE ENTWICKLUNG
SIEBENBÜRGISCHER STÄDTE

METHODOLOGIE DER UNTERSUCHUNGEN

Vorbemerkungen

Bisher sind bedeutende Baudenkmäler der Städte aufgrund ihrer dekorativen, architektonischen und bautechnischen Merkmale sowie z. T. nach urkundlichen Hinweisen untersucht worden. Auf diese Weise wurden die wertvolleren Gebäude, oft auch die Etappen ihrer Errichtung bekannt und die kunsthistorischen Zusammenhänge aufgedeckt;[1] desgleichen ist die Entwicklung der Einzelformen und der allgemeinen Baugestaltung verfolgt worden.[2] Mit Hilfe einer noch umfassenderen Dokumentation können die Untersuchungen künftig in derselben Richtung vorangetrieben werden.[3] Die Klärung der allgemeinen Entwicklung des Baubestands erfordert jedoch vor allem eine Gesamtanalyse der Kennzeichen und Häufigkeit der Bautypen sowie Untersuchungen, die Zusammenhänge zwischen den Bauten verschiedenster Kategorien behandeln. Diesen Aspekten ist der zweite Teil unseres Buches gewidmet.

Eine solche Analyse hat grundsätzlich sowohl die Notwendigkeiten und materiellen Möglichkeiten der Bauherren[4] als auch die Möglichkeiten der Bauleute zu berücksichtigen. Dazu ist die Lage nach Baugattungen und Zeitabschnitten unterschiedlich; einerseits sind Einzugsbereich und Bedeutung der Bauten sowie deren Finanzierungsart und -quelle von Bedeutung gewesen, andererseits unterschied sich das erforderliche fachliche Können der ausführenden Bauleute, ihre an den Wirkungskreis gebundene Seßhaftigkeit sowie ihr zahlenmäßiger Anteil an der Gesamtbevölkerung.

Bei Privatbauten ist die Lage klarer: Die einzelnen Wohnungen waren für die Gemeinde als solche von verhältnismäßig geringer Bedeutung, die Baukosten wurden vom jeweiligen Bauherrn getragen, und bei deren bescheideneren Mitteln kamen für die Ausführung der Gebäude in der Regel nur ortsansässige, gerade verfügbare Handwerker in Frage(Abgesehen von den Zeitabschnitten nach großen Stadtbränden, in denen man sich vermutlich notgedrungen für kürzere Zeit auch an auswärtige Handwerker wenden mußte und sich bei einfacheren Bauten mit weniger guten Meistern begnügte, war

---

[1] Von den Arbeiten sind z.B. zu erwähnen: G. I o n e s c u, *Istoria arhitecturii*, I; V. V ă t ă ş i a n u, *Istoria artei*, I.

[2] Für Häuser s. z. B.: E. M. T h a l g o t t, *Hermannstadt*, 29—63; *Documente de arhitectură*, einleitender Text; für Befestigungen u. a.: G h. A n g h e l, *Cetăţi*.

[3] V. V ă t ă ş i a n u, *Metodica*, 51.

[4] Vgl. auch: G h. S e b e s t y e n, V. Sebestyen, *Arhitectura renaşterii*, 11.

der Bedarf an Facharbeitern im allgemeinen prozentuell verhältnismäßig konstant, so daß eine gewisse zahlenmäßige Beziehung zwischen Bevölkerung und Bauleuten angenommen werden kann. Es ist jedoch nur natürlich, daß der unterschiedliche, meist steigende Bedarf an besseren Bauten[5] im Laufe längerer Etappen in einzelnen Gewerben Schwankungen der Handwerkerzahl bewirkte und den Ausbildungsgrad der Bauarbeiter beeinflußte.

Die verschiedenen Wehranlagen unterschieden sich bei ihrer Ausführung sowohl nach dem Zweck und der Finanzierungsart als auch nach der Herkunft der Bauarbeiter. Die königlichen Burgen hatten einen großen Einflußbereich, ihr Bau wurde zentral finanziert und dementsprechend gab es dafür größere Geldmittel, die in einer kurzen Zeitspanne zur Verfügung standen. Da sie im allgemeinen verhältnismäßig früh entstanden sind[6] und die Bauarbeiterzahl damals noch klein war, können sie nur in seltenen Fällen von Handwerkern aus der Umgebung erbaut worden sein. Das gleiche gilt — wenn auch nicht im selben Maße — für die bescheidenen städtischen Wehranlagen des 13. Jh., die von Gräfen oder der damals kleinen Einwohnerzahl der Ortschaften gezahlt und benutzt wurden. Im 15. und 16. Jh. hingegen, als die Bevölkerung und vor allem die Maurerzahl viel größer war, konnten die kleinen Stadtburgen von den ortsansässigen Handwerkern allein errichtet werden; aus jener Zeit ist das Maurerhandwerk sogar für Dörfer belegt.[7]

Die periodische Abgrenzung der Siedlungen durch Zäune oder einfache Wehranlagen aus Holz und Erde, die teils zu Lasten der Anrainer, teils zu Lasten der Gemeinde gingen,[8] wurde von ortsansässigen Arbeitskräften ausgeführt; da Anlagen dieser Art verbreitet waren und leicht hergestellt werden konnten, ist kaum anzunehmen, daß dafür fremde Handwerker gerufen wurden.

Auch die Kosten der teilweisen oder vollständigen Ummauerung der Städte wurden in der Hauptsache von den betreffenden Orten getragen; die Geldzuschüsse des Königs[9] und die Fuhrdienste der umliegenden Dörfer[10] sind verhältnismäßig unbedeutend gewesen. Die begrenzte wirtschaftliche Kraft der Gemeinschaften und die große Menge an notwendigem Mauerwerk[11] be-

---

[5] Ebenda, 11 f.
[6] S. z. B.: R. Heitel, *Probleme ale arheologiei*, 26.
[7] Şt. Pascu, *Meşteşugurile*, 197, 241—243.
[8] M. Orendt, *Volkskunst*, 18, 21.
[9] Für die Beträge s. z. B.: G. Müller, *Stühle und Distrikte*, 24 ff; L. Reissenberger, *Befestigungen*, 319, 333; S. Goldenberg, Clujul, 112.
[10] S. z. B.: G. Müller, *Stühle und Distrikte*, 24 ff; O. Dahinten, *Bistritz*, 317; *Urkundenbuch*, IV, 161 f.
[11] S. auch: G. Ionescu, *Istoria arhitecturii*, I, 183.

dingten eine allmähliche Ausführung der Arbeiten in längeren Zeiträumen. Es ist nicht ausgeschlossen, daß kleinere Städte die dafür benötigten Handwerker zunächst aus einer andern, nicht allzuweit entfernten Ortschaft angeworben haben. Aber nicht nur beim Baubeginn mußten neue Arbeitskräfte aufgetrieben werden. Weil die Anzahl der Einwohner und somit auch die wirtschaftliche Kraft der Städte im Laufe der Zeit, d. h. während der Ausführung anwuchsen, stieg auch der Bedarf an Maurern; und so mußten zusätzliche Fachleute ausgebildet werden. Im 14.—16. Jh. war es demnach bei den Befestigungsarbeiten der Städte Siebenbürgens nicht so wichtig, daß Maurer von Stadt zu Stadt zogen, sondern daß ihre Zahl in allen bedeutenden Orten anwuchs. Zumindest in Hermannstadt, Kronstadt, Klausenburg, Bistritz, Schäßburg und Mediasch haben ortsansässige Handwerker die Stadtmauern gebaut. Diese Feststellung bestätigt sich durch einen Vergleich der Bauperioden. Wenn man diese nach urkundlichen und baugeschichtlichen Anhaltspunkten sowie nach den erstellten Mauerwerksmengen und dem möglichen Arbeitsrhythmus ungefähr festlegt (der Baurhythmus ist uns von Mediasch her bekannt, wo eine Dringlichkeitslage bestand[12]), so ergibt sich, zumindest für die größeren Städte bzw. für gewisse Zeitspannen, eine parallele Ausführung der Wehranlagen (s. auch Abb. 133).

Zur Errichtung der Gemeinschaftsbauten, vor allem der besonders sorgfältig ausgeführten Kirchen, wurden die besten Handwerker herangezogen. Ganz gleich was für eine Bedeutung die Kirchen hatten, ob sie einem großen oder kleinen Gebiet dienten und wer den Bau finanzierte, überall arbeiteten Meister daran, die in verschiedenen Ortschaften tätig waren. Für das 13. Jh. ist dies am Beispiel des Weißenburger Doms nachweisbar,[13] für das 14. Jh. mit dem Wirkungsbereich der Bauhütte der Hermannstädter Marienkirche[14] und für das 15.—16. Jh. durch die Tätigkeit des Kronstädter Baumeisters Conrad Lapicida und des Hermannstädter Andreas Lapicida;[15] ähnlich war es in ganz Europa. Größer war der Beitrag der ortsansässigen Meister manchmal bei der Errichtung von verschiedenen Klosterbauten, Hospitälern und bürgerlichen öffentlichen Bauten.

Eine Untersuchung über die zeitlichen Ausführungsmöglichkeiten von Bauten durch die Handwerker, bzw. die Finanzierungsmöglichkeiten durch die Bauherren — beides mit Hilfe von Korrelierungsdiagrammen der ausgeführ-

---

[12] S. auch: E. Greceanu, *Mediasch*, 8 f.
[13] *Urkundenbuch*, I, 156, 179—180; G. Ionescu, *Istoria arhitecturii*, I, 83 f.
[14] P. Niedermaier, *Bauhütte*, 44—52.
[15] W. Wenrich, *Künstlernamen*, 44 f.

ten Arbeiten (s. auch Abb. 133) —, ermöglicht eine genauere Datierung der Bauten; für die frühen gemauerten Wehranlagen und die kirchlichen öffentlichen Bauten lassen sich aber nach dem oben gesagten solche Untersuchungen nur für ausgedehnte Gebiete anstellen. Bei der Architekturanalyse einzelner Ortschaften muß für diese Bautenkategorien die klassische Untersuchungsmethode verwendet werden[16]; zusätzliche Erkenntnisse ergeben sich, wenn man die Entstehung der Bauten zur allgemeinen und demographischen Entwicklung der Orte in Beziehung setzt.

Für die Wohnhäuser und späten Befestigungen, also die Bauten, die hauptsächlich von den Gemeinschaften der Städte bezahlt und ausgeführt wurden, und die innerhalb ihrer Bautätigkeit eine ungleich größere Rolle spielten, ist auch bei Untersuchungen einzelner Orte eine Korrelation der im Laufe der Zeit ausgeführten Bauarbeiten möglich, wodurch sich ganz neue Ergebnisse erzielen lassen. Voraussetzung dafür ist zunächst die Übersicht über die allgemeine Entwicklung der verschiedenen Kategorien von Gebäuden, vor allem der Privathäuser, der Befestigungen des 14.—16. Jh. und teilweise der öffentlichen Bauten. Gelingt es, die Menge des bis zu gewissen Stichzeiten errichteten Mauerwerks festzustellen, so läßt sich daraus anschließend die allgemeine Entwicklung ermitteln. Auf diese Weise können z. B. die Zeitspannen umrissen werden, in denen verschiedene Befestigungen ausgeführt wurden, oder es kann auf die steigende Anzahl von gemauerten Häusern geschlossen werden.

Die allgemeine Entwicklung der Bauten

Um die Veränderungen in der Architektur der Städte genauer herauszuarbeiten, wird zunächst die Entwicklung der verschiedenen Kategorien von Bauwerken untersucht.

Bei Wohnhäusern gibt es zu diesem Zweck folgende Anhaltspunkte[17]:

1. Die Ergebnisse archäologischer Grabungen in der betreffenden Ortschaft oder in Siedlungen, die auch in anderer Beziehung Parallelen zu den untersuchten Städten aufweisen.

2. Die erhaltenen Bauten der Innenstädte. Sie erlauben wichtige Folgerungen, da die großen Brände (Bistritz: 1457, 1602, 1680; Kronstadt: 1689; Klausenburg: 1655, 1798; Mediasch: 1588; Broos: 1553, 1605; Mühlbach: 1495, 1661, 1707; Hermannstadt: 1556, 1570; Schäßburg: 1676 usw.) die gemauer-

---

[16] S.; V. Vătășianu, *Metodica*, 49—67, 77—94, 120—129.
[17] S. auch: Gh. Curinschi, *Centrele istorice*, 181, 190—191.

ten Häuser nur zum Teil beschädigt haben, und weil außerdem im Mittelalter gemauerte Gebäude nur in seltenen Fällen abgetragen wurden, wenn sie baufällig waren.[15] Ältere Gebäude wurden gewöhnlich erweitert und aufgestockt. Außer systematischen Untersuchungen in dieser Richtung[19] können Studien zur Sanierung von Stadtvierteln von großem Nutzen sein,[20] vor allem wenn sie auch ein Verzeichnis der kunstgeschichtlich relevanten Einzelteile (wie Fenster- und Türeinfassungen) enthalten.[21] Auch die Fachliteratur führt manchmal Einzelteile mit genau bestimmbaren stilistischen Merkmalen an; ihre Verbreitung widerspiegelt zumindest teilweise den allgemeinen Entwicklungsgang; desgleichen lassen sich aus der Größe und dem Standort von datierbaren Gebäuden zusätzliche Erkenntnisse gewinnen. Schwierig ist es hingegen das Alter einfacher Gebäude bzw. ihrer einzelnen Körper festzustellen, weil ihnen kunstvoll ausgebildete Einzelheiten fehlen, die eine genaue Datierung erlauben. Die vorhandenen Bauteile jedoch sind für eine Datierung meist nur von begrenztem Wert; so wurden z. B. Tonnen- und gratige Kreuzgewölbe sowohl in der Gotik als auch in der Renaissance verwendet,[22] das gleiche ist von Mönch- und Nonnenziegeln zu vermuten, weil damit in Hermannstadt zu Beginn des 19. Jh. ein bedeutender Teil der Häuser abgedeckt war.[23] Selbst die Dachneigung läßt oft keine sicheren Schlüsse zu, da sie stark von der Breite der Gebäude abhängig ist. (Bei breiten Bauten hätte eine größere Neigung zu sehr hohen Dächern geführt, bei schmalen eine kleine zu sehr niederen und mithin unansehnlichen; ein gutes Beispiel dafür ist das Schullerhaus in Mediasch, wo der ältere Baukörper gegen den Marktplatz ein Dach mit einer kleineren Neigung hat als die neueren, viel schmäleren Teile der Seitenflügel.) Aber auch bei der Datierung von stilistisch relevanten Bauteilen

---

[18] Für schlechte Maurerarbeiten vgl. z. B.: S. G o l d e n b e r g, *Clujul,* 113.

[19] Solche sind in letzter Zeit von H. F a b i n i in Hermannstadt durchgeführt worden (*Valorificarea fondului,* 41—50).

[20] Wir erwähnen die Entwürfe: ISCAS, Nr. 3269/1965 *(Detaliu de sistematizare centrul istoric Sibiu;* Projektleiter V. B i l c i u r e s c u); ISCAS, Nr. 3271/1—3/1966—1968 (*Studiu de asanare a centrului istoric al orașului Brașov;* Projektleiter V. B i l c i u r e s c u) und ISCAS, Nr. 4341/1/1969 *(Studiu de punere in valoare a zonei Cerbul carpatin Brașov;* Projektleiter V. B i l c i u r e s c u). Für andere Arbeiten s.: G h. C u r i n s c h i, *Centrele istorice,* 249.

[21] Entwurf: ISCAS Nr. 3271/2/1966, *Studiu de asanare a centrului istoric al orașului Brașov,* Projektleiter V. B i l c i u r e s c u.

[22] S. auch: H. F a b i n i, *Valorificarea fondului,* 45.

[23] J. B ö b e l, *Die Stadttore.*

gehen die Meinungen der Fachleute manchmal von wenig stichhaltigen Anhaltspunkten aus und dementsprechend stark auseinander. Als Beispiel dafür mögen die Treppengiebel gelten. Für ihre Datierung bildet zunächst die Entstehungszeit der neueren spitzen Giebel — z. B. an den Hermannstädter Patriziertürmen[24] — einen Anhaltspunkt: Da letztere Ende des 15. Jh. gebaut wurden, werden die Treppengiebel älter sein. Ein anderer Datierungshinweis ergibt sich aus den Bauperioden eines Hermannstädter Hauses in der Reispergasse: Zwischen der Bauzeit eines Treppengiebels und einer 1571 durchgeführten Erweiterung des betreffenden Hauses gab es noch eine Bauperiode,[25] und wenn man annimmt, daß jede Generation höchstens einen Anbau durchgeführt hat, stellt das Jahr 1520 einen „terminus ante quem" dar. In andern Teilen Europas wurden Treppengiebel allerdings auch später verwendet. Obwohl es keine weiteren Hinweise für eine Zeitbestimmung gibt, wurden die siebenbürgischen Treppengiebel von verschiedenen Autoren dem 14. oder dem Beginn des 15. Jh. zugeschrieben.

3. Der alte Schätzungswert der Häuser. Bei einer umfassenderen Schätzung gibt diese Aufschluß über die Arten der gleichzeitig bestehenden Gebäude und deren jeweiligen Anteil am gesamten Baubestand. Fragen der allgemeinen Entwicklung können geklärt werden, wenn es Wertangaben aus verschiedenen Zeiten gibt, und zwar indem die Durchschnittswerte untereinander, mit der gleichzeitigen Entwicklung anderer Preise sowie den demographischen Veränderungen verglichen werden. Es muß jedoch zwischen allgemeinen Schätzungen, die von der Stadt verfügt wurden, und Einzelschätzungen, denen ein Ansuchen der Bürger zugrunde lag (für Erbschaftsteilungen, Verkäufe, Hypotheken usw.) unterschieden werden; die letztgenannten Werte widerspiegeln nicht den gesamten Baubestand, sondern sie betreffen vor allem die wertvolleren Gebäude, bei denen es sich lohnte, eine offizielle, mit Kosten verbundene Schätzung vornehmen zu lassen.

4. Alte Beschreibungen der Städte oder besonderer Aspekte ihrer Entwicklung.

5. Graphische Darstellungen der Städte.[26]

6. Die Veränderungen der wirtschaftlichen, sozialen und politischen Lage der Städte und ihrer Bevölkerungsschichten, von der u.a. die Möglichkeiten des

5. Zeichnerische Darstellungen der Städte.[26]

---

[24] H. Fabini, *Turnuri de patricieni*, 43—53.

[25] H. Fabini, *Valorificarea fondului*, 45.

[26] H. Fabini, *Valorificarea fondului*, 41—44.

Als Anhaltspunkte für die allgemeine Entwicklung der öffentlichen Gebäude und Befestigungsanlagen erweist sich folgendes als nützlich[27]:

1. Daten über die allgemeinen Formen und Einzelteile der Bauten sowie bautechnische Aspekte im Zusammenhang mit ihrer Errichtung — eventuell in mehreren Etappen;

2. Dokumentarische Hinweise, die Rückschlüsse auf die Erbauung oder Einweihung der Denkmäler zulassen;

3. Beschreibungen oder graphische Darstellungen;

4. Die Datierung der Standorte bzw. des Baubeginns nach Veränderungen des Grundrißgefüges und im besonderen der Erweiterungsetappen der Ortschaften.

5. Die Mindestdauer der Bauarbeiten nach dem errichteten Mauerwerk, nach der Größe und Kraft der Gemeinde sowie nach dem Rhythmus, in dem gleichartige Arbeiten in andern Ortschaften ausgeführt wurden. (Für Mediasch ist dieser uns von Befestigungsarbeiten bekannt, bei denen je Wirtschaft jährlich rund 1,4 m³ Mauerwerk entfallen.)

6. Die demographische Entwicklung und die Wirtschaftslage der Ortschaften. Gewöhnlich besteht eine gewisse Übereinstimmung zwischen diesen Faktoren und der Größe bzw. dem Zeitpunkt zu dem öffentliche Gebäude und Befestigungen errichtet wurden. Gründliche Forschungen in dieser Hinsicht stehen noch aus, aber wahrscheinlich ist im allgemeinen in freien Ortschaften Südsiebenbürgens 20 bis 80 Jahre nach der Einwanderung der Hospites mit der Errichtung von gemauerten Pfarrkirchen begonnen worden. Wie aus den bisherigen Vergleichen hervorgeht[28], entfielen zu Zeiten des Kirchenbaus bzw. der umgebenden Befestigungen meist ungefähr 2,5—5 m² Kirchenschifffläche und 25 m² Burgfläche auf die Wirtschaft des Ortes (0,5—1 m² bzw. 5 m² je Einwohner). Dieses Verhältnis ist sowohl für die freien Dörfer als auch für die vorwiegend von Handwerkern bewohnten Städte gültig; daraus läßt sich für manche siebenbürgische Ortschaften auf das Spezifikum der Entwicklung und manchmal auch auf die Entstehungszeit der Bauten schließen; hinzuzufügen ist, daß das Verhältnis in leibeigenen Dörfern und vielleicht in Bergwerksstädten ein anderes gewesen sein kann.

Wie bei Wohnhäusern erlaubt ein Vergleich der obenangeführten Daten, ein allgemeines Bild über die Entwicklung der öffentlichen Bauten und Befestigungen zu entwerfen.

---

[27] S. auch: Gh. Curinschi, *Centrele istorice*, 181, 190—191.
[28] P. Niedermaier, *Siebenbürgische Wehranlagen* 375, 1976—456, 1977, 6.

Der Baubestand zu bestimmten Zeitpunkten

Um die Veränderungen in der Architektur der Städte auch wertmäßig zu erfassen, muß zunächst eine Bestandsaufnahme der Bauten verschiedener Kategorien für Stichzeiten ausgearbeitet werden, über die wir mehr wissen.

Die Häufigkeit einzelner Häusertypen kann nur mit Hilfe von Daten ermittelt werden, die sämtliche Kategorien von Wohnbauten berücksichtigen. Am zweckdienlichsten dafür sind die Schätzungen der Gebäude, vorausgesetzt, daß darin eine große Zahl von Häusern erfaßt wurde, wie z. B. in Kronstädter Verzeichnissen der Jahre 1541[29] (Abb. 117—118) und 1546[30] (Abb. 119). Aus diesen läßt sich auf die allgemeine Häufigkeit der Wohnbauten verschiedener Wertkategorien schließen, indem die Gesamtzahl der geschätzten Gebäude verschiedener Gruppen nach Straßen und Stadtvierteln dem jeweiligen Prozentsatz entsprechend aufgerundet wird, in welchem die Besitze in den Verzeichnissen erfaßt worden sind.

Der Wert der Besitze besteht gewöhnlich aus den Schätzungswerten von Grundstücken und denen von Gebäuden. Um diese zu trennen, kann von den Schätzungswerten der unbebauten Parzellen ausgegangen werden. Auch in ihrem Fall muß allerdings die Zahl der unbebauten Parzellen verschiedener Wertkategorien nach Maßgabe des Prozentsatzes, in dem die Schätzung die Besitze erfaßte, aufgerundet werden (u.zw. für die einzelnen Stadtgebiete getrennt); es ergibt sich dann eine allgemeine Übersicht der Grundstückwerte (Abb. 117). Da anzunehmen ist, daß die wertvollen Gebäude für gewöhnlich auf größeren Parzellen und billigere auf kleineren errichtet worden sind, ist, um ein Bild der Gebäudewerte zu erhalten, der Wert der Grundstücke von dem der Liegenschaften abzuziehen.

Um die Wertkategorien mit den verschiedenen Gebäudetypen gleichzusetzen, können mehrere Anhaltspunkte verwendet werden:

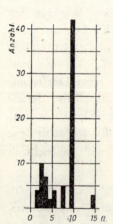

Abb. 117. *Kronstadt*, Schätzung von Grundstücken, 1541 (in Gulden)

---

[29] *Quellen*, III, 127—134.
[30] *Schätzung der Hewßer am Dynstag vor Colmany*, in: Steuerlisten, Stadtviertel Catharinae, 1546, Staatsarchiv Braşov, III Dc 2.

1. Verschiedene Preisindexe. Aus dem alten Kostenpreis bekannter Gebäude und ihrer damaligen Größe geht der Wert pro Quadratmeter Gesamtfläche hervor und somit auch der Wert eines Raumes mittlerer Größe, der zu einer Zimmerflucht gehörte (in gemauerten Gebäuden betrugen die Innenmaße eines solchen Raumes ungefähr 5,3 × 6 m, während sie in Holzbauten wahrscheinlich etwas kleiner gewesen sind). Für ungefähre Rechnungen läßt sich der Index bei Häusern des gleichen Baumaterials unabhängig von der Größe anwenden, da bei kleineren Gebäuden der prozentuell höhere Kostenpreis von Grundmauern und Dächern durch eine einfachere Ausfertigung ausgeglichen wird. Was die siebenbürgischen Städte anlangt, ist bekannt, daß im Jahre 1532 der Holzbau einer Mühle in Bistritz 10 Gulden gekostet hat;[31] auf eine ähnliche Summe müssen sich wohl auch die Kosten für ein Haus mit einem einzigen Raum belaufen haben. In den Jahren 1549 bzw. 1573 kostete ein Quadratmeter des Alten Rathauses in Hermannstadt oder des Kronstädter Gasthauses „Zur Krone" 1,01—1,35 Gulden, d. h., daß der Wert eines gemauerten Raumes rund 50 Gulden betrug;[32] ähnlich könnte im Jahr 1545 auch der Gestehungspreis des Kronstädter Kaufhauses gewesen sein. Zum Unterschied von den Lebensmittelpreisen und den Preisen der Handwerkserzeugnisse[33] (s. auch Abb. 124) haben sich die Gestehungspreise zumindest in der zweiten Hälfte des 16. Jh., wenig geändert. Laut einem Kronstädter Schätzungsregister[34], welches nur die großen Gebäude erfaßt, deren Wert die Unkosten einer amtlichen Schätzung rechtfertigte, betrug der mittlere Preis von 56 Häusern in den Jahren 1573—1579 453 Gulden, 30—40 Jahre später, zwischen 1608 und 1613, belief sich der mittlere Wert von 104 geschätzten Wohnbauten auf 653 Gulden (Abb. 155). Dank der bedeutenderen Anzahl sehr großer Häuser ist der mittlere Wert der geschätzten Häuser nur um 44% gestiegen; in der gleichen Zeitspanne hingegen wuchs die Gesamtmenge des Mauerwerkes sämtlicher Kronstädter Häuser wahrscheinlich um über 50% an (vgl. Abb. 133).

2. Kostenberechnungen. Der Preis wichtiger Baumaterialien und die ungefähre Höhe der Löhne ist bekannt; hieraus ergibt sich ein Teil der Baukosten und von ihrem Anteil an der Gesamtsumme läßt sich auf den Gesamtwert der Arbeiten schließen. Auf dieselbe Weise können die Preisindexe überprüft werden. In Bistritz kostete 1 m³ dicker, behauener Balken in den Jahren 1503—1512 ungefähr 1 Gulden, 1 m³ Dachsparren 1,5 Gulden.[35] Wenn für

---

[31] O. Dahinten, *Bistritz*, 451.
[32] P. Niedermaier, *Die städtebauliche Entwicklung*, 186 f.
[33] S. auch: S. Goldenberg, *Clujul*, 339.
[34] *Häuserschätzungen, 1573—1683*, Staatsarchiv Brașov, IV G 1.
[35] O. Dahinten, Bistritz, 445 f.

ein Haus mit einem Raum rund 5 m³ behauenes Holz in Rechnung gestellt werden, so muß der Wert des Holzes etwas mehr als 5 Gulden betragen haben. Hinzu kommen der Preis einer Tür, der Steine für den Sockel, des Dachstrohs und vor allem die Handwerkerlöhne; bei alten Häusern kann dagegen Abnützung abgeschrieben werden, so daß sich der Gesamtpreis von 10 Gulden bestätigt. Bei gemauerten Räumen kosteten allein schon die 18 000 Ziegeln für die verhältnismäßig dicken Mauern, in der ersten Hälfte des 16. Jh., 18 Gulden, die Löhne für die Maurer machten 16 Gulden aus,[36] und die 5000 Dachschindeln mit den dazugehörigen Schindelnägeln kosteten ungefähr 7 Gulden.[37] Hinzu kommen: Sand, Kalk, Türen und Fenster, Bretter, behauene Hölzer, anderes Material und ein Teil der Handwerkerlöhne; bei alten Häusern hingegen entfällt ein Teil der Kosten für die Abnützung. Es bestätigt sich also auch hier der Gesamtpreis von 50 Gulden für einen gemauerten Raum.

3. Die Häufigkeit, mit der verschiedene Werte in den Schätzungen vorkommen. Manche Werte treten sehr oft auf; ihr prozentueller Anteil an

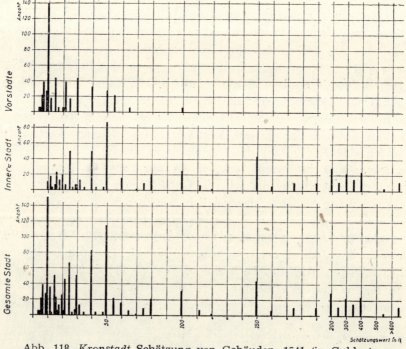

Abb. 118. *Kronstadt,* Schätzung von Gebäuden, 1541 (in Gulden)

---

[36] Berechnet nach Daten aus: E. J e k e l i u s, *Geschichte des Schlosses,* 37.
[37] G. T r e i b e r, *Das Bürgerhaus,* 184.

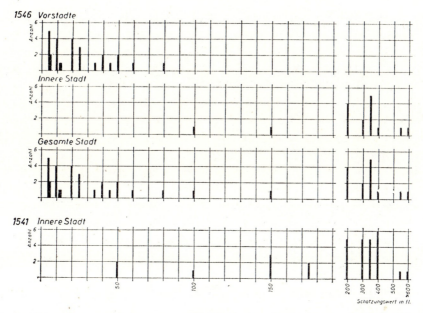

Abb. 119. *Kronstadt*, Schätzung von Gebäuden im Stadtviertel „Catharinae", 1546 (in Gulden)

Gebäuden der Vorstädte bzw. der Innenstädte belegt eindeutig eine Gliederung in unterschiedliche Gruppen. Gleichzeitig drängt sich der Schluß auf, daß sie den häufiger anzutreffenden Haustypen zuzuordnen sind. So überwiegen z. B. in den Schätzungen von 1541 und 1546 in Kronstadt die Wertangaben von 10 Gulden bei den Vorstadtgebäuden und von 25, 40, 50 und 70—80 Gulden in der Inneren Stadt; der gemeinsame Nenner der noch größeren Werte aber ist im allgemeinen 50 (Abb. 118 und 119), wodurch sich die oben angegebenen mittleren Preise noch einmal bestätigen.

In Anbetracht des notwendigen Wohnraumes und der hohen Kosten des Mauerwerks, kann daher angenommen werden, daß in Siebenbürgen im 16. Jh. Gebäude mit einem geringeren Wert als 100 Gulden nicht gemauert waren. Es handelte sich manchmal um Hütten und vor allem um Holzhäuser mit ein oder mehreren Räumen, wovon ein bis zwei Kellerräume mit hölzernen oder steinernen Wänden gewesen sein könnten; bei teureren Wohnbauten dieser Kategorie sind gemauerte Sockel anzunehmen. Wirtschaftsbauten wird es zwar auf dem Großteil der Besitztümer gegeben haben, u. zw. sowohl in den Vorstädten als auch in den Innenstädten; die gleichmäßige Abstufung der Schätzungswerte deutet jedoch darauf hin, daß ihre Ausmaße bei billigen Besitztümern klein und nur auf teureren Höfen bedeutender waren, so daß sie das allgemeine Bild nicht beeinflussen.

Was die gemauerten Häuser anlangt, so können bei einem Schätzungswert von 100—175 Gulden neben dem kleinen, neuen, gemauerten Haus mit Parterre und manchmal Keller Wirtschaftsgebäude bestanden haben, häufig aber auch das alte Holzhaus, das vielleicht in den Hinterhof versetzt wurde. Das ist auch bei teureren Besitzen nicht ausgeschlossen, doch sind die Schätzungen und ihre Auswertungsmöglichkeiten nicht genau genug, um verhältnismäßig kleine Schwankungen zu erfassen. Jedenfalls stehen Gebäudewerte von 190—250 Gulden bzw. 300—350 Gulden für größere gemauerte Häuser mit 4—5 bzw. 6—7 Räumen, von denen gewöhnlich ein oder zwei Keller, die andern ebenerdige Räume gewesen sein dürften. Ein ganz oder teilweise gemauertes Stockwerk kann vermutlich nur für Besitze angenommen werden, die auf mehr als 350 Gulden geschätzt worden sind. Bei diesen waren die Räume in ein oder zwei Fluchten angeordnet, das Haus aber nahm nicht immer die ganze Straßenfront ein.[38]

In den siebenbürgischen Städten gibt es wenige Verzeichnisse der Häuserwerte, mit deren Hilfe die Häufigkeit von Gebäudetypen festgelegt werden könnte. Infolgedessen muß die Entwicklung vieler Städte durch Vergleiche mit besser bekannten Ortschaften bestimmt werden. Besonderen Aussagewert dafür haben:

1. Zahlen bezüglich des erhaltenen Baubestandes. Vorzuziehen sind systematische Erfassungen der Gebäude nach deren Alter, wie sie für Sanierungsprojekte oder zu andern Zwecken vorgenommen worden sind. Desgleichen können Bestandsaufnahmen betreffend die Häufigkeit gewisser Einzelteile verwendet werden sowie andere Anhaltspunkte, die für die allgemeine Bauentwicklung sprechend sind. Setzt man dieserart bestimmte prozentuelle Verhältnisse fest, so können die für eine Stadt ermittelten Grundwerte für eine andere umgerechnet werden.

2. Zeitgenössische Schilderungen der Städte, möglichst von denselben Verfassern. Die Berichte enthalten oft Angaben sowohl über das allgemeine Spezifikum der Städte als auch über ihre Architektur und können zu Vergleichszwecken dienen.

3. Angaben über die Anzahl von Maurern oder das Bestehen einer Maurerzunft in gewissen Zeitspannen.

4. Angaben über die wirtschaftliche, soziale und politische Lage und deren Entwicklung. Vor allem das zahlenmäßige Verhältnis zwischen Kauf-

---

[38] S. auch: P. Niedermaier, *Die städtebauliche Entwicklung*, 187 ff.

leuten, Handwerkern und Bauern und die unterschiedlichen Einkünfte, die von diesen zu verschiedenen Zeiten erzielt wurden, zeigen, ob die Einwohner materiell in der Lage waren, teure Gebäude und Verteidigungsmauern zu errichten. Vom Ausmaß der befestigten Stadtfläche hing wiederum teilweise auch die Höhe der Investitionen in Wohnbauten ab.

Die Steuerlisten hingegen sind für Vergleichszwecke nicht geeignet, da die in verschiedenen Städten geleisteten Steuern nicht unbedingt gleich hoch waren. Desgleichen beweist das Beispiel Kronstadt, daß in den Jahren 1537—1541[39] kein direkter Zusammenhang zwischen der Besteuerung der Bürger und dem Wert der von ihnen bewohnten oder ihnen gehörenden Häuser[40] bestand (Abb. 120).

Für die Befestigungsanlagen und öffentlichen Gebäude läßt sich die Lage aufgrund ihrer allgemeinen Entwicklung bestimmen. Dabei gibt es für das 16. Jh., in dem ein Großteil der Arbeiten an diesen Bauten bereits durchgeführt worden war und die nachher errichteten Befestigungen verhältnismäßig gut bekannt sind, keine besonderen Fragen: Aus den Bauetappen, den noch stehenden Bauresten und aus dem Vergleich mit andern, ähnlichen Bauten ist auf die Kennzeichen der Sachlage zu schließen.

Um den Gesamtbestand der Bauten einer Stadt wertmäßig zu erfassen, müssen die an Häusern, Wehranlagen und öffentlichen Bauten durchgeführten Arbeiten auf einen gemeinsamen Nenner gebracht werden, d. h., die zahlenmäßige Bestandsaufnahme der Bauten verschiedener Kategorien muß in allgemein gültige Quantitäten umgewandelt werden. Zu diesem Zweck wird das Mauerwerk der öffentlichen Bauten und Wehrmauern mit Hilfe von Grund- und Aufrissen oder durch Vermessungen der Bauwerke bestimmt. Für die Umrechnung der Zahl anderer Bauten in Mauerwerksmengen lassen sich Indexe verwenden. So können z. B., für einen gewöhnlichen Wehrturm beiläufig 340 m³ Mauerwerk angenommen werden, für einen großen Turm 430 m³, für einen gemauerten Raum eines Wohnhauses 46 m³ und für ein ganzes Haus, nach der Kronstädter Hausgröße im Jahr 1541, im Schnitt 191 m³ Mauerwerk. (In den beiden letztgenannten Werten ist auch ein Korrekturkoeffizient für den bei Wohnbauten im Vergleich zu Wehranlagen höheren Kosten- und Arbeitsaufwand mit eingerechnet.)

---

[39] S.: Steuerlisten, Stadtviertel „Petri", 1541, Staatsarchiv Brașov, Ab III Dd 2; Steuerlisten, Stadtviertel „Catharinae", 1541, Staatsarchiv Brașov III Dc 1; Steuerlisten, Stadtviertel „Corpus", 1537, Staatsarchiv Brașov Ab III Db 3.

[40] *Quellen*, III, 127—134.

Schlußfolgerungen

Obwohl die Ermittlung der allgemeinen Bauwerksentwicklung und des genauen Baubestandes zu bestimmten Zeitpunkten an sich schon Licht auf die Architektur der mittelalterlichen Städte werfen, sind sie in diesem Rahmen zunächst doch Vorarbeiten für weitere quantitative Ermittlungen. Vom heutigen Stand unseres Wissens finden wir es dabei nicht für richtig, gemauerte und hölzerne Bauten ganz getrennt zu untersuchen; wegen der größeren Menge an Informationen über gemauerte Bauten müssen quantitative Ermittlungen vor allem auf diese ausgerichtet werden, doch ergeben sich gleichzeitig eine Reihe von wichtigen Daten über Holzhäuser.

Den Untersuchungen liegt ein Diagramm über die Ausführung der Mauerwerksmengen zugrunde; es kann jedoch nur für Bauten angewandt werden, die von ortsansässigen Handwerkern errichtet worden sind, und mithin nur für die bedeutenden Städte (Abb. 133). Hier dürfte die Zahl der Handwerker und damit auch der Umfang des jährlich aufgeführten Mauerwerks im großen verhältnismäßig konstant angewachsen oder abgefallen sein, was durch die ungefähr gleichbleibenden, steigenden oder fallenden Finanzierungsmöglichkeiten, den Bedarf der Stadt und letzten Endes durch die demographischen Veränderungen bedingt war.

Da die Gesamtmenge des Mauerwerks bekannt ist, das vom Beginn andauernder Arbeiten ortsansässiger Maurer (er fällt gewöhnlich mit dem Baubeginn der Stadtmauer zusammen) bis zu dem Zeitpunkt geschaffen wurde, für den der genaue Baubestand ermittelt worden ist, kann die in der betreffenden Zeitspanne jährlich im Schnitt gebaute Mauerwerksmenge berechnet werden. Aufgrund des gesamten oder teilweisen Volumens, das in kürzeren, genau abgegrenzten Zeitabschnitten errichtet wurde, läßt sich manchmal auch der Durchschnitt für kürzere Etappen ausrechnen. Vergleichen wir den letztgenannten mit dem allgemeinen Durchschnitt, so ergibt sich hieraus ein Bild über die Entwicklung der Arbeiten, also das Anwachsen oder vielleicht das Zurückgehen der Mauerwerksmenge, die in den verschiedenen Zeitspannen jährlich geschaffen wurde.

Einen weiteren Anhaltspunkt zur Ermittlung des allgemeinen Arbeitsablaufs bietet das Mauerwerksvolumen, das in einer frühen Zeit, als die finanziellen Möglichkeiten der Städte noch klein waren, von einem einzigen Maurermeister und seinen Hilfsarbeitern jährlich ausgeführt werden konnte. Dieses läßt sich nur aufgrund von Daten des 16. Jh. errechnen, doch dürfte die Lage 100 bis 200 Jahre vorher ähnlich gewesen sein. Vergleicht man die 1524 am halb-

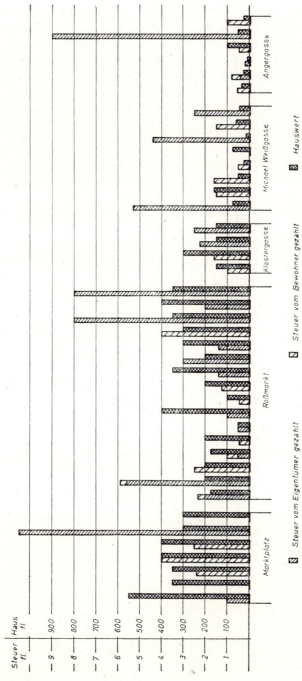

Abb. 120. Kronstadt, Gegenüberstellung von Immobilienwerten und Besteuerung der Insassen, um 1540

runden „Turm" des Kronstädter „Schlosses" ausgeführten Mauerwerksmengen[41] mit den ausgezahlten Löhnen[42], so ergibt sich ein Kostenpreis von ungefähr 39 Denar pro Kubikmeter. Der Tageslohn eines Meisters oder eines Gesellen läßt sich aus damaligen Rechnungen nicht feststellen,[43] aber die Tagelöhner die Steine brachen, erhielten im betreffenden Jahr pro Tag 6,5[44], 7[45], 8[46] oder höchstens 10,6 Denar[47], ein Torwächter 6,6 Denar[48] und ein Handlanger für Mörtelmischen 8,7 Denar[49]. Das Verhältnis zwischen den Einnahmen von Tagelöhnern, Gesellen und Meistern ist für das Jahr 1593 aus Klausenburg bekannt; sie betrugen 10—12, 16 und 25 Denar.[50] Wenn wir für das Jahr 1524 in Kronstadt ähnliche Verhältnisse annehmen, so ergeben sich Tageslöhne von 8, 12 und 18 Denar. Eine Maurergruppe für verhältnismäßig einfache Befestigungsarbeiten (ohne Steinbrecher, Fuhrleute usw.) bestand wahrscheinlich aus einem Meister, einem Gesellen und zwei Handlangern; ihre Löhne machten also pro Tag 46 Denar aus. Da, wie schon bemerkt, die Arbeitskosten für 1 m³ Mauerwerk 39 Denar betrugen, wird die Tagesproduktion einer Gruppe ungefähr 1,2 m³ gewesen sein. Wenn wir für die mit dem Bau von Befestigungen beschäftigten Maurer 220 Arbeitstage im Jahr veranschlagen (abgerechnet sind Feiertage, Wintermonate und Regentage),[51] so ergibt das eine Jahresproduktion von etwa 260 m³. Wird noch ein geringer Wert für das Anwachsen der Arbeitsproduktivität zwischen dem 14. und 16. Jh. abgezogen, so ergeben sich als anfängliche Jahresproduktion 250 m³.

Wie auch Einzelfälle (z. B. Hermannstadt und Mediasch) zeigen, ist weiterhin allgemein anzunehmen, daß die Zahl der Maurer und ihrer Gehilfen

---

[41] Für die Bauetappen s.: G. Treiber, *Kronstadt und das Schloß*, 30—33; E. Jekelius, *Geschichte des Schlosses*, 38—41. Für die Mauerwerksmengen siehe: *Quellen*, I, 545, 553—582; E. Jekelius, *Geschichte des Schlosses*, 37.

[42] *Quellen*, I, 545, 553—582; E. Jekelius, *Geschichte des Schlosses*, 37.

[43] *Quellen*, I, 553—582.

[44] Ebenda, 558.

[45] Ebenda, 565.

[46] Ebenda, 576.

[47] Ebenda, 561.

[48] Ebenda, 547—581.

[49] Ebenda, 558.

[50] S. Goldenberg, *Clujul*, 364.

[51] Vgl. auch: W. Abel, *Wüstungen*, 12. Nach D. Prodan (*Iobăgia in Transilvania*, II, Bukarest 1968, 420) läßt sich für einen Maurermeister in Sathmar (Satu-Mare) sogar errechnen, daß er 1570/71 nur 175 Tage des Jahres sein Gewerbe ausübte.

vor allem im 17. Jh. konstant geblieben oder zurückgegangen ist, da die Arbeiten an den Wehranlagen der Städte im großen beendet worden waren und dadurch viele Bauarbeiter zur Verfügung standen.

Bis ins 16. Jh., als eine Reihe von neuen Regelungen aufkamen, durften die Maurermeister beliebig viele Gesellen und Hilfskräfte beschäftigen. So konnte auch die Jahresproduktion bei einer gleichbleibenden Meisterzahl je nach den bestehenden Erfordernissen und Möglichkeiten wachsen oder fallen. Da die Produktion also kein Vielfaches eines festen Wertes betrug, könnte der im Diagramm zur Ausführung der Mauerwerksmengen (Abb. 133) angenommene, gleichmäßig steigende oder fallende Verlauf der Produktionskurve theoretisch der tatsächlich pro Jahr ausgeführten Mauerwerksmenge entsprechen; praktisch wird die Jahresproduktion gegenüber den im Diagramm angedeuteten allgemeinsten Veränderungen allerdings stärker geschwankt haben.

In der graphischen Darstellung (Abb. 133) erscheint auf der Abszissenachse die Zeitangabe und auf der Ordinatenachse die Menge des ausgeführten Mauerwerks. Hierdurch stellt die Größe der Fläche zwischen Kurve und Abszissenachse die Gesamtmenge des in verschiedenen Zeitabschnitten gelieferten Mauerwerks dar.

Geht man von der auf Zeitintervalle aufgefächerten Gesamtmenge und von den Etappen aus, in denen ausschließlich an Befestigungen oder gleichzeitig auch an Privathäusern gearbeitet worden ist (die vom allgemeinen Verlauf der Bauarbeiten her bekannt sind), lassen sich mit Hilfe der für Wohnbauten verwendeten Mauerwerksmenge, die Bauetappen der Befestigungsanlagen abgrenzen. Desgleichen ist auf die Etappen, in denen intensiv an Privathäusern gebaut wurde, und auch auf die hierbei errichteten Mauerwerksmengen zu schließen.

Nach der Rückwandlung dieser Mengenangaben in Werte, die der Zahl von Bauten verschiedener Kategorien entsprechen, ergeben sich die Veränderungen in der Architektur der Städte. Bei Privathäusern ist zu beobachten, wie die Zahl der gemauerten Bauten zugenommen hat (Abb. 135), und die Differenz zur Gesamtzahl der Wohnungen zeigt, wie sich gleichzeitig die Zahl der Holzhäuser veränderte (Abb. 134). Fügen wir diesem Bestand Kenntnisse über die allgemeine Lage, über die typologische Entwicklung und Ausführungsetappen besonderer Bauten hinzu, so tritt das Bild der architektonischen Entwicklung der Städte deutlicher hervor und es ergeben sich neue Anhaltspunkte für die Geländeforschung.

Die dargelegte Methode hat selbstverständlich einige Nachteile. Beim gegenwärtigen Stand unseres Wissens müssen die vielschichtigen und komplizierteren Vorgänge in verschiedenen Hinsichten vereinfacht werden, damit sie überhaupt zu erfassen sind. So hat der Investitionswert, für den nur allmähliche Veränderungen in Rechnung gestellt werden können, gewiß auch in kurzen Zeitintervallen Schwankungen erfahren, dieses vor allem infolge der Türkeneinfälle und der Veränderungen in der innenpolitischen Lage Siebenbürgens, aber auch dank der Unterstützungen durch den König, Fürst oder die Gebietskörperschaften. Der Zuwachs oder Rückgang der Handwerkeranzahl — auch im Zusammenhang mit der allgemeinen Bevölkerungsbewegung — sowie ihre Seßhaftigkeit waren bestimmt nicht so konstant, wie hier angenommen werden muß; selbst die Beteiligung an ganz bestimmten Bauvorhaben wird nicht gleichbleibend gewesen sein. Obwohl wir einen Korrekturkoeffizienten in Rechnung stellen, ist die Gleichsetzung von Mauerwerksmengen bei Befestigungen und Wohnungen nur ungefähr zutreffend. Außerdem können weder die Arbeiten an Sockeln von manchen Holzhäusern und die nötigen Erneuerungs-, Reparatur- und Instandhaltungsarbeiten an gemauerten Bauten noch die Beiträge der Steinmetze in Betracht gezogen werden.

Die Notwendigkeit, gewisse Hypothesen und Werte, die sich aus den erwähnten Vereinfachungen ergeben, als Arbeitsgrundlagen zu verwenden, die geringe Zahl der Anhaltspunkte und das Anfangsstadium dieser Forschungen ziehen unvermeidlich auch Irrtümer nach sich. Im Vergleich zu den zahlreichen neuen Erkenntnissen, die das Verfahren vermittelt — von denen vermutlich vor allem die allgemeinen Folgerungen und die Größenordnung der Werte gültig bleiben werden —, dürften die Fehler jedoch in Kauf zu nehmen sein. Wenn die Resultate trotz sonstiger Vereinfachungen hier dennoch in Form von sehr genauen Zahlen gegeben werden, so geschieht es, um dadurch zusätzliche Fehler zu vermeiden und das Fortführen der Forschung in dieser Richtung zu erleichtern.

Für die Zeit vor dem 17. Jh. kann die Methode bloß für eine geringe Zahl großer Städte angewendet werden, in denen die Bauarbeiten von eigenen Handwerkern ausgeführt wurden. Auch für Broos, Mühlbach und Mediasch lassen sich nicht alle Möglichkeiten der Methode auswerten. Die folgenden Untersuchungsbeispiele sind, von diesem Gesichtspunkt betrachtet, demnach nicht vollständig; da jedoch einige bedeutende Städte in einer andern Arbeit analysiert wurden[52] und im besonderen von den oben erwähnten drei Städten ein umfassenderes Entwicklungsbild herausgearbeitet werden soll, werden diese auch hier behandelt.

---

[52] P. Niedermaier, *Die städtebauliche Entwicklung*, 185—215.

ANALYSEN DES BAUBESTANDS

Broos

In der Stadt sind wenig alte Häuser erhalten geblieben. Die meisten davon sind klein und es stehen nur an der Nord- und Ostfront des Marktplatzes ein paar ältere stockhohe Wohnhäuser. Auch an diesen lassen sich aber keine architektonischen Einzelteile auffinden, die auf das 15. oder 16. Jh. hinweisen.

Da Reste alter Bauten überaus selten sind, erhält die Stadtbeschreibung von Giovandrea Gromo eine besondere Bedeutung. Er erzählt, daß der Ort „mehr nur einem Dorf gleichsieht"[1] und „nur wenige städtische Häuser und auch nicht so viele bürgerliche Bewohner hat"[2] wie Mühlbach. Um das Jahr 1550 bestanden die Häuser in den siebenbürgischen Städten hauptsächlich aus Holz, in den Dörfern jedoch fast durchwegs; wenn die Brooser Bauten mit denen eines Dorfes verglichen wurden, muß die Zahl der gemauerten Häuser im 7. Jahrzehnt des 16. Jh. sehr klein gewesen sein. Da trotzdem städtische Gebäude erwähnt werden, könnte es doch auch ein paar bedeutendere Bauwerke gegeben haben, die z. T. vielleicht nach dem Brand von 1555 errichtet worden sind.[3]

Bis gegen Ende des 16. Jh. ist die Zahl der gemauerten Häuser angestiegen, es waren aber auch weiterhin, selbst am Ende des 18. Jh., bescheidene Bauwerke. Darüber berichtet Daniel Leonhard im Jahr 1852 folgendermaßen[4]: „Nach mündlichen Überlieferungen alter Vorfahren, waren die früheren hiesigen Parterr-Gebäude noch größtentheils zwar mit Bachsteinen gemauert, aber mit Stroh gedeckt, mit kleinen Fenstern, durch welche das Tageslicht meist nur durch eine Blasenhaut matt durchschimmerte, die Thüren nur mit hölzernen Riegeln versehen. Nur die Wohnungen der Wohlhabenderen zeichnen sich durch Schindeldächer, mit gegen die Gasse verzierten Giebeln, gläsernen Fenstern und eiserne einfache Thürschnallen aus."

Unter den Brooser öffentlichen Gebäuden tritt vor allem die Pfarrkirche hervor (Abb. 7, d1). Sie steht an der Stelle eines romanischen

---
[1] J. A. Gromo, *Uebersicht*, 28.
[2] Ebenda.
[3] A. Amlacher, *Urkundenbuch*, 295.
[4] D. L[eonhard], *Denkwürdigkeiten*, 27 f.

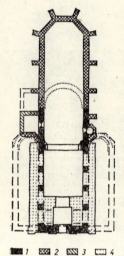

Abb. 121. Broos, Pfarrkirche (teilweise nach G. Treiber)
1 Erste Hälfte 13. Jh., *2* Mitte 14. Jh., *3* 15. Jh., *4* Neuere Teile.

Baus,[5] der nach Forschungen Gustav Treibers eine relativ kurze Basilika gewesen ist, deren Apsis ein Chorquadrat vorgelagert war und die kleinere Apsiden am Ostende der Seitenschiffe hatte (Abb. 121); seine Hypothese wird auch von der ursprüglichen Größe des Kirchhofs bestätigt. Da das Hauptschiff kurz war, ist der alte Turm gewiß später erbaut worden.[6] Die der Gemeinde zur Verfügung stehende Nutzfläche dürfte ursprünglich also ungefähr 270 m² betragen haben. Daraus aber läßt sich schließen, daß Broos während der Errichtung der romanischen Kirche 50—60 Familien (250—300 Einwohner) gezählt haben mag; nach der Größe der Stadt könnte die Kirche also im ersten Viertel des 13. Jh. errichtet worden sein (s. Abb. 9).

Der Kirchenumbau wurde mit einem neuen Chor begonnen, das aus drei rechteckigen und einem fünfseitigen Joch besteht. Es sollte von zwei kleineren Chören flankiert werden, die neben dem Triumphbogen, mit je einem fünfseitigen Joch geplant waren. Daß der neue Bau als Hallenkirche gedacht gewesen war, zeigt die Höhe der Dienste an den Ecken der Seitenchöre. Die Anlage läßt sich mit dem der Klausenburger Kirche vergleichen,[7] doch besaß das Brooser Chor weniger schlanke Proportionen als dieses; auch die Formen der Fenstermaßwerke, Stützpfeiler und Chornische waren anscheinend etwas einfacher.[8] Der Bau weist mit den alten gotischen Teilen der Hermannstädter Marienkirche und den vom gleichen Meister aufgeführten Chören[9] gewisse Ähnlichkeiten auf, so daß mit den Bauarbeiten am Brooser Chor vermutlich bald nach der Mitte des 14. Jh. begonnen worden ist.[10] Die Mauern bestehen aus rund 1400 m³ Mauerwerk,[11] und stellt man nur diese in Rechnung, so ist bei der damaligen Stadtgröße (Abb. 9) schon

---

[5] V. Roth, *Unterwald*, 315; G. Treiber, *Kirchen*, 30 f.
[6] S. auch: D. L[eonhard], *Denkwürdigkeiten*, 14.
[7] V. Vătășianu, *Istoria artei*, I, 525.
[8] Für den alten Zustand und Änderungen s.: V. Roth, *Unterwald*, 315; S. Bretz, *Schöne Städte*.
[9] P. Niedermaier, *Bauhütte*, 44—52.
[10] V. Vătășianu, *Istoria artei*, I, 223, 213; G. Ionescu, *Istoria arhitecturii*, I, 159, 167.
[11] Berechnet nach: G. Treiber, *Kirchen*, 30 f.

eine längere Bauzeit erforderlich gewesen; die vielen Steinmetzarbeiten[12] haben die Ausführung wohl erschwert und verteuert. Deshalb wurde zunächst sogar auf die Einwölbung des Chors verzichtet.[13]

Die Nutzfläche des neuen Raumes betrug ungefähr 190 m². [14] Als mit seinem Bau begonnen wurde, war es das größte Chor in Siebenbürgen; später ist es von den Chören der Hallenkirchen in Mühlbach und Kronstadt übertroffen worden. Verglichen mit der Brooser Bevölkerungszahl erscheint das Projekt des Kirchenneubaus überaus anspruchsvoll. Wenn ein Teil des neuen Chors provisorisch als Gemeinderaum benutzt wurde — was denkbar ist —, so war die der Gemeinde zugängliche Fläche auch ohne den Neubau der Schiffe ungefähr 360 m² groß. Im 15., 16. Jh. entfielen demnach auf jede der 160 Familien (700 Einwohner) der Stadt 2,25 m²; zumal es auch eine zweite Kirche gab, genügte die Fläche je Familie bzw. Einwohner (s. auch Abb. 157) und so wird es verständlich, weshalb eine weitere Vergrößerung der Kirche unterblieb.

Nach dem 14. Jh. wurde bloß ein Turm am Westende des Mittelschiffs errichtet[15] und im Jahr 1496 das Chor mit einem Sterngewölbe versehen.[16] Das alte Langhaus ist während der ersten Hälfte des vorigen Jahrhunderts umgebaut worden; ebenfalls damals wurde der Turm wieder aufgebaut,[17] und schließlich folgten um 1935 noch einige Veränderungen.[18]

Über alte, neben der Pfarrkirche gebaute Kapellen, ist nichts bekannt. Hingegen wurde beginnend mit dem 17. Jh. und bis ins Jahr 1823 Gottesdienst in der Sakristei gehalten.[19]

Zwei Brooser Klöster sind bereits erwähnt worden. Von der Anwesenheit der Minoritenmönche berichtet eine Urkunde des Jahres 1309[20]: das Kloster (Abb. 7, d3) muß also zu einer Zeit gegründet worden sein, als der Ort 700—1 000 Einwohner hatte. Ein Vergleich mit der klareren Sachlage in Bistritz, wo die Kirche des Minoritenklosters wenigstens z. T. vor 1280 errichtet worden ist[21] und der erste urkundliche Beleg auf das Jahr 1268

---

[12] V. Roth, *Unterwald*, 315.
[13] Für die Merkmale des alten Chorgewölbes s.: V. Roth, *Unterwald*, 315.
[14] Berechnet nach: G. Treiber, *Kirchen*, 30 f.
[15] Vgl. auch: D. L[eonhard], *Denkwürdigkeiten*, 14.
[16] A. Amlacher, *Urkundenbuch*, 231; V. Roth, *Unterwald*, 315.
[17] D. L[eonhard], *Denkwürdigkeiten*, 25; V. Roth, *Unterwald*, 315.
[18] S. Bretz, *Schöne Städte*.
[19] D. L[eonhard], *Denkwürdigkeiten*, 14, 25.
[20] *Urkundenbuch*, I, 239 f.
[21] V. Vătășianu, *Istoria artei*, I, 114 ff. Vgl. auch: *Die deutsche Kunst*, 19 f.

zurückgeht,[22] deutet darauf hin, daß mit den Bauarbeiten Anfang des 14. Jh. begonnen worden ist. Weil aber das Gebäude in der Barockzeit gänzlich verändert wurde,[23] haben sich keine stilistischen Merkmale erhalten, die eine genauere Datierung ermöglichten. Die Nutzfläche des Saales betrug 150 m^2 und so entfielen auf jede der 300—400 Familien (1500—2000 Einwohner) der Stadt 0,4—0,5 m^2. Das Chor mißt 130 m^2; es ist im Vergleich zum Saal sehr groß. Die Klosterräume sind in zwei Flügeln untergebracht, die gemeinsam mit der Kirche einen südlich von dieser liegenden Hof umschließen. Die Gesamtfläche der alten Flügelteile beträgt ungefähr 1200 m^2.

Eine zweite Klosterniederlassung (vier Beginen-Häuser) ist im Jahr 1334 urkundlich belegt[24], als die Stadt rund 1700 Einwohner zählte. Genauere Daten über diese Anlage sind nicht bekannt.

Von den bürgerlichen öffentlichen Bauten werden ein Rathaus und eine Schule öfters erwähnt. Das Rathaus stand innerhalb der Kirchenburg, nahe ihrer Nordwestecke, und wurde Anfang des 19. Jh. abgerissen.[25] Ebenfalls innerhalb der Kirchenburg stand bis zum Jahr 1572 auch die Schule. Weil ihr Gebäude jedoch die Verteidigung der Wehranlage erschwerte, wurde beschlossen, es zu schleifen;[26] statt des alten Baus sind dann zwei neue Schulgebäude außerhalb der Befestigungsmauern errichtet worden.[27]

Die älteste Wehranlage lag vielleicht auf einem Berg in der Nähe der Stadt; auf ihr Vorhandensein kann bloß aus Flurnamen geschlossen werden,[28] irgendwelche Spuren davon wurden nicht aufgefunden.

An den Befestigungsanlagen der Pfarrkirche (s. Abb. 122) lassen sich mehrere Bauetappen erkennen. Zuerst hat es eine Ringmauer aus Stein, von 0,9 m Dicke gegeben (sie ist auf der Nord-, West- und Südseite der Kirchenburg erhalten geblieben). Dazu gehörten ein Graben[29] und ein innerer Torturm auf der Westseite der Burg. Der Standort des Turms hinter der Mauerflucht deutet darauf hin, daß die Mauer verhältnismäßig früh errichtet wurde, ebenso die außergewöhnliche Größe der Burgfläche. Die fast 6000 m^2 entsprachen einer Ortschaft mit 170—240 Familien (800—1200 Einwohner).

---

[22] *Urkundenbuch*, I, 100.
[23] D. L[eonhard], *Denkwürdigkeiten*, 17 f.
[24] *Urkundenbuch*, I, 404.
[25] D. L[eonhard], *Denkwürdigkeiten*, 24.
[26] A. Amlacher, *Urkundenbuch*, 442 f.
[27] D. L[eonhard], *Denkwürdigkeiten*, 19.
[28] Ebenda, 23.
[29] Für diesen s.: L. J. Marienburg, *Geographie*, II, 300 f; D. L[eonhard], *Denkwürdigkeiten*, 23 f.

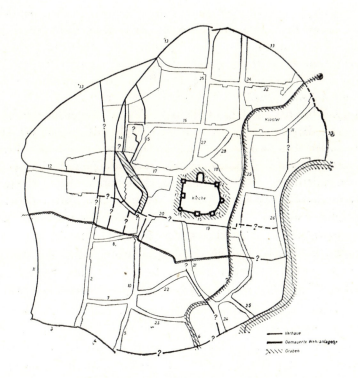

Abb. 122. *Broos*, Befestigungsanlagen

f7 Einstiger Torturm; *f2—f6, f8* Türme; *f1.* Rondell

Diese Größe hatte Broos in den Jahren 1300—1325 und vielleicht bald nach dem Jahr 1347. Da nach der Mitte des 14. Jh. mit dem Umbau der Kirche begonnen wurde, ist es wahrscheinlich, daß die erste Ringmauer schon Ende des 13. oder zu Beginn des 14. Jh. errichtet worden war. Für die Befestigungsanlage mußten 1800 m³ Mauerwerk aufgeführt werden, und daraus ergibt sich eine wahrscheinliche Bauzeit von 6—8 Jahren.

Die erste bedeutendere Änderung der Wehranlage wurde in der zweiten Hälfte des 14. Jh. vorgenommen: Der neue Chorabschluß stand der Ostmauer zu nahe; deshalb wurde sie niedergerissen und aus Mischmauerwerk neu aufgeführt, diesmal mit bogenförmigem Verlauf. Die äußeren Türme und die Bögen, welche die Mauer auf der Südseite der Burg stützten und den Wehrgang trugen, dürften erst **nach 1400 gebaut worden sein.** Andere bauliche Ergänzungen des 16. Jh. bestanden in der Errichtung eines Rondells an der Nordseite der Burg[30] und einer zweiten, wahrscheinlich dünnen Mauer[31] (die es zu Giovandrea Gromos Zeit noch nicht gegeben hatte)[32]. Aus Urkunden erfahren wir von Arbeiten im Jahr 1507, die nach den angeführten Geldbeträgen unbedeutend gewesen sein dürften,[33] von Mangel an Waffen und Munition im Jahre 1514[34] und daß im Jahr 1572 die Burg „zum Schaden des Landes [. . .] verwahrlost" war.[35]

Broos wird bereits im Jahr 1324 als „civitas" bezeichnet.[36] Es ist nicht ausgeschlossen, daß damals etwas massivere Wehranlagen um die ganze Stadt errichtet worden sind, wie es sie auch anderwärts, etwa in Klausenburg gab. Als Hinweis auf das Vorhandensein solcher Befestigungen könnte unter Umständen die allerdings erst viel später (1574) urkundlich belegte Gewohnheit gewertet werden, zwischen Leuten, die innerhalb und andern die außerhalb der Burg wohnten („universi extra castrum degentes")[37], einen Unterschied zu machen. Die Stadtgrenze der ersten Hälfte des 14. Jh. ist klar zu verfolgen. Sie verläuft längs des Heumarktes (26), der Lederer- (30), Schmied- (33), Oberen Meierhof- (13) und der Alten Meierhofgasse (11) sowie neben kleinen Gäßchen (3, 4) und Hofstellengrenzen (Abb. 122).

Als die Stadt in der zweiten Hälfte des 14. und im 15. Jh. schrumpfte, wurde die Befestigungslinie wahrscheinlich aufgelassen und verfiel allmählich. Giovandrea Gromo berichtet, die Ortschaft sei „offen",[38] das heißt sie sei „weder mit einer Mauer noch von einem Erdwall umgeben".[39] Später wird jedoch wieder eine Mauer erwähnt, die Anfang des 18. Jh. niedergerissen worden sein soll.[40]

Die angeführten Daten fügen sich zu einem Bild zusammen, daß die architektonische Entwicklung von Broos ganz allgemein umreißt; darüber wird im folgenden Kapitel ausführlicher die Rede sein.

---

[30] Ebenda, 23.
[31] L. J. Marienburg, *Geographie*, II, 300 f.
[32] *Călători străini*, II, 340. Eine andere Übersetzung s.: J. A. Gromo, *Uebersicht*, 17.
[33] A. Amlacher, *Urkundenbuch*, 252.
[34] Ebenda, 254.
[35] Ebenda, 442.
[36] *Urkundenbuch*, I, 387.
[37] A. Amlacher, *Urkundenbuch*, 444 f. Vgl. auch: G. Müller, *Stühle und Distrikte*, 26.
[38] J. A. Gromo, *Uebersicht*, 28.
[39] Ebenda, 17.
[40] D. L[eonhard], *Denkwürdigkeiten*, 6; s. auch: *Călători străini*, V, 52.

Mühlbach

Die Privathäuser Mühlbachs sind im allgemeinen etwas älter als in Broos, doch gibt es auch hier nur wenig Gebäude und Bauteile aus dem 15. und 16. Jh.[41] Das Zápolya-Haus auf dem Großen Platz (heute Museum) stammt teilweise aus dem 15. Jh.[42]; es ist später verschiedenen Veränderungen unterzogen worden.[43] Das Pfarrhaus in der Petrigasse Nr. 10 ist zum Teil aus Stein gebaut, auf seiner Hofseite stehen große Stützpfeiler; das Haus Nr. 24 in derselben Straße besteht zum Großteil aus Stein und hat noch einen steinernen Fensterstock und eine Konsole erhalten, die gotisch sein könnten. Desgleichen wird in einem andern Haus ein alter Türstock erwähnt[44], in den Torgängen einiger Gebäude aber hat es alte Nischen gegeben. Im Vergleich zu Details, die sich in andern Städten erhalten haben, sind die aufgezählten baulichen Einzelteile gering an Zahl und verhältnismäßig wenig schlüssig. Die vielen unterschiedlichen Gewölbe, die es einmal gegeben hat, und die zahlreichen Spuren verschwundener Gebäude deuten, wenn auch bloß mittelbar, die frühe Verbreitung gemauerter Gebäude aber trotzdem an.

Diese Erkenntnis wird durch alte Beschreibungen bestätigt. So hielt Georg Reicherstorffer die Häuser Mühlbachs für „ansehnlich".[45] Dasselbe unterstreicht auch Giovandrea Gromo, der berichtet, daß die Ortschaft „das Ansehn einer ächten Stadt hat" und „gute Häuser, wie nur irgend eine Stadt dieses Landes [...] besitzt". Er hebt desgleichen hervor, daß sie „von vielen Kaufleuten und andern Bürgern bewohnt wird".[46]

Giovandrea Gromos Beobachtungen erlauben uns einen Vergleich der Stadt mit den Bauten Kronstadts. Dort wohnten in der Innenstadt verhältnismäßig wohlhabende Kaufleute und Handwerker, während sich in den Vorstädten hauptsächlich Bauern niedergelassen hatten. In Mühlbach hingegen befanden sich die Anwesen fast alle innerhalb der Mauern, doch war die Bevölkerung — sie bestand vor allem aus Handwerkern[47] und Kaufleuten[48] — im 16. Jh. wohl nicht so wohlhabend wie die von Kronstadt.

---

[41] S. auch: A. M ö c k e l, *Aus Mühlbachs Vergangenheit,* 13.
[42] G. G ü n d i s c h, Th. S t r e i t f e l d, *Der Umbau,* 72—78.
[43] R. H e i t e l, *Sebeș-Alba,* 26 f; A. M ö c k e l, *Aus Mühlbachs Vergangenheit,* 13.
[44] A. H e i t z, *Alt-Mühlbach,* 53.
[45] B. C a p e s i u s, *Deutsche Humanisten,* 62 f.
[46] J. A. G r o m o, *Uebersicht,* 28.
[47] S. z. B.: Șt. P a s c u, *Meșteșugurile,* 364.
[48] S t r [eitfeld Th.], *Mühlbach 1584.*

In Mühlbach wird es demnach prozentuell weniger gemauerte Häuser als in der Kronstädter Inneren Stadt, dafür aber mehr als in ganz Kronstadt gegeben haben. Daher sind im Jahr 1541 mindestens 19% und höchstens 38% der Häuser gemauert gewesen, während der Rest aus Holz bestand. In den 40—80 gemauerten Gebäuden steckten zwischen 7 000 und 15 000 m³ Mauerwerk.

Nach dem Vergleichsjahr ist die städtebauliche Entwicklung Mühlbachs ähnlich verlaufen wie die der andern siebenbürgischen Städte. Giovandrea Gromos Bemerkungen beziehen sich auf das 7. Jahrzehnt des 16. Jh., doch auch im 17. Jh. wurde der Baubestand etwa gleich eingeschätzt. In den Jahren 1629—1639 schrieb David Fröhlich, daß die Gebäude nicht besonders sind[49] und zwischen 1656 und 1658 bemerkt Conrad Jacob Hiltebrandt, Mühlbach habe „wohlgebaute Häuser".[50] In einer 1666 gedruckten schemati-

Abb. 123. *Mühlbach*, Stich von H. J. Schollenberger, vor 1666, (Ausschnitt)

---

[49] *Călători străini*, V, 51.
[50] Ebenda, 576.

Abb. 124. *Mühlbach*, Zeichnung von J. C. Weiss, 1736 (Ausschnitt)

schen Vedute erscheinen diese gleichmäßig und mit Giebeln, die der Straße zugekehrt sind (Abb. 123); auch in einer späteren, viel naturgetreueren Darstellung (Abb. 124) ist das Bild ähnlich: Entlang der wichtigen, gut zu erkennenden Sikulorumgasse reihen sich ziemlich gleichgroße Giebelhäuser aneinander; größere Gebäude oder solche, die mit der Traufe der Straße zu liegen, bilden Ausnahmen.

Von den öffentlichen Bauten ist die Entwicklung der Pfarrkirche (Abb. 11, d1) am bekanntesten, dieses vor allem durch archäologische Grabungen gelegentlich der jüngsten Restaurierungsarbeiten und mehrere darauffolgende Untersuchungen. Daraus hat sich ergeben, daß zuerst das Chor und einige Joche des Mittelschiffs errichtet wurden;[51] ersteres bestand aus einer Apsis und einem vorgelagerten Chorquadrat,[52] letztere aus Steinpfeilern mit ein-

---

[51] R. Heitel, *Sebeș-Alba*, 9.
[52] Für die Lage des einstigen Triumphbogens an der Stelle des heutigen, und die durch diese Lage bedingte Existenz eines quadratischen Vorchors zwischen Apsis und Mittelschiff (vgl. Abb. 125) sprechen: 1. Reste von Giebeln, die erst später, aber sicher am Ostende der Seitenschiffe errichtet wurden, und die sich als heutiger Westabschluß des Chors in den seitlichen Jochen des Triumphbogens erhalten haben (über diesen steinernen Giebeln wurden die Bogen bis zu ihrer Spitze mit Ziegelmauerwerk ausgefüllt); 2. Bögen und Pfeiler mit besonderem Querschnitt, die wahrscheinlich die beiden Enden des Mittelschiffs bezeichnen (M. Angelescu u. a., *Restaurarea*, 94); 3. Die Lage einer etwas später angelegten Grundmauer, die das Mittelschiff an der Stelle des Triumphbogens quert (R. Heitel, *Sebeș-Alba*, 14); 4. Die im Vergleich zur Mittelschiffbreite sehr ungewöhnliche Gesamtlänge der alten Kirche; 5. Die allgemeine Verbreitung dieser Form bei Chören Südsiebenbürgens. (An der romanischen Kirche in Hermannstadt wurde ein Chor ohne Chorquadrat vermutet, doch wird die Hypothese durch neuere Untersuchungen widerlegt; vgl. Fußnote 110 des nächsten Kapitels.)

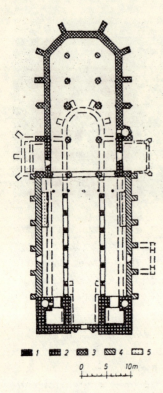

Abb. 125. *Mühlbach*, Pfarrkirche (teilweise nach M. Angelescu u. a.)

1 und *2* Erste Hälfte 13. Jh., *3* Zweite Hälfte 14. Jh., *4* Mitte 15. Jh., *5* Neuere Teile.

fachen Basis- und Kämpferprofilen, aus Rundbögen und einer geraden Mauer.[53] Diese wurde möglicherweise aber nur bis zu einem wenig über den Bogen liegenden Horizontalprofil aufgemauert;[54] ungewiß ist jedoch, ob eine Empore mit Zwillingsfenstern, die geplant gewesen sein dürfte[55], und der Obergaden damals ausgeführt worden sind. Die Arbeiten wurden dann an den Seitenschiffen fortgesetzt, und an ihrem Ostende, neben dem Chorquadrat auch je eine gegen die Seitenschiffe offene Kapelle errichtet; die südliche Seitenkapelle hatte, wie bei andern Kirchen, einen gesonderten Eingang von außen.[56] Schließlich entstanden auch die beiden Westjoche der anfangs vielleicht kürzer ge-

---

[53] Da die Profilsteine der Kämpfer verhältnismäßig tief in die Pfeiler eingebaut sind (ihre Höhe entspricht beiläufig der Einspanntiefe) und diese außer den Kämpfern auch ein Basisprofil besitzen, erscheint ein späteres Einbauen dieser Profile fraglich, zumal die Kämpfer in ästhetischer Hinsicht als Abgrenzung der Steinpfeiler von dem darüberliegenden verputzten Mauerwerk nötig waren. (Für Hinweise bezüglich des Aufbaus der Pfeiler und vieler anderer Bauteile dankt der Verfasser Herrn A. Klein.)

[54] R. Heitel, *Sebeş-Alba*, 9. Vgl. auch M. Angelescu u. a., *Restaurarea* 92. Die schlechte Abstimmung der Längen des Horizontalprofils auf den Abstand zwischen den Gewölbekonsolen (s.: *Studien zur Siebenbürgischen Kunstgeschichte*, Abb. 2,3) spricht gegen ihre gleichzeitige Ausführung.

[55] Auf die Planung der Empore deutet vor allem das Horizontalprofil hin, da solche Profile gewöhnlich unter den Zwillingsfenstern angeordnet wurden (s. W. Horwath, *Der Emporenbau*, Abb. 12—18). Da die Seitenschiffe unter Emporen meist eingewölbt wurden, macht die vorgesehene Einwölbung der Seitenschiffe (R. Heitel, *Sebeş-Alba*, 9; A. Klein, *Baugeschichte*, 26) die Planung einer Empore wahrscheinlicher.

[56] Es haben sich Reste des Portals und eines danebenliegenden Fensters erhalten (s. M. Angelescu u. a., *Restaurarea*, Abb. 4; vgl. auch S. 96). Nach der gleichen Profilierung der Kämpfer, des Portals und der Mittelschiffpfeiler (ebenda; A. Klein, *Baugeschichte*, 33) gehört das Portal mit dem anliegenden Fenster der ersten großen Bauetappe an.

planten Schiffe[57] und der Unterbau für zwei Türme, der breiter war als das angrenzende Langhaus (Abb. 125).

Die Arbeiten vom Etappenbeginn weisen spätromanische Merkmale auf (so die Pfeilerausbildung und die geplanten Seitenemporen). Bei den neueren Teilen dagegen treten stilistische Kennzeichen des Übergangsstils in Erscheinung; das gilt für Einzelteile wie Spitzbogen,[58] aber auch für die allgemeine Grundrißausbildung. Wie in Mühlbach, ist bei spätromanischen und frühgotischen Kirchen das Chor von länglichen Kapellen flankiert, die entweder gegen die Seitenschiffe offen sind (in Sic[59]) oder von diesen, bzw. vom Querschiff durch eine Mauer getrennt werden (so in Draas, Bartholomä, Tartlau, Halmagen-Hălmeag usw.)[60]. Bei gleichartigen Bauten — vor allem in Bartholomä und Halmagen[61] — ist die Kirche bei den ursprünglich geplanten Westtürmen ebenfalls merklich breiter als sonst. Diese Merkmale und ein archäologisch festgestellter Gerüstbrand aus der Zeit des Baus der Westtürme,[62] erlauben es, den Beginn der Bauarbeiten dieser Etappe vor 1241 anzusetzen;[63] sie wurden durch den Mongolensturm unterbrochen.[64]

Zur Zeit des ersten Kirchenbaus war Mühlbach von 50—100 Familien bewohnt (Abb. 12); da der Gemeinderaum eine Nutzfläche von 350 m² hatte (hinzu kamen 67 m² des Chors, 28 m² der Seitenkapellen), entfielen — genau wie in andern Ortschaften — 3,5—7,0 m² Schiffläche auf jede Familie.

Als die Bauarbeiten an der noch nicht ganz fertiggebauten Kirche wieder aufgenommen wurden, entsprach die ursprüngliche Konzeption nicht mehr und wurde deshalb abgeändert. Durch Um- oder Neubau trat an die Stelle der romanischen, halbrunden Apsis ein gotischer poligonaler Chorabschluß mit Stützpfeilern, und statt der beiden Westtürme wurde am Ende des Mittelschiffes ein einziger Turm errichtet;[65] nicht ausgeschlossen ist, daß es am Ostende der Seitenschiffe — ähnlich wie in Großschenk — auch zwei kleine

---

[57] M. Angelescu u. a., *Restaurarea*, 91 f; A. Klein, *Baugeschichte*, 25 f.
[58] M. Angelescu u. a., *Restaurarea*, 92 f.
[59] V. Vătăşianu, *Istoria artei*, I, 114, 116.
[60] W. Horwath, *Kirchenburgen*, 50; G. Treiber, *Kirchen*, 141, 144, 195.
[61] G. Treiber, *Kirchen*, 143—147, 194 f.
[62] A. Klein, *Baugeschichte*, 28.
[63] R. Heitel, *Sebeş-Alba*, 8; R. Heitel, *Monumentele medievale*, 11. Vgl. auch: M. Angelescu u. a., *Restaurarea*, 91; A. Klein, *Baugeschichte*, 23; G. Gündisch, Th. Streitfeld, *Der Umbau*, 64 f.
[64] R. Heitel, *Sebeş-Alba*, 8 f; Vgl. auch: M. Angelescu u. a., *Restaurarea* 92; A. Klein, *Baugeschichte*, 28.
[65] R. Heitel, *Sebeş-Alba*, 10 f; M. Angelescu u. a., *Restaurarea*, 92 ff; A. Klein, *Baugeschichte*, 30, 32.

Türmchen gab oder geben sollte,[66] außerdem vielleicht noch ein bis zwei neue Seitenkapellen.[67] Schließlich erhöhte man die Mittelschiffwände und wölbte den Raum ein. Obwohl sich bei den verhältnismäßig schmalen Jochen die Verwendung eines sechsteiligen Kreuzgewölbes geradezu angeboten hätte, wurden vierteilige Kreuzgewölbe aufgeführt, jedoch ohne die Breite der Gewölbejoche auf den Rhythmus der Bogen abzustimmen.

In stilistischer Hinsicht dominieren frühgotische Formen — zumal bei der Ausbildung von Einzelteilen wie Gewölbekonsolen, Schlußsteinen, Fenstern usw.[68] Daneben gibt es noch romanische Teile wie rundbogige Fensterabschlüsse;[69] die allgemeine Form des Mittelschiffgewölbes weist aber schon auf die Hochgotik hin. Nach diesen Merkmalen lassen sich die Arbeiten gegen Ende des 13. Jh. datieren.[70]

Für die zahlenmäßig erstarkende Bevölkerung wurde der Kirchenraum allmählich immer knapper. Um das Jahr 1300 entfielen von der Fläche der Schiffe nur mehr 1,3—1,7 m² auf jede Familie und um das Jahr 1350 nur noch 0,6—0,8 m². In der ersten Hälfte des 14. Jh. führte der Raummangel wahrscheinlich zur Errichtung von Emporen über den Seitenschiffen. Dieses zog größere Veränderungen an der Kirche nach sich, die ohne einen zwingenden Grund nicht in solchem Umfang durchgeführt worden wären. Die Mauern der Seitenschiffe wurden erhöht,[71] die kleinen Türmchen am Ostende dieser Schiffe abgetragen[72] — falls sie schon ausgeführt gewesen sein sollten — und

---

[66] Die Mittelschiffmauern tragen nach außen in der Höhe der Fenster alten Verputz. Dieser fehlt jedoch sowohl auf der Nord- als auch auf der Südseite auf den letzten 2,20 m neben dem Triumphbogen; hier gibt es, wie über den Fenstern neueren Verputz. Dieses läßt auf eine ursprünglich vorgesehene oder später durchgeführte Änderung schließen.

[67] A. Klein, *Baugeschichte*, 33.

[68] Ebenda, 28—34.

[69] R. Heitel, *Sebeș-Alba*, 12.

[70] V. Vătășianu, *Istoria artei*, 40.

[71] Auf diese Erhöhung ist aus der verhältnismäßig hohen Lage der Giebelreste in den seitlichen Jochen des Triumphbogens zu schließen (s. auch Fußnote 52, Punkt 1). Wegen der verhältnismäßig großen Dachneigung und der Lage ihres Ansatzpunktes können die Giebelreste nicht mit den heutigen Außenmauern der Seitenschiffe in Beziehung gebracht werden.

[72] Die Mauerteile am Ostende der Seitenschiffe tragen den gleichen Verputz wie der neu aufgemauerte Teil der Mittelschiffmauern (vgl. Fußnoten 66 und 74).

gleichzeitig werden die Öffnungen zum Hauptschiff gebrochen worden sein.[73] Die Fenster des Mittelschiffs mußten den höherliegenden Dächern der Seitenschiffe weichen und aus dem Bestreben heraus, das damals in Siebenbürgen noch allgemein übliche basilikale Gepräge der Außenseiten des Baues beizubehalten, wurden die Mauern des Mittelschiffs erhöht.[74]

Die Änderungen stellten Kompromißlösungen dar und entsprachen den Notwendigkeiten nur zeitweilig. Wie in andern siebenbürgischen Städten begann man deshalb nach der Mitte des 14. Jh. mit dem Neubau der Kirche.[75] In den Jahren 1361—1382[76] wurde das alte Chor durch einen neuen Hallenraum mit fünf Jochen ersetzt. Seine Nutzfläche betrug 350 m²; das Chor war damals somit das größte Siebenbürgens und seine Ausmaße sind später nur von denen des Kronstädter innenstädtischen Pfarrkirchenchores übertroffen werden. Die Einwohnerzahl Mühlbachs war zu seiner Bauzeit konstant oder schon im Rückgang begriffen, jedenfalls kleiner als in andern Städten. Der Bau eines so geräumigen Chors war demnach ein anspruchsvolles Unterfangen.[77] Da die Arbeiten große Geldsummen verschlangen, wurden sie nach der Fertig-

---

[73] Für die gleichzeitige Ausführung spricht die konkrete Verwendungsmöglichkeit. Im Hinblick auf diese muß eine spätere Entstehungszeit ausgeschlossen werden.

[74] Der aus Stein errichtete Teil der Mauern, der über den Gewölben des Mittelschiffes liegt, geht in die von beiden Seitenschiffdachböden sichtbare Ziegelmauerwerkausfüllung der seitlichen Joche des gotischen Triumphbogens hinein. Da diese Bögen gleich nach der Fertigstellung des Chores vermauert wurden, müssen die Mittelschiffmauern vor dem Neubau des Chores erhöht worden sein. Da beim Chorbau — wie vom Mittelschiffdachboden zu sehen ist — der Oberteil der Mittelschiffmauer beschädigt wurde, nahm man daran anschließend eine Reparatur vor, u. zw. mit Ziegelmauerwerk. Dieses deutet auch darauf hin, daß der Maueroberteil beim Chorbau schon bestand. Für die Ausführung eines einheitlichen Satteldaches über allen drei Schiffen waren die Mauern keinesfalls nötig. Als man dieses Dach ausführte, mußte man im Gegenteil kleine Veränderungen an der Mauer vornehmen: im Abstand von je 80 cm wurde das steinerne Kranzgesimse der Mauererhöhung für Pfosten fortgeschlagen. Übrigens beweist auch die Existenz dieses Profiles, daß die Mauer anfangs sichtbar war.

[75] Für die Gründe des Neubaus s. auch: A. K l e i n, *Baugeschichte*, 34 f; G. G ü n d i s c h, Th. S t r e i t f e l d, *Der Umbau*, 65 f.

[76] V. R o t h, *Baukunst*, 55—62; *Die deutsche Kunst*, 26 f; A. H e k l e r, *Kunstgeschichte*, 43; V. V ă t ă ș i a n u, *Istoria artei*, I, 220—223; G. I o n e s c u, *Istoria arhitecturii*, I, 159, 165, 167; M. A n g e l e s c u u. a., *Restaurarea*, 98—101; R. H e i t e l, *Sebeș-Alba*, 13, 16 ff; A. K l e i n, *Baugeschichte*, 35, 37.

[77] Vgl. auch: V. V ă t ă ș i a n u, *Istoria artei*, I, 220.

stellung des Chors nahezu vollständig eingestellt;[78] der Bau der Stadtmauern verhinderte nach dem Jahr 1387 für längere Zeit ihre Wiederaufnahme.[79]

Die Ausführung eines Lettners beweist, daß man nicht beabsichtigte, einen Teil des Chores provisorisch als Gemeinderaum zu benützen. Dieses wäre auch nicht nötig gewesen, denn die Bevölkerung der Stadt war in der zweiten Hälfte des 14. und im 15. Jh. zurückgegangen, die Kirchenschiffe waren ziemlich groß, und außerdem gab es in Mühlbach auch noch eine Klosterkirche mit einem verhältnismäßig großen Saal (s. auch Abb. 157). Wahrscheinlich weil das Chor und die Schiffe ihrer Anlage nach so verschieden waren und nicht zusammenpaßten, entschloß man sich trotzdem, bald nach der Mitte des 15. Jh. — nach der Wiederbelebung der im Jahr 1438 von den Türken schwer heimgesuchten Stadt — zu neuen Bauarbeiten.[80] Da es bei diesen vor allem um ein gewisses Angleichen der Schiffe an das Chor ging, bot der Ausbau des Lettners im Inneren der Kirche die Möglichkeit, „die beim Zusammenbau des neuen Chores mit dem alten Langhaus entstandene Nahtstelle einigermaßen befriedigend zu gestalten".[81] Im übrigen mußte aber vor allem der Querschnitt des Langhauses verändert werden. Die Emporen über den Seitenschiffen wurden abgetragen, und vielleicht auch um den dadurch entstandenen Flächenverlust auszugleichen sind — entgegen dem alten Plan für den Neubau der Kirche[82] — die Seitenschiffmauern aus der Flucht der Chormauern nach außen verlegt worden. Dadurch erhielten die Schiffe ein hallenartiges Aussehen und das Dach eine größere Höhe; es überdeckte nun als einfaches Satteldach das gesamte Langhaus.[83] Die neue Dachhöhe bedingte ihrerseits einige Änderungen am Westteil des Baus: der Westturm und vor allem die Gebäudeflügel seitlich davon mußten aufgestockt werden.[84] In ihrer Gesamtheit aber waren die Arbeiten dieser Phase bescheidene Ergänzungen[85], ebenso wie andere kleine Veränderungen und die Wiederherstellung zweier

---

[78] A. Klein, *Baugeschichte*, 43 f.

[79] Vgl. auch: M. Angelescu u. a., *Restaurarea*, 101; G. Gündisch, Th. Streitfeld, *Der Umbau*, 67 f.

[80] A. Klein, *Baugeschichte*, 44, 46 f. S. auch: G. Gündisch, Th. Streitfeld, *Der Umbau*, 68—71.

[81] A. Klein, *Baugeschichte*, 46 f.

[82] Wie vor allem auf dem Dachboden der Seitenschiffe zu sehen ist, sollten die neuen Seitenmauern des Langhauses in die Flucht der Chormauern und mithin der alten Basilikamauern zu stehen kommen.

[83] A. Klein, *Baugeschichte*, 46 f.

[84] S. auch: A. Klein, *Baugeschichte*, 48.

[85] S. auch: *Die deutsche Kunst*, 96; V. Vătășianu, *Istoria artei*, I, 221.

Pfeiler des Chores im Jahr 1523.[86] Das große Programm zur Umwandlung der Kirche in einen Hallenbau konnte nicht mehr weitergeführt werden.[87]

Auf der Südseite der Kirche und später auf ihrer Nordseite stand je eine kleine Kapelle, die beide dem heiligen Jacobus geweiht waren. Die ältere wird wohl in der zweiten Hälfte des 13. Jh. oder im 14. Jh. entstanden sein; urkundlich ist sie 1382 belegt.[88] Nach 1400 — wahrscheinlich erst gegen die Mitte des 15. Jh. — wurde sie durch die zweite, neue Kapelle ersetzt[89], die auch heute noch steht (s. Abb. 11, d2).

Eine andere Kirche gehörte zum Dominikanerkloster. Dieses ist zwischen 1300 und 1322 gegründet worden,[90] zu einer Zeit, also, als die Ortschaft 1000—1300 Einwohner zählte. Da die Klosterkirchen in Bistritz, Mediasch und Klausenburg bald nach der Gründung oder ersten urkundlichen Erwähnung der Klöster[91] errichtet wurden,[92] ist anzunehmen, daß auch ein Teil des Mühlbacher Klosters (Abb. 11, d3) schon im 14. Jh. aufgeführt worden ist, und zwar das ältere Chor aus Stein. Der Kirchensaal aus Mischmauerwerk und ein Flügel des Klosters, in dem sich das Refektorium, Zellen u. a. befanden, sind etwas später entstanden. Weil das Kloster während des Barocks umgebaut wurde[93], gibt es jedoch keine Details mehr, die eine genauere Datierung ermöglichen.[94] Der Bau war von verhältnismäßig bescheidenen Ausmaßen: Die Nutzfläche des Kirchensaales von 170 m² ergab für jede der 300—600 damals ansässigen Familien 0,3—0,6 m², das Chor mit seinen 100 m² ist kleiner als andere Chöre. Die Klosterräume selbst sind ebenfalls nicht weitläufig; abgesehen von einem Kreuzgang, der an die Nordseite der

---

[86] F. Baumann, *Mühlbach*, 27; M. Angelescu u. a., *Restaurarea*, 107; R. Heitel, *Sebeș-Alba*, 19; A. Klein, *Baugeschichte*, 49 ff.

[87] V. Roth, *Die ev. Kirche*, 29 f; M. Angelescu u. a., *Restaurarea*, 105; G. Ionescu, *Istoria arhitecturii*, I, 167; A. Klein, *Baugeschichte*, 44, 46—49.

[88] Für alle angeführten Daten s.: Th. Streitfeld, *Mittelalterliche Kapellen*, 110—132.

[89] Ebenda 125—131.

[90] Th. Streitfeld, *Dominikanerkloster*, 58—68.

[91] *Urkundenbuch*, I, 100; E. Grecenu, *Mediasch*, 43; Șt. Pascu, V. Marica *Clujul medieval*, 32.

[92] V. Vătășianu, *Istoria artei*, I, 114 ff; E. Greceanu, *Mediasch*, 43; Șt Pascu, V. Marica, *Clujul medieval*, 32.

[93] R. Heitel, *Sebeș-Alba*, 26; G. Conrad, *Bartholomäus-Kirche*.

[94] Eine Ausnahme bilden nur — in begrenzten Maß — die Fenster. Sie sind sehr breit und so ist es denkbar, daß sie ursprünglich durch einen sehr massiven, gemauerten Pfosten geteilt waren. An dem ersten Joch der Saalsüdwand soll es angeblich oben, vom Verputz verdeckt, Reste eines Rundfensters geben und dar unter ein kleines, schmales, hohes Fenster. Beides weist auf eine verhältnismäßig frühe Bauzeit hin.

Kirche anstößt, sind sie alle in einem einzigen Flügel untergebracht und haben eine Gesamtfläche von nur 840 m².

Von den bürgerlichen öffentlichen Bauten ist in erster Linie die Schule bedeutend. Es gab sie schon im Jahr 1352[95] und ebenso im Jahr 1438, als der „Rumeser Student", der zu Studienzwecken in Mühlbach weilte,[96] von den Türken deportiert wurde. Das Schulgebäude stand anfangs westlich der Kirche, wurde aber im Jahr 1784[97] abgetragen.

Auch das erste Rathaus dürfte im Kirchhof gestanden haben. Wahrscheinlich ist erst später von der Stadt ein Privatgebäude an der Nordseite des Marktplatzes angekauft und als Rathaus benützt worden (Abb. 11, d4).[98] Im 16. oder 17. Jh. wurden ebenfalls am Marktplatz, an der Ostseite der Kirchenburg, Lauben angebaut.[99] Die Fleischerlaube ist in veränderter Form bis heute erhalten geblieben, die Kürschnerlaube hingegen abgetragen worden.[100]

Die Befestigungsmauern der Stadt sind in mehreren aufeinanderfolgenden Etappen errichtet worden. Im 13. Jh. wurde zuerst die Stadtpfarrkirche mit

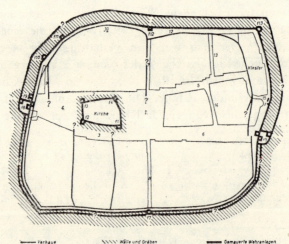

Abb. 126. *Mühlbach*, Befestigungsanlagen.
Benennungen nach A. Heitz, R. Heitel u. a.: *f1* Einstiges Rathaus; *f2—f4* Andere Türme der Kirchenburg; *f5* Oberes Tor mit Türmen und Vorwerk; *f6* Schneiderturm (Studententurm); *f7* Petersdorfer Tor; *f8* Unteres Tor mit Türmen und Vorwerk; *f9* Einstiger Torturm; *f10* Schmiedturm; *f11* Schusterturm; *f12* Bathoryscher Turm (nördliches Tor); *f13* Achteckiger Turm.

[95] A. Möckel, *Aus Mühlbachs Vergangenheit*, 14.
[96] Ebenda.
[97] *Topographie*, 273.
[98] S. auch: Ebenda, 274, 281—282.
[99] S. auch: R. Heitel, *Sebeș-Alba*, 28.
[100] Vgl. auch: A. Heitz, *Alt-Mühlbach*, 53.

einer Mauer umgeben, wobei die von ihr begrenzte Fläche zumindest teilweise ellipsenförmig war (Abb. 126).[101] Die archäologischen Grabungen ermittelten nicht die Größe der befestigten Fläche; nach der Zahl der vorhandenen Höfe könnte sie jedoch 3500—4000 m² betragen haben.

Beim Aufbau des neuen Chors mußte die Ringmauer abgetragen werden. Da die Kirchenburg anläßlich des Türkeneinfalls von 1438 nicht erwähnt wird, sind die Befestigungsmauern damals wahrscheinlich noch nicht wieder errichtet gewesen, dieses um so mehr als die Bauarbeiten an der Stadtmauer auch zu Anfang des 15. Jh. noch weitergeführt wurden; die Ringmauer der Kirche dürfte demnach gegen die Mitte des Jahrhunderts erneuert worden sein.[102] Für die Tatsache, daß die Kirche erst nach der Rückkehr der Bewohner aus der türkischen Gefangenschaft[103] befestigt wurde, spricht auch die Größe des neuen Raumes: der Kirchhof war ungefähr 4600 m² groß. Dieser Wert entsprach einer Ortschaft mit rund 200 Familien, also gerade der Stadtgröße nach der Katastrophe von 1438 (im Jahr 1488 zählte Mühlbach erneut 238 Hausbesitzer).[104] Von den Wehranlagen sind die Süd- und Ostmauer z. T. erhalten geblieben, desgleichen der Südostturm, der jedoch in den Jahren 1715 bis 1716 um- und ausgebaut worden ist;[105] der Rest der Ringmauer und wahrscheinlich drei Türme wurden abgetragen.[106] Aus den erhaltenen Bauteilen und Beschreibungen geht hervor, daß die alte Mauer verhältnismäßig niedrig und mit Zinnen gekrönt war.[107] Zusammen mit den Türmen beinhaltete sie etwa 2700 m³ Mauerwerk und selbst wenn man annimmt, daß vielleicht auch Teile der alten Mauern wiederverwendet worden sind,[108] dürfte ihre Errichtung beiläufig 10 Jahre beansprucht haben. Später, vielleicht gegen Ende des 15. Jh., wurde die Mauer der Kirchenburg erhöht und gleichzeitig durch Bogen verstärkt, die auch den Wehrgang trugen.[109]

Der Grundriß der Stadt deutet darauf hin, daß rings um die Ortschaft bereits im 13. Jh. massive Befestigungen aus Holz und Erde errichtet worden

---

[101] M. Angelescu u. a., *Restaurarea*, 114.
[102] Ebenda; R. Heitel, *Sebeș-Alba*, 18.
[103] *Urkundenbuch*, V, 22—23, 62.
[104] A. Berger, *Volkszählung*, 52.
[105] *Topographie*, 274, 281.
[106] M. Angelescu u. a., *Restaurarea*, 114.
[107] F. Müller, *Schäßburg*, 400; F. Baumann, *Zur Geschichte*, 14; A. Möckel, *Aus Mühlbachs Vergangenheit*, 8 f.
[108] M. Angelescu u. a., *Restaurarea*, 114.
[109] F. Baumann, *Zur Geschichte*, 14; A. Heitz, *Alt-Mühlbach*, 53; A. Möckel, *Aus Mühlbachs Vergangenheit*, 8 f.

sind; eine örtliche Überlieferung und gewisse Geländeunebenheiten hinter der Mauer könnten vielleicht auf eine erste Wehranlage zurückgehen.[110]

Gemauerte Stadtbefestigungen sind selbstverständlich erst viel später gebaut worden. Der älteste Abschnitt der Mauer steht östlich der Innenstadt, zu beiden Seiten der Jakobigasse (Abb. 126). Es ist eine viel später mit Ziegeln erhöhte Steinmauer, die ursprünglich sehr niedrig war (etwa 3,3 m) und die sich auch sonst vom Rest der ursprünglichen Mauer unterschied.[111] Ähnlichkeiten mit dem erwähnten Mauerabschnitt weisen die Überreste von drei Tortürmen auf: das Tor auf der Nordseite der Innenstadt, das 1819 in eine Wohnung umfunktioniert wurde (f12)[112], das teilweise abgerissene Tor auf der Westseite der Innenstadt (f8)[113] und wohl auch das ganz abgerissene auf der Ostseite (f5). Die erhaltenen Turmreste sind nur in der unteren Hälfte nahtlos mit der ersten Ringmauer verbunden[114], und zwar auf der Außenseite, während es in der oberen Hälfte dazwischen eine Fuge gibt.[115] Die Übereinstimmung der Mauerhöhe in der Jakobigasse mit der des nahtlos an die Tortürme anschließenden Mauerteiles läßt vermuten, daß diese Mauerpartien gleichzeitig errichtet worden sind. Da ihre Abmessungen von jenen der ersten Stadtmauer, welche die Innenstadt ganz umgeben hat, verschieden waren, ist zu schließen, daß die Befestigungen verschiedenen Bauetappen angehören. Zunächst sind die alten Wehranlagen aus Holz und Erde beibehalten, und nur einige besondere Abschnitte gemauert worden: die Ostmauer schützte das Dominikanerkloster (Abb. 11, d3), das nach den Holz-Erde-Befestigungen außerhalb der geschützten Fläche errichtet worden ist; die Tore wiederum waren im allgemeinen schwache Stellen der Befestigungsanlagen, die besonders wehrhaft gemacht werden mußten. Für die Datierung dieser ersten gemauerten Stadtbefestigungen bildet die Gründung des Dominikanerklosters (1300 bis 1322)[116] einen „terminus post quem" und das Jahr 1387, in dem der Bau der eigentlichen Stadtmauer begonnen wurde, einen „terminus ante quem". Das im selben Jahr erworbene Privileg für die Befestigung Mühlbachs spricht übrigens davon, daß es bereits gewisse Vorarbeiten gab („fundamentum [...]

---

[110] A. Heitz, *Alt-Mühlbach*, 53.

[111] Auffallenderweise befand sich der Wehrgang bei den älteren Mauerteilen in einer geringen Höhe (1,5 m). Die von Gh. Anghel (*Fortificația*, 157) erwähnten neueren Merkmale charakterisieren den Maueroberteil.

[112] A. Heitz, *Alt-Mühlbach*, 50.

[113] R. Heitel, *Sebeș-Alba*, 21 f.

[114] Gemeint ist die nach 1387 errichtete Mauer um die ganze Innenstadt.

[115] Die Fuge ist sowohl beim einstigen West- als auch beim Nordtor besonders klar zu erkennen.

[116] Th. Streitfeld, *Dominikanerkloster*, 58—68.

inceptum")[117]; da 1387 gleichzeitig auch ein Wirtschaftsprivileg von Mühlbach angestrebt und auch tatsächlich erworben wurde,[118] ist es nicht ausgeschlossen, daß der für die Erzielung des Privilegs günstige Umstand des begonnenen Baus nicht das Fundament eines bestimmten Mauerabschnittes betrifft, sondern im weiteren Sinne gewisse Teile, die vielleicht schon viel vorher gebaut worden waren. Die Lage der Türme hinter der Mauerflucht, die bei verhältnismäßig frühen Wehranlagen im allgemeinen vor 1387 anzutreffen ist[119] (in siebenbürgischen Städten in größerem Maß nur bei der Alten Burg von Klausenburg und der Schäßburger Burg), bestätigt das Alter dieser Befestigungsteile. Es gibt aber ein einziges zusätzliches Argument für eine genauere Datierung innerhalb der Zeitspanne 1322—1387: In vielen Städten wurden stärkere Wehranlagen ungefähr zu der Zeit gebaut, in der sie erstmalig als „civitas" erwähnt werden — bei Mühlbach ist es im Jahr 1341 geschehen.[120] Möglicherweise sind die beschriebenen Wehranlagen gerade damals, vor der Mitte des 14. Jh., aufgeführt worden.

Wie aus dem erwähnten, der Stadt von König Sigismund gewährten Privileg zu entnehmen ist, wurde mit dem Bau der eigentlichen Stadtmauer um die gesamte Innenstadt im Jahr 1387 begonnen. Die Mauer war aus Stein,[121] 1,55 m dick, und auf kleineren Strecken an der Nordwesseite 1,37 m dick.[122] Die mittlere Gesamthöhe betrug 5,5 m. Die Mauer war mit Zinnen versehen, die auch heute noch an zahlreichen Stellen sichtbar sind.[123] Sie wurde von einem hölzernen Wehrgang her verteidigt.[124] Den Zugang in die Stadt gewährten die drei älteren Tore (Abb. 126, f5, f12, f8) und eine Pforte in einem achteckigen Turm (f7),[125] der wahrscheinlich gleichzeitig mit der Mauer am Ende der Petersdorfer Gasse gebaut wurde. Bezüglich der andern Türme (f6, f10, f11, f13) gibt es eine Reihe von Anhaltspunkten, die für eine spätere Errichtung sprechen.[126] Die beschriebenen Bauten umfassen etwa 14 000 m³ Mauerwerk, und wenn wir davon ausgehen, daß es vor dem Türkeneinfall

---

[117] *Urkundenbuch*, II, 615, 616, 630—632.
[118] Vgl. auch: *Zur Erinnerung*, 3.
[119] L. G e r ö, *Burgenbau*, 17—36; G h. A n g h e l, *Cetăţi*, 26, 34, 36, 54—55.
[120] *Urkundenbuch*, I, 514.
[121] R. H e i t e l, *Sebeş-Alba*, 21, f.
[122] A. H e i t z, *Alt-Mühlbach*, 45.
[123] S. auch: F. B a u m a n n, *Zur Geschichte*, 38.
[124] A. H e i t z, *Alt-Mühlbach*, 45; s. auch: F. B a u m a n n, *Zur Geschichte*, 38, 50—51; R. H e i t e l, *Sebeş-Alba*, 21.
[125] Die Beschreibung s. bei: A. H e i t z, *Alt-Mühlbach*, 50; *Alt-Mühlbach*, 66.
[126] R. H e i t e l, *Sebeş-Alba*, 22 ff. S. auch: *Topographie*, 234, 242; F. B a u m a n n, *Zur Geschichte*, 51.

von 1438 in Mühlbach noch 300—400 Wirtschaften gegeben hat, so ergibt sich nach Maßgabe des normalen Leistungsvermögens der Städte von beiläufig 1,4 m³ Mauerwerk pro Jahr und Familie eine Bauzeit von wenigstens 25—33 Jahren. Die Arbeiten werden also frühestens in den Jahren 1412—1420 beendet worden sein, jedenfalls aber vor 1438, was mittelbar aus dem Ablauf der damaligen Ereignisse zu ersehen ist.[127]

Gegen Ende des 15. Jh. wurde mit dem Bau neuer Wehranlagen begonnen. Um die Bauten zu ermöglichen, bewilligte Mathias Corvinus den Sieben Stühlen im Jahre 1485, die in unmittelbarer Nähe von Mühlbach gelegene Besitzung Gießhübel („Malum prandium") zu kaufen.[128] Zwei Jahre später, im Jahre 1487, hinderte der Kastellan von Weingartskirchen die Mühlbacher jedoch bei der Kalkgewinnung aus einem nahe der Stadt gelegenen Steinbruch. Als die Mühlbacher den Fall erneut vor Mathias Corvinus brachten, verfügte dieser, daß sie den für die Modernisierung und den Ausbau der Wehranlagen notwendigen Kalk wo immer brechen könnten.[129] Wenn es sich lohnte, zu wiederholten Malen einen Fürsprecher bis nach Wien zu senden, muß es sich um bedeutende Bauarbeiten gehandelt haben. Im Jahr 1494 dauerte die Bautätigkeit fort: Die Stadt erhielt dafür von den Sieben Stühlen die verhältnismäßig unbedeutende Summe von 50 Gulden,[130] und der Schusterturm (f11) wurde dieser Zunft erst 1513 übergeben.[131] Wie aus urkundlichen Belegen hervorgeht, sind in dieser Zeitspanne Gräben und Teiche um die Stadt angelegt worden. Desgleichen wurde die Mauer auf 5,5—7,5 m erhöht und streckenweise erneuert, vielleicht auch auf der Südseite, wo sie an einigen Stellen gegen die Stadt durch Spitz- und Rundbögen verstärkt ist. In dieser neuen, bis heute beibehaltenen Form hatte die Mauer oben Schießscharten und sehr schmale Zinnen, die einander abwechselten, stellenweise gab es auch Balkons, Erker oder sogar Scharwachtürmchen, von denen aus die Flanken der Mauer bestrichen werden konnten.[132] Schließlich sind wahrscheinlich noch mehrere äußere Türme (f6, f11) — auch für die beiden Haupttore (f5, f8) — gebaut worden. Die beschriebenen Wehranlagen umfaßten etwa 5000 m³ Mauerwerk; in der Stadt gab es zur Zeit dieser Bauarbeiten ungefähr

---

[127] B. Capesius, C. Göllner, *Der Unbekannte Mühlbächer*, Anhang; G. Gündisch, *Türkenabwehr*, 424.

[128] F. Baumann, *Gießhübel*, 34; Ders., *Zur Geschichte*, 50; Ders., *Die Schenkung*, 24. S. auch: *Zur Erinnerung*, 13 f.

[129] F. Baumann, *Die Schenkung*, 25 f, 45 f.

[130] *Quellen zur Geschichte*, 176; F. Baumann, *Zur Geschichte*, 51.

[131] Ebenda.

[132] A. Heitz, *Alt-Mühlbach*, 45; R. Heitel, *Sebeș-Alba*, 21; Gh. Anghel, *Fortificația*, 154.

230 Hausbesitzer und bei einem Leistungsvermögen von 1,4 m³ je Wirtschaft und Jahr haben die Arbeiten wohl mehr als 16 Jahre gedauert und sind sicher erst nach 1505 beendet worden.

Ein weiterer bedeutender Ausbau der Wehranlagen ist nach der Mitte des 16. Jh. vorgenommen worden. 1566 sollten Baubestrebungen unterstützt werden, und 1552 befahl Gian Battista Castaldo den Broosern und Reußmarktern für die Befestigung Mühlbachs 1500 Balken von je 7,6 m Länge zu liefern.[133] Es wurde vermutet, daß damals auf dem Gelände des heutigen evangelischen Friedhofs — er liegt teilweise auf einer künstlich aufgeworfenen Bodenerhebung — eine Bastei angelegt worden ist,[134] doch die rechteckige Form der Erhebung und ihre Lage an einer weniger gefährdeten Stelle (im Bereich der Türme f11 und f12)[135] machen die Vermutung nicht sehr wahrscheinlich. Da es ansonsten keinerlei Hinweise auf die einstige Existenz von Basteien gibt, wird das verlangte Bauholz nicht für solche Wehranlagen verwendet worden sein. Hingegen hätte das Balkenmaterial ausgereicht (die Gesamtlänge entsprach dem 6,5fachen Stadtumfang), einen neuen, sogar gedeckten Wehrgang rund um die ganze Innenstadt zu bauen. Er könnte zu einer zweiten Ringmauer gehört haben,[136] auf die es Hinweise gibt, und die in der letzten größeren Befestigungsphase der Altstadt entstanden sein dürfte. Da die zweiten Ringmauern anderer Städte im allgemeinen dünner waren als die ersten, und im 18. Jh. nur schwache, baufällige Mauern abgetragen worden sind — die in Mühlbach aber schon damals geschleift worden ist,[137] war die Mauer weniger stark. Bis vor kurzem gab es am Schneiderturm (f6) Spuren[138], die ebenso wie ein Mauerrest nördlich des achteckigen Turms (f13) auf eine Mauerstärke von rund 0,5 m und eine Höhe von etwa 4 m hindeuten. Selbstverständlich sind gleichzeitig auch die Befestigungen der zwei Haupttore verstärkt worden. Da kurz vorher auch in andern siebenbürgischen Städten (Kronstadt, Hermannstadt und Bistritz) Vorwerke entstanden, werden die beiden Mühlbacher Vorwerke ebenfalls in dieser Etappe errichtet worden sein. Sie bestanden aus je einer geradlinig verlaufenden, einer sehr massiven, bogenförmigen Mauer und einem zweiten Torturm.[139] Letztlich wurden vielleicht damals auch

---

[133] A. Amlacher, *Urkundenbuch*, 290; Gh. Anghel, *Fortificația*, 150.
[134] A. Heitz, *Alt-Mühlbach*, 45 f; s. auch: Gh. Anghel, *Fortificația*, 150.
[135] Den Grundriß s. bei: F. Letz, *Städte*, einleitender Text.
[136] S. auch: F. Baumann, *Zur Geschichte*, 52; *Topographie*, 250; L. J. Marienburg, *Geographie*, II, 279.
[137] *Topographie*, 250.
[138] R. Heitel, *Monumentele medievale*, Abb. 32.
[139] *Topographie*, 234, 242; *Alt-Mühlbach*, 66 f; A. Heitz, *Alt-Mühlbach*, 49 f.

einige Reparaturen vorgenommen, so an der Westmauer (Südabschnitt), am Wehrgang usw. Die beschriebenen Wehranlagen umfaßten etwa 5000 m³ Mauerwerk. Wenn auf jede Wirtschaft jährlich 1,4 m³ Mauerwerk entfielen (im Jahr 1532 gab es 213 Wirte)[140], so haben die Arbeiten wenigstens 17 Jahre gedauert.

Jüngeren Datums dürften der vierte Torturm auf der Westseite der Stadt sein (f9),[141] der halbrunde Turm (f10),[142] der Nordostturm (f13)[143] und einige Erdarbeiten[144].

Die angeführten Daten, die die allgemeinen Veränderungen in der Architektur der Stadt zeigen, werden im folgenden Kapitel zusammengefaßt.

Mediasch

Für die Entwicklung der Mediascher Wohnhäuser gibt es mehrere Hinweise. Zunächst ist bekannt, daß Gräf Georg Thobiaschi, der damals angesehenste Mann der Stadt, im Jahre 1470 in der Forkeschgasse einen Besitz für 80 Gulden erworben hatte;[145] dem Preis nach zu urteilen, ist daß Haus zwar groß aber aus Holz gewesen.

Die ältesten architektonischen Einzelteile haben sich am Pfarrhaus erhalten. Der ältere, westliche Teil dieses Gebäudes bestand ursprünglich nur aus Keller und Erdgeschoß und ist im 15. Jh. gebaut worden. Anfang des folgenden Jahrhunderts wurde es erweitert und aufgestockt; eine hölzerne Türeinfassung dieser Bauetappe trägt die Jahreszahl 1515.[146] Aus derselben Zeit stammen eine steinerne Fenstereinfassung mit kielbogenförmigem Sturz, vielleicht noch ein zweiter gotischer, hölzerner Fensterstock und schließlich gibt es in einem Seitenflügel eine steinerne, ebenfalls gotische Türeinfassung.

Auf einer Tafel des Großprobstdorfer Altars hat sich eine Stadtdarstellung erhalten;[147] nach den dargestellten Bauten könnte sie aus den ersten Viertel des 16. Jh. stammen. Das Bild zeigt unter anderm einige gemauerte Häuser

---

[140] *Quellen*, II, 283.
[141] S. auch: A. Heitz, *Alt-Mühlbach*, 49.
[142] F. Baumann, *Zur Geschichte*, 51; R. Heitel, *Sebeș-Alba*, 22.
[143] F. Baumann, *Zur Geschichte*, 51; R. Heitel, *Sebeș-Alba*, 23.
[144] *Topographie*, 234.
[145] R. Theil, *Zur Geschichte*, 81.
[146] E. Greceanu, *Mediasch*, 40 f.
[147] H. Fabini, *Darstellung*; H. Fabini, M. Beldie-Dumitrache, *Die Restaurierung*, 99 f.

mit Treppen- und Spitzgiebeln (Abb. 127). Wenn die Häuser auch nur zur Vervollständigung der Ansicht in diese eingefügt wurden und demnach keine Schlüsse auf eine zahlenmäßige oder prozentuelle Verbreitung solcher Bauten

Abb. 127. *Mediasch*, Darstellung auf dem großprobstdorfer Altar, um 1520

erlauben, so bezeugen sie doch, daß es damals in Mediasch schon gemauerte Häuser gegeben hat.

Aus dem 16. Jh. stammen eine ganze Reihe von baulichen Einzelheiten, die der Gotik oder Renaissance angehören. Im Schuller-Haus (Marktplatz 25), dem bedeutendsten Bürgerbau der Stadt, finden sich bauliche Details, nach denen der älteste, gotische Teil des Hauses an den Anfang des 16. Jh. datiert werden kann; in der zweiten Hälfte des gleichen Jahrhunderts wurde das Gebäude wesentlich vergrößert, wobei es auch viele Renaissanceteile erhielt.[149] Am Rosenauer-Haus (Marktplatz 22) gibt es am Gebäudeteil hinter dem Hof eine Fenstereinfassung, die von einem frühen Renaissanceprofil gebildet und von einem Zinnenfries gekrönt wird. An zwei weiteren Gebäuden sind genauer datierbare Details — aus dem 17. Jh. — feststellbar,[150] während andere zwei Häuser wenigstens zum Teil dem 16. bzw. dem Anfang des 17. Jh. zugeschrieben werden können, und zwar aufgrund der Tatsache, daß sie damals einflußreichen Familien gehörten.[151]

Die Stadtbeschreibung von Giovandrea Gromo[152] bietet eine genauere Übersicht über die Wohnhäuser. Da heißt es: „Selbe ist groß [und] nicht alt [. . .].

---

[149] H. F a b i n i, *Casa Schuller*, 39—42.
[150] V. W e r n e r, *Bemerkungen*.
[151] Ebenda.
[152] J. A. G r o m o, *Uebersicht*, 25 f.

Uebrigens ist diese Stadt sehr im Verfall und nur schwach bevölkert [...].
Die Häuser sind größtentheils aus Stein und sehr schön gebaut, aber viele
auch noch aus Holz. Die Gassen sind zum Theil mit hölzernen Balken ge-

Abb. 128. *Mediasch*, Stich von H. J. Schollenberger, vor 1666
(Ausschnitt)

pflastert und äußerst kothig; mit Einem Wort, dies scheint mir die traurigste
Stadt im ganzen Lande zu sein."
Weitere Hinweise auf das Aussehen der Stadt geben schließlich zwei, allerdings viel spätere Veduten. In einem Stich von Schollenberger, der vor 1666
entstand und wie die meisten Stadtansichten von diesem Autor recht sche-
matisch ist, erscheinen die Wohnbauten der Stadt durchgängig als mittelgroße
Giebelhäuser, deren Schmalseite der Straße zugekehrt ist (Abb. 128); im Text,
zu dem die Darstellung gehört, unterstreicht Johannes Tröster zusätzlich,
daß den Marktplatz „der vornehmsten Leut Häuser zierlich umringen"[153]
— Häuser, die entsprechend dem Status ihrer Besitzer sicher viel größer als
andere waren. Viel differenzierter ist der Baubestand in einer genauen Vedute von Johann Weiss aus dem Jahr 1736 wiedergegeben (Abb. 129). Nach
dieser Darstellung waren die Häuser um den Marktplatz damals besonders

---

[153] J. Tröster, *Dacia*, 409.

Abb. 129. *Mediasch*, Zeichnung von J. C. Weiss, 1736 (Ausschnitt)

groß, zumindest teilweise mit seitlichen Giebeln versehen und mit der Traufenseite dem Platz zugekehrt. Wesentlich kleinere Häuser standen schon in der wichtigen Forkeschgasse; sie hatten zwei Fenster und einen der Straße zu gebauten Giebel. In weniger bedeutenden Stadtteilen erscheinen schließlich verschieden große Gebäude, die aber fast alle nur mit stroh- oder schindelgedeckten Walmdächern gezeichnet sind.

Die angeführten Daten, die teilweise auch einer neueren Entwicklungsetappe entstammen, zeigen, daß es bis ins 16. Jh. nur wenig gemauerte Häuser gegeben haben wird. Dann ist ihre Zahl verhältnismäßig rasch angestiegen und es gab bereits um 1566 zahlreiche bedeutende gemauerte Gebäude. Da gleichzeitig aber viele Holzhäuser erwähnt wurden sowie der Hinweis auf den allgemein unvorteilhaften Eindruck, den die Ortschaft machte — Mediasch ist verhältnismäßig spät Stadt geworden —, steht fest, daß es hier prozentuell weniger steinerne Gebäude gegeben hat als in Kronstadt (das als „eine der schönsten Städte des ganzen Landes, was Gebäude, Straßen und Bevölkerung anbelangt" gegolten hat).[154] Nach dem Kronstädter Prozentsatz gemauerter Häuser, wären im Jahre 1541 57 Mediascher Gebäude gemauert gewesen, tatsächlich war aber ihre Anzahl kleiner; ihr Mauerwerk belief sich auf weniger als 10 000 m³.

Bis zum Ende des 16. Jh. und nachher ist die Zahl der Stein- und Ziegelhäuser weiter angestiegen, aber wir können die Veränderungen wertmäßig nicht auf direktem Weg bestimmen.

Der älteste Mediascher öffentliche Bau ist die Pfarrkirche (Abb. 14, d1 und Abb. 130). Wie archäologische Grabungen ergeben haben, ist Ende des 13. Jh. an der Stelle der heutigen Kirche ein Chor mit dreiseitigem Ostabschluß errichtet worden, das auf der Nord- und Südseite von je einer Kapelle

---

[154] J. A. Gromo, *Uebersicht*, 30.

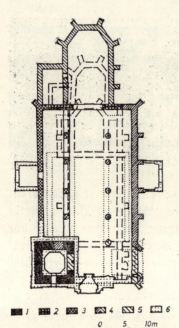

flankiert war;[155] die Anordnung entspricht der Ostpartie frühgotischer Kirchen und zeigt, daß der Bau ursprünglich als Basilika geplant war. Ebenfalls in der ersten Etappe wird der untere Teil des heutigen Turms aufgeführt worden sein.[156] Seine Lage im Vergleich zum Chor zeigt, daß die drei Kirchenschiffe ziemlich kurz sein sollten und noch ein zweiter Turm vorgesehen war. Wie auch bei andern frühgotischen Kirchen sollte der Bau dort, wo die Türme zu stehen hatten, breiter sein als bei den Schiffen. Außer dem Ostteil des Baues ist aber bloß der Turm errichtet worden, der als Zufluchtsort dienen mußte; dann wurden die Arbeiten eingestellt.

Abb. 130. *Mediasch*, Pfarrkirche (teilweise nach H. Fabini und M. Beldie-Dumitrache).
1 Ende 13. Jh., 2 Erste Hälfte 14. Jh., 3 Ende 14. Jh., 4 Mitte 15. Jh., 5 Ende 15. Jh., 6 Neuere Teile.

---

[155] Für die Ergebnisse der Grabungen s.: H. F a b i n i, M. B e l d i e - D u m i t r a c h e, *Die Restaurierung*, 92 f.

[156] Für die Errichtung des Turmunterteils in der ersten Bauetappe sprechen folgende Argumente: 1. Die Lage der Südmauer des Turms und der Nordmauer des Chors in der gleichen Flucht; 2. Ursprünglich gab es auf der Südseite des Turms eine größere und auf der Ostseite eine kleinere Öffnung(s.: K. W e r n e r, *Kirche*, 25; V. R o t h, *Baukunst* 64; E. G r e c e a n u, *Mediasch*, Grundriß IV, Abb.); dies deutet darauf hin, daß der Turm von zwei Schiffen umschlossen werden sollte; 3. Die Öffnung zum nördlichen Seitenschiff hatte oben einen Rundbogen (K. W e r n e r, *Kirche*, 25; V. R o t h, *Baukunst*, 64); theoretisch kann er dem 13. oder dem 16. Jh. zugesprochen werden. Die zweite Datierungsmöglichkeit fällt jedoch weg, weil der Turm gewiß stand, als um 1500 das Mittelschiff verlängert wurde, 4. Besonderheiten der späteren Entwicklung der Kirche, die nur erklärt werden können, wenn man den Turm als schon bestehend annimmt, wie etwa der Neubau des Chors weiter östlich vom ersten — und mithin weiter vom Turm —, oder die Kürzung des Mittelschiffs im Laufe des 15. Jh.; 5. Da der Turm nicht in der Flucht der Mittelschiff-Nordwand liegt, könnte er außer der ersten Bauetappe der Zeit zugeschrieben werden, in der die Kirche nur bis zu seiner Ostseite reichte — also dem 15. Jh. Gegen eine solche Datierung sprechen aber die ursprünglichen Öffnungen des Turmerdgeschosses (s. Punkt 2 und 3), auch bliebe es in diesem Fall unerklärlich, warum um die Mitte des 15. Jh. nicht nur die Länge eines Schiffes, sondern die der ganzen Kirche stark gekürzt worden ist.

Etwa 40—50 Jahre später wurde die Bautätigkeit wieder aufgenommen.[157] Da die Ortschaft damals bereits viele Einwohner hatte (Abb. 15), sollte die Kirche geräumig werden; der Abstand zwischen Chor und Turm war aber zu klein, so mußte ein Bauteil geopfert werden. Weil die Formen und Proportionen des Chors sowieso veraltet waren, wurde dieses abgetragen[158] und ein neues mit einer Sakristei an der Nordseite errichtet. Das neue Chor lag östlich vom ursprünglichen, also vom Turm weiter entfernt. Gleichzeitig wurde ein geräumiger Saal gebaut. Er wurde nach den Maßen der längsten Deckenbalken bemessen, die sich ohne besondere Schwierigkeiten beschaffen ließen, und so hatte der Saal beinahe 10 m lichte Breite (südlich des Chors ist die alte Ecke des Baus zu erkennen) und seine lichte Länge wurde auf 35 m festgesetzt. Die erzielte Fläche von 350 m^2 lag nur wenig unter der idealen Größe (375 m^2). Es ist trotzdem denkbar, daß die Errichtung des Saales nur die erste Etappe eines umfassenderen Bauprogramms darstellte; hierfür spricht auch das Verhältnis zwischen der Länge und Breite des Schiffs, das bei Saalkirchen in dieser Weise nicht üblich ist, jedoch bei Basiliken häufig angetroffen werden kann;[159] in die gleiche Richtung weist auch die unregelmäßige Anordnung der Stützpfeiler, die den Eindruck eines Provisorates erweckt.[160]

Wegen des allmählich auftretenden Raummangels wurden die Arbeiten bald wieder aufgenommen. In der zweiten Hälfte des 14. Jh.[161] ist zwischen Turm und Sakristei ein Seitenschiff angebaut worden, das vom alten Saal durch Pfeiler und gotische Bogen getrennt war.[162] Ein zweites Seitenschiff, das möglicherweise zusammen mit einem weiteren Turm geplant war,[163] ist damals nicht ausgeführt worden, weil der Ortschaft mit der Errichtung des nördlichen, 110 m^2 großen Seitenschiffs schon gedient war und die materiellen Möglichkeiten der Stadt außerdem anscheinend verhältnismäßig klein

---

[157] H. F a b i n i, M. B e l d i e - D u m i t r a c h e, *Die Restaurierung*, 93.

[158] Für die Beibehaltung des Turmes vgl. auch: E. G r e c e a n u, *Mediasch*, 34. Da der Pfeiler in der Mitte der Südöffnung des Turmes verhältnismäßig schmal ist, scheint es sich hier um eine spätere Zweiteilung eines ursprünglich größeren Bogens zu handeln.

[159] S. Kirchengrundrisse in: G. T r e i b e r, *Kirchen*.

[160] Der größere Abstand zwischen dem ersten und zweiten Stützpfeiler (von Osten gezählt) ließe sich allerdings auch durch die Planung einer Laube erklären.

[161] H. F a b i n i, M. B e l d i e - D u m i t r a c h e, *Die Restaurierung*, 93 f; M. P a u l i n i, *Aus Mediasch*.

[162] Die Pfeiler und teilweise auch die Bögen wurden im 19. Jh. durch neue ersetzt (s.: *Große Herstellungen*).

[163] V. R o t h, *Baukunst*, 64.

gewesen sind; auch das ausgeführte Seitenschiff wurde erst am Anfang des 15. Jh. eingewölbt.[164]

Gegen die Mitte des 15. Jh. ist dann das jetzige, viel geräumigere Chor mit der Sakristei gebaut worden.[165] Bei der Errichtung des südlichen Seitenschiffs verzichtete man auf die basilikale Anlage zugunsten einer Hallenkirche; gleichzeitig wurde das Mittelschiff erhöht.[166] Da das Langhaus keine viel größere Breite bekam, sind die neuen Pfeiler nicht auf der Linie der alten Mauer, sondern näher an der Mittellinie der Kirche aufgestellt worden, und so erzielte man ein ausgeglicheneres Breitenverhältnis zwischen den Schiffen. Um den durch den Turm gebildeten Vorsprung aus dem Mittelschiff auszuschalten und vor allem um nach einer zukünftigen Erhöhung des Nordseitenschiffs einen möglichst geschlossenen Innenraum zu erhalten, wurde das letzte Joch des Mittelschiffs abgetragen; die neue Westmauer der Kirche ist in Verlängerung des alten Seitenschiffabschlusses errichtet worden. Die Schiffe der Kirche maßen nun 470 m², das sind nur 20 m² mehr als vorher, was im Vergleich zur damaligen Größe der Ortschaft verhältnismäßig wenig war.

Später wurde das Langhaus wieder bis zum Westende des Turms verlängert[167] (und dadurch eine zusätzliche Fläche von 94 m² erzielt) und mit Ausnahme des Nordseitenschiffs eingewölbt. Nach Soterius sind die Arbeiten 1488 abgeschlossen worden.[168] Die Angabe kann stimmen, da sie durch Architekturdetails[169] gestützt wird: es gibt je einen Gewölbeschlußstein mit dem Wappen der Familie Báthory (Stephan I, Woiewode 1479—1493) und des Königs Mathias Corvinus (1458—1490), die für eine Ausführung des Gewölbes zwischen 1479—1490 sprechen.[170] Später wurde noch der Turm um drei Stockwerke erhöht und mit seinem heutigen Dach versehen (1550—1551).[171]

Außer der Margarethenkirche gab es auch andere Kirchen. Dort, wo der Zekesch sich verbreitet (Abb. 16), stand eine kleine dem hl. Nikolaus

---

[164] H. F a b i n i, M. B e l d i e - D u m i t r a c h e, *Die Restaurierung*, 94.

[165] Ebenda.

[166] S. auch: V. V ă t ă ș i a n u, *Istoria artei*, I, 217.

[167] K. W e r n e r, *Kirche*, 26; E. G r e c e a n u, *Mediasch*, 34.

[168] K. W e r n e r, *Kirche*, 28.

[169] S.: V. V ă t ă ș i a n u, *Istoria artei*, I, 530 f.

[170] V. R o t h, *Baukunst*, 63; H. F a b i n i, M. B e l d i e - D u m i t r a c h e, *Die Restaurierung*, 88 f, 98 f.

[171] A. G r ä s e r, *Umrisse*, 51; E. G r e c e a n u, *Mediasch*, 34.

geweihte Saalkirche.[172] Nach dem von Johann Weiss gezeichneten Grundriß[173] bestand sie aus einem kurzen Saal und einem Chor mit poligonalem Abschluß. Da die Bewohner der Vorsiedlung eher die Margarethenkirche verwendet haben, neben der auch der Friedhof dieser Siedlung lag,[174] gehörte die Nikolauskirche wahrscheinlich zu dem von Handwerkern bewohnten Teil der Bergsiedlung. Nach der Entstehungs- und Entwicklungszeit der Handwerkersiedlung (d. h. der zweiten Hospites-Siedlung) und den kleinen Ausmaßen der Kirche, dürfte diese im 14. Jh. errichtet worden sein.

Eine andere Kapelle war dem hl. Ulrich geweiht. Eine Urkunde aus dem Jahr 1477 nennt sie im Zusammenhang mit einem Wasserlauf, der sich „infra ecclesiam sancti udalrici et plateam Smydgaasz" befand.[175] Da es sich um den Bach handelt, der die Untere Schmiedgasse durchfloß, so befand sich die „Kirche" bergwärts, östlich oder nördlich dieser Gasse.[176] Weil das Gelände jenseits der Oberen Schmiedgasse und des Kasernbergs eine kompakte Parzellierung ohne Spuren von größeren Veränderungen aufweist, so wird die Ulrichskapelle zwischen einer dieser Straßen und der Unteren Schmiedgasse gestanden haben, auf jenem Geländestreifen, der erst zwischen dem 16. und 18. Jh. parzelliert worden ist. Weitere Angaben über den Bau fehlen.

Das Franziskanerkloster hat ebenfalls eine eigene Kirche gehabt (Abb. 14, d3). Nach dem Schematismus der siebenbürgischen Abteilung des Ordens, haben die Franziskaner in Mediasch 1444 Fuß gefaßt[177] (damals zählte die Stadt 1100—1300 Einwohner); diese Datierung wird durch die Lage des Klosters innerhalb der Stadt und durch seine Architektur bestätigt. An seinen Bauten ist seit der zweiten Hälfte des 15. Jh. gearbeitet worden, und der älteste Teil der Kirche, das Chor, erhielt vor 1500 ein Sterngewölbe,[178] gleich jenem über dem Chor der Margarethenkirche. Der Saal ähnelt in mehrfacher Hinsicht dem des Klausenburger Minoritenklosters,[179] das zur gleichen Zeit

---

[172] A. Gräser, *Umrisse*, 42; V. Werner, *Fürstenzeit*, 77; K. Werner, *Kirche*, 7; D. Graeser, *Einzelheiten*.

[173] A. Borbely, *Erdélyi városok*, Grundriß Nr. 14.

[174] Für das Alter des Friedhofs s.: M. Beldie, *Mediaș*; Dies., *Sf. Margareta; Aufschlußreiche Grabungen; Achthundertjährige Gräber*.

[175] K. Werner, *Kirche*, 35.

[176] S. auch: K. Werner, *Kirche*, 7.

[177] A. Gräser, *Umrisse*, 42; K. Werner, *Kirche*, 9; E. Greceanu, *Mediasch*, 43.

[178] K. Werner, *Kirche*, 8.

[179] E. Greceanu, *Mediasch*, 45.

errichtet worden ist.[180] Die allgemeinen Parallelen und die Art der jetzigen Gewölbeauflager[181] erlauben die Vermutung, daß auch der Mediascher Saal von Anfang an gewölbt war. Das Gebäude hat eindrucksvolle Ausmaße: sein Chor hat eine Nutzfläche von 130 m², und der Saal eine von 350 m². Bei der damaligen Größe der Stadt (etwa 340 Familien)[182] entfiel ungefähr 1 m² auf jede Familie, also 0,2 m² pro Person, was bei der großen Kirchenzahl der Stadt verhältnismäßig viel war.

Zum Kloster gehören noch eine kleine, südlich der Kirche gelegene Kapelle[183] und andere Räumlichkeiten. Die ältesten davon bilden östlich vom heutigen Innenhof einen Flügel und weisen zahlreiche gotische Einzelheiten auf.[184] Da sich die Stadtmauer an ihn anlehnt, wurde der Flügel vor der Mauer errichtet,[185] die hier zwischen 1500 und 1520 gebaut worden sein dürfte.[186] Nach dem Bau dieses Flügels wurden die Klosterbauten noch zweimal erweitert. Zunächst durch einen senkrecht zum ersten angebauten Gebäudetrakt und schließlich durch einen dritten Flügel, der einen nördlich der Kirche gelegenen Innenhof abschloß.

Mediasch hat auch ein Hospital besessen, das in einer Urkunde des Jahres 1487 erwähnt wird.[187] Aus der hier untersuchten Zeitspanne sind keine weiteren Angaben darüber bekannt, doch hat es möglicherweise in der Waisenhausgasse an der Stelle des späteren Asyls gestanden (Abb. 14, d5).[188]

Als bürgerlicher öffentlicher Bau wird die Schule im Jahr 1586 urkundlich erwähnt.[189] In Analogie zu andern Ortschaften und nach der verfügbaren Fläche sowie ihrem späteren Standort zu urteilen, befand sie sich wahrscheinlich im Nordteil des Kirchhofs;[190] die hier entdeckten Grundmauern eines Gebäudes aus dem 14. Jh. könnten mit ihr in Zusammenhang gebracht werden.[191] Im Jahr 1621 befand sich der alte Bau jedenfalls bereits in schlech-

---

[180] V. Vătășianu, *Istoria artei*, I, 532; Șt. Pascu, V. Marica, *Clujul medieval*, 32.

[181] Vgl. die Grundrisse bei: E. Greceanu, *Mediasch*, 44 mit Șt. Pascu, V. Marica, *Clujul medieval*, 33. S. auch: V. Vătășanu, *Istoria artei*, I, 539.

[182] A. Berger, *Volkszählung*, 74.

[183] E. Greceanu, *Mediasch*, 45 f.

[184] Ebenda, 46.

[185] S. auch: Ebenda, 43.

[186] Für die Datierung der Wehrmauer s. den Abschnitt über die Befestigungen.

[187] R. Theil, C. Werner, *Urkundenbuch*, 44.

[188] E. Greceanu, *Mediasch*, 25.

[189] G. Schuster, *Aus der Vergangenheit*. Vgl. auch: G. Schuller, *Gymnasium*, 6.

[190] Ebenda; A. Gräser, *Umrisse*, 58.

[191] M. Beldie, *Sf. Margareta*.

tem Zustand,[192] weshalb er später auch durch einen neuen ersetzt worden ist.

Das Rathaus der Stadt wird erstmalig in einer Urkunde von 1534 erwähnt.[193] Es ist möglich, daß es bereits an derselben Stelle wie das spätere gestanden hat, u. zw. zwischen der inneren und mittleren Ringmauer des „Kastells". Nach dem Jahr 1583 wurde es ausgebaut, wobei man die Arbeiten aus dem „Dezimaturfonde" (das heißt den Zehntquarten der Gemeinde Wölz) bezahlte, den der Fürst Stephan Báthory der Stadt geschenkt hatte.[194] Wenn es auch ein etwas größerer Bau war, so ist das Gebäude doch sehr einfach gewesen; sogar im Jahr 1616 waren die Fenster zum Teil noch mit Schliemen bespannt.[195]

Das Kaufhaus stand mitten auf dem Marktplatz und war recht geräumig. Da ein Marktplatz bereits 1317 urkundlich belegt ist,[196] und der Stadt 1424 sowie 1498 das Recht für zwei Jahrmärkte verliehen wurde,[197] und schließlich weil es in anderen siebenbürgischen Städten ähnliche Bauten schon im 14. und 15. Jh. gab, ist anzunehmen, daß die Mediascher Markthalle auch vor dem Jahr 1600 errichtet worden ist. Die stilistischen, im 18. Jh. z. T. veränderten Merkmale des Kaufhauses veranlassen zur Annahme, daß es nach dem Jahre 1530 erbaut worden ist.

Die älteste Wehranlage auf dem Stadtgebiet lag auf einer Bodenerhebung, an der Stelle der Margarethenkirche. Zum erstenmal wird die Befestigung in einer Urkunde des Jahres 1450 erwähnt; in dieser erscheint „Nicolaus Szasz, de Medjes, Thalmacz et nonnullorum aliorum castrorum castellaneus".[198] Das Alter der ersten Wehranlagen ist jedoch nur durch archäologische Grabungen mit Sicherheit zu klären.[199]

Der heutige innere Burghof (Abb. 131), dessen Mauern zum Großteil erhalten sind, schließt eine verhältnismäßig kleine Fläche ein. Mit 3200 m² entspricht er einer Gemeinde von 100—130 Familien. So groß war Mediasch in den Jahren 1320—1330 (Abb. 15), also etwa in der Zeitspanne zwischen den beiden ersten Bauetappen der Kirche. Daraus entnehmen wir, daß der Bau der Ringmauer und des Torturmes (Abb. 131, f1) spätestens Mitte des 14. Jh. begonnen wurde, als die Saalkirche fertiggestellt worden war.[200] Über die

---
[192] O. F o l b e r t h, *Die Gebäude*, Nr. 7.
[193] J. M. S a l z e r, *Birthälm*, 35.
[194] O. F o l b e r t h, *Die Gebäude*, Nr. 10; Vgl. auch: A. G r ä s e r, *Umrisse*, 61.
[195] C. W e r n e r, *Fürstenzeit*, 71.
[196] *Urkundenbuch*, I, 321 f.
[197] J. M. S a l z e r, *Birthälm*, 30.
[198] A. G r ä s e r, *Umrisse*, 18. Vgl. auch: Ders., *Ringmauer*, 197.
[199] S. auch: K. R ö m e r, *Mediasch*, 53.
[200] Vgl. auch: A. G r ä s e r, *Umrisse*, 18.

bestehende Mauer baute man den Marienturm (f4), der als innerer Turm ebenfalls dem 14. Jh. zugeschrieben werden muß.[201] Nach dem Jahr 1400 wurden die Mauer und der Torturm (f1) erhöht sowie noch drei Türme

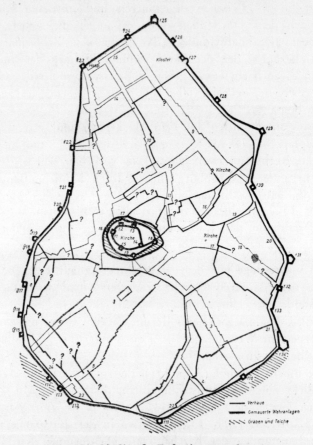

Abb. 131. *Mediasch*, Befestigungsanlagen

Benennungen nach J. C. Weiss u. a.: f1 Glockenturm (Torturm); f2 Turm; f3 Seilerturm; f4 Marienturm; f5 Schneiderturm; f6 Äußerer Torturm; f7—f9 Andere Türme der Kirchenburg; f10 Forkeschgässer Tor; f11 Neue Bastei; f12 Schneiderbastei; f13 Kotgassentürchen; f14 Tuchmacherturm; f15 Turm; f16 Kampelmacherbastei; f17 Goldschmiedturm; f18 Badertürchen; f19—f21 Türme; f22 Einstiger Torturm; f23 Steingässer Tor; f24 Eisentürchen; f25 Messerschmiedturm; f26, f27 Türme beim Kloster; f28 Wagnerturm; f29 Schusterbastei; f30 Zekeschtor; f31 Binderbastei; f32 Schmiedgässer Tor; f33 Schlosserbastei; f34 Kürschnerbastei.

(f2, f3, f5) hinzugebaut, die man Ende des 16. Jh. ebenfalls erhöhte (f2, f3, f4, f5).

---

[201] L. G e r ö, *Burgenbau*, 17, 36.

Die befestigte Fläche ist auf 5600 m² ausgeweitet worden, indem man eine zweite Ringmauer mit einem runden Turm (f9), einem Schalenturm (f7) und zwei Tortürmen (f6, f8) aufführte[202] und einen Wassergraben anlegte.[203] Wenn, gleich andern Ortschaften auch hier etwa 25—30 m² befestigte Fläche pro Familie entfallen, könnte die Oberfläche also der Ortsgöße zwischen 1340—1430 (Abb. 15) entsprochen haben. Berücksichtigen wir auch die Bauzeit der ersten Mauer, so ist eine Entstehungszeit nach dem 14. Jh. wahrscheinlicher. Die zweite Ringmauer stand aber bereits, als das Pfarrhaus gebaut wurde, denn dieses ist in den Zwinger, genau vor den Marienturm gestellt worden und verringerte somit die Verteidigungsmöglichkeiten der inneren Ringmauer. Im Pfarrhaus ist aus einer zweiten Bauetappe eine steinerne gotische Türeinfassung[204] und eine hölzerne mit der Jahreszahl 1515[205] erhalten geblieben; der ältere Teil des Pfarrhauses und demnach die zweite Ringmauer sind also vor dem Jahr 1500 errichtet worden. Für das Bestehen einer bedeutenden Burg spricht auch ein Beschluß des Königs Mathias Corvinus aus dem Jahr 1477, der die Zahl der Männer, die Mediasch zum allgemeinen Heeresaufgebot zu stellen hatte, auf 32 herabsetzte; der Rest war für die Verteidigung der Burg freigestellt.[206]

Schließlich wird noch ein dritter Verteidigungsring jenseits des Grabens erwähnt.[207] Wie anderwärts bestand er gewiß aus einer niedrigen, verhältnismäßig dünnen Mauer. Auch diese wurde vor der Fertigstellung der Stadtmauer errichtet, denn in der ersten Hälfte des 16. Jh. wurden Häuser angebaut, die im Jahr 1621 auch schriftlich erwähnt werden.[208] Dank der großen Anzahl von konzentrisch angelegten Ringmauern, der Stärke und Höhe dieser Mauern und der großen Anzahl von Türmen, konnte die Mediascher Kirchenburg viel besser verteidigt werden als die meisten Wehranlagen dieser Art. Ihr starker Ausbau ist z. T. auch darauf zurückzuführen, daß die Stadtmauer hier erst spät errichtet wurde.

Ob zur Zeit in der Mediasch zum erstenmal als „civitas" erwähnt wird (1359)[209] mit dem Bau von stärkeren Befestigungsanlagen um die Ortschaft

---

[202] S.: E. Greceanu, *Mediasch*, Grundriß I, IV.

[203] J. Tröster, *Dacia*, 408.

[204] V. Roth, *Baukunst*, 114.

[205] E. Greceanu, *Mediasch*, 40 f.

[206] K. Werner, *Kirche*, 28.

[207] L. J. Marienburg, *Geographie*, II, 272; A. Gräser, *Umrisse*, 18; S. auch: E. Greceanu, *Mediasch*, 23 f.

[208] A. Gräser, *Umrisse*, 18.

[209] *Urkundenbuch*, II, 166.

begonnen wurde, ist ungewiß. Auf der Südseite der Innenstadt besteht ein Abschnitt der Ringmauer aus Steinmauerwerk, das älter ist als die restliche Stadtmauer. Die vielen Belege über den späteren Mauerbau und die im 15. Jh. allgemein übliche Bezeichnung von Mediasch als „oppidum" beweisen aber, daß Arbeiten, die vielleicht nach der Mitte des 14. Jh. angefangen worden sind, sehr bald eingestellt wurden.

Umfassendere Befestigungsanlagen rund um die Stadt begann man in der zweiten Hälfte des 15. Jh. auszuführen; es waren zunächst Erdarbeiten[210] und im Jahr 1477 wurde zum erstenmal ein Teich vor dem Schmiedgässer Tor (f32) erwähnt.[211] Im 9. Jahrzehnt desselben Jahrhunderts wurde die Arbeit rascher vorangetrieben und die Stadt mit Wällen, Gräben und Teichen umgeben. Eine Urkunde aus dem Jahr 1486 verpflichtete alle Bewohner von Mediasch, sich an diesen Arbeiten zu beteiligen.[212]

In demselben Jahr war mit dem Bau der Stadtmauer noch nicht begonnen worden, doch war er bereits geplant;[213] er fing dann auch sehr bald an — noch vor der Fertigstellung der Wälle —[214], und im Jahr 1494 wurde die Mauer in einer Urkunde erwähnt. Um Vorteile zu erlangen, — die Mediasch nur z. T. zugebilligt wurden —, behaupteten seine Bewohner sogar, die Stadt wäre zu einem beträchtlichen Teil („pro majore parte") von einer Ringmauer umgeben.[215] Ein Jahr darauf (1495) wurde die Bevölkerung der zwei Stühle zur Leistung von Fuhrdiensten für den Bau verpflichtet.[216] Beginnend mit demselben Jahr erscheint Mediasch urkundlich regelmäßig auch als „civitas" (allerdings ohne besondere Rechte).[217] Der Eifer, mit dem die Befestigungsarbeiten vorangetrieben wurden, geht aus einer Urkunde des Jahres 1498 hervor, die auch Rumänen, Serben und andere zur Teilnahme an den Bauarbeiten verpflichtet.[218] Nach dem verwendeten Material (Stein- und Mischmauerwerk) sind — der Dringlichkeit nach — zuerst die Süd-, Südost- sowie ein Teil der Ostmauer gebaut worden (s. Abb. 131)[219] und gleichzeitig wurden auch etliche Türme errichtet (wenigstens f10, f23 und f30, vielleicht aber auch andere; vgl. Abb. 127). Später führte man den Rest der Ostmauer, die

---

[210] R. Theil, *Zur Geschichte*, 81.
[211] K. Werner, *Kirche*, 29.
[212] A. Gräser, *Ringmauern*, 198.
[213] R. Theil, *Zur Geschichte*, 81 f.
[214] Ebenda. Vgl. auch: A. Gräser, *Umrisse*, 18; E. Greceanu, *Mediasch* 8.
[215] R. Theil, *Zur Geschichte*, 96 f. S. auch: A. Gräser, *Umrisse*, 99 f
[216] A. Gräser, *Ringmauer*, 199; Ders., *Umrisse*, 18 f.
[217] Ebenda, 8, 19.
[218] Ebenda, 19.
[219] Vgl. auch: H. Fabini, *Darstellung*.

Nord- und die Westmauer der Stadt ganz aus Ziegel auf. Im Jahr 1507 werden Ausgaben (allerdings lediglich 32 Gulden)[220] für Arbeiten am nördlich der Innenstadt gelegenen Steingässer Torturm (f23) vermerkt. Eine Inschrift an der spät gebauten Westmauer[221] aus dem Jahr 1529 zeigt, daß die Arbeiten frühestens damals beendet worden sind. Als Beweis für den Abschluß der Bauarbeiten wurde eine Urkunde von 1534 gewertet[222], durch die Zápolya allen denen, die sich innerhalb der Ringmauer Häuser bauten, gewisse Privilegien gewährte. Der Beweis ist nur bedingt gültig, denn unabhängig davon, ob der letzte Abschnitt der Wehranlage aus Holz und Erde durch eine Mauer ersetzt war, ist das Gebiet, wo die Bestimmungen Zápolyas galten, doch klar abgegrenzt gewesen; trotzdem dürfte die Stadtmauer schon geschlossen gewesen sein. Ebenso geht aus dem Entwurf eines Briefes der Birthälmer an König Zápolya, der also vor 1540 abgefaßt wurde, hervor, daß Mediasch damals gänzlich von Mauern umgeben war,[223] und 1552 heißt es, daß die Arbeiten seit langem abgeschlossen seien.[224]

Im Laufe der langen Bauzeit wurden außer der Ringmauer wenigstens acht Türme errichtet (f10, f17?, f20, f23, f24, f25, f27 und f30; vgl. Abb. 127). Da die Mauer 2500 m lang, 7 m hoch und 0,8 m dick war, umfaßte sie 16 500 m³ Mauerwerk; dazu kamen 3 000—4 000 m³ Mauerwerk der Türme. Wenn wir das Gesamtvolumen von beiläufig 20 000 m³ auf die Dauer der Arbeiten von 41—50 Jahren beziehen (1488—1529 bzw. 1486—1536), ergibt sich, daß im Mittel jährlich 400—500 m³ Mauerwerk ausgeführt wurden. Auf die 300 Hofstellen und die 340 steuerzahlenden Familien (1510)[225], entfielen also jährlich 1,3—1,7 bzw. 1,2—1,5 m³; diese Werte lassen sich für vergleichende Rechnungen verwenden.

Als die Ringmauern fertiggestellt waren, wurden die Arbeiten an den Befestigungen zeitweilig unterbrochen, in der zweiten Hälfte des 16. Jh. aber wieder aufgenommen, was aus einer Urkunde des Jahres 1552 hervorgeht, in der die Bewohner der zwei Stühle angehalten werden, Mediasch bei den Abschlußarbeiten an den Wehranlagen zu helfen;[226] damals entstanden vermutlich mehrere Türme. Da jedoch das darin enthaltene Mauerwerk verhält-

---

[220] V. Werner, *Fürstenzeit*, 48.
[221] A. Gräser, *Ringmauer*, 197.
[222] Ebenda, 197, 199; A. Gräser, *Umrisse*, 19; J. M. Salzer, *Birthälm*, 33; V. Werner, *Fürstenzeit*, 48; E. Grceanu, *Mediasch*, 9, 48.
[223] J. M. Salzer, *Birthälm*, 34.
[224] A. Gräser, *Umrisse*, 20, 100—101.
[225] A. Berger, *Volkszählung*, 74.
[226] A. Gräser, *Ringmauer*, 197, 200.

nismäßig gering war — es könnten beiläufig 5 000 m³ gewesen sein —, werden auch die Arbeiten nur einige Jahre gedauert haben.

Die Stadtmauern von Mediasch waren nicht sehr stark und benötigten darum Ergänzungen und häufige Reparaturen.[227] Im Jahr 1583 erhielt die Stadt von Stephan Báthory zu diesem Zweck drei Zehnquarten der Gemeinde Wölz und des nördlich der Kokel gelegenen Gemarkungsteiles von Mediasch zugesprochen.[228] Die im 16. Jh. durchgeführten Instandhaltungsarbeiten und Ergänzungen führten aber zu keinen bedeutenden Veränderungen der Befestigungsanlagen.

Faßt man die angeführten Daten zusammen, so ergibt sich ein allgemeiner Einblick in die Entwicklung der Mediascher Bauten; darauf wird das folgende Kapitel näher eingehen.

---

[227] Für die Befestigungen des 17 Jh. s.: V. W e r n e r, *Fürstenzeit*, 48; E. G r e c e a n u, *Mediasch*, 48—52; J. M. S a l z e r, *Birthälm*, 36.
[228] A. G r ä s e r, *Umrisse*, 57.

DIE ARCHITEKTONISCHE ENTWICKLUNG DER HANDWERKSORTE

Allgemeines

Als eine Folge gleichartiger Veränderungen der Bevölkerungszahlen wiesen die Schwankungen der Preise und Löhne im Laufe des Mittelalters in verschiedenen Ländern wie England, Frankreich, Deutschland und Polen große Ähnlichkeiten auf. Nach der Aufstellung von Wilhelm Abel[1], stieg der Preis des Getreides bis in die erste Hälfte des 14. Jh. beinahe ununterbrochen, dann fiel er bis um das Jahr 1500 und stieg nachher wieder an (Abb. 132). Eine analoge, aber weniger auffällige Schwankung ist bei den Preisen von tierischen und Handwerkserzeugnissen festzustellen: Nach der

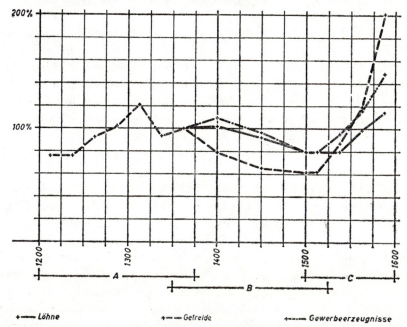

Abb. 132. Bewegung der Preise und Löhne (berechnet nach W. Abel).
A Durchschnittswerte von je 25 Jahren in England. B Durchschnittswerte von je 50 Jahren in England, Frankreich, Frankfurt a.M. und Krakau. C Durchschnittswerte von je 25 Jahren in England, Frankreich, Deutschland und Polen.

---

[1] W. Abel, *Landwirtschaft*, 49, 56—60, 128—147; 182—189; Ders., *Wüstungen*, 10—15.

Mitte des 14. Jh. sind sie — vor allem in Polen — noch leicht angewachsen, nachher aber gingen sie hundert Jahre lang zurück und stiegen erst nach 1525 erneut an. Noch geringer waren die Veränderungen bei den Löhnen. Diese dürften bis in die erste Hälfte des 14. Jh. parallel mit den Getreidepreisen gestiegen sein, nachher, bis zum Beginn des 16. Jh., sind sie beinahe überall langsam gefallen und anschließend ebenso zögernd gestiegen. Wenn wir die Schwankungen miteinander vergleichen, so wird ersichtlich, daß die Einkommen von Handwerkern und Bauern bis nach dem Beginn des 14. Jh. annähernd gleich gewesen sind. In der folgenden Zeit, bis um das Jahr 1500, waren die Reallöhne der Stadtbevölkerung hoch, die Einnahmen der Bauern jedoch niedrig. Seit dem Anfang des 16. Jh. sanken die Reallöhne, während Landwirtschaft und Viehzucht immer größere Gewinne abwarfen.

Die Schwankung der Bevölkerungszahl, der für diese Veränderungen ausschlaggebende Faktor, ist in Siebenbürgen ähnlich wie in andern Ländern gewesen: Bis ins 14. Jh. gab es einen starken Zuwachs, dann einen bedeutenden Rückgang und schließlich eine ungefähr gleichbleibende Gesamtzahl der Bevölkerung. Da neue landwirtschaftliche und handwerkliche Verfahren und Techniken — vor allem in den von Hospites bewohnten Gebieten in der Nähe der größeren Städte — verhältnismäßig früh angewendet wurden,[2] und es also auch in dieser Beziehung keine Sonderentwicklung in Siebenbürgen gegeben haben kann, wird auch die Bewegung der Preise und Löhne wie in den schon anfangs erwähnten Ländern verlaufen sein.

Die Veränderungen lassen sich auch wertmäßig erfassen. Für eine frühe Zeit gibt es allerdings einen einzigen Anhaltspunkt: Zwischen 1317—1320 und 1332—1337 stieg der Zehnte der Handwerksorte (Mühlbach und Bistritz) im Vergleich zu dem von Dörfern merklich an.[3] Die Differenz läßt sich durch größere Einkommen oder einen ersten Zuzug vom Land in die Stadt erklären. Da letzterer in einem bedeutenden Maß auch durch höhere Einnahmen der Stadtbevölkerung hervorgerufen wurde, zeigen sich darin schon frühe Veränderungen der Reallöhne. Spätere Daten, die die „Preisrevolution" des 16. Jh. betreffen, sind aus Siebenbürgen hinlänglich bekannt. In Klausenburg z. B., stiegen die Löhne von 1556 bis 1598 um 20%,[4] das durchschnittliche Wachstum der Preise von 50 verschiedenen Handwerkserzeug-

---

[2] Şt. Pascu, *Voievodatul Transilvaniei*, I, 399—402.

[3] Vgl. *Documente*, C, XIV/I, 265—268 mit XIV/III, 218 f und 134, 147, 158, 175, 193 f, 212, 217.

[4] S. Goldenberg, *Clujul*, 340.

nissen betrug zwischen 1556—1609 134%[5] und der Wert des Hafers — dessen Entwicklung über eine längere Zeitspanne verfolgt werden kann — stieg von 1551 bis 1610 um 345% an.[6]

Die Bewegung der Preise und Löhne wirft auf die architektonische Entwicklung der Städte ein neues Licht. Vor der Mitte des 14. Jh., als die Lebensmittelpreise verhältnismäßig hoch gewesen sein dürften und die Handwerker in beträchtlichem Maß auch noch Landwirtschaft betrieben, werden die Einnahmen der Bewohner in den zukünftigen Städten (vielleicht mit Ausnahme der einiger Kaufleute) nicht größer gewesen sein, als die der Bauern. Da sich auch die Bevölkerungsanzahl der Handwerksorte nicht wesentlich von der freier Dörfer unterschied, waren zunächst auch die Bauten gleichartig — und zwar nicht nur die Wohnhäuser, sondern auch die öffentlichen Gebäude und Wehranlagen; entsprechend ähnelten sich die Ortschaften auch im Gesamtgepräge. Eine Ausnahme von dieser Regel dürften militärisch, verwaltungsmäßig oder kirchlich wichtige Orte und die einiger besonderer Gebiete gebildet haben: Dank der Investitionen seitens des Königs, der Kirche oder verschiedener Mönchs- bzw. Ritterorden entstanden hier stärkere Wehranlagen (so in Klausenburg, Schäßburg und Hermannstadt) und manchmal auch größere Kirchen (wie im Burzenland).

Erst im 14. Jh. begann die Architektur gewöhnlicher Handwerksorte sich von jener der einfachen. Dörfer zu unterscheiden. Sie waren gewöhnlich etwas größer, und wie gezeigt wurde, hatte ihre Bevölkerung im allgemeinen auch etwas bessere Verdienstmöglichkeiten. Die ersten Privilegien, die Städten wie Bistritz und Klausenburg erteilt wurden,[7] hatten ebenfalls in einigen Fällen zusätzliche Einnahmen im Gefolge. Da die Handwerksorte oftmals auch den Vorteil einer kleineren Oberfläche und eines geschlosseneren Weichbildes besaßen, konnten einige sich an den Bau stärkerer — eventuell gemauerter — Befestigungsanlagen heranwagen. Außerdem gründeten die Bettelmönchsorden hier Niederlassungen und investierten verhältnismäßig bedeutende Gelder in ansehnliche Bauten.

Nach den Pestjahren um 1350 und bis zum Beginn des 16. Jh. befanden sich die Städte finanziell in einer günstigen Lage.[8] Während sich die Lebensbedingungen der Bauern verschlechterten und auch die Einnahmen der Gräfen und Adligen von ihren Landgütern schnell zurückgingen, verbesserte sich die

---

[5] Berechnet nach den Angaben von: S. Goldenberg, *Clujul*, 362 f.
[6] Ebenda, 358.
[7] *Urkundenbuch*, I, 149 f, 167, 171, 319 f, 361 f, 437 f, 475 f.
[8] S. auch: G. Ionescu, *Istoria arhitecturii*, I, 156.

materielle Lage sehr verschiedener sozialer Schichten der Stadtbevölkerung durch die vergleichsweise hohen Preise der Handwerkserzeugnisse, die steigenden Reallöhne und den lebhafteren Handel. In den Handwerksorten konnten demzufolge größere und bessere Wohnhäuser als in der vorhergehenden Zeitspanne oder als auf dem Land errichtet werden. Gleichzeitig war es den Bewohnern in weitgehenderem Maß möglich, zur Errichtung von öffentlichen Gebäuden und Wehranlagen beizusteuern. Die wachsenden Städte erhielten übrigens auch eine Reihe von Privilegien und Begünstigungen; mittel- oder unmittelbar erleichterten es diese, bedeutende Befestigungen anzulegen, die Pfarrkirchen neu zu bauen[9] und andere öffentliche Gebäude aufzuführen. Nur in Ausnahmefällen, in Städten, deren Wirtschaftskraft infolge eines Bevölkerungsrückgangs stark sank (in Broos und Mühlbach), mußte die Ausführung großer Bauten eingestellt werden.

Im 16. Jh., zogen die Preise der Landwirtschaftserzeugnisse stark an und die Reallöhne fielen; dadurch verschlechterte sich die materielle Lage der Stadtbevölkerung einigermaßen. Dieses wirkte sich auf die Arbeitnehmer, das heißt die ärmeren Schichten aus, während die Patrizier auch weiterhin sehr hohe Einkünfte bezogen — z. T. auch von ausgedehnten Besitzungen auf dem Land, sowie aus gepachteten Erzgruben, Zöllen und anderen Regalien. Dementsprechend differenzierten sich die Investitionsmöglichkeiten der einzelnen Bevölkerungsschichten und gleichzeitig auch deren Wohnhäuser. An einigen öffentlichen Gebäuden und an der Verstärkung von Befestigungen wurde weitergearbeitet, aber größere Gemeinschaftsbauten wurden immer seltener in Angriff genommen.

Die handwerkliche Ausrichtung und die Anzahl der Bauleute waren von einem Zeitabschnitt zum andern verschieden. Da es anfangs Holz im Überfluß gab und dieses leicht zu bearbeiten war, sind damals sämtliche Bauten daraus errichtet worden. Wie aus einer etwas späteren Urkunde hervorgeht,[10] wurden die Wohnbauten, Wehranlagen und kleinen Kirchen der Hospites von Zimmerleuten gebaut, die in größeren Orten wohnten und für diese und die Umgebung arbeiteten. Weil es kaum andere Bauhandwerker gab, dürfte die Anzahl der Zimmerleute in einem ungefähr festen Verhältnis zur Bevölkerungszahl der jeweiligen Gegend gestanden sein.[11]

Nachdem die Bewohnerzahl angewachsen und die Ortschaften erstarkt waren, wurden schon früh die ersten gemauerten Bauten ausgeführt: Im Laufe

---

[9] Ebenda.
[10] *Urkundenbuch*, I, 179 f.
[11] S. auch: G. Treiber, *Das Bürgerhaus*, 183.

des 13. und zu Beginn des 14. Jahrhunderts sind in fast allen untersuchten Städten große Pfarrkirchen und Wehranlagen errichtet worden. Nach dem verhältnismäßig kleinen Mauerwerksvolumen zu schließen, das in den einzelnen Ortschaften ausgeführt wurde, arbeiteten die Maurer in ziemlich großen Gebieten und übersiedelten vermutlich öfters zu neuen Baustellen in andere Ortschaften.[12] Die Mehrzahl der Arbeiten an Wohnhäusern und Wehranlagen führten aber auch weiterhin Zimmerleute mit festem Wohnsitz aus. Ihre Anzahl ist dementsprechend in einem direkten Verhältnis zur Bevölkerungszahl gestanden, und ihr berufliches Können war in Dörfern und zukünftigen Städten gleich; der Dachstuhl des Weißenburger Domes z. B. wurde 1291 von Zimmerleuten aus Krakau (Cricău), Weißenburg, Kelling und Urwegen ausgeführt.[13]

Selbst wenn sie einen festen Wohnsitz hatten, waren die besten Meister, die vor allem an Kirchen arbeiteten, auch im 14. und 15. Jh. gezwungen, Bauten in Orten, die weit entfernt voneinander waren zu übernehmen. So wurden um die Mitte des 14. Jh. Teile der Pfarrkirchen in Hermannstadt, Scharosch, Kirtsch, Eibesdorf und Reichesdorf von derselben Bauhütte ausgeführt,[14] der Kronstädter Baumeister Conrad Lapicida errichtete Mitte des 15. Jh., Klöster in Dreikirchen (Teiuș) und Hunyad[15] und der Hermannstädter Andreas Lapicida baute gegen Ende desselben Jahrhunderts die Kirchen in Meschen und Großau.[16] Wie die Steinmetzzeichen z. B. an den Kirchen in Hermannstadt und Weingartskirchen beweisen,[17] arbeiteten für die einzelnen Bauten eine große Zahl von Steinmetzen. Als mit dem Bau der weitläufigen Stadtmauern begonnen wurde, konnten die meisten Maurer seßhaft werden. Die Befestigungsanlagen gaben Arbeit für mehrere Maurergenerationen; außerdem brauchte man auch immer mehr Arbeitskräfte, so daß die Maurerzahl manchmal im Vergleich zu jener der Gesamtbevölkerung anstieg, schneller in Kronstadt und Klausenburg (vgl. Abb. 133). Der Bau von gemauerten Befestigungen beeinflußte aber in nur geringerem Maß die Zahl der Zimmerleute. Wie in den vorhergehenden Zeitspannen errichteten diese vor allem

---

[12] Vgl. z. B.: P. Niedermaier, *Bauhütte*, 51 f.

[13] *Urkundenbuch*, I, 179 f.

[14] P. Niedermaier, *Bauhütte*, 51 f.

[15] *Urkundenbuch*, V. 475 f; s. auch S. XVII.

[16] V. Roth, *Baukunst*, 92.

[17] M. v. Kimakowicz, *Studien*, 497—508, Tafel 1—9, G. Gündisch u. a., *Weingartskirchen*, 157 f.

Die architektonische Entwicklung der Handwerksorte

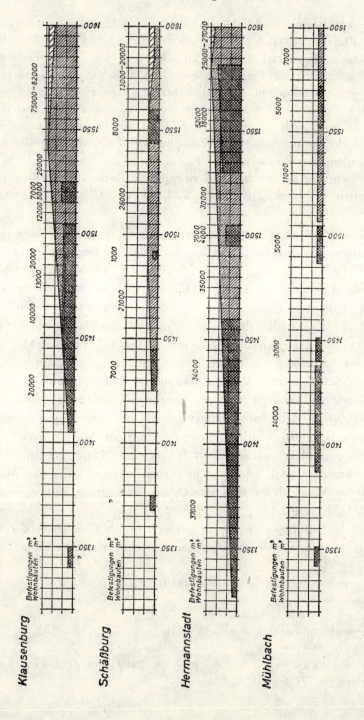

Allgemeines

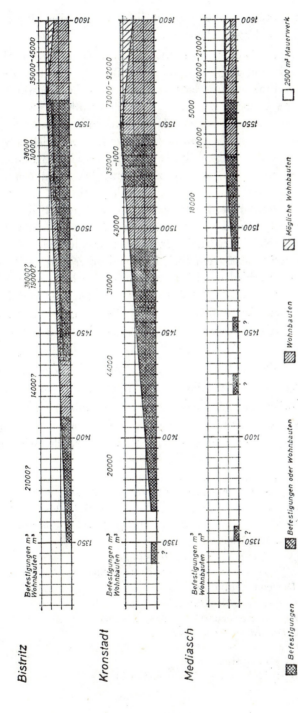

Abb. 133. Diagramm zur Ausführung der Mauerwerksmengen

Wohnhäuser und dementsprechend folgte ihre Anzahl den allgemeinen Bevölkerungsschwankungen der jeweiligen Städte.

Der Bedarf an Handwerkern verschiedener Sparten für einzelne Baukategorien änderte sich im 15., spätestens zu Beginn des 16. Jh. Wenn die Arbeiten an den Wehranlagen unterbrochen wurden, sind die Maurer für andere Aufträge verfügbar gewesen. Sie erhielten diese vor allem von begüterten Bürgern, die sich gemauerte Häuser oder Holzbauten mit gemauerten Keller bzw. Sockel[18] errichten ließen, die ihren Bedürfnissen und materiellen Möglichkeiten besser entsprachen. Als die Maurer im 16. Jh. für verschiedene Bauherren arbeiteten, schlossen sie sich auch zu Zünften zusammen: Die Satzungen der Schäßburger Maurer und Steinmetzen wurden 1513 bewilligt, die der Klausenburger 1525; die Mediascher Meister, obwohl noch gering an der Zahl, erhielten 1539 Satzungen, also sehr bald nachdem die Stadtmauern fertig waren, und die der Kronstädter Maurer wurden 1570 erneuert.[19] Der Zusammenschluß der allmählich immer zahlreicheren Meister[20] in Zünften (bei denen mitunter klar zwischen Maurern und Steinmetzen unterschieden wird) war damals wichtig geworden, weil aus Mangel an Aufträgen manchmal die Vollbeschäftigung der Handwerker nicht gesichert war.[21] So erklärt es sich auch, daß die Häuserpreise vergleichsweise langsam wuchsen,[22] daß die erlaubte Hilfsarbeiterzahl bei den Maurern niedrig gehalten wurde (z. B. in Kronstadt)[23], oder daß Handwerkern die außerhalb der Stadt arbeiteten Begünstigungen gewährt wurden (so in Klausenburg)[24]. Die Mauerwerksmenge, die im 15. und 16. Jh. von städtischen Meistern in der Walachei und Moldau[25] sowie in siebenbürgischen Dörfern ausgeführt wurde, ist aber trotzdem vergleichsweise klein geblieben. In ländlichen Orten gab es derzeit auch ansässige Maurer.[26] Noch mehr: In reicheren

---

[18] Die Bedeutung der letzteren darf nicht unterschätzt werden. Sprechend ist die Lage in Frauenbach (Baia Mare): Obwohl dort im Mittelalter 2 Maurer erwähnt werden, gab es 1750 nur 48 gemauerte Häuser, 13 Holzhäuser mit gemauertem Keller, aber 233 Holzhäuser mit höherem Sockel *(Monografia municipiului Baia Mare*, Baia Mare 1972, 234, 328).

[19] Ebenda, 197; G. Nussbächer, *Meșteșugurile din Sighișoara*, 217. S. auch: Gh. Sebestyen, V. Sebestyen, *Arhitectura renașterii*, 23, 93.

[20] A. Avram, *Din contribuția*, 54—61.

[21] S. auch: G. Treiber, *Das Bürgerhaus*, 184.

[22] S. dazu: *Häuserschätzungen* 1573—1683, Staatsarchiv Brașov IV G1.

[23] G. Treiber, *Das Bürgerhaus*, 184.

[24] S. Goldenberg, *Clujul*, 389.

[25] Șt. Pascu, *Meșteșugurile*, 196 ff.

[26] S.: Ebenda, 241 f; A. Avram, *Din contribuția*, 54—61.

Gegenden, in denen auch große Kirchenburgen gebaut worden waren, und wo dadurch die Zahl der Bauhandwerker in Dörfern gestiegen war, begannen sie nach der Vollendung der Burgen und dem selteneren Neubau von Bauernhäusern sogar den städtischen Maurern Konkurrenz zu machen; vor allem die Mediascher sahen sich genötigt, um Hilfe gegen diese anzusuchen.[27] Es ist denkbar, daß die bestehenden Schwierigkeiten schon im 16., vor allem aber im 17. Jh. einen zeitweiligen Rückgang der Maureranzahl bedingt haben. In Hermannstadt, wo es 1480 15 Maurer gab, stieg ihre Zahl im 16. Jh. noch an, und war um 1575 — wie auch in andern Städten und Dörfern — verhältnismäßig groß; nachher fiel sie dann stark ab: 1657 gab es nur noch 5 Maurer und 2 Steinmetzen, 1722 hingegen 13 Maurer.[28] An einigen kleineren Orten könnte die Maurerzunft aus Mangel an Aufträgen, vor allem im 17. oder 18. Jh., sogar eingegangen sein (wie dieses in Mediasch geschehen ist)[29]. Schwierig gestaltete sich auch die Lage der Zimmerleute. Seit viele gemauerte Häuser errichtet wurden, schränkte sich ihr Wirkungsbereich etwas ein (vgl. Abb. 134): Im allgemeinen wurden weniger neue Holzhäuser gebaut, aber auch bei Stein- bzw. Ziegelhäusern hatten sie verschiedene Aufgaben. So überstieg selbst in dieser Zeit ihre Zahl die der Maurer; in Hermannstadt gab es z. B. 1480 — 18, 1657 — 7 und 1722 — 16 Zimmerleute. Sie waren gewöhnlich mit den Tischlern in einer Zunft zusammengeschlossen,[30] und da bei gemauerten Bauten häufig sorgfältiger gearbeitete Türen und größere Fenster verwendet wurden, ist es trotzdem denkbar, daß sich innerhalb dieser Zünfte allmählich das Verhältnis zugunsten der Tischler verschoben hat. Gleichzeitig erhielten andere Gewerbe ein immer größeres Gewicht; da es an Flußsteinen mangelte und Ziegel auch andere Vorteile aufwiesen,[31] nahm ihre Herstellung einen sichtlichen Aufschwung;[32] gleichzeitig begann eine erhebliche Erzeugung von Dachziegeln, Kacheln und Fensterscheiben.[33]

---

[27] V. Werner, *Zunft-Urkunden*, 33; Şt. Pascu, *Meşteşugurile*, 197, 242 f.
[28] Für die Werte s.: A. Klein, *Hermannstädter Personennamen aus dem Jahre 1480 und davon abgeleitete Familiennamen*, in *Deutsche Forschung im Südosten*, I, 1942, 414; K. Albrich, *Die Bewohner Hermannstadts im Jahre 1657*, in *Archiv*, XVII, 1883, 263 f, 289 f; F. Schuller, *Zwei Konskriptionen des einstigen Hermannstädter Stuhles aus dem Beginne des 18. Jahrhunderts*, in *Archiv*, XXXII, 1903, 320—453.
[29] V. Werner, *Zunft-Urkunden*, 34.
[30] Ebenda, 186 f.
[31] S. auch: Gh. Sebestyen, V. Sebestyen, *Arhitectura renaşterii*, 12.
[32] Gh. Sebestyen, V. Sebestyen, *Arhitectura renaşterii*, 12, 83—84; A. Avram, *Din contribuţia*, 54—61.
[33] Gh. Sebestyen, V. Sebestyen, *Arhitectura renaşterii*, 11 f. 17 f, 88.

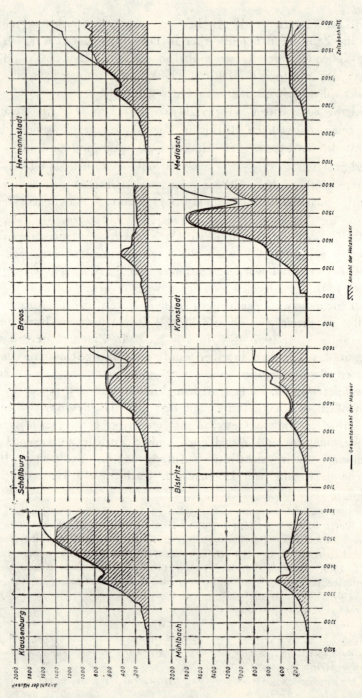

Abb. 134. Entwicklung der Anzahl von hölzernen Häusern
(Den kurzfristigen Änderungen durch Brände und Zerstörungen ist nicht Rechnung getragen.)

Allgemeines

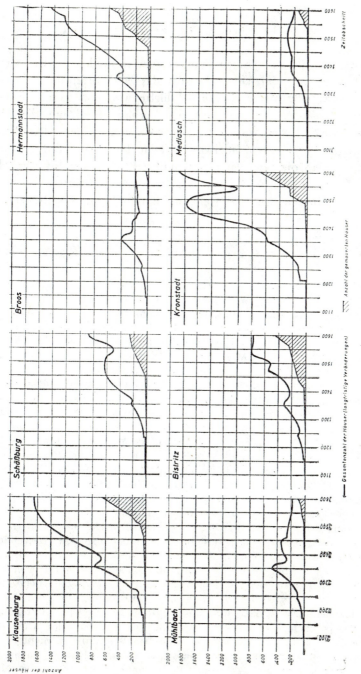

Abb. 135. Entwicklung der Anzahl von gemauerten Häusern

Entwicklunsetappen

Klausenburg. Die frühen Wohnbauten in und vor der Alten Burg waren Erdhütten und Holzhäuser.[34] Auch das erste öffentliche Gebäude — eine Kapelle oder eine kleine Kirche — dürfte wohl aus Holz gewesen sein, und ebenso einfach müssen wir uns die Verhaue rund um die Hospites-Siedlung vorstellen. Fester waren nur die Wehranlagen der Alten Burg. Obwohl es bisnoch keine archäologisch erfaßten Hinweise gibt, spricht doch manches dafür, daß die Grenzen dieses Stadtteils vom Verlauf römischer Befestigungen bestimmt wurden[35]. Diese dürften sich größtenteils bis zur Mitte des 13. Jh. erhalten haben und stellenweise notdürftig ausgebessert worden sein.

---

[34] Für ihre frühe Verbreitung s. z. B.: Şt. Pascu, *Voievodatul Transilvaniei,* I., 37, 39.

[35] Über die Topographie des römischen Napoca ist wenig bekannt. Ein Mauerrest, der südlich der Mittelgasse gefunden worden ist *(Istoria Clujului,* 33), wird kaum von einer römischen Befestigung stammen. Diese hätte sich im 12. oder 13. Jh. noch in einem verhältnismäßig guten Zustand befinden müssen (ein Tor des „Castrums" neben Thorenburg stand z. B. bis ins 17., ein anders bis ins 19. Jh. — C. Mureşan, *Turda,* 8). Wäre es der Fall gewesen, so hätte sie gewiß die Anlage des hier gelegenen, verhältnismäßig alten Teiles der Innenstadt beeinflußt; da aber der Mauerrest eine Parzelle südlich der Mittelgasse querteilt, kann davon keine Rede sein. Für den weiteren, oder einen sonstigen Verlauf von Befestigungsanlagen fehlen archäologisch erfaßte Anhaltspunkte. (Vgl.: I. Mitrofan, *Contribuţii,* 197—213; D. Tudor, *Oraşe,* 222—230; *Istoria Clujului,* 32 f; *Dicţionar de istorie veche,* 421 f.) Einige Aufschlüsse gibt das Grundrißgefüge der mittelalterlichen Stadt: In diesem ist die nahezu rechteckige Form der Alten Burg auffällig. Nach der späteren Größe der Stadt (s. auch Abb. 19) und dem archaischen Parzellierungssystem, das sich in ihre Grenzen einfügt, bestand sie schon vor dem Mongoleneinfall, wahrscheinlich vor 1200. Die rechteckige Form, die bei europäischen Städten erst im 13. Jh. eine größere Verbreitung erfahren hat (H. Planitz, *Die deutsct Stadt,* 197; s. auch 70, 194), die in Siebenbürgen einzig dasteht (mit Ausnahme von Weißenburg, das sich in die Grenzen eines römischen „Castrums" einfügt — P. Niedermaier, *Alba Iulia,* Ms.), und die zumal für eine Burg ungewöhnlich ist, aber auch ihr Standort, in einer Flußau, der für eine bedeutende frühmittelalterliche Burg Siebenbürgens gleich sonderbar ist (K. Horedt, *Contribuţii,* 144), legen den Gedanken nahe, daß bei ihrer Anlage ursprünglich Reste römischer Befestigungen ausgebaut wurden (s. auch: G. Entz, *Baukunst,* 3). Da die Fläche der Alten Burg nur rund 5 ha groß ist, kann es sich bei den römischen Wehranlagen nicht um die der Stadt Napoca, sondern nur um solche eines „Castrums" gehandelt haben. Rechnet man wie beim Regensburger „Castrum" 45 m²/Mann (250 000 m²/5 600 Mann), so

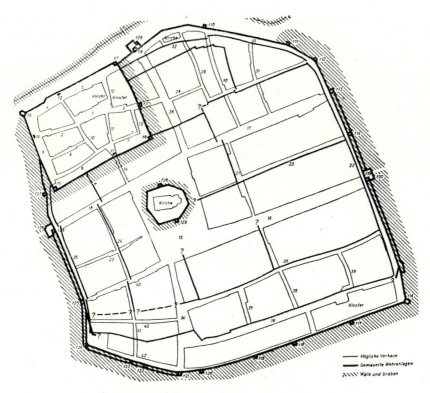

Abb. 136. *Klausenburg*, Befestigungsanlagen

Benennungen nach E. Jakab: *f1—f4* Tore; *f5, f7, f8* Türme; *f6* Goldschmiedbastei; *f9* Brückengässer Tor (Schlosserturm); *f10* Wollweberturm (Torturm); *f11* Seifensiederturm; *f12* Fleischerturm; *f13* Ungargässer Tor (Faßbinderturm); *f14* Töpferturm; *f15* Mittelgässer Tor (Fleischerturm); *f16* Schneiderbastei (Bethlenbastei); *f17* Gerberturm; *f18* Steinmetzturm; *f19* Riemerturm; *f20* Turm?; *f21* Tordaer Tor (Schwertfegerturm); *f22* Turm?; *f23* Tischlerturm; *f24* Schusterturm; *f25* Heugässer Tor (Schusterturm); *f26* Monostorer Tor (Kürschnerturm); *f27* Schmiedturm; *f28—f30* Vorwerke.

Nach dem Mongoleneinfall ist die stark hergenommene alte römische Mauer erneuert und mit inneren Türmen versehen worden (Abb. 136).[36] Um die gleiche Zeit arbeitete man an der ersten Michaelskirche. Sie wurde vermutlich in romanischem Stil begonnen,[37] dann aber in frühgotischem Stil weiterge-

---

ergibt sich, daß die Fläche für rund 1000 Mann entsprach. Die Befestigungen dürften also zu dem „Castrum" der „Cohorta III Campestris civium Romanorum milliaria" bzw. anderer später hier stationierter Kohorten *(Dicţionar de istorie veche,* 174; *Istoria Clujului,* 32) gehört haben.

[36] Şt. Pascu, V. Marica, *Clujul medieval,* 11; *Istoria Clujului,* 79 f.
[37] G. Entz, *Baukunst,* 21 und Abb. 14, 15.

führt[38] und vollendet[39]. An Wohnbauten und Verhauen hat sich wenig geändert, und mithin werden die Bauten gewisser Teile der Ortschaft wie im 12. Jh. ausgesehen haben.

Die wesentlichste Veränderung der Architektur Klausenburgs betraf im 14. Jh. zunächst die Befestigungen. 1316, zur Zeit der ersten Erwähnung des Ortes als „civitas",[40] entstanden entlang der damaligen Siedlungsgrenze (Abb. 28) Holz-Erde-Befestigungen[41] und möglicherweise auch gemauerte Tortürme am Ende der wichtigen Straßen.[42] Um die Mitte des Jahrhunderts begann dann der Neubau der Michaelskirche: es wurde das Chor mit den

---

[38] Ebenda. Auf den frühgotischen Charakter des Westwerks der Kirche weist der wahrscheinlich ummauerte, aber doch beibehaltene Unterbau des Südwestturmes hin. Dieser besitzt gegen das Seitenschiff eine, heute zwar mit einem spätgotischen Bogen und Profil versehene, jedoch niedrige Öffnung; sie beweist, daß der später veränderte Turmunterbau zu einer Basilika gehörte. Da seine Nordflucht nicht mit der Südflucht des Hauptchores übereinstimmte und eine zur Langhausachse nicht parallele Anordnung der südlichen Mittelschiffpfeiler erforderlich machte (s.: V. Vătășianu, *Istoria artei*, I, Abb. 188; G. Treiber, *Kirchen*, 18), ist er vor dem, seit der Mitte des 14. Jh. gebauten Chor entstanden, und schloß an ein Mittelschiff an, welches etwas schmäler als das heutige war. Weil weiterhin die anfangs erwähnte Öffnung zum Seitenschiff nicht die ganze Turmbreite einnimmt und asymmetrisch, auf der Seite gegen das Mittelschiff, angeordnet ist (s.: V. Vătășianu, *Istoria artei*, I, Abb. 188; G. Treiber, *Kirchen*, 18), ist folgerichtig anzunehmen, daß die Seitenschiffe — entsprechend auch dem neueren Ostwerk — eine kleinere Breite als die heutigen hatten (vgl. auch V. Vătășianu, *Istoria artei*, I, 223). Die Türme des ursprünglichen Baues standen also wie bei frühgotischen Kirchen aus der Süd- bzw. Nordflucht des Langhauses hervor.

[39] Für eine Beendigung spricht die im Verhältnis zur Bevölkerungszahl kleine Fläche der Kirchen (Abb. 157).

[40] *Urkundenbuch*, I, 319 f.

[41] Die Existenz dieser Befestigungslinie geht aus der Tatsache hervor, daß das Straßennetz der Vorstädte — auf eine von diesen läßt sich schon aus einem schriftlichen Vermerk von 1332 schließen (*Documente*, C, XIV/III, 146) — nicht genau jenes der Altstadt fortsetzt; zwischen ihnen muß sich also eine Begrenzung befunden haben. Da nach 1405 die Stadtmauer auf dem Verlauf der älteren Befestigungsanlagen errichtet wurde, obwohl die Stadt längst über diese hinausgewachsen war, ist zu vermuten, daß sich an der Grenze zwischen den Vorstädten und der Innenstadt ein breiterer unbebauter Streifen befunden hat, der sich für die neue Befestigungsanlage anbot. Die Breite des Streifens läßt auf einen Wall und Graben schließen.

[42] Auf früh bestehende Tortürme weist die späte Bauzeit der neueren Tore hin; diese wurden erst nach einem Großteil der Mauer, um 1450 und 1475 gebaut (für diesbezügliche Daten s.: V. Vătășianu, *Istoria artei*, I, 606; Șt. Pascu, V. Marica, *Clujul medieval*, 42 f).

Seitenkapellen und, nach einer Konzeptionsänderung im Sinne der Verbreiterung, ein Teil des Langhauses gebaut.[43] Die Kirche kann um diese Zeit von einer Ringmauer umgeben gewesen sein[44] und innerhalb derselben befand sich auch die Jacobskapelle.[45] Außerdem gab es vielleicht schon ein Rathaus,[46] sicherlich aber Lauben[47] und ein Hospital.[48] Die Häuser waren weiterhin fast alle aus Holz. Möglicherweise standen aber zwischen den einfachen Häusern und Hütten schon die ersten gemauerten Giebelhäuser,[49] die kaum größer gewesen sein können als die alten Bauten.[50]

Im 15 Jh. baute man die eigentliche Stadtmauer. Nach 1405[51] entstanden die West-, die Nord- und die Ostmauer (Abb. 133), aber erst um 1450 und 1475 erhielten die dazugehörigen Tore ihre endgültige Form.[52] Zur gleichen Zeit (1475) wurde am Schneiderturm, in der Südostecke der Stadt, gearbeitet,[53] was beweist, daß damals schon an der, ursprünglich längs der Wolfgasse geplanten, dann aber weiter auswärts aufgeführten Südmauer gebaut worden ist;[54] zusätzlich errichtete man noch weitere Türme (Abb. 136). Auch an den öffentlichen Gebäuden kamen die Arbeiten voran: Die Michaelskirche wurde fertiggestellt,[55] 1414 gab es die Petrikirche in der östlichen Vorstadt und eine Marienkapelle,[56] 1427 das Dominikanerkloster in der

---

[43] *Die deutsche Kunst*, 99 f; V. V ă t ă ş i a n u, *Istoria artei*, I, 223 f.

[44] Vergleiche Seite 146 des vorliegenden Bandes.

[45] *Urkundenbuch*, II, 51; T h. S t r e i t f e l d, *Die Kapelle*, 123.

[46] Ş t. P a s c u, V. M a r i c a, *Clujul medieval*, 21.

[47] Die Fleischerlauben werden 1408 urkundlich erwähnt *(Urkundenbuch*, III, 447).

[48] *Documente*, C, XIV/III, 146; *Urkundenbuch*, II, 243 f.

[49] 1423 wurde ein Haus für 190 fl. verkauft (S. G o l d e n b e r g, *Clujul*, 24). Der Wert zeigt, daß es ein kleines Steinhaus war. Sein Besitzer, ein wohlhabender Patrizier, der 1407 selbst ein Haus in der Burg gekauft hatte *Urkundenbuch*, III, 432 f) und außerdem noch ein zweites besaß, wird das Gebäude wahrscheinlich nicht zum Verkaufen neu gebaut haben.

[50] Auf dieses ist aus den selbst später (1541) kleinen Maßen der Kronstädter Häuser zu schließen (Abb. 153).

[51] *Urkundenbuch*, III, 351.

[52] V. V ă t ă ş i a n u, *Istoria artei*, I, 606.

[53] Ebenda.

[54] Auf den ursprüglich geplanten Verlauf weisen Bruchpunkte in der Ost- bzw. Westmauer hin, die sich beiläufig in Verlängerung der Wolfgasse (36) befanden (s.: E. J a k a b, *Kolozsvá története*, Bildband, I, Blatt V). Es is auch auffallend, daß der Geländestreifen südlich der Wolfgasse 1486 wenigstens teilweise noch städtischer Besitz war (s. dazu auch: Ş t. P a s c u, V. M a r i c a, *Clujul medieval*, 32).

[55] V. V ă t ă ş i a n u, *Istoria artei*, I, 224—227, 520 ff.

[56] *Urkundenbuch*, III, 593.

Alten Burg,[57] 1430 ein Aussätzigenhospital[58] und 1487 ist mit dem Bau eines weiteren Klosters — der Minoriten — begonnen worden.[59] Die Wohnbauten sind auch weiterhin größtenteils aus Holz gewesen, so daß auch im Jahr 1500 Hütten und Holzhäuser das Gesamtbild im wesentlichen bestimmten (Abb. 134). Seit 1450 sind aber immer mehr Steinhäuser entstanden (Abb. 135);[60] mit ihren hohen Giebeln dürften sie im Stadtbild schon eine Rolle gespielt haben.

Im 16. Jh. bestimmten die Wohnbauten die Veränderungen des allgemeinen Gepräges. Da die Stadtmauer bald nach 1500 beendet worden war[61] und die neuen Arbeiten um 1520[62] (vermutlich an den Zwingermauern) nicht lange dauerten, werden fast alle Maurer mit dem Neubau von Häusern beschäftigt gewesen sein (Abb. 133). Es ist demnach mit einem schnellen Anstieg der Zahl gemauerter Wohnbauten zu rechnen (Abb. 135) und um 1600 dürften nahezu alle Bauten der Innenstadt und sogar einige in den Vorstädten Stein- und Ziegelhäuser gewesen sein. Auch Giovandrea Gromo berichtete um 1565, daß die „große und reiche Handelsstadt wohlgebaut" sei. „Die ganze Stadt ist aus Steinen errichtet, mit den schönsten Häusern und Straßen", daß aber die „drei Vorstädte größtenteils aus hölzernen Häusern bestehen".[63] Später heißt es dann bei Conrad Jacob Hiltebrandt und Johannes Tröster, die Häuser seien „sehr weitläufig gebauet, und meistentheils mit Schindel-Dächern gedeckt".[64] Auch auf einer Vedute von 1617 ist der

---

[57] *Urkundenbuch*, IV, 281.

[58] *Urkundenbuch*, IV, 402.

[59] Şt. Pascu, V. Marica, *Clujul medieval*, 32.

[60] Für den frühen Baubeginn vieler gemauerter Häuser spricht einerseits die verhältnismäßig große Zahl der erhaltenen gotischen Einzelteile (s.: V. Vătăşianu, *Istoria artei*, I, 619; A. Rus, *Evoluţia portalului gotic in arhitectura clujană*, Mitteilung, vorgetragen auf der 5. Wissenschaftlichen Tagung der Museen, Bukarest 1969; vgl. auch Abb. 137). Andererseits ist, in Anbetracht der langen Bauzeit der Befestigungsanlagen, auf eine nur teilweise Beschäftigung der Maurer an den Wehranlagen zu schließen (Abb. 133).

[61] Da schon 1475 an der zuletzt errichteten Südmauer gearbeitet wurde (wo übrigens auch die Türme mit Pultdächern gedeckt waren — Abb. 138) dürfte ihr Bau um 1500 beendet worden sein. Eine schriftliche Erwähnung von 1502 (Şt. Pascu, V. Marica, *Clujul medieval*, 42) dürfte sich also auf eine letzte Phase der Arbeiten beziehen.

[62] Ein zeitlicher Anhaltspunkt für die Bauarbeiten stammt aus dem Jahr 1517: Damit die Befestigungsanlagen erneuert und ergänzt werden könnten, befreite Ludwig II. die Klausenburger von Abgaben (Şt. Pascu, V. Marica, *Clujul medieval*, 42).

[63] J. A. Gromo, *Uebersicht*, 22.

[64] J. Tröster, *Dacia*, 450; *Călători străini*, V, 555.

Abb. 137. *Klausenburg*, Stich von G. Houfnagl, 1617 (Ausschnitt)

Charakter der Stadt gut kenntlich (Abb. 137; östlicher Stadtteil mit nördlicher Vorstadt, Seifengassen und Ungargasse). In der Innenstadt haben die Häuser im allgemeinen Treppen- oder Spitzgiebel gegen die Straße, in den Vorstädten haben manche strohgedeckte Walmdächer und ein sichtbares, einfaches Fachwerk. Selbst zu Beginn des 18. Jh. war die Anordnung von Giebeln oder Krüppelwalmdächern[65] gegen die Straße durchaus üblich (Abb. 138; südlicher Stadtteil mit Marktplatz, Tordaer- und Wolfgasse). Im Vergleich zu diesen großen Änderungen, sind jene an öffentlichen Gebäuden verhältnismäßig unbedeutend gewesen: an dem Dominikaner- und an dem Minoritenkloster,[66] vielleicht auch an einem dritten Kloster wurden die Arbeiten fortgesetzt. Außerdem sind ein Kollegium,[67] ein drittes Hospital sowie verschiedene Lauben und Gewölbe erwähnt. Die Lauben waren vor allem an die

---

[65] Vgl. auch: Gh. Sebestyen, V. Sebestyen, *Arhitectura renașterii*, Abb. 5.
[66] V. Vătășianu, *Istoria artei*, I, 538 f, 614 ff.
[67] S. Goldenberg, *Clujul*, 40; Șt. Pascu, V. Marica, *Clujul medieval*, 63 f.

Abb. 138. *Klausenburg*, Zeichnung von J. C. Weiss, 1736 (Ausschnitt)

Mauern der Kirchenburg angebaut,[68] „Gewölb" befanden sich aber nicht nur um den Marktplatz, sondern auch an wichtigen Straßen, wie der Tordaergasse.[69]

S c h ä ß b u r g. Da die Niederlassung als Burg entstand,[70] ist es nicht ausgeschlossen, daß es schon um das Jahr 1200 Wehranlagen gegeben hat (Abb. 31); diese könnten feste Verhaue oder Holz-Erde-Befestigungen gewesen sein.[71] Die ersten Wohnbauten innerhalb der geschützten Fläche werden Erdhütten und teilweise vielleicht Holzhäuser gewesen sein.

Auch im 13. Jh. hat es gleichartige Wohnbauten sowohl in der Burg als auch im unteren Teil der Stadt gegeben; Reste eines Holzbaues kamen bei Grabungen auf der Burg zum Vorschein.[72] Zur gleichen Zeit entstanden aber

---

[68] S. dazu E. J a k a b, *Kolozsvár története*, Bildband, II, Blatt II.
[69] S. G o l d e n b e r g, *Clujul*, 368.
[70] Auf diese ist aus dem deutschen und ungarischen Ortsnamen, aber auch aus der ersten urkundlichen Erwähnung (*Urkundenbuch*, I, 141) zu schließen. S. auch: F. M ü l l e r, *Schäßburg*, 396 ff; C h. M a c h a t, *Bergkirche*, 34 ff.
[71] S. auch: V. D r ă g u ț, *Sighișoara*, 22.
[72] G h. B a l t a g *(Radnabe)* beschreibt diese wie folgt: „Reste eines hölzernen Bauwerks, Schwellen, Pfetten und Säulen (Stützen) sowie starke Bohlen, die als Verkleidung benützt wurden, alle aus massivem Eichenholz, kamen bei den Grabungen zum Vorschein. Das Holzmaterial wurde bei der Errichtung eines Kellers oder einer Kellerwohnung aus dem 13. Jh. benützt. Die hölzerne Behausung, die für die damalige Zeit recht große Ausmaße aufweist, fiel einem Brand zum Opfer. Das für die Schwellen benützte Holz hatte [...] eine maximale Länge von 8,5 Metern. Eine Doppeltür führt in zwei von einer Scheidewand getrennte Räume. [...] Die aus sehr dicken Brettern bestehende Verkleidung der Räume war in die Schwellen eingelassen. Der Raum rechter Hand zeigt deutlich Spuren eines Steinpflasters."

auch gemauerte Bauten; wir wissen von einem Wohnturm und einem Bergfried mit romanischen und frühgotischen Merkmalen, die also vor 1300 entstanden sind. Der Wohnturm, bekannt als „Binderturm", stand am Rande der Burg und war besonders sorgfältig ausgeführt,[73] ein Bergfried, der möglicherweise von Anfang an auch als zukünftiger Kirchturm gedacht war, ist ursprünglich der viel einfachere Turm der Bergkirche gewesen.[74] Um ihn könnte es die erste Wehrmauer gegeben haben,[75] die Bezeichnung Schäßburgs als „Burg" legt aber den Gedanken nahe, daß die gesamte Bergterrasse schon im 13. Jh., nach dem Mongoleneinfall, mit einer Ringmauer umgeben wurde.[76] Die ursprüngliche Mauer war ziemlich niedrig[77] aber mit mehreren Türmen versehen, die wie bei der Klausenburger Alten Burg hinter der Ringmauerflucht standen (Abb. 139).[78] Verhaue werden den unteren Teil der Ortschaft umschlossen haben. Hier befanden sich auch die einfacheren öffentlichen Gebäude: In der Literatur wird eine romanische Kirche erwähnt,[79] und nach seinem Standort im Stadtgefüge könnte das Hospital schon im 13. Jh. entstanden sein. Besser Bescheid wissen wir über die wichtigen Bauten in der Burg. Unter dem Chor der Bergkirche hat sich — für Siebenbürgen ganz ungewöhnlich — eine romanische, später geänderte Krypta erhalten, die gewiß zu einer frühen

---

[73] F. Müller, Schäßburg, 404; P. Niedermaier, Das schöne alte Bild der Heimat, in Karpatenrundschau, IX/4, 1977, 6.

[74] V. Drăguț, Sighișoara, 21 f, 38; dazu: Ch. Machat, Bergkirche, 29 f, 36—42.

[75] Ebenda, 21 f. Selbst in gewöhnlichen Dörfern wurden schon im 13. Jh. oftmals die Kirchen mit Mauern umgeben (s. dazu: P. Niedermaier, Siebenbürgische Wehranlagen, in „Die Woche" 456, 1976).

[76] F. Müller, Schäßburg, 397 f; V. Drăguț, Sighișoara, 22. Für die frühe Datierung der Mauer spricht auch die frühe Datierung vieler Türme.

[77] F. Müller, Schäßburg, 399 f; R. Schuller, Alt-Schäßburg, 14 f.

[78] V. Drăguț, Sighișoara, 27 f, 31. Die Anordnung der Türme hinter der Mauerflucht zeigt, daß sie vor dem Ende des 14. Jh. errichtet wurden (L. Gerö, Burgenbau, 17—26); unter diesen Umständen weisen die Rundbögen der Toröffnungen, ihre schlichten Kämpfer- und Sockelprofile sowie die Ansätze der einfach ausgebildeten und sehr starken Gewölberippen in den Durchfahrten der Tortürme auf eine sehr frühe Bauzeit — vielleicht die 2. Hälfte des 13. Jh. hin. Auch die Gruppierung von je zwei Durchfahrten, die sonst an siebenbürgischen Stadttoren nicht anzutreffen ist, ließe sich durch eine frühe Bauzeit der beiden Schäßburger Haupttore erklären. Von allen Türmen hat sich aber aus dieser Zeit nur der Unterteil erhalten.

[79] V. Drăguț, Sighișoara, 22.

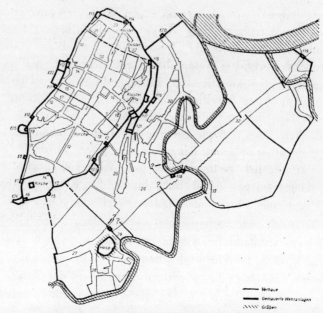

Abb. 139. *Schäßburg*, Befestigungsanlagen

Benennungen nach R. Schuller: *f1* Stundturm (Torturm); *f2* Ledererturm; *f3* Zinngießerturm; *f4, f25* Türme; *f6* Goldschmiedturm; *f7* Seilerturm; *f8* Turm; *f9* Fleischerturm; *f10* Kürschnerturm; *f11* Weberturm; *f12* Schneiderturm (Torturm); *f13* Schusterturm; *f14* Schlosserturm; *f15* Faßbinderturm; *f16* Schmiedturm; *f17* Balbiererturm; *f18, f19* Tortürme; *f20* Fischerturm (Torturm); *f21* Vorderes Tor; *f22* Hinteres Tor; *f23* Bastei; *f24* Castaldobastei; *f25* Fleischerbastei.

Kapelle oder Kirche gehört hat;[80] am Fuß des Burgbergs soll die erste Pfarrkirche der Ortschaft gestanden haben[81] und laut einem Ablaßbrief näherten sich 1298 die Bauarbeiten, wahrscheinlich am Chor des Dominikanerklosters, ihrem Ende.[82]

Im Laufe des 14. Jh. wurde an dem Kirchensaal[83] und den andern Teilen des Klosters weitergearbeitet; vielleicht baute man schon damals ein Domi-

---

[80] E. Dubowy, *Sighișoara*, 104, 106; V. Vătășianu, *Istoria artei*, I, 239; V. Drăguț, *Sighișoara*, 22; Ch. Machat, *Bergkirche*, 23 f, 31—36. Der tiefe Ansatz der ursprünglichen Gewölbe schließt eine einstige Verwendung der Krypta als Kirche aus.

[81] F. Müller, *Schäßburg*, 309, 398, 411 f; R. Schuller, *Alt-Schäßburg*, 23.

[82] *Urkundenbuch*, I, 210 f. Die Datierung bestätigt sich durch die architektonischen Formen des Chores: Dieses besitzt zwei quadratische und ein fünfseitiges Joch. Wie Ansätze der alten Gewölberippen auf der Nordseite beweisen, ist die heutige Wölbung neuer; ebenso sind die Maßwerke jüngeren Datums.

[83] Aus dem Verhältnis der Langhausbreite zu der des Chores ist zu schließen, daß der Bau ursprünglich eine Saalkirche war. Die heutigen Pfeiler und Gewölbe des Langhauses sind erst spät errichtet worden.

nikanerinnen- und ein Franziskanerinnenkloster und auf dem Schulberg entstanden das Chor der Bergkirche[84] und westlich davon ein Saal.[85] Die Wohnbauten der Ortschaft waren weiterhin in der überwiegenden Mehrzahl aus Holz, aber es gab gleichzeitig schon eine größere Zahl gemauerter Häuser; beide Gebäudearten werden in einer Urkunde von 1367 erwähnt.[86] Schließlich dürften nach 1367[87] und bis gegen Ende des 14. Jh. an den Befestigungen der Burg Veränderungen vorgenommen worden sein (Abb. 133). Darauf könnten einige Türme bzw. Turmteile zurückgehen.[88] Neue Begrenzungen bzw. Verhaue sind im unteren Teil der Stadt entstanden.

Im 15. Jh. führte man größere Befestigungsarbeiten aus. Mit der wachsenden Türkengefahr sah sich die Stadt bald nach 1420 gezwungen, die Ringmauer um 3—4 m zu erhöhen.[89] Weitere Arbeiten sind für die Zeit um 1490 urkundlich belegt: die Mauer wurde vielleicht stellenweise erhöht und mit Bogen verstärkt;[90] einige Türme erhielten ein vorgekragtes Obergeschoß.[91] Ob man gleichzeitig um den unteren Teil der Stadt an einigen Orten statt der Verhaue stärkere Wehranlagen errichtete, ist ungewiß; jedenfalls gab es im Jahr 1500 um die Hospitalskirche eine Ringmauer.[92] Die Kirche selbst wird damals schon ihr späteres Aussehen gehabt haben, die Bergkirche bekam im Laufe des 15. Jh. in mehreren Etappen ihre heutige Hallenform[93]

---

[84] *Die deutsche Kunst*, 91 f; V. Vătășianu, *Istoria artei*, I, 239; E. Dubowy, *Sighișoara*, 104.

[85] Von diesem sind auf dem Dachboden, an der Wand gegen das Chor, noch die Ansatzstellen der Seitenmauern erhalten. Die Südmauer befand sich in der Flucht der heutigen Pfeiler, die Nordmauer nördlich davon. Die Achsen von Chor und Saal fielen demnach nicht zusammen.

[86] G. Entz, *Die Baukunst*, 171.

[87] Damals wurde Schäßburg zum erstenmal als „civitas" bezeichnet (*Urkundenbuch*, II, 283) und so ist es denkbar, daß, wie in verschiedenen andern Ortschaften Siebenbürgens, Arbeiten an den Befestigungsanlagen begonnen haben.

[88] So könnten z. B. die angeblendeten hohen Spitzbogen an der Burgseite des Stundturms im 14. Jh. entstanden sein.

[89] Für die Erhöhung s.: F. Müller, *Schäßburg*, 400; R. Schuller, *Alt-Schäßburg*, 14 f. Da bei den neuen Mauerteilen Schießscharten verwendet wurden, lassen sich diese Teile nicht ins 14. Jh. datieren. Andere Befestigungen sind Ende des 15. und im 16. Jh. ausgeführt worden.

[90] G. Müller, *Stühle und Distrikte*, 25, 318.

[91] Nach verschiedenen Inschriften lassen sich die vorgekragten Geschosse z. B. in Hermannstadt, Bistritz und zumindest teilweise Klausenburg datieren: letztes Viertel des 15. Jh.—17. Jh.

[92] R. Schuller, *Alt-Schäßburg*, 22; V. Drăguț, *Sighișoara*, 46.

[93] S. dazu: *Die deutsche Kunst*, 91 f; V. Vătășianu, *Istoria artei*, I, 239, 535 f; V. Drăguț, *Sighișoara*, 37—43; Ch. Machat, *Bergkirche*, 24—30, 63—84.

und auch an den drei Klöstern sind bedeutende Bauarbeiten zu vermuten bzw. bekannt.[94] Seit der Mitte des Jahrhunderts werden die Schäßburger Maurer viel an Wohnhäusern gearbeitet haben (Abb. 133), so daß der Anteil der Holzhäuser am Baubestand und ihre Zahl früher als in andern Städten abzunehmen begannen (Abb. 134). Die neuen gemauerten Wohnbauten (Abb. 135) haben vermutlich in der Burg gestanden; da diese klein war, machten sie hier um 1500 schon einen bedeutenden Teil der Häuser aus.

Im 16. Jh. wurden erneut Arbeiten an den Befestigungsanlagen durchgeführt (Abb. 133). An die Burg wurden Zwinger, Vorwerke und drei mit Erde gefüllte Rondelle angebaut,[95] und im unteren Stadtteil errichtete man

Abb. 140. *Schäßburg*, Stich von H. J. Schollenberger, vor 1666 (Ausschnitt)

[94] F. Müller, *Schäßburg*, 415—427; V. Vătășianu, *Istoria artei*, 538, 617; V. Drăguț, *Sighișoara*, 31 ff.

[95] R. Schuller, *Alt-Schäßburg*, 20; E. Dubowy, *Sighișoara*, 52, 54 f; G. Nussbächer, *Fleischerturm und Fleischerbastei in Schäßburg*, in: Neuer Weg, 8346, 1976, 6. Auch die Rondelle in andern Städten wurden meist um die Mitte des 16. Jh. errichtet.

spätestens damals auch einige Mauerabschnitte und gemauerte Türme (Abb. 139).[96] Geringfügiger waren die Veränderungen an den öffentlichen Gebäuden. Kleine Ergänzungen sind an der Bergkirche und größere am Dominikanerkloster vorgenommen worden.[97] Als Rathaus diente weiterhin der Stundturm, nach der Reformation dann das Dominikanerkloster.[98] Außerdem gab es eine „Siechhof"-Kirche für Aussätzige,[99] sowohl in der Burg als auch in der Unterstadt verschiedene Zunftlauben,[100] dann eine Schule,[101] eine Badstube u. a.[102] Da mehrere Maurer (1513 gab es sogar eine Maurer- und Steinmetzzunft) zumal an Wohnbauten arbeiteten, veränderte sich der Hausbestand. Im 16. Jh. ist die Anzahl der Steinhäuser weiter gewachsen, so daß

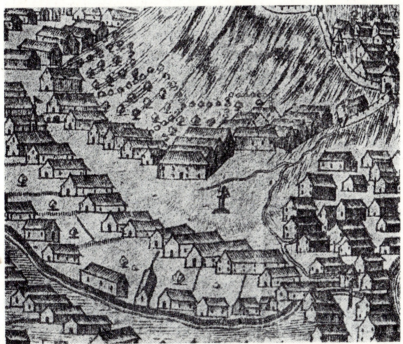

Abb. 141. *Schäßburg*, Stich von M. Visconti, 1699 (Ausschnitt)

[96] F. Müller, *Schäßburg*, 407; R. Schuller, *Alt-Schäßburg*, 20 ff.
[97] V. Drăguț, *Sighișoara*, 38 f; E. Dubowy, *Sighișoara* 73—77; R. Schuller, *Alt-Schäßburg*, 29—32.
[98] F. Müller, *Schäßburg*, 404 f, 421—424; E. Dubowy, *Sighișoara*, 68.
[99] R. Schuller, *Alt-Schäßburg*, 35.
[100] F. Müller, *Schäßburg*, 409; R. Schuller, *Alt-Schäßburg*. 41.
[101] R. Schuller, *Alt-Schäßburg*, 28; V. Drăguț, *Sighișoara*, 37.
[102] F. Müller, *Schäßburg*, 409 f; R. Schuller, *Alt-Schäßburg*, 40 ff.

um 1600 die Bauten der Burg nahezu durchgängig erneuert und teilweise auch stockhoch waren;[103] einige gemauerte Wohnbauten hat es auch im unteren Teil der Stadt gegeben. Urteilt man nach einem Stich von vor 1666, so sind die Häuser im allgemeinen mit einem Giebel gegen die Straße gestellt gewesen (Abb. 140; der Ausschnitt zeigt den Nordwestteil der Stadt). Selbst 1699 erscheinen in einer Vedute (Abb. 141) die Gebäude im unteren Teil der Stadt meist in gleicher Weise angeordnet; dabei ist auch die noch allgemein übliche offene Bauweise zu erkennen. In der etwas schematischen Zeichnung wird die Lage allerdings vereinfacht dargestellt sein, denn 1736 war im Stadtzentrum die geschlossene Bauweise und die Anordnung der Häuser mit der Traufenseite gegen die Straße verbreitet (Abb. 142; zu sehen sind Baiergasse und Marktplatz). Die Dächer waren jedoch selbst 1767 noch allgemein mit Schindeln gedeckt.[104]

Broos.[105] Die Wohnbauten sind zunächst auch hier Erdhütten und Holzhäuser gewesen. Das erste öffentliche Gebäude, eine Kapelle, vielleicht auch aus Holz, lag innerhalb des damals noch schütter bebauten Ortsgebietes. Die Ausbildung von zwei Parzellen an der zeitweiligen Trennungslinie der beiden Einzelsiedlungen (Abb. 122), aus denen Broos entstanden ist, läßt vermuten, daß die Siedlungsgrenzen z. T. nicht nur aus Verhauen, sondern auch aus Wall und Graben bestanden.

---

[103] Für die Wohnbauten s.: F. Müller, *Schäßburg*, 409, 427—430; R. Schuller, *Alt-Schäßburg*, 42—46; E. Dubowy, *Sighișoara*, 78 f, 90, 94 f, 126, 146, 150 f, 153—158; V. Drăguț, *Sighișoara*, 22, 34 ff, 46. Eine halbwegs systematische baugeschichtliche Untersuchung der Häuser steht noch aus. Einige steinerne und hölzerne Fensterstöcke in gotischem oder Renaissancestil werfen nur ein sehr unvollständiges Licht auf das Alter der Wohnbauten. Es wäre auch die Bedeutung der leicht nach innen geneigten Außenflächen vieler Häuser zu klären; diese Besonderheit der Schäßburger Wohnbauten könnte auf ein hohes Alter, auf eine weitergehendere Verwendung von Gewölben oder auf die Bodenbeschaffenheit zurückgehen. In Ermangelung vollständigerer Daten über den Baubestand ist die Tatsache wichtig, daß 1513 die Satzungen der Schäßburger Maurer- und Steinmetzenzunft bestätigt wurden (G. Nussbächer, *Meșteșugurile din Sighișoara*, 217); dieses beweist den damaligen Entwicklungsgrad des Maurerhandwerks bzw. die Existenz von mehr als einem Meister und gleichzeitig die jährliche Erneuerung mehrerer Häuser. Bei der im allgemeinen späten Entstehungszeit der Maurerzünfte Siebenbürgens ist auch auf eine längere Tradition des Handwerks in der Stadt zu schließen.

[104] E. Dubowy, *Sighișoara*, 146.

[105] Die Begründung für die nachfolgenden Bemerkungen ist im vorigen Kapitel enthalten.

Abb. 142. *Schäßburg*, Zeichnung von
J. C. Weiss, 1736 (Ausschnitt)

Die architektonischen Merkmale der Ortschaft haben sich im 13. Jh. nur in begrenztem Maße geändert. Bald nach 1200 entstand wahrscheinlich die romanische Kirche. Sie dürfte schon früh von Wehranlagen umgeben gewesen sein. Sonst gab es aber auch weiterhin Holzhäuser, einfache Hütten und Verhaue, welche die Ortschaft umzogen.

Im 14. Jh. wurde weiter an öffentlichen Gebäuden gearbeitet: es entstand ein Minoritenkloster, und 1334 gab es vier Beginenhäuser sowie eine Badstube. Die Pfarrkirche war zu Beginn des Jahrhunderts mit einer starken Mauer umgeben worden; nach 1350 plante man eine Erneuerung des Kultbaus und errichtete ein größeres Chor; anschließend mußte dann auch ein Teil der Ringmauer verschoben werden. Stärkere, jedoch nicht unbedingt gemauerte Befestigungen könnten nach 1324 rund um die ganze damalige Ortschaft entstanden sein (Abb. 122); sie dürften ihr das Aussehen einer frühen Stadt gegeben haben. Innerhalb dieser Wehranlagen gab es im 14. Jh. weiterhin nur — oder fast nur — Holzhäuser (Abb. 134).

Da die Stadt nach dem „Schwarzen Tod" viel von ihrer einstigen Bedeutung verloren hatte, veränderte sich ihre Architektur im 15. Jh. kaum; wir haben nur von kleinen Ergänzungen an der Pfarrkirche und deren Wehranlagen Kenntnis.

Neue Nachrichten stammen aus dem 16. Jh.: In der Kirchenburg gab es damals ein Rathaus und eine Schule. Letztere wurde durch eine andere, außerhalb der Wehranlage gelegene ersetzt, und die Befestigung durch ein

Rondell sowie eine, möglicherweise gegen 1600 errichtete, zweite Ringmauer ergänzt. Die Kirchenburg bestimmte das Gepräge der Ortsmitte, gab ihr aber nicht ein ausgesprochen städtisches Aussehen, denn in einer Beschreibung der Ortschaft hob Giovandrea Gromo ihren dörflichen Charakter hervor. Dieser wurde in bedeutendem Maß von den einfachen Wohnbauten bestimmt. Sie waren noch nahezu ausschließlich aus Holz (Abb. 134) und für ihre Instandhaltung und Erneuerung dürfte es in Broos damals ein bis zwei Zimmerleute gegeben haben.[106] Gegen Ende des 16. Jh. stieg dann die Zahl der gemauerten Häuser (Abb. 135); zusammen mit Sockeln der Holzhäuser konnten sie aber vermutlich noch immer von ein bis zwei Maurermeistern und ihren Hilfsarbeitern errichtet werden.[107]

Hermannstadt.[108] Die Wohnbauten des Ortes sind anfangs Erdhütten und Holzhäuser gewesen, genau wie in anderen Siedlungen. Auch einen ersten Sakralbau wird es schon im 12. Jh. in der Unterstadt, an der Stelle des späteren Hospitals gegeben haben.[109] Der Bau eines zweiten, der romanischen Marienkirche, wurde nach der Gründung der Propstei, vielleicht aber schon vor 1200 auf der Stelle der späteren Pfarrkirche begonnen.[110] Um sie befan-

---

[106] 1291 wurde der Dachstuhl des Weißenburger Domes von vier Zimmerleuten aus Krakau, Weißenburg, Urwegen und Kelling errichtet. Es ist demnach zu vermuten, daß es in den genannten Orten in der Nähe Weißenburgs je einen, unter Umständen z.T. aber auch zwei Zimmerleute gab. Da die Ortschaften damals von rund 50—200 Familien bewohnt waren, kann auch für die rund 160 Wirte von Broos eine ähnliche Meisterzahl angenommen werden.

[107] Bei einer Jahresleistung von 250 m³ und einem Bedarf von höchstens 191 m³ Mauerwerk pro Haus, konnte ein Maurer mit zwei Hilfsarbeitern im Laufe von 20 Arbeitsjahren wenigstens 26 gemauerte Häuser errichten. Da Broos weniger als 200 Wirte hatte, im 17. Jh. an Wohnbauten weiter gearbeitet wurde, und es auch im 18. Jh. sicher noch Holzhäuser gab, wird es in der Stadt selbst im allgemeinen nicht für mehr Maurer gleichzeitig Aufträge gegeben haben

[108] Für die Begründung der Feststellungen über die Entwicklung von Wohn- und Wehrbauten s.: P. Niedermaier. *Die städtebauliche Entwicklung*, 168 ff, 172 f, 192—199, 208—212 und die angegebenen Literaturhinweise.

[109] M. v. Kimakowicz, *Alt-Hermannstadt*, 241 f.

[110] Da die Nordostecke des heutigen Kirchturmes von beiläufig 10 m Höhe an (wo sich am Turm auch ein Horizontalprofil befindet) aus behauenen Ecksteinen besteht und die Mittelschiffwand also weiter oben nicht mehr mit der Turmmauer verbunden ist, läßt sich mit Sicherheit schließen, daß die mit dem Turm gleichzeitig gebaute Mittelschiffmauer nur 10 m hoch war. Weil das Schiff 9 m breit ist, demnach einen beinahe quadratischen Querschnitt besaß, kann es nur einem romanischen Bau angehört haben. Diese früher nicht bekannte Eigenheit bestätigt die Hypothese von L. Reissenberger (*Pfarrkirche*, 4—7, 76), nach der die romanische Kirche gleich der gotischen ausgerichtet war und die heutigen

den sich auch die ersten stärkeren Wehranlagen. Entlang der Siedlungsgrenzen gab es jedoch auch in Hermannstadt nur Verhaue.

Der schnelle Aufschwung des Ortes spiegelt sich im 13. Jh. vor allem in den bedeutenden öffentlichen Gebäuden. Die schon begonnene romanische Marienkirche wurde fertiggestellt, ein Dominikanerkloster teilweise noch vor dem Mongoleneinfall gebaut[111] und außerdem gab es ein Prämonstratenserinnenkloster, ein Minoritenkloster, ein Hospital[112] und wenigstens eine Kapelle[113]. Das erste gemauerte Haus der Stadt stand neben der Marienkirche[114] und wird der Sitz des Propstes gewesen sein — ein steinerner „Palast", wie ihn Rogerius in Weißenburg erwähnt;[115] daneben stand auch ein Bergfried — ein ziemlich mächtiger, fünfeckiger Turm.[116] Zusammen mit der Kirche befanden sich diese Bauten in einer von Mauern umgebenen Burg, aber auch die danebenliegende Fläche — der heutige Kleine Ring — war schon befestigt; zuerst wohl mit Palisaden, dann mit Mauern. Andere, vielleicht gemauerte Wehranlagen schützten das Dominikanerkloster.[117] Die vor allem aus Holzhäusern und Hütten bestehenden Wohnviertel werden dagegen nur von Verhauen umzogen gewesen sein.

Seit dem 14. Jh. errichtete man rund um die Wohnviertel Wehrmauern: wahrscheinlich zwischen 1326—1390 um die Oberstadt und anschließend um die Unterstadt. Mit einer zweiten Mauer wurde vor der Mitte des 14. Jh. auch die Burg in der Stadtmitte verstärkt. In dieser sind verschiedene neue Bauten entstanden: 1324 gab es schon das Rathaus neben dem Ratturm,[118] 1370 viele Lauben[119] und 1380 eine Schule[120]. Vor 1350 ist

---

Mittelschiffwände sich auf der Stelle der romanischen befinden (vgl. auch Fußnote 114). Den vermutlichen Grundriß der ersten Kirche s. bei G. T r e i b e r, *Kirchen*, 35.

[111] S. dazu: G. E n t z, *Baukunst*, 140.

[112] G. E n t z, *Baukunst*, 140 f.

[113] Es handelt sich um die Kapelle am Großen Ring (Abb. 63).

[114] Drei Reste der Grundmauern wurden von M. v. K i m a k o w i c z *(Alt-Hermannstadt*, 251 f; *Studien*, 479 f) freigelegt.

[115] R. C s a l l n e r, *Quellenbuch*, 49; E. W a g n e r, *Quellen*, 22.

[116] M. v. K i m a k o w i c z, *Alt-Hermannstadt*, 249 f.

[117] In einer späteren Zeit bestanden sie aus einer Mauer und zwei Türmen (B. I v a n y i, *Dominikanerorden*, II, 29). Da ein Teil der Bewohner Hermannstadts beim Mongoleneinfall möglicherweise ins Kloster geflüchtet war (G. E n t z, *Baukunst*, 140), ist es ohne weiteres denkbar daß dieses damals schon von Wehranlagen umgeben war.

[118] P. N i e d e r m a i e r, *Die städtebauliche Entwicklung*, 169.

[119] G. S e i v e r t, *Kirchenbuch*, 328, 339 f.

[120] E. S i g e r u s, *Chronik*, 3.

mit der Erneuerung der Marienkirche begonnen worden, indem man zunächst an das romanische Langhaus ein Querschiff und Chor anfügte und dann das Mittelschiff ersetzte.[121] Außerhalb der Burg wurde wohl an den bestehenden klösterlichen Niederlassungen weitergearbeitet und vermutlich entstanden schon damals auch die älteren, gotischen Gebäudeteile von einem Dominikanerinnen- und einem Klarissenkloster. Die Wohnbautet sind vor allem Holzhäuser gewesen. Da Urkunden vom Beginn des 15. Jh. ein Steinhaus und einen Besitz mit einem Wert von 1000 Gulden erwähnen[122] (also mit einem stöckigen, gemauerten Bau und je einem gesondert angeführten „Back-" und „Zinshaus"), waren noch vor dem Jahr 1400 einige Steinhäuser entstanden. Wie die beiden erwähnten, die sich am Großen Ring befanden, werden auch die andern an den Hauptplätzen und am Anfang der allerwichtigsten Straßen gestanden haben.

In größerer Anzahl sind gemauerte Wohnbauten erst nach der Mitte des 15. Jh. entstanden (Abb. 133); schon bis um das Jahr 1500 war ihre Zahl so weit gestiegen (Abb. 135), daß sie im Gepräge der Hauptstraßen und Plätze eine bedeutende Rolle gespielt haben werden. Im Gesamtbild der Stadt fielen sie allerdings auch weiterhin nur in begrenztem Maß ins Gewicht, da auch die Zahl der Holzhäuser stark angewachsen war (Abb. 134). Gleichzeitig ist an öffentlichen Gebäuden weitergearbeitet worden. An der Marienkirche wurden die romanischen Seitenschiffe durch breitere, gotische ersetzt, das Mittelschiff wurde erhöht und eingewölbt, über dem Südseitenschiff eine Empore angelegt, an der Westseite des Baus eine Kapelle errichtet u. a. m.[123] Andere Kapellen entstanden rund um die Kirche, Lauben am Marktplatz,[124] und auch an den Klöstern und dem Hospital dürften neue Arbeiten durchgeführt worden sein. Schließlich änderten sich auch die Wehranlagen (Abb. 133): Schon zu Beginn des 15. Jh. wurde die Unterstadtmauer fertiggestellt, dann verstärkte man bis um 1460 die Ringmauern und errichtete neue Türme; weiterhin entstanden um die Wende des 15. Jh. andere Türme und wahrscheinlich eine zweite bzw. teilweise dritte Mauer rund um die Oberstadt (Abb. 143).

Trotz dieser umfangreichen Arbeiten waren im 16. Jh. neue Befestigungswerke nötig (Abb. 133): Zuerst entstanden fünf Rondelle, dann vier große, fünfeckige Basteien mit Bollwerksohren und an einigen Stellen gemauerte

---

[121] *Die deutsche Kunst*, 87 ff; V. Vătășianu, *Istoria artei*, I, 213—217; P. Niedermaier, *Bauhütte*, 44.

[122] *Urkundenbuch*, III, 460 f, 501.

[123] *Die deutsche Kunst*, 87—91; Vătășianu, *Istoria artei*, I, 227 f, 527 ff.

[124] E. M. Thalgott, *Hermannstadt*, 23 f und Abb. 6.

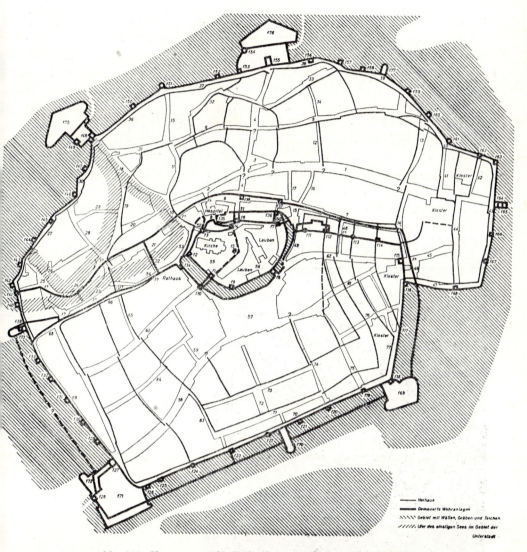

Abb. 143. *Hermannstadt*, Befestigungsanlagen (13.—16. Jh.)

Benennungen teilweise nach E. M. Thalgott: f1 Priesterturm (Tor); f2 Torturm; f3 Pfarrerstübl (Torturm); f4 Torturm; f5 Bergfried; f6, f7 Tortürme; f8 Ratturm (Tor); f9, f10 Tortürme; f11—f14 Türme; f15 Salztor; f16 Balbiererturm; f17 Scharwachtürmchen; f18 Turm; f19 Leichentürchen; f20 Seilerturm; f21 Zinngießerturm; f22 Zimmermannsturm; f23 Töpferturm; f24 Tuchmacherturm; f25 Schlosserturm; f26 Tischlerturm; f27, f28 Heltauer Tor (Fleischertürme); f29 Turm; f30 Hutmacherturm; f31, f32 Türme; f33 Leinweberturm; f34, f35 Tortürme; f36—f38 Türme; f39 Goldschmiedturm; f40 Pechturm; f41 Turm; f42 Schmiedturm; f43, f44 Türme; f45 Wollweberturm; f46 Faßbinderturm; f47 Turm; f48, f49 Sagtor (Schneidertürme); f50 Weißbäckerturm; f51 Ledererturm; f52 Schnepfenturm; f53 Maurerturm; f54 Pulverturm; f55 Burgertor (Schusterturm); f56, f57 Türme; f58 Handschuhmacherturm; f59, f60 Türme; f61 Riemerturm; f62 Turm; f63 Seifensiederturm; f64, f65 Elisabeth-Tor (Kürschnertürme); f66 Turm; f67 Schwertfegerturm; f68 Turm; f69 Hallerbastei; f70 Dicker Turm (Rondell); f71 Heltauertorbastei, f72 Rondell vor dem Heltauer Tor; f73 Rondell beim Hundsrücken; f75 Sagtorbastei; f76 Burgertorbastei; f77 Wagnerbastei (Rondell); f78 Tor.

Kurtinen (Abb. 143). Damals beschrieb Giovandrea Gromo die Befestigungen wie folgt: „sie [die Stadt] ist von tiefen Teichen umgeben, welche sich vom Fuße der Mauer auf drei Seiten beiläufig auf eine Meile erstrecken. Die Mauern sind dick und hoch, nach alter Art mit Zinnen und gedeckten Gängen versehen, und können von Seite der Teiche auf keine Weise angegriffen werden, haben in den Ecken Thürme und sind [...] mit zwei sehr ansehnlichen Bollwerken nach jetziger Art versehen worden, welche gegenwärtig mit dicken Steinmauern umgeben sind, und dasselbe ist mit noch größerer Kunst und Kosten auf der westlichen Seite [...] geschehen." Der gleiche Verfasser berichtet weiter über die Wohnbauten: „Drinnen in der Stadt sind die Häuser von Stein, geräumig, bequem, doch sind es keine Paläste."[125] In Stichen aus dem 17. Jh. erscheinen sie zunächst, wohl auch vereinfacht, wie in anderen Städten als gleichartige Giebelhäuser, die mit der Schmalseite gegen die Straße stehen (Abb. 144; der Ausschnitt zeigt den

Abb. 144. *Hermannstadt*, Stich von J. H. Schollenberger, vor 1666 (Ausschnitt)

[125] J. A. Gromo, *Uebersicht*, 26 f.

Abb. 145. *Hermannstadt*, Stich von M. Visconti, 1699 (Ausschnitt)

Nordwestteil der Stadt). Auch in neueren Veduten sind sie einander im allgemeinen ähnlich, in Einzelfällen jedoch verschiedenartig dargestellt (Abb. 145; Sicht von Norden). Klar erkennbar ist auf einer Zeichnung von 1703 (Abb. 146), daß um den Großen Ring die Häuser alle mit der Traufe zum Platz standen, doch in verschiedenen wichtigen Straßen sind die Bauten, selbst später, mit dem Giebel zur Straße gekehrt gewesen (Abb. 156; gut zu erkennen sind die Burger-, Elisabeth- und Schmiedgasse). Die in einzelnen Fällen früh übliche Anordnung der Häuser mit der Traufe zur Straße[126] wird also mit der allmählichen Vergrößerung der Bauten schon im 16. Jh. eine gewisse Verbreitung gefunden haben. Die erwähnte Vergrößerung ging mit einem Anwachsen der Zahl von gemauerten, außen gestrichenen oder bemalten,[127] teilweise mit Ziegeln gedeckten[128] Wohnbauten parallel (Abb. 135). Obwohl die Anzahl der Holzhäuser damals nicht mehr gewachsen ist, machten diese um 1600 trotzdem noch immer mehr als die Hälfte der Wohnbauten aus (Abb. 134); im Jahr 1599 gab es selbst am Großen Ring noch ein baufälliges Holzhaus.[129] Von geringerer Bedeutung waren die Änderungen an öffentlichen Bauten; einige erfolgten an der Marienkirche, andere vermutlich am Hospital. Das Rathaus siedelte zweimal in jeweils größere Bauten um, die Schule, die schon im 15. Jh. durch den Ankauf des Nebenhauses vergrößert worden war, erweiterte man ein zweites Mal auf die gleiche Art[130]

---

[126] H. Fabini, *Valorificarea fondului*, fig. 5.
[127] *Călători străini*, II, 432; M. Guboglu, *Evliya Tschelebi*, 127.
[128] S. z. B.: *Călători străini*, V, 50, 583.
[129] E. Sigerus, *Chronik*, 11.
[130] E. Sigerus, *Chronik*, 4; G. Seivert, *Hermannstadt*, 55.

244   Die architektonische Entwicklung der Handwerksorte

und auf dem Großen Ring wurde ein kunstvoller Pranger aufgestellt.[131]

Mühlbach.[132] Die Wohnbauten der künftigen Stadt werden sich im 12. und 13. Jh. durch nichts von denen anderer Ortschaften unterschieden haben. Auch die Verhaue längs der Siedlungsgrenzen dürften zunächst gleichartig gewesen sein. Besonders früh — schon um 1250 — sind diese durch stärkere Holz-Erde-Befestigungen ersetzt worden, deren Verlauf im großen später beibehalten wurde (Abb. 73—75). In der Mitte des Ortes erbaute man im Laufe des 13. Jh. in mehreren Etappen die Pfarrkirche — eine spätromanische Basilika mit frühgotischen Teilen; nach ihrer Fertigstellung wurde sie von einer Ringmauer umgeben.

Die ersten gemauerten Teile der Wehranlagen um die Stadt entstanden vermutlich knapp vor der Mitte des 14. Jh. (Abb. 133); es handelte sich um Stadttore und einen Mauerabschnitt im Bereich des Dominikanerklosters (Abb. 11, d3). Dieses war zwischen 1300—1322 gegründet, und wenig später am Stadtrand gebaut worden. Andere öffentliche Gebäude — eine Kapelle und eine Schule — wurden um die gleiche Zeit im Bereich der

Abb. 146. *Hermannstadt*, Großer Ring, 1703

---

[131] E. Sigerus, *Chronik*, 8.

[132] Die Begründungen für die nachfolgenden Bemerkungen sind im vorigen Kapitel enthalten.

Pfarrkirche errichtet. Nachdem man an der letzteren schon in der ersten Hälfte des 14. Jh. kleinere Veränderungen vorgenommen hatte, begann in der zweiten Hälfte des Jahrhunderts ihre Erneuerung: Ein großes Hallenchor entstand. Anschließend mußten aber die Arbeiten unterbrochen werden, denn seit 1387 wurde an der eigentlichen Stadtmauer gearbeitet.

Der Bau dieser Stadtmauer wurde zu Beginn des 15. Jh. fortgeführt und beendigt (Abb. 133). Spätere Arbeiten bezweckten eine Erneuerung oder Verstärkung schon bestehender Wehranlagen: um das Jahr 1450 entstand eine neue Mauer rund um die Kirche und gegen Ende des Jahrhunderts ist die Stadtmauer erhöht und durch zusätzliche Türme verstärkt worden. Zu erwähnen ist noch, daß in der gleichen Zeitspanne das Langhaus der Pfarrkirche ein letztes Mal wesentlich verändert und die alte Kapelle durch eine neue ersetzt worden ist.

Obwohl einzelne gemauerte Häuser schon im 15. oder sogar im 14. Jh. entstanden sein könnten, errichtete man erst nach 1500 eine größere Anzahl solcher Wohnbauten (Abb. 135). Da zu jener Zeit nicht mehr viel an Befestigungen gearbeitet worden ist (es entstanden eine zweite, kleinere Stadtmauer und einige Türme — Abb. 133) und die Gesamtzahl der Häuser Mühlbachs klein war, nahmen die Holzbauten verhältnismäßig schnell ab (Abb. 134); um das Jahr 1600 werden schon rund die Hälfte der Häuser Stein- und Ziegelgebäude gewesen sein. Mit ihren hohen Giebeln bestimmten diese das Aussehen der Stadt. Den gleichzeitig entstandenen Lauben und dem Rathaus kam in diesem Rahmen eine geringere architektonische Bedeutung zu.

B i s t r i t z.[133] Die ersten Bauten werden ebenfalls Erdhütten und Holzhäuser gewesen sein, die z. T. von Verhauen geschützt waren. Ob es schon im 12. Jh. eine kleine Kapelle gab ist ungewiß.

Durch verhältnismäßig, viele große Kirchen unterschied sich Bistritz im 13. Jh. von andern siebenbürgischen Städten. Die ursprüngliche Pfarrkirche war eine Basilika mit einem Rundbogenportal und zwei Westtürmen.[134] Da diese seitlich aus der Flucht der Langhauswände hervorstanden, wird es sich, wie in Mühlbach, um einen spätromanischen oder frühgotischen Bau gehandelt haben, der um 1250 entstanden sein dürfte. Vor 1300 wurde auch die frühgotische Kirche des 1268 schon bestehenden Minoritenklosters — wenigstens teilweise — gebaut[135] und 1298 ist erstmalig auch das Hos-

---

[133] Zur Begründung der Feststellungen über die Entwicklung von Wohn- und Wehrbauten s.: P. N i e d e r m a i e r, *Die städtebauliche Entwicklung*, 199—202, 213 ff.
[134] T h. W o r t i t s c h, *Bistritz*, 15—21; V. Vătășianu, *Istoria artei*, I, 217.
[135] V. Vătășianu, *Istoria artei*, I, 114—116; G. E n t z, *Die Baukunst*, 24.

pital bzw. die Hospitalkirche der Ortschaft genannt worden. Um die Pfarrkirche könnte es einfache Wehranlagen gegeben haben und eine kleine fünfeckige Burg mit einem Bergfried in der Mitte dürfte schon damals zur Stadt gehört haben, ebenso eine Fluchtburg auf einem nahen Berg.[136] Ansonsten werden aber die Verhaue und Wohnbauten ebenso einfach wie zu Anfang gewesen sein.

Dieses änderte sich erst in den nächsten hundert Jahren. Da 1403 in Bistritz ein Steinhaus um 1000 Gulden verkauft wurde[137], ist es sicher, daß es schon im 14. Jh. zwischen den Holzhäusern einige gemauerte stockhohe Gebäude gab. Auch eine Schule bestand im Jahr 1388[138] und die Zahl der Klöster war gestiegen. Im Jahr 1309 gab es eines der Dominikaner; später entstand ein Dominikanerinnen- und ein Franziskanerinnenkloster.[139] Gleichzeitig wurden die bestehenden Niederlassungen ausgebaut und um das große Dominikanerkloster entstand sogar eine Wehrmauer; diese bezog man teilweise in den Befestigungsgürtel der Stadt ein. Die Arbeiten an diesem haben vermutlich nach 1349 — der ersten Erwähnung von Bistritz als „civitas" — begonnen und könnten während der ganzen zweiten Hälfte des 14. Jh. fortgesetzt worden sein (Abb. 133).[140]

Ihre spätere Form erhielt die Stadtmauer aber vor allem im 15. Jh. Wahrscheinlich wurde seit 1438 daran gebaut, aber im Jahr 1500 wird sie noch nicht ganz fertig gewesen sein (Abb. 133). In der Zwischenzeit ist auch die alte Burg erweitert und dann teilweise abgetragen worden. Stark veränderte sich das Straßenbild. Zumal vor — aber auch nach dem Baubeginn der Stadtmauern wurden viele gemauerte Häuser errichtet (Abb. 135), so daß gegen Ende des Jahrhunderts der Anteil erneuerter Wohnbauten am gesamten Baubestand größer gewesen ist als in andern Städten. Die Zahl der Holzhäuser war gewissen Schwankungen unterworfen, nahm aber nur wenig zu (Abb. 134). Wieviel an öffentlichen Gebäuden gearbeitet worden ist,

---

[136] M. Kroner, *Archäologie und Legende*, in *Karpatenrundschau*, 35,1977, 6.
[137] *Urkundenbuch*, III, 296 f.
[138] *Urkundenbuch*, II, 628.
[139] *Urkundenbuch*, I, 239 f; O. Dahinten, *Bistritz*, 393—403.
[140] Da bei neueren Geländeforschungen an den erhaltenen Resten nirgends eine Verdoppelung der Mauer festgestellt werden konnte, die spätere Stadtmauer aber nicht im 14. Jh. in ihrer endgültigen Form errichtet wurde, ist es denkbar, daß man sie in der ersten Etappe nur bis zu einer gewissen Höhe baute. Außerdem werden nur an gewissen, stärker gefährdeten Stellen Mauerabschnitte entstanden sein, die von Holz-Erde-Befestigungen ergänzt waren (S. auch: A. Berger, *Die Hunyadiburg*, 5). In diesem Zusammenhang ist zu erwähnen, daß Bistritz 1432 als „oppidum" bezeichnet wurde — *Urkundenbuch*, IV, 481.

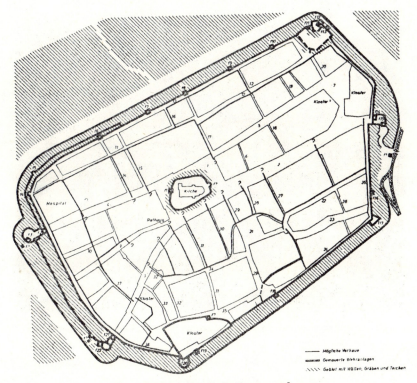

Abb. 147. *Bistritz*, Befestigungsanlagen

Benennungen nach K. Csallner: *f1* Turm; *f2*, *f3* Spitteltor; *f4* Seilerturm; *f5* Schalenturm?; *f6* Tischlerturm; *f7* Goldschmiedturm; *f8* Fleischertürchen; *f9* Sattlerturm; *f10* Schmiedturm; *f11*, *f13* Türme; *f12* Schneiderturm; *f14*, *f15* Holztor, *f16* Riemerturm; *f17* Bastei; *f18* Krottentor (Wagnerturm); *f19* Binderturm; *f20* Bastei; *f21*, *f22* Ungertor.

läßt sich schwer bestimmen; in Rechnungen erscheint erstmals das Rathaus[141] und im Bereich der Kirche hat es wenigstens zwei Kapellen gegeben.[142]

Im 16. Jh. wurden die Kapellen abgetragen und ihre Steine zur Erneuerung der Pfarrkirche verwendet. Diese verlängerte man um das Jahr 1530 ostwärts und versah sie etwa 1560 mit Emporen, wobei jeweils auch am Rest des Baus bedeutende Veränderungen vorgenommen worden sind.[143] Andere Ar-

---

[141] O. Dahinten, *Bistritz*, 372.
[142] Ebenda, 357.
[143] Th. Wortitsch, *Bistritz*, 29—37; V. Roth, *Baukunst*, 72 f; *Die deutsche Kunst*, 110 f; O. Dahinten, *Bistritz*, 357—367. Daß vor der Reformation keine Ausgaben für den Kirchenbau in den Stadtrechnungen verzeichnet sind, ist durch die gesonderte Finanzgebarung der Kirche zu erklären.

Abb. 148. *Bistritz*, Stich von H. J. Schollenberger, vor 1666 (Ausschnitt)

beiten wurden am Rathaus und der Schule durchgeführt,[144] und vor der Mitte des 16. Jh. entstanden die Zunftlauben auf dem Marktplatz;[145] sie waren an die Mauer der Kirchenburg angebaut. Diese hatte ihren Zweck verloren, da schon bald nach 1500 die innere Stadtmauer fertig gewesen ist (Abb. 133); anschließend entstanden sogar eine zweite und teilweise eine dritte Mauer sowie Türme, Basteien und Vorwerke (Abb. 147). Neue Steinhäuser errichtete man das ganze Jahrhundert hindurch, und zumal in dessen zweiter Hälfte wuchs ihre Zahl schnell an (Abb. 135). Da die Anzahl der Holzhäuser stark schwankte aber letztlich nicht anstieg (Abb. 134), war um 1600 schon der größere Teil der Wohnbauten erneuert worden. Wie auf einem Stich des 17. Jahrhunderts zu sehen ist, standen die verhältnismäßig gleichartigen Häuser mit der Schmalseite und einem Giebel gegen die Straße (Abb. 148; Südteil der Stadt); noch besser lassen sich diese Merkmale auf einer sehr naturgetreuen Zeichnung aus 1736 erkennen (Abb. 149; der Ausschnitt zeigt: Marktplatz, Beutlergasse und Holzgasse). Sie sind durch eine Beschreibung des Stadtbildes von vor 1848 bestätigt: „Die Häuser sind schmal,

---

[144] O. Dahinten, *Bistritz*, 372, 367.
[145] F. Kramer, *Bistritz*, 27.

Abb. 149. *Bistritz*, Zeichnung von J. C. Weiss, 1736 (Ausschnitt)

zum größten Theile stockhoch, mit hohem Giebeldache, das zur Straße hinsieht, versehen. Kleine, unten gewöhnlich mit Eisen vergitterte, mit massivsteinernem Doppelkreuze und eckigen Glasscheiben versehene Fenster gewöhnlich an der Zahl drei, schauen alterthümlich auf uns herab, hölzerne Rinnen zwischen den Dächern der nachbarlichen Häuser strecken sich weit in die Straße hinaus."[146]

K r o n s t a d t.[147] Die Wohnbauten der ursprünglich gesonderten Siedlungen, aus denen die Stadt zusammengewachsen ist, werden anfangs Erdhütten und Holzhäuser gewesen sein. Im 13. Jh. dürften sie im allgemeinen auch hier von Verhauen umschlossen gewesen sein. Besonders geschützt waren wohl zwei Pfarrkirchen, die beide wenigstens teilweise schon damals entstanden sind: An der frühgotischen Kirche in Bartholomä wurden das Chor mit den Seitenkapellen, das Westwerk und Teile der Querschiff- und Langhauswände gebaut;[148] die Marienkirche der Inneren Stadt ist vermutlich

---

[146] F. K r a m e r, *Bistritz*, 25.
[147] Zur Begründung der Feststellungen über die Entwicklung von Wohn- und Wehrbauten s.: P. N i e d e r m a i e r, *Die städtebauliche Entwicklung*, 174 f, 185—192, 204—208 und die dort angegebenen Literaturhinweise.
[148] Diese Teile haben ihre frühgotischen Merkmale bewahrt (s.: *Kronstadt*, 107 bis 121; *Die deutsche Kunst*, 86 f; V. V ă t ă ș i a n u, *Istoria artei*, I, 108—112). Ob die

als spätromanische oder frühgotische Basilika mit zwei Westtürmen fertiggestellt worden.[149] In ihrer Nähe gab es schon vor dem Mongoleneinfall ein Prämonstratenserinnenkloster[150] und auf der Zinne eine romanische Kapelle.[151] Diese stand innerhalb einer Burg, die jedoch nicht die einzige Wehranlage im Bereich Kronstadts war. In der späteren Inneren Stadt selbst wird es jedoch nur einen gemauerten Bergfried gegeben haben.

Widerstandsfähigere Wehranlagen sind hier im 14. Jh. ausgeführt worden; es ist anzunehmen, daß sowohl die Pfarrkirche als auch die Ortschaft befestigt wurden. Für die Siedlung verwendete man schon seit der Wende des 13. Jh. Holz-Erde-Befestigungen und um 1365 begann auch der langwierige Stadtmauerbau (Abb. 133). Sowohl in der späteren Inneren Stadt als auch in den Vorstädten waren die Wohnbauten aber auch weiter einfache Holzhäuser oder Hütten; nur vom Stadtpfarrhaus wird vermutet, daß es in seiner ersten Form schon 1379 als gemauerter Bau gestanden haben kann.[152] Besonders lange wurde an öffentlichen Gebäuden und zumal an Kirchen gearbeitet. In der Inneren Stadt verlängerte man zuerst die Pfarrkirche nach Osten zu[153] und im späten 14. Jh. begann der Bau eines neuen Hallenchors und damit die vollständige Erneuerung der Kirche.[154] Im gleichen Stadtteil wurde bald nach 1323 ein Dominikanerkloster gegründet, später noch ein Dominikanerinnenkloster sowie ein Hospital.[155] Außerdem wird die Martinskapelle der Altstadt erwähnt, und kürzlich durchgeführte Grabungen haben gezeigt, daß

---

restlichen Teile zerstört oder wahrscheinlich nicht ausgeführt wurden, muß noch eingehender untersucht werden. (Unterschiede zwischen den Seitenschiffwänden weisen auf Konzeptionsänderungen und gleichzeitig auf Unterbrechungen der Bautätigkeit hin.) Gemäß den Vorlagen an der Innenseite der Seitenschiffwände, den Stützpfeilern auf der Nordseite und einem Mauervorsprung auf der Südseite scheint das Langhaus mit mehreren Doppeljochen geplant gewesen zu sein. Ein schmales Joch sollte sich wahrscheinlich an der Ostseite des Mittelschiffes befinden, u. zw. in der Flucht eines Seitenschiffes des anscheinend ursprünglich breiter und basilikal geplanten Querschiffes.

[149] S.: *Die baugeschichtlichen Ergebnisse*, 93—102; W. Horwath, *Die Turmanlage*, 103—106; G. Treiber, *Kirchen*, 89—92.

[150] P. Binder, *Prima mențiune* 125—130.

[151] G. Treiber, *Ausgrabung*, 38—42; A. Prox, *Die Burgen*, 40—51.

[152] G. Treiber, *Der Stadtpfarrhof*, 141—146; V. Vătășianu, *Istoria artei*, I, 262.

[153] *Die baugeschichtlichen Ergebnisse*, 93—102; G. Treiber, *Kirchen*, 89—92.

[154] *Die deutsche Kunst*, 102—107; A. Hekler, *Kunstgeschichte*, 42 f; V. Vătășianu, *Istoria artei*, I, 228 ff.

[155] Dieses wird erst 1413 erwähnt (*Urkundenbuch*, III, 586), seine Lage in der Inneren Stadt läßt aber auf eine Entstehungszeit um 1370 schließen.

um 1400 auch die erste Holzkirche (Nikolauskirche) in der Oberen Vorstadt entstanden ist.[156] Von den bürgerlichen öffentlichen Bauten gab es im 14. Jh. wenigstens die Schule.[157]

Für das Jahr 1420 ist jedoch auch die Kürschnerlaube auf dem Marktplatz bezeugt[158] und möglicherweise gab es gleichzeitig andere ähnliche Gebäude; außerdem sind das Rathaus, Kapellen und ein Aussätzigenhospital erwähnt.[159] Für das architektonische Gepräge der Stadt waren aber die Arbeiten an den Pfarrkirchen und zumal an der heutigen Schwarzen Kirche viel wichtiger: Sie führten zur vorläufigen Vollendung der Bauten.[160] Die Häuser bestanden weiterhin überwiegend aus Holz (Abb. 134); es gab aber auch ganz bescheidene Hütten und gegen Ende des 15. Jh. begann man in größerem Maße gemauerte Wohnbauten zu errichten (Abb. 135). Dieses war möglich, da die Befestigungen vorläufig fertiggestellt waren (Abb. 133). Die Arbeiten daran hatten fast das ganze Jahrhundert fortgedauert, u.zw. ist zunächst im Anschluß an die vor 1400 ausgeführten Teile die ursprüngliche Ringmauer vollendet worden, dann ging man möglicherweise dazu über, sie zu erhöhen und zu verstärken[161] und schließlich entstanden Zwinger, basteiähnliche Bauten, Vorwerke und neue ausgemauerte Gräben (Abb. 150).

In der ersten Hälfte des 16. Jh. sind die Befestigungsanlagen der Stadt ein übriges Mal ausgebaut worden: unter anderm entstanden zusätzliche Mauern, Rondelle und Gräben, und unabhängig davon eine Festung auf dem Schloßberg.[162] An öffentlichen Gebäuden wurde verhältnismäßig wenig gearbeitet.

---

[156] L. Munteanu, M. Beldie-Dumitrache, *Rezultatele cercetărilor*, 53 f.

[157] *Urkundenbuch*, II, 627.

[158] *Urkundenbuch*, IV, 130 f.

[159] *Urkundenbuch*, III, 586, IV, 130, V, 604; *Kronstadt*, 9 ff.

[160] *Die deutsche Kunst*, 102—107; V. Vătășianu, *Istoria artei*, I, 230 ff, 526 f; L. Munteanu, M. Beldie-Dumitrache, *Rezultatele cercetărilor*, 54 ff.

[161] Der Querschnitt der Stadtmauer ist heute nur auf der Südseite der Inneren Stadt eindeutig zu erkennen. Hier wurde die Mauer nicht verbreitert, eine Erhöhung ist aber weder festzustellen noch auszuschließen. An der ebenfalls erhaltenen Nordwestmauer lassen sich eventuelle Entstehungsetappen nicht verfolgen. Die von Abschnitt zu Abschnitt unterschiedliche Mauerdicke (G. Treiber, *Die Befestigungswerke*, 62—66) und die eindeutig erfolgte Verstärkung und Erhöhung der Mauern in Hermannstadt, Mühlbach und Schäßburg lassen eine gleiche Vorgangsweise auch für Kronstadt möglich erscheinen. Dies ist jedoch nur für die Reihenfolge der Arbeiten bedeutsam, da das Gesamtvolumen des ausgeführten Mauerwerks gleich ist.

[162] G. Treiber, *Kronstadt und das Schloß*, 29—34; E. Jekelius, *Geschichte des Schlosses*, 35—42.

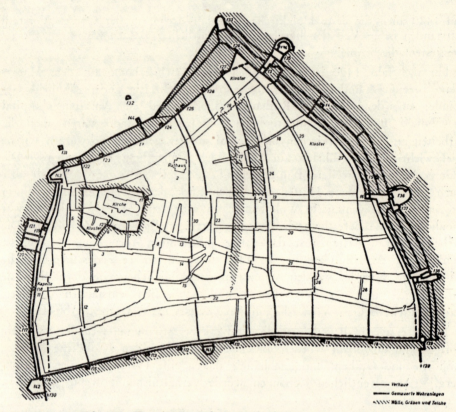

Abb. 150. *Kronstadt*, Befestigungsanlagen (13.—16. Jh.)

Benennungen nach F. Stenner, G. Treiber und H. Goos: *f1, f2* Tortürme; *f3* Klostergässer Tor; *f4, f5* Türme; *f6* Purzengässer Tor; *f7* Ledererturm (Tor); *f8—f20* Türme; *f21* Katharinentor; *f22—f28* Türme; *f29* Schusterturm; *f30* Messerschmiedturm; *f31* Schwarzer Turm; *f32* Weißer Turm; *f33* Riemerbastei; *f34, f35* Vorwerk des Klostergässer Tores; *f36* Vorwerk des Purzengässer Tores; *f37* Rondell; *f38* Ledererbastei; *f39* Tuchmacherbastei; *f40* Rotgerberbastei; *f41* Seilerbastei; *f42* Weberbastei; *f43* Schmiedbastei; *f44* Graftbastei (Sattlerbastei).

Das Kaufhaus an der Südseite des Marktplatzes entstand[163], das Rathaus und die Nikolauskirche in der Oberen Vorstadt sind erweitert worden[164] und an den andern Pfarrkirchen nahm man letzte Ergänzungen vor. Nach der Reformation sind jedoch verschiedene Kirchen und Klöster abgetragen oder einer neuen Verwendung zugeführt worden: so übergab man z. B. einen Teil des Katharinenklosters 1542 der Schule[165] und ersparte sich dadurch, wie auch in andern Städten, Neubauten oder Erweiterungen. Beträcht-

---

[163] G. Treiber, *Gebäude*, 169—174.

[164] G. Treiber, *Das Rathaus*, 20; L. Munteanu, M. Beldie-Dumitrache, *Rezultatele cercetărilor* 54 ff.

[165] E. Jekelius, *Gassen und Plätze*, 27.

lich sind die Veränderungen bei den Wohnbauten gewesen. Mit Ausnahme der verhältnismäßig kurzen Zeitspanne, in der an den Befestigungen gearbeitet wurde (Abb. 133), entstanden viele gemauerte Häuser (Abb. 135). Da die Holzbauten gleichzeitig stark abnahmen (Abb. 134), stieg der Anteil der Stein- und Ziegelgebäude am gesamten Baubestand immer mehr, und um 1600 waren schon fast alle Wohnbauten der Inneren Stadt erneuert. Bezeichnend sind die günstigen Beschreibungen der Stadt durch Fremde. Giovandrea Gromo bezeichnete sie als „eine der schönsten Städte des ganzen Landes, was Gebäude, Straßen und Bevölkerung anbelangt", und unterstrich, daß die Häuser „schön" sind.[166] Ausführlicher und lebendiger, aber teilweise auch übertrieben, ist eine Beschreibung des Türken Evlya Tschelebi aus dem 17. Jh.: „In allen Palästen [sind] 5—10 Wohnungen [Räume] zu ebener Erde und im Stockwerk untergebracht [...]. Sie sind in den Farben des Chamäleons bemalt. Alles sind schöne nach den Regeln der Geometrie errich-

Abb. 151. *Kronstadt*, Stich von H. J. Schollenberger, vor 1666 (Ausschnitt)

---

[166] J. A. G r o m o, *Uebersicht*, 30 f.

Abb. 152. *Kronstadt*, Zeichnung von J. C. Weiss, 1736 (Ausschnitt)

tete Paläste, ausschließlich mit Dachziegeln von grüner, gelber, weißer und blauer Farbe gedeckt. Einige tausend Häuser sind mit Schindeln gedeckt und haben alle Arten von Fenstern und Balkonen [...] Es ist eine wunderbare Stadt mit schönen dicht aneinander stoßenden Häusern."[167] In einem schematischen Stich aus der gleichen Zeit (Abb. 151; der Ausschnitt zeigt den Ostteil der Inneren Stadt) erscheinen sämtliche Häuser mit einem Giebel gegen die Straße. Erst in einer späteren Darstellung, von 1736 (Abb. 152), stehen um den Marktplatz und längs der besonders wichtigen Hirschergasse die Gebäude mit der Traufenseite nach vorne.

M e d i a s c h.[168] Im 13. Jh. gab es auch hier Erdhütten und Holzhäuser; ein Teil davon ist durch Verhaue geschützt gewesen. Stärkere Wehranlagen aus Holz und Erde, die eventuell zu einer frühen Burg gehörten, kann es im Bereich der späteren Margarethenkirche gegeben haben. An ihrer Stelle ist Ende des 13. Jh. mit dem Bau einer frühgotischen Kirche begonnen worden, von der jedoch nur das Chor und der Unterteil eines Turmes zur Ausführung kamen.

Um die Mitte des folgenden Jahrhunderts errichtete man zunächst auf derselben Stelle eine große Saalkirche, die später durch ein Seitenschiff er-

[167] M. G o b o g l u, *Evliya Tschelebi*, 124.
[168] Die Begründung für die nachfolgenden Bemerkungen ist im vorigen Kapitel enthalten.

gänzt wurde; auch eine zweite Kirche dürfte um die gleiche Zeit entstanden sein. Wehranlagen, die aus einer Ringmauer und zwei Türmen bestanden, gab es jedoch nur um die größere Kirche. Die Holzhäuser und Hütten der Siedlungen werden auch weiter durch Verhaue geschützt gewesen sein.

Die Befestigungen von Mediasch wurden im 15. Jh. wesentlich verbessert. Zuerst errichtete man um die Kirchenburg eine zweite Mauer und mehrere Türme, später wahrscheinlich sogar eine dritte. Die ganze Ortschaft ist von Holz-Erde-Befestigungen umgeben worden und gegen Ende des Jahrhunderts begann auch der Bau der Stadtmauer. Bedeutende Arbeiten gingen an den öffentlichen Gebäuden vor sich: die Pfarrkirche wurde noch zweimal erweitert und ein Kloster errichtet; außerdem werden in den Urkunden eine Ulrichskapelle und ein Hospital erwähnt. Vergleichsweise bescheiden waren auch weiterhin die Wohnbauten. Obwohl es einige gemauerte Häuser gab, sind die meisten doch aus Holz gewesen (Abb. 134).

Erst im 16. Jh. begann sich das Aussehen dieser Ortschaft zu ändern. Nachdem die Stadtmauer um 1530 fertiggestellt worden war (Ergänzungen führte man in kleinem Umfang nach der Mitte des Jahrhunderts durch; Abb. 133), werden die Maurer mehr an Häusern gearbeitet haben, so daß ihre Zahl schnell anstieg und die der Holzbauten zurückging (Abb. 134, 135). Da Mediasch ziemlich klein war und es im Verhältnis zu seiner Größe viele Maurer gab,[169] ist hier um das Jahr 1600 von allen siebenbürgischen Städten der Anteil der gemauerten Häuser am gesamten Baubestand am größten gewesen. Auch an öffentlichen Gebäuden änderte sich manches: das Kloster wurde vergrößert, ein Kaufhaus gebaut und außerdem gab es eine Schule und ein Rathaus.

Wohnbauten

Archäologische Grabungen haben gezeigt, daß es im 10., 11. und 12. Jh. in Siebenbürgen Holzhäuser und Erdhütten gab.[170] Auch in den Vorsiedlungen der untersuchten Städte können wir die gleichen Bauten vermuten.

---

[169] Nach dem Diagramm zur Ausführung der Mauerwerksmengen (Abb. 133) arbeiteten um 1540 wenigstens 2 Meister mit ihren Hilfskräften an Neubauten der Stadt. Weitere Meister könnten ev. mit Reparaturen beschäftigt gewesen sein oder an Wehrbauten der Umgebung gearbeitet haben. Sie schlossen sich zu einer Zunft zusammen, die 1539 eigene Satzungen erhielt, später aber oft mit dem Mangel an Aufträgen zu kämpfen hatte (s.: V. Werner, Zunft-Urkunden, 33 f).

[170] St. Pascu, Voievodatul Transilvaniei, I, 10, 14, 37, 397.

In den etwas neueren Hospites-Niederlassungen wird es von Anfang an vor allem über der Erde gebaute Häuser gegeben haben. Sie bestanden aus ein bis zwei Räumen,[171] waren gewöhnlich mit der kurzen Seite gegen die Straße gekehrt und hatten ein sichtbares Fachwerk.[172] Dieses war mit beworfenem Rutengeflecht ausgefacht und der ganze Bau mit Stroh gedeckt.[173] Erst allmählich wird es zu einer größeren Vielfalt der Häusertypen gekommen sein. Aus einer späteren Zeit kennen wir besonders einfache Hütten,[174] aber auch große Bauten. Trotz dieser Vielfalt war in einer frühen Zeit das Gepräge der zukünftigen Städte noch sehr einheitlich und durch verhältnismäßig niedrige Häuser gekennzeichnet.

Mit den ersten gemauerten Wohnbauten verloren die Ortschaften etwas von ihrem einheitlichen Charakter. Verschiedene Anhaltspunkte weisen darauf hin, daß wenigstens ein Teil der ersten Steinbauten Bergfriede waren;[175] schon im 13. Jh. dürfte es solche in Bistritz[176], Schäßburg[177], Hermannstadt[178] und Kronstadt[179] gegeben haben. Niedrige gemauerte Häuser mit unterschiedlicher Anzahl von Räumen werden ebenfalls schon früh gebaut worden sein. Einige besaßen einen fast quadratischen Grundriß, so der Kern des Petermann-Hauses in Bistritz[180], andere eine längliche Form, z.B. das Kronstädter Pfarrhaus[181] und das Gebäude der Hermannstädter Propstei[182]. Der letztgenannte Bau dürfte aus dem 13. Jh. stammen,[183] während das Haus in Kronstadt im Jahr 1379 gestanden haben kann[184]. 1367 erfah-

---

[171] G. Ionescu Istoria arhitecturii, I, 341.
[172] H. Phleps, Bauernhaus, 261—275.
[173] Gh. Curinschi, Centrele istorice, 45. Da später die billigen Holzhäuser — deren Größe und Baumaterialien den frühen Wohnbauten ähnlich waren — Walmdächer hatten, die teuern gemauerten Häuser aber gewöhnlich von Satteldächern abgedeckt gewesen sind, und da eher bei den letzteren zu einer neuen Form übergegangen wurde, ist zu vermuten, daß ursprünglich die Walmdächer vorherrschten.
[174] S. z. B.: Gh. Sebestyen, V. Sebestyen, Arhitectura renașterii, 24 f.
[175] S. z. B. auch: Urkundenbuch, I, 99 f.
[176] A. Berger, Hunyadiburg, 21.
[177] V. Drăguț, Sighișoara, 30 f, 38.
[178] M. v. Kimakowicz, Alt-Hermannstadt, 249 f.
[179] G. Treiber, Gebäude, 163—168; Ders., Das Rathaus, 18 ff.
[180] S. auch das Grundrißgefüge bei: G. Ionescu, Istoria arhitecturii, I, Abb. 234.
[181] G. Treiber, Der Stadtpfarrhof, 141—146.
[182] S. auch: M. v. Kimakowicz, Alt-Hermannstadt, 251 f; Ders., Studien, 479 f.
[183] Vgl.: M. v. Kimakowicz, Alt-Hermannstadt, 251 f; Ders., Studien, 479 f.
[184] V. Vătășianu, Istoria artei, I, 262.

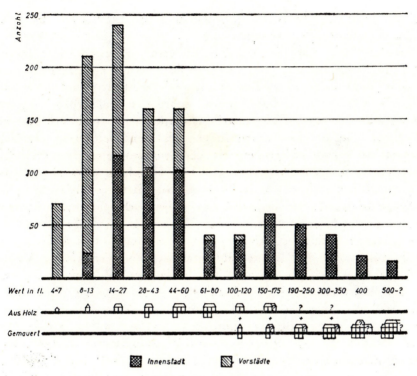

Abb. 153. *Kronstadt*, Frequenz der Häusertypen, 1541

ren wir von Steinhäusern in der Schäßburger Burg[185] und Bauten im Werte von 190 bis zu 1800 Gulden, die also auch gemauert waren, sind für 1403 in Bistritz belegt[186], für 1423 in Klausenburg[187] und für 1408 bzw. 1411 in Hermannstadt[188].

Bis ins 15. Jh. waren gemauerte Bauten jedoch selten; selbst im Zentrum der Städte sind die meisten Häuser aus Holz gewesen. Eine besonders große Vielfalt der Gebäudetypen kann in der darauffolgenden Zeitspanne erfaßt werden. In Kronstadt gab es im Jahr 1541 außer ganz einfachen Hütten viele Holzhäuser mit unterschiedlicher Anzahl von Räumen (Abb. 153). Sie dürfen im allgemeinen ähnliche Merkmale wie in der vorherigen Zeit gehabt haben; besonders wichtig und teilweise neu ist es gewesen, daß, durch

---

[185] G. Entz, *Die Baukunst*, 171.
[186] *Urkundenbuch*, III, 296 f.
[187] S. Goldenberg, *Clujul*, 24.
[188] *Urkundenbuch*, III, 460, 501.

die Keller bedingt, hohe Sockel auftraten und Lauben[189] sowie steile, strohgedeckte Walmdächer[190] verwendet wurden.

Unterschiedlicher war die Art der gemauerten Häuser. Außer Patriziertürmen (in Hermannstadt)[191] gab es Wohnbauten mit kompaktem Grundriß (z. B. die Pfarrhäuser in Hermannstadt und Mühlbach) und Wohnhäuser, deren Räume in einem oder mehreren gestreckten Baukörpern angeordnet waren. Da die letzteren häufig erweitert worden sind, ergab sich eine große typologische Vielfalt der Bauten: bestehende Gebäude wurden verlängert, andere auf der gegenüberliegenden Seite der Grundstücke errichtet und schließlich verband man sie durch einen quergestellten Flügel. In Siebenbürgen entstanden auf diese Art noch im 15. Jh.[192] Grundrisse mit L- und U-Form[193]; Kompositionsprinzipien der Renaissance konnten aber auch später nicht konsequent übernommen und angewendet werden.[194] Schon im Jahr 1480 waren einige gemauerte Häuser stockhoch (so das Petermann-Haus und das Pfarrhaus in Bistritz).[195] Im Erdgeschoß befanden sich Werkstätten, Verkaufs- und Lagerräume, Schuppen sowie die Hofeinfahrt, Wohnräume im Stockwerk und Lagerräume auf dem Dachboden;[196] die konkrete Verteilung der Räume und die Lage der Hofeinfahrt hing vor allem von der Größe der Bauten ab.[197] Die Fassaden der gemauerten Häuser waren im allgemeinen einfach. Nur selten gab es Stein- oder Holzeinfassungen an Fenstern und Türen.[198] Entsprechend der Entstehungszeit waren ihre Formen und Profile in gotischem- oder Renaissancestil ausgebildet. Der First und die Traufen der Satteldächer waren in der Regel senkrecht zur Straße ausgerichtet, und nur manchmal parallel zu dieser gelegen, vor allem bei den besonders breiten Parzellen im Zentrum von Hermannstadt.[199] Die Dächer waren an

---

[189] *Quellen*, IV, 521.
[190] Ebenda. S. auch: Zs. Jakó, *Az otthon művészete*, 368.
[191] H. Fabini, *Turnuri de patricieni*, 43—53.
[192] O. Dahinten, *Bistritz*, 385—389.
[193] E. M. Thalgott, *Hermannstadt*, 29—50; *Documente de arhitectură*, einleitender Text. Vgl. auch: Gh. Sebestyen, V. Sebestyen, *Arhitectura renașterii*, 17—25.
[194] G. Ionescu, *Istoria arhitecturii*, I, 423 f.
[195] O. Dahinten, *Bistritz*, 385—389.
[196] S. auch: Gh. Sebestyen, V. Sebestyen, *Arhitectura renașterii*, 17 f; G. Ionescu, *Istoria arhitecturii*, I, 345; V. Vătășianu, *Istoria artei*, I, 261; Zs. Jakó, *Az otthon művészete*, 368 f.
[197] S. auch: L. Debreczeni, *műemlék-összeírás*, 240.
[198] Vgl. auch: Gh. Sebestyen, V. Sebestyen, *Arhitectura renașterii*, 17—25; Zs. Jakó, *Az otthon művészete*, 369.
[199] H. Fabini, *Valorificarea fondului*, Abb. 5.

den Schmalseiten der Häuser durch Treppen- und später Spitzgiebel geschlossen und meist mit Schindeln[200], seltener mit Mönch- und Nonnenziegeln[201] und nur ausnahmsweise mit Biberschwanzziegeln[202] gedeckt. In manchen Städten waren einige oder gar alle Häuser am Marktplatz mit Laubengängen versehen (so in Hermannstadt, Bistritz, Kronstadt[203] und in geringerem Maße in Mühlbach[204] und Klausenburg[205]). Auch gegen die Höfe gab es manchmal Arkaden (so an Häusern in Hermannstadt[206] und Mediasch[207]) aber häufiger offene Gänge, die auf Konsolen oder Holzstützen ruhten und als Zugang zu den Räumen des Stockwerks dienten.[208]

Die neue Entwicklungsetappe der Wohnbauten ist nicht nur durch die typologische Vielfalt, sondern vor allem durch die zahlreichen Stein- und Ziegelhäuser gekennzeichnet. In Schäßburg, Hermannstadt, Bistritz und Klausenburg begann die Erneuerung vor allem im 15. Jh.,[209] in Kronstadt und Mühlbach um das Jahr 1500 und in Mediasch und Broos im 16. Jh. (Abb. 135).[210]

Die verschiedengroßen Gebäude waren nicht wahllos über die Stadtfläche verstreut. Wie der Standort der Häusertypen in Kronstadt im Jahre 1541 zeigt, gab es eine allgemeine Abstufung der Bautenwerte von der Stadtmitte zum Stadtrand hin (Abb. 154). Eine ähnliche Verteilung kann auch für die andern Städte angenommen werden: auch dort befanden sich die größeren gemauerten Bauten rund um den Hauptplatz und am Anfang der wichtigsten Straßen. Bis gegen die Mitte des 16. Jh. sind in diesen Gebieten auch viele Häuser mit einem gemauerten Stockwerk entstanden, u. zw.: 40 in Hermannstadt (hier befand sich auch der damals wertvollste Wohnbau Siebenbürgens, der für 1922 Gulden verkauft wurde)[211], je 30—35 in

---

[200] S. auch: O. Dahinten, *Bistritz*, 431; Zs. Jakó, *Az otthon müvészete*, 368.
[201] J. Böbel, *Die Stadttore*; Gh. Sebestyen, V. Sebestyen, *Arhitectura renașterii*, 18, 88.
[202] Th. Wortitsch, *Bistritz*, 30.
[203] E. Jekelius, *Gassen und Plätze*, 28.
[204] V. Roth, *Problematik*, 15.
[205] Zs. Jakó, *Az otthon müvészete*, 369; Gh. Sebestyen, V. Sebestyen, *Arhitectura renașterii*, 19, 90; Șt. Pascu, V. Marica, *Clujul medieval*, 70.
[206] L. Reissenberger, *Überreste*, 466, 490—494.
[207] E. Greceanu, *Mediasch*, 29.
[208] Gh. Sebestyen, V. Sebestyen, *Arhitectura renașterii*, 22
[209] S. auch: G. Ionescu, *Istoria arhitecturii*, I, 200.
[210] S. auch: *Die deutsche Kunst*, 15.
[211] E. Sigerus, *Chronik*, 8.

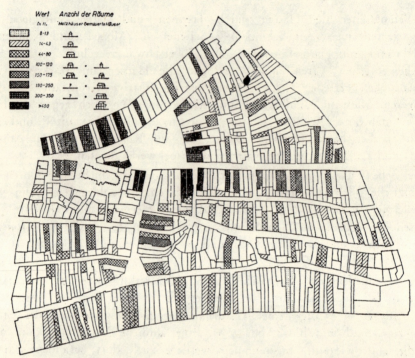

Abb. 154. *Kronstadt*, ungefähre Lage der verschiedenartigen Häuser, 1541
(Die Parzellierung gibt den nach Zultner gezeichneten Zustand von 1796 wieder.)

Klausenburg und Kronstadt, beiläufig je 20 in Bistritz und Schäßburg, viel weniger aber in Mühlbach, Mediasch und Broos. Außer den erwähnten Gebäuden mit gemauertem Stockwerk könnte es unter Umständen in den gleichen Gebieten auch solche mit einem hölzernen Obergeschoß gegeben haben. Viel kleinere Häuser befanden sich in den Seitengassen — auch in den zentral gelegenen — und am Stadtrand.

Aus mannigfaltigen Gründen war das architektonische Gepräge der einzelnen Städte dieser Zeit unterschiedlich. Nach Maßgabe der Zeitspannenlänge, in der die Steinhäuser entstanden sind, und dem Rhythmus, in dem an ihnen gearbeitet wurde, ist der Prozentsatz der Wohnbauten, die bis zur Mitte des 16. Jh. erneuert worden sind, ein ganz verschiedener (Abb. 134, 135): in Schäßburg, Hermannstadt und Bistritz war schon rund ein Drittel des Baubestands ersetzt worden, während man in Broos damit noch am Anfang stand. Für das allgemeine Gepräge war auch die Größe der Innenstadt von Bedeutung. Auf den verhältnismäßig kleinen befestigten Flächen in Klausenburg und Schäßburg sind 1541 schon mehr als die Hälfte der Häuser gemauert gewesen, also beiläufig alle Bauten die sich entlang der wichtigen Straßen befanden; dieses gab der Ortschaft einen betont städtischen Charakter. Schließlich spielte auch die Parzellengröße eine Rolle. Wo schmale Grundstücke überwogen haben (in Schäßburg, Klausenburg, Kronstadt und Bistritz), begann sich schon zu einer Zeit, als die Gebäude noch nicht sehr groß waren, eine geschlossene Bauweise herauszubilden. Waren die Grundstücke dagegen verhältnismäßig breit — wie in Hermannstadt —, so konnte es eine geschlossene Bauweise nur bei großen Häusern geben; ordnete man die Gebäude mit der Längsseite gegen die Straße an, so hat dieses die größere Grundstückbreite auch nur teilweise ausgeglichen.[212]

Im allgemeinen war das Gepräge der Stadtmitten damals weniger einheitlich, da es hier sowohl verschiedengroße gemauerte, als auch hölzerne Häuser gab. In den Randgebieten der Orte, besonders in den Vorstädten, war das Bild geschlossener, da es nur zwischen Holzhäusern und einfacheren Hütten auffällige Unterschiede gegeben haben mag.

Die Entwicklung der Häuser in der zweiten Hälfte des 16. Jh. ist vor allem durch mengenmäßige Veränderungen gekennzeichnet. Es wuchsen die Anzahl und Ausmaße der gemauerten Wohnbauten (Abb. 135, 155). Um das Jahr 1600 waren die Gebäude der Klausenburger und Schäßburger Innenstadt beinahe alle erneuert[213], und es gab sogar außerhalb der Stadtmauern Stein- und Ziegelhäuser. In Kronstadt und Bistritz waren ebenfalls die meisten Bauten innerhalb der Stadtmauern ersetzt worden, und in Mediasch, Mühlbach und Hermannstadt beiläufig die Hälfte. Nur in

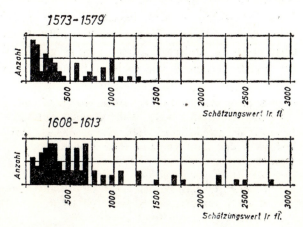

Abb. 155. *Kronstadt*, Schätzungswerte von Häusern um 1575 und 1610

---

[212] H. Fabini, *Valorificarea fondului*, Abb. 5.
[213] G. Ionescu, *Istoria arhitecturii*, I, 23.

Broos bestanden die weitaus meisten Häuser noch immer aus Holz. Gleichzeitig wird auch die Zahl der Wohnbauten mit gemauertem Stockwerk gewachsen sein. In Hermannstadt, Klausenburg[214] und Kronstadt dürfte es 70—80 Bauten dieser Art gegeben haben, in Bistritz und Schäßburg annähernd 50, aber weniger in Mühlbach und Mediasch (es sind jedoch andere Häuser mit hölzernem Obergeschoß nicht auszuschließen).[215] Die immer stattlicheren Gebäude (Abb. 155; 1627 wurde in Klausenburg ein Haus auf 3200 Gulden geschätzt, und um 1650 gab es in Hermannstadt sogar mehrere mit einem Wert von 3000—3500 Gulden)[216] hatten auch eine längere Straßenfront. In Klausenburg, Kronstadt, Hermannstadt, Bistritz und teilweise vielleicht auch in Schäßburg wird es demnach um das Jahr 1600 an den Hauptplätzen und am Anfang der wichtigsten Straßen im allgemeinen eine geschlossene Bauweise gegeben haben.[217]

Nach diesen Veränderungen war die Architektur im Zentrum der Städte im allgemeinen wieder einheitlicher, während die Bauten am Stadtrand und in den Vorstädten noch verschiedenartiger wurden. Die einzelnen Häuser sahen jedoch ähnlich wie früher aus.[218] Niedrige Holzhäuser mit strohgedeckten Walmdächern gab es vor allem in den Vorstädten[219], und hier werden sich die Wohnbedingungen der ärmsten Bevölkerungsschichten entsprechend den fallenden Reallöhnen (Abb. 132), sogar verschlechtert haben. Die Häuser bessergestellter Bürger in weniger blühenden Städten wie Broos, Mühlbach und Mediasch waren zwar aus Steinen oder Ziegeln erbaut, aber auch in der Innenstadt trugen sie doch schindel- oder sogar strohgedeckte Walmdächer.[220] Bauten in der Stadtmitte wichtiger Orte, die von reichen Bürgern bewohnt wurden, besaßen — wie in Bistritz — zwei Geschosse und hohe Giebel.[221] In Hermannstadt (Abb. 156), in geringerem Maß vielleicht auch in andern Städten, gab es große Häuser, deren Traufe parallel zur Straße verlief.[222] Die meisten Bauten sind wahrscheinlich weiß getüncht

---

[214] S. auch: Zs. Jakó, *Az otthon müvészete*, 368.

[215] Die Werte sind nach dem Anteil der Häuser mit Stockwerk am gesamten Bestand an gemauerten Wohnbauten, die es 1541 in Kronstadt gab (Abb. 153) und nach der Zahl gemauerter Wohnbauten der jeweiligen Stadt (Abb. 135) berechnet.

[216] Zs. Jakó, *Az otthon müvészete*, 368; L. Sievert, *Beiträge*.

[217] S. auch: L. Stern, H. Gericke, *Deutschland*, 14.

[218] S. auch: Ebenda, 25.

[219] Ebenda, 24 f.

[220] D. L[eonhard], *Denkwürdigkeiten*, 27 f.

[221] F. Kramer, *Bistritz*, 25.

[222] H. Fabini *Valorificarea fondului*, Abb. 5.

Abb. 156. *Hermannstadt* vor 1756, Stich von A. L. Wirsing (Ausschnitt)

gewesen[223], manchmal mit sichtbarem Fachwerk.[224] Im Zentrum der Städte standen zwischen diesen einfachen Häusern aber auch solche, die mit starken Farben bemalt oder sogar auch mit aufgemalten Ornamenten verziert waren.[225]

Die Nebengebäude der Höfe werden schon sehr früh unterschiedlich gewesen sein. Gehörten sie ärmeren Bürgern, so dürften Ställe, Schuppen und ähnliches aus Erde, Flechtwerk und Stroh bestanden haben, bei reicheren Besitzern auch aus besserem Holz. Diese Vielfalt wird sich in der untersuchten Zeitspanne erhalten haben; gewiß stieg die Zahl der gediegener ausgeführten

---

[223] J. B ö b e l, *Die Stadttore.*
[224] H. P h l e p s, *Bauernhaus,* 264.
[225] J. B ö b e l, *Die Stadttore.* S. auch: Gh. S e b e s t y e n, V. S e b e s t y e n, *Arhitectura renașterii,* 22, 90.

Nebenbauten, aber die der gemauerten wird trotzdem niedrig gewesen sein. Da sich diese Gebäude hinten im Hof befanden, beeinflußten sie in nur geringem Maß das allgemeine Gepräge der Städte.

Öffentliche Gebäude

Da die zukünftigen Städte bereits im 12. und 13. Jh. wichtige Orte waren, dürften sie seit der Ansiedlung des Hospites und in besonderen Fällen sogar schon vorher der Sitz von Pfarren gewesen sein, zu denen vielleicht auch andere Ortschaften gehört haben. Archäologische Grabungen haben gezeigt, daß gemauerte Kirchen im allgemeinen erst viel später errichtet worden sind. Es gab also wahrscheinlich zuerst nur Holzkirchen; das waren die ersten öffentlichen Gebäude der Orte.

Nur in besonderen Fällen wurden zunächst gemauerte Kapellen mit einer kleinen Nutzfläche errichtet, etwa wie in Schäßburg.[226] Gewöhnlich sind die Holzbauten sofort durch die endgültigen, großzügig bemessenen Kirchen ersetzt worden. Dieses geschah 30—90 Jahre nach der Ansiedlung der Hospites, meist nach beiläufig 50 Jahren. Der Zeitpunkt hing von der Größe und der damaligen konkreten Lage der Ortschaften ab; im Burzenland z. B. konnte verhältnismäßig früh mit dem Bau der Kirchen begonnen werden, vermutlich dank einer anfänglichen Subvention der Dörfer durch den Deutschen Ritterorden.

Vergleicht man die Nutzfläche der Schiffe mit der damaligen Ortsgröße, so ist festzustellen, daß zur Bauzeit der Kirchen — wie in Dörfern[227] — beiläufig ein Quadratmeter Kirchenfläche je Einwohner entfiel, wobei freilich von Fall zu Fall gewisse Abweichungen festzustellen sind (Abb. 157). Da die eingeplante Fläche den damaligen Bedarf überstieg, ist anzunehmen, daß mit einem starken Anwachsen der Orte gerechnet wurde. Die Merkmale der Bauten und der Stil, in dem sie ausgeführt wurden, lassen sich durch die Bauepoche erklären.[228] In Hermannstadt, Broos, Klausenburg, Mühlbach und vielleicht in Bistritz hat man zuerst romanische Formen verwendet. Aber nur in den zwei erstgenannten Orten wurde der Bau der Kirchen in dem Stil beendigt, in dem er begonnen wurde; in Mühlbach, aber wahrscheinlich auch in Klausenburg und Bistritz, ging man während der Bauzeit zu frühgotischen Formen über. An den Kronstädter Pfarrkirchen sowie am ersten Kirchenchor

---

[226] V. Drăguţ, *Sighişoara*, 21 f.
[227] S.: P. Niedermaier, *Siebenbürgische Wehranlagen*, 456, 1976.
[228] Vgl.: W. Horwath, *Die Landnahme*, 169—180.

in Mediasch dürften ausschließlich Merkmale dieses Stils anzutreffen gewesen sein, bei den großen Bauten in Schäßburg und Mediasch hingegen kam schon die Spätgotik zur Anwendung. Wie auch die stilistische Entwicklung zeigt, wurden die Kirchen im Laufe von Jahrzehnten oft in Etappen ausgeführt. Wie in Mühlbach dürften wahrscheinlich auch an den Basiliken in Hermannstadt, Kronstadt, Klausenburg und Broos zuerst das Chor, das Mittelschiff und 1—2 Türme errichtet worden sein, nachher die Seitenschiffe.[229] Eine ähnliche Entwicklung erfuhren auch die Pfarrkirchen in Mediasch und Schäßburg. Hier baute man zuerst einen Saal, an dessen Stelle später ein Mittelschiff trat.

Da die Bevölkerung schnell angewachsen ist, wurden die Pfarrkirchen trotz ihrer ursprünglichen Überdimensionierung bald zu klein (Abb. 157). In einigen Orten hat man sie darum notdürftig erweitert; in Mühlbach entstanden Emporen über den Seitenschiffen, in Kronstadt ist der ganze Bau ostwärts verlängert worden.

Erst später, nachdem sich die allgemeine materielle Lage der Städte Mitte des 14. Jh. verbessert hatte, wurden erweiterungsbedürftige Bauten vollständig erneuert. Im Laufe langer Zeitspannen sind in mehreren aufeinanderfolgenden Etappen die neuen Kirchen aufgeführt worden. Begonnen wurde mit dem Ostteil der Bauten (so in Hermannstadt, Kronstadt, Klausenburg, Broos und Mühlbach). Die Größe des neuen Chores hing von den Möglichkeiten des Ortes, aber auch von der Bauzeit ab. In Hermannstadt, Klausenburg und Broos ist es noch etwas kleiner als bei den später begonnenen Kirchen in Mühlbach und Kronstadt; das zuletzt, vor der Mitte des 16. Jh. errichtete Chor in Bistritz hat wieder kleinere Ausmaße.

Ob und wie die Arbeiten an den Schiffen fortgeführt wurden, hing von den Bevölkerungsschwankungen in der jeweiligen Ortschaft ab. In Hermannstadt, das damals ein besonders wichtiger Ort gewesen ist, sind sie in kleinerem Maß noch um die Mitte des 14. Jh. begonnen, aber vor allem im folgenden Jahrhundert ausgeführt worden. In Schäßburg, Kronstadt und Klausenburg, wo die Bewohnerzahl auch nach 1347 weiter rasch anstieg, wurde seit der ersten Hälfte des 15. Jh. an den Schiffen gearbeitet. Die Bevölkerung von Mediasch ist viel langsamer gewachsen, und so hat man hier die Schifffläche in mehreren Etappen zwischen der Mitte des 14. und dem Ende des 15. Jh. vergrößert. In Bistritz, wo zwischen 1350 und 1450 kein nennenswerter Bevölkerungsanstieg zu verzeichnen war, sind neue Bauarbeiten erst im 16. Jh. durchgeführt worden. Schließlich erklärt ein Rückgang der Einwohnerzahl,

---

[229] S. auch: P. Niedermaier, *Bauhütte*, 45.

warum in Mühlbach und Broos an den Schiffen nur geringfügige bzw. gar keine Veränderungen vorgenommen worden sind. Die zusätzliche Nutzfläche wurde häufig durch eine Verbreiterung des Langhauses erzielt (in Hermannstadt, Kronstadt, Klausenburg, Schäßburg, Mediasch und Mühlbach). In einigen Fällen schritt man aber auch zu seiner Verlängerung; in Hermannstadt fügte man ein Querschiff, in Bistritz zwei zusätzliche Joche am Ostteil und in Mediasch eins am Westteil an. Auch große Emporen wurden in Bistritz und Hermannstadt) angelegt. Die Lösung und Form, zu der man sich entschied, war einerseits von der Bauzeit, das heißt von den damals bevorzugten Bautypen abhängig, andererseits von der Leichtigkeit, mit der die neuen Bauteile in die bestehende Anlage eingegliedert werden konnten. Als man die Kirchen in Hermannstadt und Mediasch erweiterte, wurde zunächst eine basilikale Anlage angestrebt; in Kronstadt und Klausenburg hingegen entstanden Hallen.[230] Außer bei der allgemeinen Anlage ist die Entwicklung selbstredend auch bei der Ausbildung der Einzelteile — wie bei Gewölbeformen und Zierteilen — festzustellen.[231]

Die Pfarrkirchen der Innenstädte waren nicht die einzigen Kirchen der Ortschaften. Wichtig sind auch andere Bauten gewesen, die zu gesonderten Pfarren gehörten, und die sich am Rand der spätmittelalterlichen Städte befanden (so z. B. in Kronstadt).[232] Ihre Größe und ihr Raumgefüge war verschieden (Abb. 157), im allgemeinen wurden auch sie in mehreren Etappen errichtet. Zum Unterschied von den innenstädtischen Pfarrkirchen sind sie aber nicht erweitert worden.

Andere Kirchen und Kapellen, die es im Zentrum fast aller Städte, vor allem in unmittelbarer Nähe der Pfarrkirche, gegeben hat, sind klein gewesen. Entsprechend ihren geringen Ausmaßen bestanden sie aus einem einzigen kleinen Raum oder höchstens aus Saal und Chor. Unverändert benützte man einige von diesen bis ins 16. Jh., andere wurden aber schon vor der Reformation aufgelassen oder neuen Bestimmungen übergeben.[233] Die kleineren Kirchen und Kapellen hatten manchmal einen besonderen Zweck; vor allem sollten sie jedoch auch das Verhältnis zwischen der zur Verfügung stehenden Fläche und der ständig wachsenden Bewohnerzahl ausgleichen.

---

[230] V. Vătășianu, *Istoria artei*, I, 213—216, 227 f, 217, 223—231. 223—227.
[231] Ebenda. S. auch: 520—522, 526—530.
[232] Für verschiedene Hinweise danke ich P. Binder.
[233] S. z. B.: O. Dahinten, *Bistritz*, 357.

Öffentliche Gebäude

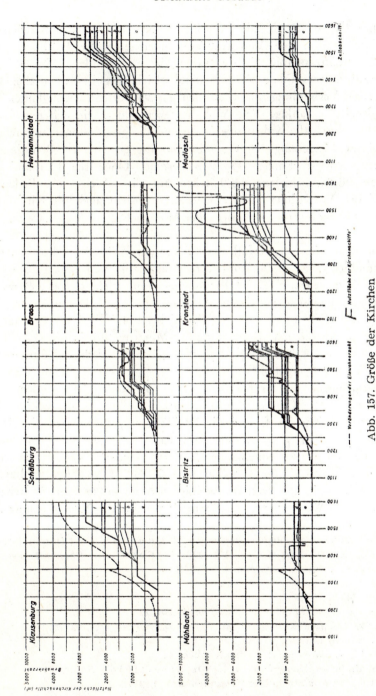

Abb. 157. Größe der Kirchen

a Pfarrkirche der Innenstadt. *b* Andere Pfarrkirchen. *c* Kapellen. *d* Dominikanerklosterkirche. *e* Dominikanerinnenklosterkirche. *f* Franziskanerklosterkirche. *g* Franziskanerinnenklosterkirche. *h* Kirchen von Beginenhäusern. *i* Hospitalkirchen.

Durch ihre Größe, Form und Ausbildung beherrschten die Kirchen das mittelalterliche Stadtbild.[234] Von Anbeginn überragten die Basiliken, selbst als sie noch verhältnismäßig niedrig waren, die umliegenden Häuser. Durch ihre einigermaßen pyramidale Form bestand gleichzeitig in ästhetischer Hinsicht eine enge Verbindung zwischen den großen öffentlichen Bauten und den bescheidenen Wehranlagen und Wohnbauten rundum. Die späteren Hallenkirchen stachen durch die bedeutende Höhe und die geschlossener aufstrebende Form aus ihrer Umgebung hervor, die nun aus gemauerten Befestigungen und größeren, teils stockhohen Häusern bestand. Ohne die Harmonie der Silhouette zu stören, behielten die Kirchen auf diese Weise ihre Bedeutung im Stadtbild bei. Vorteilhaft wirkten in dieser Hinsicht auch die Kirchtürme, so in Bistritz, Hermannstadt, Mediasch oder Mühlbach.

Schon vor dem Mongoleneinfall sind die ersten Klöster in den künftigen Städten urkundlich belegt (Abb. 158). Ihre Zahl ist bis zum Jahr 1325 schnell gewachsen; später gegründete Niederlassungen sind viel seltener. Besonders früh sind Beginenhäuser des Prämonstratenserordens und Dominikanerklöster entstanden (vor 1235[235] bzw. vor 1241[236] und bis 1344?[237]). Über eine längere Zeitspanne zieht sich die erste Erwähnung der Minoritenklöster hin (1268[238] bis 1486[239]) und ebenso der Hospitäler, die teilweise dem Johanniterorden unterstanden[240] (1292[241]—1487[242]).

Die Niederlassungen sind früher oder später entstanden, je nachdem ob es ähnliche Klöster in der Ortschaft oder in ihrem Umkreis schon gegeben hat; auch die wirtschaftliche Kraft und die Bevölkerungszahl spielten eine Rolle. In Hermannstadt, Bistritz, Schäßburg und Kronstadt, die weit von andern kirchlichen Zentren bzw. voneinander entfernt lagen[243], gab es das erste Kloster zu einer Zeit, als die Ortschaften 500—600 Einwohner zählten. In Broos und Mediasch, die verhältnismäßig nahe von andern Ortschaften mit Klöstern lagen (Weißenburg, Schäßburg)[244] wurden die Niederlassungen ge-

---

[234] Gh. Curinschi, *Centrele istorice*, 47; R. Laurian, *Estetica oraşelor*, 45 f.
[235] P. Binder, *Prima menţiune*, 126—130; G. Entz, *Die Baukunst*, 141, 149.
[236] B. Ivanyi, *Dominikanerorden*, I, 23 ff, II, 26.
[237] Ebenda, I, 247 f.
[238] *Urkundenbuch*, I, 100.
[239] Şt. Pascu, V. Marica, *Clujul medieval*, 32.
[240] G. Entz, *Die Baukunst*, 141, 131.
[241] *Urkundenbuch*, I, 192.
[242] R. Theil, C. Werner, *Urkundenbuch*, 44.
[243] S. eine ähnliche Problematik bei: Th. Streitfeld, *Autor*, 34.
[244] G. Entz, *Die Baukunst*, 142; *Urkundenbuch*, I, 210 f.

gründet als die Orte 1200—1300 Bewohner hatten, und in Mühlbach und Klausenburg, die sich sehr nahe von Mittelpunkten kirchlichen Lebens befanden (von Weißenburg — dem Bischofssitz mit mehreren Klöstern — bzw. vom großen Benediktinerkloster neben Klausenburg), entstand das erste Kloster als die Städte rund 2000 bzw. 3000 Einwohner hatten. Es ist denkbar, daß auch die Gründungszeit späterer Niederlassungen von gleichartigen Faktoren beeinflußt wurde, aber eine genauere Beurteilung der Lage ist schwierig, da wir die damalige Größe der ersten Klöster dieser Ortschaften nicht kennen.

Je nach den Besonderheiten der einzelnen Gebiete und dem Umfang des vor allem seit 1497[245] genau abgegrenzten Wirkungsbereiches der verschiedenen Niederlassungen, ist die Zahl und Größe der Klöster sehr unterschiedlich gewachsen. Im Jahr 1524 gab es z. B. in Mühlbach ein einziges Kloster mit sieben Mönchen[246], in Hermannstadt hingegen vier Niederlassungen dieser Art, von denen das Dominikanerkloster allein (schon vor der Gründung des „studium generale") 27 Mönche hatte[247], und zum Kronstädter Kloster des gleichen Ordens gehörten sogar 32 Mönche[248]. Im Verhältnis zur Bevölkerung der Städte waren die Klöster in Hermannstadt, Bistritz und Schäßburg besonders groß (Abb. 158).

Obwohl die Klöster, zumal in ihrer Frühzeit, Kulturträger waren,[249] kam es in einigen Orten im 15. und 16. Jh. zu einer Ballung der Klöster, ohne daß die Städte sie angestrebt hätten.[250] In dieser Hinsicht ist es bezeichnend, daß bei Neugründungen manchmal der König bei den Stadtverwaltungen für einen Baugrund intervenieren mußte.[251] Der Hermannstädter Rat bewilligte die Verlegung eines Klosters in das von den Stadtmauern umzogene Gebiet nur nach langen Verhandlungen (sie dauerten von 1445[252] bis 1474[253]) und unter gewissen Bedingungen. Von Zwistigkeiten wissen wir in Bistritz[254] und

---

[245] F. Teutsch, *Kirche*, 146.
[246] B. Ivanyi, *Dominikanerorden*, III, 560.
[247] Ebenda, II, 33 f.
[248] Ebenda, I, 53 f.
[249] *Istoria României*, II, 187.
[250] S. auch: F. Teutsch, *Kirche*, 145.
[251] S. z. B.: Șt. Pascu, V. Marica, *Clujul medieval*, 32; B. Ivanyi, *Dominikanerorden*, II, 29.
[252] *Urkundenbuch*, V, 160, 201 f. S. auch: B. Ivanyi, *Dominikanerorden*, II, 28 f; F. Teutsch, *Kirche*, 145.
[253] Ebenda.
[254] B. Ivanyi, *Dominikanerorden*, I, 33 f; O. Dahinten, *Bistritz*, 391, 393 f.

Klausenburg[255] und zur Zeit der Reformation wurden die Klöster ausnahmslos aufgelöst.

Ihr Bau hat verhältnismäßig bald nach der Stiftung begonnen. Er erfolgte etappenweise, und nachdem die Klöster in ihrer Urform fertiggestellt waren, sind später immer wieder Erweiterungen vorgenommen worden. Im Fall des Dominikanerklosters in Schäßburg, an dem schon 1298 gebaut wurde[256], gibt es z. B. Hinweise auf bedeutende Arbeiten um 1500.[257] Bei Klöstern muß ein Unterschied zwischen ihren Kirchen und den andern Gebäuden gemacht werden. Die Größe der Klosterkirchen ist von verschiedenen Faktoren abhängig gewesen. Da man einen eindrucksvollen Raum und ein ausgeglichenes Verhältnis zwischen den einzelnen Teilen angestrebt hatte, wurde bei kleineren Klöstern das Chor etwas größer als gewöhnlich bemessen und umgekehrt. Nachdem diese ältesten Bauteile fertiggestellt waren, berücksichtigte man bei der Anlage der Säle nicht nur die allgemeine Größe der Klöster, sondern auch das Verhältnis zwischen der Nutzfläche der Kirchen und der Bevölkerungszahl im jeweiligen Ort (Abb. 157): Nach einem Anfangsstadium entfielen fast in allen Fällen 0,5 Quadratmeter Schifffläche auf jeden Einwohner, und zu der wahrscheinlich gefühlsmäßig vorgenommenen Abstimmung der Fläche auf die Bewohnerzahl trugen die Klosterkirchen entscheidend bei. Die Gemeinderäume waren bei allen Niederlassungen der hier untersuchten Städte Säle. Da sie häufig große Flächen benötigten, breite Räume aber nur schwer überdeckt werden konnten, waren viele Säle besonders lang.

Während der Bauzeit der Kirchen wurden behelfshalber Holzgebäude verwendet, so in Klausenburg[258]. Später brachte man aber alle wichtigeren Klosterräume in gemauerten Gebäuden unter, die manchmal gleich nach der Fertigstellung der Kirche ausgeführt worden sind (so beim Minoritenkloster in Klausenburg)[259], manchmal nur nach längerer Zeit und in mehreren Bauetappen.[260] Sie befanden sich seitlich der Kirche und waren je nach der Größe der Niederlassung und des zur Verfügung stehenden Grundes in 1—4 Trakten angeordnet, die ein-, selten zweistöckig waren. Bei bedeutenden Klöstern — in Klausenburg, Bistritz, Schäßburg, Kronstadt und Hermannstadt — waren die, wenigstens teilweise mit einem Kreuzgang versehenen

---

[255] B. Ivanyi, *Dominikanerorden*, I, 248 f.

[256] *Urkundenbuch*, I, 210 f.

[257] V. Vătășianu, *Istoria artei*, I, 617.

[258] Șt. Pascu, V. Marica, *Clujul medieval*, 32.

[259] V. Vătășianu, *Istoria artei*, I, 538.

[260] S. z. B. auch: V. Vătășianu, *Istoria artei*, I, 615.

Öffentliche Gebäude

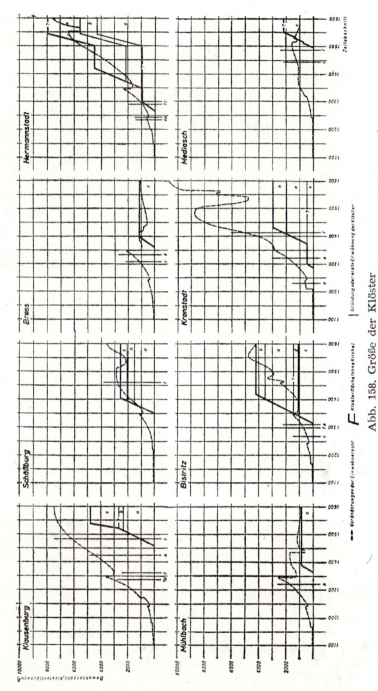

Abb. 158. Größe der Klöster

a Dominikanerkloster. *b* Dominikanerinnenkloster. *c* Franziskanerkloster. *d* Franziskanerinnenkloster. *e* Andere Klöster. *f* Hospitäler.

Flügel um einen Innenhof angeordnet, in dessen Mitte manchmal ein Brunnen stand (z. B. in Kronstadt)[261].

In den siebenbürgischen Hospitälern waren die einzelnen Zellen zunächst direkt aus der Kirche zugänglich (Hermannstadt) oder ähnlich wie in Klöstern angeordnet — so bei dem schon Ende des 13. Jh. urkundlich belegten Bistritzer Hospital. Bei etwas neueren Baulichkeiten — wie dem Anbau des Hermannstädter Hospitals — entschied man sich schon für eine kompaktere Gruppierung der Räumlichkeiten, und eine späte Niederlassung dieser Art (in Kronstadt) ähnelte in ihrer ganzen Anlage eher einem großen ungegliederten Wohnbau.

Klöster und Hospitäler setzten dem Stadtbild ihren Stempel auf. Ihre gemauerten Bauten beeinflußten nicht nur das Straßenbild, sondern auch die Silhouette der Ortschaften. Da sie erst zu einer Zeit entstanden sind, als die Orte schon verhältnismäßig groß waren, und gewöhnlich an den Rand des damals bebauten Gebietes zu stehen kamen, so bildeten sie zusätzliche, von der Stadtmitte verhältnismäßig weit abgelegene Dominanten. Wegen etwas kleinerer Ausmaße, und weil sie auch keinen Turm hatten, kam ihnen in der Silhouette eine kleinere Bedeutung als den Pfarrkirchen zu, denen sie sich in ästhetischer Hinsicht unterordnen; auf diese Art bereicherten und gliederten die Klosterbauten das allgemeine Stadtbild.

Unter den bürgerlichen öffentlichen Gebäuden nahmen die Rathäuser einen besonderen Platz ein. Die ersten diesbezüglichen Verweise betreffen das 14. Jh.: 1324 gab es schon eins in Hermannstadt.[262] Entsprechend den geringen Anforderungen[263] waren aber die Ratsstuben anfangs häufig in einem Wehrturm untergebracht; das sprechendste Beispiel bietet Schäßburg, wo der Rat seinen Sitz bis zur Reformation im Stundturm hatte. Die ersten Bauten, die ausdrücklich als Rathäuser errichtet worden sind, hatten zwar eine Form, die Wohnhäusern ähnlich war,[264] aber sie unterschieden sich trotzdem von den gewöhnlichen Gebäuden. So war das schon erwähnte Hermannstädter Rathaus teilweise aus behauenem Stein ausgeführt und im Erdgeschoß mit einem Laubengang versehen, und der 1420 über der Kürschnerlaube errichtete Kronstädter Bau[265] wirkte im Stadtbild durch seine Stellung in der Mitte des Marktplatzes und einen dazugehörigen älteren Turm.[266] Es ist denkbar, daß

---

[261] B. Ivanyi, *Dominikanerorden*, I, 58.
[262] G. Seivert, *Kirchenbuch*, 398 f; E. M. Thalgott, *Hermannstadt*, 78.
[263] G. Reimann, *Baukunst*, 13; R. Schmidt, *Reichsstädte*, 26 f.
[264] K.-H. Clasen, *Baukunst*, 38.
[265] *Urkundenbuch*, IV, 130 f. S. auch: P. Binder, *Tratatul brașovean*, 59—65.
[266] Gh. Curinschi, *Centrele istorice*, 48, 249.

auch andere Gebäude dieser Art anfangs in ästhetischer Beziehung eine verhältnismäßig große Bedeutung hatten.

Anders als in Mitteleuropa,[267] schwand der Unterschied zu den umliegenden Gebäuden in dem Maße, in dem diese aufgestockt wurden. Die Gestaltung ihrer Fassaden beschränkte sich häufig auf eine gemalte Dekoration, und wenn Vergrößerungen nötig waren, so wurden die Rathäuser gewöhnlich nicht aufgestockt (wodurch sie auch im neuen architektonischen Rahmen besser zur Geltung gekommen wären); man nahm meist nur Anbauten vor, durch die kaum an Monumentalität gewonnen wurde (so in Klausenburg und Bistritz). Manchmal übersiedelte der Stadtrat sogar in Gebäude, die vorher einem andern Zweck gedient hatten[268] (so in Hermannstadt und Schäßburg)[269]. Von geringerer architektonischer Bedeutung für das Gesamtbild der Städte waren schließlich die Rathäuser in Mediasch und Broos, die innerhalb der Kirchenburgen standen.

Eine eigenartigere Entwicklung erfuhren die für Lagerung und Verkauf der Erzeugnisse bestimmten Zunftlauben.[270] Nach ihrem Auftauchen in andern Gebieten ist zu vermuten, daß es auch in Siebenbürgen im 13. Jh. Fleischbänke und ähnliche Verkaufsstände gegeben hat.[271] In Bistritz werden sie für das Jahr 1361 angenommen,[272] aber konkrete Belege gibt es nur aus einer etwas späteren Zeit: 1370 werden in Hermannstadt Zunftlauben und andere Verkaufsräume erwähnt,[273] 1408 in Klausenburg[274] und 1420 in Kronstadt[275]. Die frühen Verkaufsräume waren häufig in Privatbesitz; später gingen sie dann oft in den Besitz der Kirche, der Stadt oder der Zünfte über.[276] Auch letztere haben neue Lauben gebaut.[277] Obwohl das mitunter große Gebäude waren, sind sie trotzdem nicht immer sehr dauerhaft und ansehnlich gewesen.[278]

---

[267] E. Egli, *Geschichte des Städtebaues*, II, 25; R. Schmidt, *Reichsstädte*, 25 f; G. Reimann, *Baukunst*, 13; L. Stern, H. Gericke, *Deutschland*, 30.
[268] Gh. Curinschi, *Centrele istorice*, 28, 249.
[269] G. Ionescu, *Istoria arhitecturii*, I, 201; F. Müller, *Schäßburg*, 421.
[270] S. auch: G. Ionescu, *Istoria arhitecturii*, I, 200; vgl. auch: R. Schmidt, *Reichsstädte*, 20, 27.
[271] *Urkunden*, z. B. 132, 154, 250, 368. In Rodna sind sie zwischen 1296 und 1313 urkundlich belegt (Urkundenbuch, I, 204).
[272] Șt. Pascu, *Meșteșugurile*, 59.
[273] G. Seivert, *Kirchenbuch*, 328, 339; s. auch: 339 f.
[274] *Urkundenbuch*, III, 447.
[275] *Urkundenbuch*, III, 130 f.
[276] G. Seivert, *Kirchenbuch*, 385 ff; s. auch: G. Treiber, *Gebäude*, 169.
[277] Ebenda.
[278] F. Kramer, *Bistritz*, 26.

Das Grundrißgefüge der Lauben konnte verschiedener Art sein. Einige bestanden aus etlichen Räumen mittlerer Größe, die in einem Gebäudekörper in einer oder zwei Fluchten untergebracht waren (z. B. in Hermannstadt und Schäßburg), andere hatten im Erdgeschoß kleine nebeneinanderliegende Räume (in Kronstadt, Bistritz, Hermannstadt und Klausenburg), und manchmal weitläufige Säle im Obergeschoß (erhalten haben sich die des Kronstädter Kaufhauses und der Fleischerlaube in Hermannstadt). Gab es viele nebeneinanderliegende Räume, so bildeten diese verhältnismäßig lange Baukörper, die entsprechend dem zur Verfügung stehenden Raum geschwungen oder winkelförmig waren. Nur in einem Fall, beim Kronstädter Kaufhaus, sind die Baukörper um zwei Innenhöfe angeordnet gewesen. Ein besonderes Gepräge erhielten die Zunftlauben und Verkaufsräume häufig durch Laubengänge, die mit gemauerten Bogen oder Holzsäulen ihr Erdgeschoß ergänzten.

Schulen gab es schon im 14. Jh.,[279] doch waren sie in unbedeutenden Gebäuden untergebracht. Im Laufe der Zeit vergrößerte man sie entweder durch den Anbau neuer Räume oder durch den Ankauf der Nachbarhäuser. Da sie gewöhnlich innerhalb der Kirchenburgen standen, beeinflußten sie in nur geringem Maß das allgemeine Stadtbild; eine Ausnahme bildete in dieser Beziehung ein Kollegium, das gegen Ende des 16. Jh. in Klausenburg gegründet wurde[280].

Architektonisch nicht allzu bedeutend waren die Gasthäuser — die gewöhnlichen Wohnbauten glichen[281] —, die Badstuben[282], Backhäuser und andere Bauten.

Mehr Sorgfalt war manchmal für Bauten aufgewendet worden, die die freie Fläche der Marktplätze gliederten. So ist 1521 der Brunnen am Kronstädter Hauptplatz mit einem Gitter aus Schmiedeeisen und vergoldetem Kupfer versehen gewesen[283] und der Hermannstädter Pranger bestand im 16. Jh. aus einem gotischen Steintürmchen, das von einer Rolandstatue gekrönt war[284].

Für das allgemeine Stadtbild waren die bürgerlichen öffentlichen Gebäude weniger gewichtig als die kirchlichen. Mit Ausnahme einiger Rathäuser kamen

---

[279] F. Teutsch, *Kirche*, 135—142; *Istoria României*, II, 187 f, 564, 686 f; Șt. Pascu, *Voievodatul Transilvaniei*, I, 246 f; s. auch: J. M. Salzer, *Volksschulen*, 5.

[280] S. auch: Gh. Sebestyen, V. Sebestyen, *Arhitectura renașterii*, 26 f, 88.

[281] Ebenda, 25; G. Treiber, *Gebäude*, 175—178.

[282] Gh. Sebestyen, V. Sebestyen, *Arhitectura renașterii*, 28 f.

[283] E. Jekelius, *Wasserversorgung*, 233.

[284] E. Sigerus, *Vom alten Hermannstadt*, I, 16;

sie in der Stadtsilhouette nicht zur Geltung, aber durch Besonderheiten beeinflußten sie das Gepräge der Marktplätze und bereicherten so das Bild der siebenbürgischen Städte.

Befestigungsanlagen

Einfache Verhaue werden gleichzeitig mit den größeren Siedlungen entstanden sein; an einigen Orten blieben sie bis zum Ende des Mittelalters stehen,[285] so z. B. in Schäßburg[286] und in den Vorstädten Kronstadts[287]. Die Begrenzungsanlagen konnten sehr vielfältig sein. Hecken, Zäune oder auch Gräben dürften sich schon um die Kerne der Ortschaften gezogen und demnach größere Flächen umschlossen haben.[288] Stärkere Palisaden, die unter Umständen auch von Wällen und Gräben ergänzt wurden, könnten anfangs bei den hier untersuchten Städten kleinere Räume wie Friedhöfe[289] und Klöster[290] geschützt haben. Es ist anzunehmen, daß gleichartige Wehranlagen früh auch die Schäßburger Burg, und etwas später das damalige Stadtgebiet von Mühlbach, Kronstadt und Klausenburg abschirmten.

Sieht man von den Befestigungen der Klausenburger Alten Burg ab, bei der vermutlich erhebliche Reste römischer Mauern wiederverwendet und mit billigen Baustoffen vervollständigt wurden, so ergänzte man Holz-Erde-Befestigungen erst im 14. Jh. (um 1320 in Klausenburg bzw. um 1340 in Mühlbach) mit gemauerten Türmen oder Mauerabschnitten. In einer viel späteren Zeit ist die Kombination von Holz-Erde-Befestigungen mit gemauerten Teilen auch in der Schäßburger Unterstadt[291] und in einer Kronstädter Vorstadt[292] verwendet worden. Ihre starke Ausbildung erklärt den großen Wert selbst einfacher Wehranlagen; der wird z. B. durch Verhandlungen bestätigt, die die Gesandten Bastas im Jahr 1601 mit dem Stadtrat von Schäßburg wegen der Öffnung der Tore des unteren Stadtteils führten.[293]

---

[285] S. auch: Gh. Anghel, *Cetăți*, 19.
[286] R. Schuller, *Alt-Schäßburg*, 20 ff.
[287] G. Treiber, *Die Befestigungswerke*, 61 f.
[288] A. Dachler, *Dorf- und Kirchenbefestigungen*, 57 f; W. Radig, *Siedlungstypen*, 99; G. Franz, *Bauernstand*, 52 f. S auch' L. Reissenberger, *Befestigungen*, 316.
[289] S. z. B.: F. Müller-Langenthal, *Kirchenburgen*, 242; W. Horwath, *Zur Herkunft*, 71 f; G. Treiber, *Walter Horwath*, 85 f.
[290] S. z. B.: G. Entz, *Die Baukunst*, 140; B. Ivanyi, *Dominikanerorden*, II, 26.
[291] R. Schuller, *Alt-Schäßburg*, 20 ff.
[292] G. Treiber, *Die Anfänge*, 57; H. Goos, *Die Baugeschichte*, 88.
[293] G. Krauss, *Tractatus*, 173.

Vollständig gemauerte Wehranlagen dürften zunächst nur kleine Flächen umschlossen haben. Vor allem im 13. und 14. Jh. verwendete man sie bei Burgen, Kirchen und Klöstern verschiedener Städte[294] und wahrscheinlich auch zur Abgrenzung eines kleinen Bereichs der Schäßburger Burg.[295] Außerdem wurden wenigstens in Hermannstadt[296], Klausenburg und Schäßburg[297] auch innere Türme gebaut und in der erstgenannten Ortschaft entstanden vor der Mitte des 14. Jh. sogar zwei konzentrische Ringmauern. Die Befestigungen waren aus Steinen errichtet und mit Zinnen versehen[298], erst wenn sie später erweitert und umgebaut wurden, verwendete man Ziegelmauerwerk mit Schießscharten.[299] Überall gab es einen Graben (in Bistritz hat er sich streckenweise bis 1781 erhalten)[300].

Gemauerte Befestigungen, die große Flächen umgaben wurden, häufig zur Zeit begonnen, in der man die Orte erstmals als „civitas" bezeichnete. Die ersten siebenbürgischen, mittelalterlichen Arbeiten dieser Art begannen in Hermannstadt um das Jahr 1326, und die letzte Baustelle für Stadtmauern wurde um 1490 in Mediasch eröffnet (Abb. 133). Es ist zu vermuten, daß man einen großen Teil der Arbeiten fortlaufend, ohne bedeutende Unterbrechungen ausführte. Diese Bauetappe dauerte z.B. in Mühlbach nur 30 Jahre, in Hermannstadt und Klausenburg dagegen fast bzw. über 100 Jahre — dies nach Maßgabe der Mauerstärke und -länge (Abb. 159). In dieser Zeit entstanden die Mauern in ihrer ersten Form sowie einige wenige (häufig innere) Türme.[301] Da mit dem Bau von Stadtmauern zu sehr verschiedenen

---

[294] S. auch: Gh. Anghel, Cetăți, 38, 44 aber auch 24 f, 28; Urkundenbuch, I, 174; Die deutsche Kunst, 8 f, 13; B. Ivanyi, Dominikanerorden, I, 34, II, 26, 29; M. Visconti, Mappa, Grundriß von Bistritz; F. Müller, Schäßburg, 423; V. Vătășianu, Istoria artei, I, 16 f; G. Ionescu, Istoria arhitecturii, I, 188, 314—315; M. Angelescu u. a., Restaurarea, 114; G. Entz, Die Baukunst, 17.

[295] V. Vătășianu, Istoria artei, I, 284; V. Drăguț, Sighișoara, 27 f, 30 f; s. auch: Gh. Anghel, Cetăți, 70.

[296] E. Sigerus, Vom alten Hermannstadt, I. 13.

[297] V. Drăguț, Sighișoara, 27 f, 30 f.

[298] S. z. B.: R. Schuller, Alt-Schäßburg, 14 f; Siebenbürgisch-deutsches Tageblatt, 7602, 1898, 1333.

[299] Vgl. auch: G. Ionescu, Istoria arhitecturii, I, 183, 186; V. Vătășianu, Istoria artei, I, 570, 278—283; Gh. Anghel, Cetăți, 70—75.

[300] S.: O. Dahinten, Bistritz, 367.

[301] S.: L. Gerö, Burgenbau, 15, 36. Vgl. auch: V. Vătășianu, Istoria artei, I, 264.

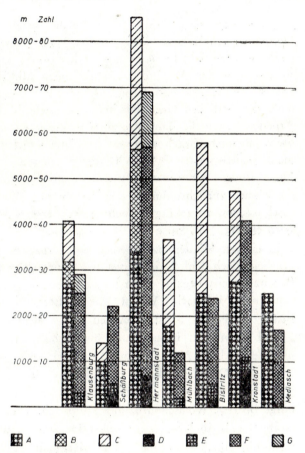

Abb. 159. Merkmale der Befestigungsanlagen

A Länge der Ringmauern. B. Länge der Befestigungsmauern in der Innenstadt. C Länge der Zwingermauern. D Anzahl der Basteien. E Anzahl der Vorwerke. F Anzahl der Ringmauertürme. G Anzahl der Türme die zu Mauern in der Innenstadt gehörten (ohne Kirchenburg).

Zeitpunkten begonnen worden ist, weisen diese auch unterschiedliche wehrtechnische Merkmale auf. In den meisten Städten waren die Befestigungen anfangs mit Zinnen versehen (so in Mühlbach und Hermannstadt), bei späteren Wehranlagen verwendete man jedoch Schießscharten (in Mediasch). Die Mauern hatten einen Wehrgang, der je nach der Mauerdicke auf hölzernen Hängeböcken, gemauerten Bogen, Steinkonsolen oder auf der Mauer selbst ruhte; bei den meisten Befestigungen gab es gleichzeitig mehrere Anordnungsarten des Wehrgangs. Für den Bau wurde zuerst Stein- dann Mischmauerwerk und an einigen Orten — wie Mediasch — auch Ziegelmauerwerk verwendet.

Nach dem Bau der Ringmauern schritt man zu ihrer Verstärkung,[302] in einigen Städten allerdings erst nach Jahrzehnten (so in Mühlbach; s. Abb. 133).

---

[302] S. auch: Gh. Anghel, *Cetăți*, 54.

Dabei wurden neue Gräben oder Teiche angelegt (z. B. in Mühlbach[303] und Hermannstadt[304]), und häufig ist die Mauer erhöht und manchmal auch verstärkt worden (in Hermannstadt). Gleichzeitig baute man neue äußere Türme, so daß sich der Abstand zwischen ihnen allmählich verringerte (vgl. Abb. 159).[305] In Bistritz und Kronstadt entstand sogar eine zweite Ringmauer. Je nach den örtlichen Gegebenheiten und nach dem Umfang der ursprünglichen Arbeiten waren die Baustoffe auch in dieser Etappe verschieden; es ist sowohl Stein- als auch Ziegelmauerwerk errichtet worden. Im allgemeinen verwendete man Schießscharten,[306] gleichzeitig wurden aber auch Pechnasen eingebaut. Diese finden wir sowohl in den Mauern als auch bei Türmen, an denen die Zinnen zunächst durch einen halboffenen Wehrgang und später durch ein geschlossenes, vorgekragtes Wehrgeschoß ersetzt worden sind (z. B. in Bistritz, Klausenburg, Schäßburg und Hermannstadt).[307]

In einigen Städten hat es auch eine dritte Ausbauetappe der Befestigungen gegeben, doch schloß sie nur selten unmittelbar an die vorherigen an (so in Bistritz); meist begann sie erst nach einer längeren Pause (z. B. in Hermannstadt und Mühlbach; Abb. 133). Als Ergänzungen entstanden neue Mauern; Bistritz und Hermannstadt waren nun vollständig von 2—3, Mühlbach von 2 und Kronstadt, Klausenburg und Schäßburg teilweise von 2 Ringmauern umgeben (Abb. 126, 131, 136, 139, 143, 147 und 150). Gleichzeitig wurden in einigen Orten (Mediasch, Mühlbach, Schäßburg u. a.) neue Türme erbaut, in anderen Vorwerke und Basteien (so in Kronstadt, Hermannstadt, Schäßburg, Bistritz, Klausenburg und Mühlbach) aber auch zusätzliche Wälle und Gräben (z. B. in Kronstadt); selbst Holztore, Fallgruben und ähnliches waren weiterhin üblich (Abb. 160). Die Merkmale der Befestigungen waren im allgemeinen von der immer häufigeren Verwendung der Feuerwaffen bedingt. Diese Wehranlagen sind demnach niedriger aber kräftiger gebaut worden.[308] Die neuen Mauern, die vor allem aus Ziegeln bestanden,[309] sind häufig von dahinterliegenden Erdwällen abgeschützt gewesen[310] (so in Hermannstadt, Bistritz

---

[303] F. Baumann, Gießhübel, 34.
[304] L. Reissenberger, Befestigungen, 326.
[305] S. auch: Gh. Anghel, Cetăți, 54—57.
[306] Gh. Anghel, Cetăți, 60.
[307] S.: Siebenbürgisch-deutsches Tageblatt 7602, 1898, 1333; F. Müller, Die Incunabeln, 518 und Anhang; E. Jakob, Kolozsvár története, Bildband, I, Tafel X; E. M. Thalgott, Hermannstadt, 64 f; Gh. Anghel, Cetăți, 61 f.
[308] Gh. Anghel, Cetăți, 86.
[309] S. auch: L. Vătășianu, Istoria artei, I, 263.
[310] S. auch: Gh. Sebestyen, V. Sebestyen, Arhitectura renașterii, 36 f.

Abb. 160. *Hermannstadt*, Torturm neben dem Alten Rathaus, Zeichnung, 17. Jahrhundert.

und Kronstadt). Ebenso wiesen auch die zum Flankieren der Mauern bestimmten Basteien besondere Formen auf. Am Ende des 15. Jh.[311] hatten sie die Form kleiner Innenhöfe, die von dicken Mauern und mehreren übereinanderliegenden Wehrgängen umgeben waren (Kronstadt)[312]. Etwas später wurden sogenannte Rondelle verwendet, die zunächst auch übereinanderliegende Wehrgänge und dann Kasematten besaßen, die in eine Erdauffüllung eingebettet waren. Letztere wurden auch bei neueren, fünfeckigen Basteien mit und ohne Bollwerksohren verwendet (solche wurden nach 1551 in Hermannstadt[313], bzw. im 4. Jahrzehnt des 16. Jh. in Bistritz gebaut[314]).

Die immer stärkeren Befestigungsanlagen wirkten sich auf das allgemeine Bild der Städte nachhaltig aus. Die Ringmauern um Kirchen, Klöster und Hospitäler führten zu einer stärkeren Trennung von Flächen mit einer unterschiedlichen Verwendungsart, ohne die Bedeutung dieser Bauten als architektonische Dominanten zu schmälern. Durch die Stadtmauern und zumal die großen Stadttore veränderte sich das Bild der Hauptstraßen, die zu geschlossenen Räumen wurden. Von außen gesehen, verschwanden die Häuser allmählich hinter den immer höheren Mauern und Türmen. Dadurch erhiel-

---

[311] H. G o o s, *Die Baugeschichte*, 97; G h. A n g h e l, *Cetăți*, 80 f.
[312] S. auch: ebenda, 37.
[313] E. S i g e r u s, *Chronik*, 8; E. M. T h a l g o t t, *Hermannstadt*, 26; s. auch: G h. A n g h e l, *Cetăți*, 114.
[314] A. B e r g e r, *Hunyadiburg*, 23. S. auch: G h. A n g h e l, *Cetăți*, 114.

ten die Städte allmählich eine Silhouette neuer Art, die sie auch diesbezüglich von den einfachen Dörfern unterschied.

Aus der Entwicklung verschiedenartiger Bauten ist zu folgern, daß sich die Architektur der Städte ständig gewandelt hat;[315] in ihrer Gesamtheit waren die Veränderungen nicht zufällig, sondern sie entsprachen den allgemeinen Erfordernissen und Möglichkeiten der Bevölkerung, ihrer verschiedenen Schichten. Die Bauten haben das Gepräge der Ortschaften mitbestimmt. In einer ersten Etappe verliehen die einfachen, unregelmäßig angeordneten Bauten den Vorsiedlungen ein malerisches Aussehen. Die Hospites-Niederlassungen, mit ihren regelmäßigen Häuserzeilen unterschieden sich stark davon. Nachdem die Straßenzüge ausgebaut und größere Gemeinschaftsbauten errichtet worden waren, boten die Ortschaften ein noch geschlosseneres Bild, das sich längere Zeit nicht wesentlich änderte. Erst später, als die Innenstädte räumlich abgegrenzt waren, bedingten immer größere Wohnhäuser sowie neue Befestigungen und öffentliche Gebäude entscheidende Veränderungen in der Architektur der Städte: allmählich entstand das sehr geschlossene und gut gegliederte Bild, wie wir es teilweise auch heute noch erkennen.

---

[315] S. auch: G. Ionescu, *Istoria arhitecturii*, II, 341.

ANHANG

SUMMARY

Urban Planning in Transylvanian Cities

Methodology of the Investigations: The starting-point of the discussions is the extent to which there have been changes in the basic lay-out of the city centres. Topographical photography has made it possible to establish the order in which allotments and buildings were planned, along with the original number of properties; the different rules and criteria used are outlined. Other clues enable the working out of diagrams showing how the towns changed in size with the passage of time. Allotment groups can be dated when the numbers of allotments, parcelled out successively, are compared with the general growth of the towns. The particular character of the towns examined can be defined on the basis of features of the lay-out.

Dating of Allotments: The methods used are illustrated with reference to Orăștie (Broos, Szászváros), Sebeș (Mühlbach, Szászsebes) and Mediaș (Mediasch, Medgyes). Pre-existing residential areas and hospites-settlements are shown, then the gradual growing together of the individual settlements and finally one sees the way in which whole towns spread or, in some cases, diminished in size.

Urban Development of Centres of Trades and Crafts: Apart from the three above-mentioned places, the following have also been studied: Cluj-Napoca (Klausenburg, Kolozsvár), Sighișoara (Schäßburg, Segesvár), Sibiu (Hermannstadt, Nagyszeben), Bistrița (Bistritz, Beszterce) and Brașov (Kronstadt, Brassó). The pre-settlements consisted of small, almost square individual allotments; then the latter were planned adjoining each other, although only rarely fully built up. The later hospites settlements arose out of a number of adjoining large rectangular allotments. These rows grew gradually longer and usually a second row of buildings was constructed facing them, though at some distance. Larger areas were built on within the neighbourhood, other allotments arose around the older parts of the town and through denser construction in the inner city blocks. Similar patterns emerge for changes in gardens and fortified areas, also for the choice of location and shape of churchyards, market-places, monastery buildings etc. Despite all the local peculiarities, the development of road networks is particularly striking. The outlying settlements show a tendency for roads to be parallel or perpendicular to each other. In the later hospites settlements first a row (up to 500—600 metres long), followed by a green or street market, and the dividing up of the green or the land adjoining the settlement often led to the emergence of two important high streets, linked by a market. New streets were preferable parallel or perpendicular to the old ones.

The Architectural Development of Transylvanian Cities

Methodology of Investigations: There are many clues to the fluctuation in construction style, the development of individual churches and civic buildings and the origins of city fortifications. They allow one first to determine the general changes in the architecture of the different cities. One particular technique, which is described in detail, enables the estimation of the value of new buildings. To start with, all stone or brick buildings had to be registered at given periods as quantities of masonry. The rhythm of construction work, dependent on material facilities and available labour, enables the drawing of a diagram of the diachronic execution of tasks involving masonry, taking the total context into account. Based on the time scale of different masonry jobs a more precise idea of the building stages of fortifications can be gained; the dates of different masonry work on public buildings and private houses can also be elicited.

Analyses of Buildings are supplied on the example of Orăștie, Sebeș and Mediaș. The appearance of many stone houses alongside wooden ones was relatively late, although there were carefully constructed public buildings quite early and, in the last two cases, strong fortifications.

The Architectural Development of Centres of Trades and Crafts: Until the 14th century the buildings of the eight cities studied differed little from the mere villages, but afterwards all the more. Huts and houses were initially all made of wood, but the first stone buildings appeared quite early. There are many documentary references to different styles of "stone" houses in the years round 1400, which were erected in large numbers as from the 15th century. By the end of the period under study a considerable number of the buildings in the hearts of the eight centres had been renewed. The largest constructions continued to be the churches and monasteries, however. Certain patterns were found in their periods of foundation and construction, likewise in the extension of their area. The latter was geared to the population size and new buildings were put up as required. Wood and earth alone were long used as demarcation and fortification for the towns and separate areas of them. The bulwarks of small-scale castles were soon replaced by stonework sections; in the case of the full fortification of towns after the 14th century this kind of completionary work was common. At the same time — sometimes with the first reference to the towns as "civitas" — the building of city walls became prevalent, continuing through the centuries and including stage-by-stage extensions.

RÉSUMÉ

Le développement de l'urbanisme dans les villes de Transylvanie

Méthode de recherche: Il nous faut, au départ, nous demander dans quelle mesure le plan initial du centre urbain a été modifié. Des vues topographiques nous permettent de déterminer l'ordonnance des lotissements et des blocs de maisons, ainsi que le nombre des propriétés existant à l'origine. Nous montrons quelles règles et critères sont à appliquer ici. D'autres points de repère nous donnent aussi la possibilité d'établir des diagrammes de l'élargissement du noyau urbain au cours des siècles. Il est possible de dater les groupes de lotissements en comparant le nombre des propriétés, établies successivement, à la croissance générale des villes. Si on tient compte entre autres de certaines caractéristiques du plan général de la ville, on peut, sur cette donnée, déterminer les traits spécifiques des villes étudiées.

Comment dater le parcellement: Nous voulons expliciter notre méthode en prenant pour exemples: Orăştie (allem: Broos, hong: Szászváros), Sebeş (allem: Mühlbach, hong: Szászsebes) et Mediaş (allem: Mediasch, hong: Medgyes). On constate l'existence au départ des colonies premières ou des colonies de „Hospites", tout d'abord isolées, puis qui se soudent les unes aux autres, petit à petit, ou on constate aussi l'élargissement ou le rapetissement de la cité tout entière.

L'urbanisme dans les villes d'artisans: en dehors des villes déjà citées, nous prendrons l'exemple de Cluj-Napoca (allem: Klausenburg, hong: Kolozsvár), Sighişoara (allem: Schässburg, hong: Segesvár), Sibiu (allem: Hermannstadt, hong: Nagyszeben), Bistriţa (allem: Bistritz, hong: Beszterce) et Braşov (allem: Kronstadt, hong: Brassó). Leurs premières fondations étaient constituées au début par de petites propriétés isolées, généralement de forme carrée. Puis les lotissements furent ordonnés les uns à côté des autres, mais les maisons construites dessus ne formaient que rarement des blocs compacts. Une rangée de grands lotissements rectangulaires adjacents constituait le noyau central des colonies des „Hospites" d'une date plus récente. Cette rangée s'allongeait; on créait alors, à une certaine distance, une deuxième rangée en face de la première. A l'intérieur des localités on construisait sur des lotissements d'une certaine superficie. De nouvelles propriétés se créaient autour des vieux quartiers, ou au centre des villes, en créant de plus en plus de parcelles. Il en va de même pour ce qui est des espaces verts et des espaces fortifiés; mais aussi de l'emplacement et de la forme des cimetières, des places de marché, des monastères. Malgré les particularités locales, le tracé des voies de communication est pratiquement partout identique. Dans les premières colonies on a tendance à construire des rues parallèles reliées par des rues perpendiculaires. Dans les colonies des „Hospites" d'origine plus récente, on construisait une rangée de maisons longue de 500 ou 600 mètres, puis on délimitait un herbage ou „marché de rue" et par le découpage en parcelles de cet herbage ou du terrain adjacent à la commune on créait deux grandes rues principales, reliées par un marché transversal. Les nouvelles rues créées par la suite étaient ou parallèles ou perpendiculaires aux premières.

L'architecture dans les villes de Transylvanie

Méthode de recherche: Il existe beaucoup de possibilités pour déterminer avec quelle fréquence plus ou moins grande on retrouve certains types de constructions ou bien l'évolution de l'architecture des églises et des édifices municipaux, ainsi que les différentes phases de la construction des fortifications. Tous ces éléments nous permettent de retracer l'évolution générale de l'architecture urbaine. Mais un autre procédé, sur lequel nous désirons nous attarder, permet de juger de l'importance des transformations des constructions. Pour cela il nous faut faire un relevé exact des bâtiments en pierre en tant que quantité de maçonnerie à certaines époques données. Le rythme de construction, conditionné par les possibilités matérielles et la main d'œuvre disponible, permet, avec toutes les autres données, d'établir un diagramme diachronique de la quantité de maçonnerie. On peut, à partir de cette quantité répartie sur des intervalles de temps, fixer plus exactement les étapes de construction des murs d'enceinte. Cela nous permet aussi de fixer les périodes de construction des édifices publics et des maisons privées.

Etude des constructions en pierre, d'après les exemples de: Orăştie, Sebeş, et Mediaş. Dans ces villes les constructions en pierre n'apparaissent, en nombre important, à côté des maisons en bois, que relativement tard. Mais bien avant il y avait déjà des édifices publics en pierre, construits avec soin, et, dans les deux dernières localités citées, des murs d'enceinte importants.

L'architecture dans les villes d'artisans: Jusqu'au XIVème siècle les constructions dans les huit villes faisant l'objet de notre étude ne se distinguaient guère de celles de simples villages; après cette date, par contre, toujours davantage. Les huttes et les maisons étaient généralement en bois, mais les premières maisons en pierre faisaient aussi leur apparition. Vers 1400 se multiplient les documents attestant l'existence des maisons en pierre, qui deviennent de plus en plus nombreuses à partir du XVème siècle. Jusqu'à la fin de l'époque qui nous intéresse, la plupart des maisons dans les huit villes en question avaient été remplacées par des constructions en pierre; mais les édifices les plus importants restaient, comme dans le passé, les églises et les monastères. On retrouve certaines analogies quant à la date de leur fondation, de leur édification et de la surface des terres exploitées; celle-ci dépendait du nombre des habitants, qui jouait aussi un rôle primordial dans la construction de nouvelles maisons. Très longtemps on s'est contenté d'employer du bois et de la terre pour délimiter et fortifier les localités et certaines de leurs parties. Dans le cas des petits châteaux-forts les fortifications ont été bientôt remplacées, du moins en partie, par des murailles. À partir du XIVème siècle les villes étaient généralement entourées d'une enceinte fortifiée. Parallèlement — et parfois, à partir du jour où la ville recevait le titre de „civitas" — on construisait un mur d'enceinte. La construction de ces murs s'étendit sur plusieurs siècles, de même que leur démolition.

WORTERKLÄRUNGEN

(Bedeutung der Wörter im Kontext der Abhandlung)

Abszissenachse — waagerechte Achse im rechtwinkligen Koordinatensystem
Anger — freier, zu keinem Privatgrundstück gehöriger Grasplatz in einem Dorf
Apsis — meist halbrunder Raumteil am Ende des Chors oder der Seitenschiffe
Arenga — begründender Teil einer Urkunde
Arkade — auf Pfeilern oder Säulen ruhender Bogen, gewöhnlich zu einem Bogengang gehörig
Äußerer Turm — an der Wehrmauer gebauter, vor deren Flucht stehender Turm

Basilika — Kirche mit hohem Mittelschiff und niedrigen Seitenschiffen
Basis — am Fuß von Säulen, Pfeilern u. a.
Bastei — (Bastion) vorspringender, die angrenzenden Kurtinen (s. d.) nicht oder kaum überragender Teil einer Befestigungsanlage, der für die Aufstellung von Geschützen verwendet wurde
Baubestand — Gesamtheit der vorhandenen Bauten
Baublock — Parzellengruppe, die ringsum von Straßen-, Anger- oder Platzfronten und eventuell der Siedlungsgrenze umschlossen ist
Baublocksystem — Stadtanlage oder Erweiterung auf Grund eines Quadratblockplans (s. d.)
Bauhütte — Vereinigung der an einem Kirchenbau Tätigen
Beginen — Frauen und Jungfrauen, die sich ohne Klostergelübde und Ordensregeln unter einer frei gewählten Vorsteherin zur Übung von Andacht und Wohltätigkeit vereinigten
Benediktiner — im Jahre 529 vom hl. Benedikt von Nursia gegründeter Mönchsorden, einer der ältesten Orden Europas
Bergfried — (Berchfried) Hauptturm einer Burg, der den Verteidigern einen wehrhaften Standpunkt bot, die übrigen Burgbauten schützte und den Belagerten als letzter Rückzugsort diente
Besitz — Parzellen, die zu Gebrauch und Nutzung vergeben wurden, über die die Besitzer jedoch nur begrenztes Verfügungsrecht hatten
Biberschwanzziegeln — flache Dachziegeln, die an ihrem unteren Ende abgerundet sind
Bodenzaun — starker Zaun, der die gesamte Siedlung umgab
Bollwerksohren — Vorsprünge, die die Vorderseite von Basteien (Facen) verlägerten und die dahinterliegenden Kanonenstände vor feindlichem Feuer schützten
Brechung — Knick im Verlauf einer Begrenzungslinie

Castrenses — Burgleute
Castrum — Burg, in römischer Zeit vor allem als Standort größerer Truppeneinheiten benützt
Chor — östlicher Teil einer Kirche, urspr. den Geistlichen vorbehalten
Chorquadrat — Quadratischer Chorteil romanischer Kirchen, der sich zwischen Triumphbogen und Apsis befindet
Civitas — allgemein im Sinne von „Stadt" benützt
Colonia — römische Stadt besonderer Größe

Dachsparren — schräg gestellter Balken des Daches
Dekanat — kirchliche Gebietskörperschaft
Demographie — Bevölkerungsstatistik
Denar — (Abk.: den.) mittelalterliche Münze mit geringem Wert; 100 den.=1 fl.
Deutscher Ritterorden — Orden der Ritter des Hospitals St. Marien des Deutschen Hauses, 1190 vor Akkon gegründet, übernahm 1199 auch die Aufgabe des Kampfes gegen die Ungläubigen
Dienst — Pfeiler oder Wandvorlage, in Form einer sehr schlanken Halb- oder Dreiviertelsäule
Distrikt — politische Gebietskörperschaft
Dominante — Bauwerk oder Teil der Stadt, der durch seine großen Ausmaße oder sonstigen Merkmale die Umgebung in ästhetischer Beziehung beherrscht
Dominikaner — Predigerorden; im Jahre 1216 vom hl. Dominikus gegründeter Bettelmönchsorden
Dränierung — Entwässerung des Bodens durch unterirdische Abzüge

Einspanntiefe — Tiefe bis zu der ein Bauteil in einer Mauer eingebaut ist
Empore — galerieartiger architektonischer Einbau oder Raumteil einer Kirche
Erdhütte — halb oder ganz in die Erde eingelassene Hütte
Etymologie — Ursprung, Grundbedeutung eines Wortes

Fallgrube — Grube zum Schutz von Befestigungstoren
First — obere, waagerechte Schnittlinie von zwei geneigten Dachflächen
Firstschwenkung — Drehung des Daches und gleichzeitig des Firstes um 90°
fl. — Abk. für Gulden
Fluchtburg — (Fliehburg) Burg, in die die Bevölkerung sich bei akuter Gefahr zurückziehen konnte
Franziskaner — im Jahre 1209 vom hl. Franziskus von Assisi gegründeter Bettelmönchsorden, besonders tätig in der Kranken- und Armenpflege; zu diesem Mönchsorden gehörten die Minoriten und die Klarissinnen
Franziszäische Landesaufnahme — Topographische Aufnahme, 1806—1869 durchgeführt
Fries — plastischer oder gemalter Flächenstreifen

Gemarkung — der gesamte zu einer Siedlung gehörige Boden
Gemeinschaftsbau — Gebäude das von und für die Gemeinschaft errichtet wurde

Worterklärungen

Gesims — waagerecht aus der Mauer hervortretender, einfacher oder mannigfach zusammengesetzter Streifen, der die horizontale Gliederung eines Baues bezeichnet

Gewannflur — regelmäßige Flurform, bei der die Feldfläche einer Ortschaft in mehrere viereckig gestaltete Schläge (Gewanne) aufgeteilt ist, die ihrerseits in lange, schmale und der Größe des Gewannes entsprechende, gleiche, parallele Streifen parzelliert sind

Gewohnheitsrecht — nicht schriftlich festgelegtes, aber durch Gewohnheit verbindlich gewordenes Recht

Gewölbeauflager — Stützfläche eines Gewölbes

Giebelhaus — Haus, das mit dem Giebel zur Straße steht

Gräf — manchmal auch mit besonderen Vorrechten ausgestatteter Ortsrichter

Gratiges Kreuzgewölbe — Gewölbe, bei dem die Schnittlinien der sich schneidenden Tonnengewölbe nicht durch Rippen verstärkt sind

Grenzwertkurve — Kurve der vorstellbaren Maximal- bzw. Minimalwerte

Groschen — mittelalterliche Münze (meist entsprachen 56 Groschen dem Wert eines fl.)

Gulden — (Abk. fl.) mittelalterliche Goldmünze

Gurtbogen — quer zur Achse eines Raumes verlaufender Verstärkungsbogen des Gewölbes

Halbzinser — Bewohner, die halb so große Abgaben wie ein Vollwirt zu leisten hatten

Hallenkirche — Kirchentyp, bei dem Mittelschiff und Seitenschiffe die gleiche Höhe haben

Hängebock — Balkenkonstruktion zum Unterstützen eines vorgekragten Balkens — zumal bei Wehrgängen

Haufendorf — Dorfform, bei der die Höfe in wirrem Haufen, ohne Regelmäßigkeit beieinanderstehen

Herdstelle — Anhaltspunkt für mittelalterliche Familienzählungen

Hermannstädter Provinz — politische Gebietskörperschaft, in der die Stühle Hermannstadt, Broos, Mühlbach, Reußmarkt, Leschkirch, Schenk, Reps und schließlich auch Schäßburg vereinigt waren

Hof — zum Haus gehöriger umschlossener Platz

Hofstelle — Grundstück, Parzelle

Hospital — Krankenhaus

Hospites — Gäste, d. h. die unter Sonderrecht stehenden Siedler

Hypothek — Recht an einem Grundstück

Innenstadt — der von Mauern umschlossene Teil einer mittelalterlichen Stadt

Innerer Turm — an der Wehrmauer gebauter, hinter deren Flucht stehender Turm

Iobagiones castrorum — Burghintersassen

Joch — Flächenmaß (1 Joch ≃ 0,58 ha)

Johanniterorden — geistlicher Ritterorden, wahrscheinlich nach dem Jahr 1000 in Jerusalem gegründet, der sich u. a. die Krankenpflege als Ziel setzte
Josephinische Landesaufnahme — topographische Aufnahme, die in den Jahren 1769—1773 durchgeführt wurde

Kämpfer — vorspringende Gesimsplatte am Kopf einer Säule oder eines Pfeilers, auf der ein Bogen aufliegt
Kanonikat — Amt und Würde eines Mitglieds des Domkapitels
Kapitel — kirchliche Gebietskörperschaft
Kapitell — abgesetztes Kopfstück einer Säule, eines Pfeilers oder Pilasters (s. d.)
Kasematte — bombensicher gebauter Raum zur Unterkunft von Mannschaften oder zur Aufnahme von Kriegsgerät und Vorräten, der häufig auch mit Verteidigungsvorrichtungen versehen ist
Kaufhaus — Verkaufshalle, in der Handwerker verschiedener Zünfte ihre Waren feilboten
Kern — s. Siedlungskern
Kielbogen — (Eselsrückenbogen) Bogen, dessen konkave Teile oben konvex fortgesetzt sind
Kisder Kapitel — kirchliche Gebietskörperschaft, zu der Kaisd, Schäßburg und umliegende Gemeinden gehörten
Klarissinnen — s. Franziskaner
Kohorte — römische Truppeneinheit
Kolleg — Schule der Jesuiten mit den Wohnungen der Patres und Laienbrüder
Konsole — aus der Mauer vortretender Tragstein, auf dem Gesimse, Bögen, Dienste od. a. ruhen
Kosder Kapitel — kirchliche Gebietskörperschaft, zu der Gemeinden der Repser Gegend gehörten
Kranzgesimse — Profil unter der Traufe
Kreuzgang — um einen Klosterhof führender und gegen diesen offener Bogengang
Kreuzgewölbe — aus zwei oder drei gleichhohen sich schneidenden Gewölben bestehende Raumabdeckung (vier- bzw. sechsteiliges Kreuzgewölbe)
Krüppelwalmdach — Dach, bei dem die Traufe der Giebelwalme höher liegt als die der Dachflächen der Langseiten; unter den Giebelwalmen befinden sich Giebelstümpfe
Krypta — halbunterirdischer Raum, meist unter dem Chor der Kirche, dient als Grabstätte weltlicher und geistlicher Würdenträger
Kurtine — Festungswall, der zwei Basteien miteinander verbindet; seine Vorderseite kann gemauert sein

Langhaus — Teil der Kirche zwischen Westfassade und Chor
Laube — 1. offener Vorbau, der häufig auch den Eingang beherbergte; 2. s. Zunftlaube
Laubengang — offener, gedeckter Gang an einer oder mehreren Seiten des Marktplatzes
Lettner — Schranke zwischen Chor und Langhaus
Lichte Maße — innere Ausmaße eines Raumes
Lokationsurkunde — Gründungsurkunde einer Siedlung

Marginalie — Kennzeichen am Rand des gedruckten Textes
Mark — Gewicht (~ 1/4 kg), das bei gewöhnlichem oder Feinsilber als Verrechnungseinheit verwendet wurde (3 oder 4 fl.=1 Mark)
Maßwerk — mit dem Zirkel konstruiertes Bauornament der Gotik in den Bogenzwickeln der Fenster, dann auch an Wandflächen und anderen Teilen
Minoriten — s. Franziskaner
Mischmauerwerk — Mauerwerk, bei dem sowohl Ziegeln als auch Steine verwendet wurden
Mönch- und Nonnenziegeln — Dachziegeln mit halbkreisförmigem Querschnitt, die abwechselnd mit der konkaven Seite nach oben bzw. unten gelegt werden

Näherrecht — s. Vorkaufsrecht
Nutzfläche — freie Fläche, die effektiv benützt werden kann

Obergaden — Fensterregion der Mittelschiffwände einer Basilika
Oppidum — allgemein im Sinne von „Marktort", „Marktflecken" benützt
Ordinatenachse — waagerechte Achse im rechtwinkligen Koordinatensystem
Ostwerk — Ostteil einer Kirche

Palisade — aus einer Reihe von Holzpfählen bestehende Wehranlage
Parzelle — Grundstück — hier im allgemeinen innerhalb von Siedlungen —, als Hof oder Hof und Garten verwendet
Patrizierturm — Wohnturm eines Patriziers
Pfeiler — freistehende Stütze mit quadratischem oder rechteckigem Querschnitt
Pfette — waagerechter Dachbalken, der die Sparren trägt
Pfründe — das mit einem Kirchenamt verbundene Einkommen, dann auch das Kirchenamt selbst
Pilaster — flach aus der Wand heraussstehender Pfeiler, der wie eine Säule gegliedert ist.
Pleban — Inhaber einer römisch-katholischen Pfarre
Prämonstratenser — im Jahre 1121 in Prémontré (Frankreich) vom hl. Norbert gegründeter Mönchsorden
Pranger — Pfahl oder Säule auf einem öffentlichen Platz, an dem Übeltäter zur Schau gestellt wurden
Privileg — Sonderrecht, das den Teilhabern gewisse Begünstigungen sicherte
Propstei — kirchliche Gebietskörperschaft, in der mehrere Kapitel (Hermannstadt, Leschkirch, Schenk-Hermannstadt) zusammengefaßt waren
Pultdach — Dach mit einer einzigen geneigten Fläche

Quadratblockplan — Stadtgrundriß mit einem Netz senkrecht sich kreuzender Straßen, zwischen denen quadratische oder rechteckige Baublöcke liegen
Quartal — Stadtviertel
Quermarkt — zu Marktzwecken verwendeter Platz, der zwei parallele Haupstraßen verbindet

Refektorium — Speisesaal eines Klosters
Regal — wirtschaftlich nutzbares Hoheitsrecht

Rippe — plastischer, profilierter Steinbogen, der das Gewelbe trägt oder diesem unterlegt ist
Risalit — aus der Fluchtlinie eines Baukörpers in seiner ganzen Höhe vortretender Gebäudeteil
Rondell — Bastei mit rundem oder halbrundem Grundriß

Saal — Gemeinderaum einer einschiffigen Kirche
Sakralbau — Kirchenbau
Sanierung — Veränderung eines alten Baubestandes, durch die gesunde Lebensverhältnisse geschaffen werden sollen
Satteldach — Dach mit zwei am First zusammenstoßenden Dachflächen
Schalenturm — Turm, dessen Rückseite offen ist
Scharwachtürmchen — auf der Wehrmauer stehendes, wie ein Erker vorspringendes Türmchen
Schematismus — Rangliste
Schiff — Raum einer Kirche, der von Wänden und teilweise von Pfeilern und Bogen begrenzt ist
Schliem — eingeölte, lichtdurchlässige Tierblase als Fensterverschluß
Schlußstein — im Scheitel eines Kreuzrippengewölbes sitzender Stein, in Form einer runden, meist reich verzierten Platte
Schwarzer Tod — große Pestepidemie, 1347—1352
Sedler — Stadtbewohner ohne eigenen Hausbesitz
Sieben Stühle — politische Gebietskörperschaft, in der die Stühle Broos, Mühlbach, Reußmarkt, Hermannstadt, Leschkirch, Schenk, Reps und Schäßburg zusammengefaßt waren
Siedlungsgrenze — Rand einer Siedlung
Siedlungskern — älteste organisiert durchgeführte Parzellierung eines Ortes
Sockel — etwas vorspringender Unterbau
Stapelrecht — Recht einer Stadt, die Waren von durchreisenden Kaufleuten eine Zeitlang zum Verkauf auszustellen
Statut — Satzung, Gesetz, Ordnung
Sterngewölbe — Gewölbe mit sternartig angeordneten Rippen
Stirnseite — Vorderseite
Straßendorf — Dorf, in dem die Hofstellen zu beiden Seiten der Straße regelmäßig angelegt sind
Straßenmarkt — sehr breite Straße, die für Marktzwecke verwendet wurde
Stuhl — politische Gebietskörperschaft
Sturz — Horizontalbalken über einer Maueröffnung
Stützpfeiler — an die Außenmauer eines Bauwerks angebauter Pfeiler, zur Abstützung der Mauer und zum Abfangen des Schubes von Gewölbe und Bogen

Technische Versorgungsanlagen — verschiedene Anlagen, die das Leben in einer Stadt bequemer gestalten oder überhaupt erst möglich machen (Wasserversorgung, Straßenpflaster usw.)
Terminus ante quem — Zeitpunkt vor dem etwas datiert werden muß
Terminus post quem — Zeitpunkt nach dem etwas datiert werden muß
Tonnengewölbe — Gewölbe mit halbkreisförmigem Querschnitt

Worterklärungen

Traufe — untere waagerechte Kante einer Dachfläche
Traufenhaus — Haus, das im Unterschied zum Giebelhaus mit der Traufseite zur Straße gekehrt ist
Treppengiebel — (Staffelgiebel) Giebel, dessen obere Seiten abgetreppt sind
Triumphbogen — Bogen zwischen Chor und Gemeinderaum einer Kirche

Vedute — sachlich treue Ansicht einer Stadt
Verdichtung der Parzellierung — durch Teilung von Grundstücken erhöhte Anzahl der Wirtschaften auf einer bestimmten Fläche
Verhau — künstliches Hindernis (Zaun, Dornenhecke od. a.)
Verwerfung — Vor- bzw. Rücksprung einer Straßenfront
Viertelzinser — Bewohner, die ein Viertel der Abgaben eines Vollwirten zu leisten hatten
Vorkaufsrecht — das Recht, etwas wegen verwandtschaftlichen oder nachbarlichen Beziehungen als erster zum Kauf angeboten zu bekommen
Vorkragen — aus der Wandfläche herausstehender Bauteil
Vorsiedlung — Siedlung die vor dem planmäßig parzellierten Kern an der Stelle einer Ortschaft entstanden ist
Vorstadt — außerhalb der Stadtmauer gelegenes Stadtviertel
Vorwerk — (Barbakane) um einen Vorhof gebaute Befestigungsanlage zum Schutz eines Tores

Walmdach — Dach mit vier geneigten Flächen und einer in gleicher Höhe befindlichen Traufe, die rundherum verläuft
Wehrgang — Gang, von dem aus eine Wehranlage verteidigt wurde
Westwerk — Westteil einer Kirche
Wirt — Hausbesitzer
Wüstung — verlassene bzw. verschwundene Siedlung

Zehnschaft — organisatorische Einheit in mittelalterlichen Siedlungen
Zehnter — Abgabe des zehnten Teiles von Erzeugnissen einer Wirtschaft
Zehntquarte — Viertel des Zehnten
Zehntrecht — das an den Boden gebundene Recht bezüglich der kirchlichen Abgaben und der Aufteilung der Zehntquarten
Zeilendorf — Dorf, in dem die Hofstellen regelmäßig nebeneinander zu einer Seite der Straße angelegt sind
Zinne — rechteckige, zahnförmige Zacke auf einer Mauer
Zinnenfries — als Verzierungsteil verwendetes Band kleiner Zinnen
Zisterzienser — im Jahre 1098 in Citeaux bei Dijon gegründeter Mönchsorden, dessen Mitglieder zu physischer Arbeit verpflichtet waren
Zunftlaube — Gebäude in dem Erzeugnisse einer bestimmten Zunft gelagert und verkauft wurden; auch Versammlungen der Zunftmitglieder konnten dort stattfinden
Zwillingsfenster — zwei gekuppelte Fensteröffnungen
Zwinger — ein meist länglicher, zwischen der äußeren und inneren Ringmauer einer Befestigung liegender Raum

SCHRIFTTUM MIT ABKÜRZUNGEN

Die verwendeten Abkürzungen sind hinter den Titeln der Arbeiten in Klammer angeführt

A b e l W., *Geschichte der deutschen Landwirtschaft vom frühen Mittelalter bis zum 19. Jahrhundert, (Landwirtschaft),* Stuttgart 1962.
A b e l W., *Wüstungen in historischer Sicht, (Wüstungen),* in: *Zeitschrift für Agrargeschichte und Agrarsoziologie,* 2, 1967.
Achthundertjährige Gräber in der Margarethen-Kirche , *(Achthundertjährige Gräber),* in: *Neuer Weg,* 7181, 1972.
Alt-Mühlbach, in: *Siebenbürgisch-Deutsches Tageblatt,* 6166—6173, 1894.
A m l a c h e r A., *Urkundenbuch zur Geschichte der Stadt und des Stuhles Broos, (Urkundenbuch),* in: *Archiv,* XV, 1879.
A n g e l e s c u M., G ü n d i s c h G., K l e i n A., K r a s s e r H., S t r e i t f e l d Th., *Restaurarea unui monument de arhitectură din epocile romanică și gotică în cadrul ansamblului de monumente feudale de la Sebeș Alba,* (M. A n g e l e s c u u. a. *Restaurarea),* in: *Monumente istorice, Studii și lucrări de restaurare,* II, Bukarest, 1967.
A n g h e l Gh., *Cetăți medievale din Transilvania, (Cetăți),* Bukarest 1973.
A n g h e l Gh., *Fortificația orașului Sebeș, (Fortificația),* in: *Apulum,* XIV, 1976.
A n t o n i E., *Richtlinien zur siedlungsgeschichtlichen Erforschung Siebenbürgens, (Richtlinien),* in: *S. Vs.,* LIV, 1931.
Archiv des Vereins für siebenbürgische Landeskunde, (Archiv), Hermannstadt.
A r m b r u s t e r A., *Der Schwarze Tod in Siebenbürgen, (Der Schwarze Tod),* in: *Forschungen,* 10/2, 1967.
A r m b r u s t e r A., *Grenzwacht und Hilfsvölker, (Grenzwacht),* in: *Revue roumain d'histoire,* XII/6, 1973.
Aufschlußreiche Grabungen, in: *Die Woche,* 221, 1972, 4.
A v r a m A., *Din contribuția maselor populare transilvănene la lupta antiotomană, (Din contribuția),* in: *Studii și comunicări, arheologie-istorie,* 20, Hermannstadt 1977.

B á g y u j L., *Beszámoló a kolozsvári Szent Mihály-templom, 1956/57, évi helyreállitási munkálatairól,* in: *Emlékkönyv. Kelemen Lajos...,* Bukarest-Klausenburg 1957.
B a l o g h J., *Az erdélyi renaissance,* Klausenburg 1943.
B a l o g h J., *Kolozsvár müemlékei,* Budapest 1935.
B a l t a g Gh., *Radnabe eines Einwandererwagen, (Radnabe),* in: *Neuer Weg,* 8583, 1976.
B a k ó G., *Cavalerii teutoni în Țara Bîrsei,* in: *Studii. Revista de istorie,* X, 1957.
B a k ó G., *Invazia tătarilor din anul 1241,* in: *Culegere de studii și cercetări a muzeului regional Brașov,* I, 1967.
B a k ó G., N u s s b ä c h e r G., *Hundertschaften und Gerichtsstühle, (Hundertschaften),* in: *Neuer Weg,* 8565, 1976.

Bătrîna L., Bătrîna A., *Bistrița (județul Bistrița-Năsăud), (Bistrița)*, in: Monumente istorice și de artă, XLIII/2, 1974, 95.

Baumann F., *Die Schenkung der Stadt und des Stuhles Mühlbach an die Brüder Johann und Andreas Pongratz, (Die Schenkung)*, in: Programm des evangelischen Untergymnasiums... Mühlbach, 1875/6.

Baumann F., *Geschichte der „terra Siculorum terrae Sebus" des Andreanischen Freibriefs oder des adligen Gutes Gießhübel bei Mühlbach, (Gießhübel)*, in: Programm des evangelischen Untergymnasiums Mühlbach, 1873/74.

Baumann F., *Zur Geschichte von Mühlbach, (Geschichte)*, in: Programm des evangelischen Untergymnasiums... Mühlbach, 1881/1882.

Baumann F., *Zur Geschichte von Mühlbach 1526—1571, (Mühlbach)*, in: Programm des evangelischen Untergymnasiums... Mühlbach, 1888/9.

Bedeus v. Scharberg J., *Mittheilungen über ein Medwischer Stadtbuch aus dem 16. und 17. Jahrhundert, (Medwischer Stadtbuch)*, in: Archiv, III, 1858.

Beldie M., *Biserica evanghelică Sf. Margareta din Mediaș, (Mediaș)*, in: Buletinul monumentelor istorice XLII/1, 1973.

Beldie M., *Biserica Sf. Margareta din castelul orașului Mediaș, (Sf. Margareta)*, in: Monumente istorice și de artă, XLIII/2, 1974, 95.

Berger A., *Die Hunyadiburg in Bistritz, (Die Hunyadiburg)*, in: Nösner Gabe 1928, Bistritz 1928.

Berger A., *Volkszählung in den 7 und 2 Stühlen, im Bistritzer und Kronstädter Distrikt vom Ende des XV. und Anfang des XVI. Jahrhunderts, (Volkszählung)*, in: Korrespondenzblatt, XVII, 1894.

Binder P., *Orașul Brașov. Studiu de geografie istorică*, Ms.

Binder P., *Unde a încheiat Mircea cel Bătrîn tratatul brașovean din 1395? Considerații privind localizarea curții feudale din Brașov, (Tratatul brașovean)*, in: Cumidava, IV, 1970.

Binder P., *Unele probleme referitoare la prima mențiune documentară a Brașovului, (Prima mențiune)*, in: Cumidava, III, 1969.

Böbel J., *Die Stadttore Hermannstadts, (Die Stadttore)*, Ms. Brukenthal-Bibliothek, Hermannstadt.

Borbély A., *Erdély városok képeskönyve 1736-ból, (Erdélyi városok)*, Klausenburg 1943.

Bretz S., *Schöne Städte im Unterwald, (Schöne Städte)*, in: Karpatenrundschau, 32, 1976, 2.

Bunin A. V., *Istoria gradostroitelnovo iscustva, (Istoria)*, Moskau 1953.

Capesius B., *Deutsche Humanisten in Siebenbürgen, (Deutsche Humanisten)* Bukarest 1974.

Capesius B., Göllner C., *Der Unbekannte Mühlbacher, (Der Unbekannte)*, Hermannstadt 1944.

Călători străini despre țările române, (Călători străini), I—VI, Bukarest 1968—1976.

Clasen K.-H., *Die Baukunst an der Ostseeküste zwischen Elbe und Oder, (Die Baukunst)*, Dresden 1955.

Conrad G., *Die Mühlbacher Bartholomäus-Kirche, (Bartholomäus-Kirche)*, in: Neuer Weg, 6747, 1971, 6.

Csallner K., *Alt-Nösen*, in: Siebenbürgisch-sächsischer Hauskalender, 1972.

Csetri E., *Istoria populației Clujului în cifre*, in: *Sub semnul lui Clio...*, Klausenburg 1974.
Cucu V., *Orașele României*, Bukarest 1970.
Curinschi Gh., *Centrele istorice ale orașelor, (Centrele istorice)*, Bukarest 1967.

Dachler A., *Dorf- und Kirchenbefestigungen in Niederösterreich, (Dorf- und Kirchenbefestigungen)*, in: *Berichte und Mitteilungen des Altertums-Vereins zu Wien*, XLI, 1908.
Dahinten O., *Beiträge zur Baugeschichte von Bistritz, (Bistritz)*, in: *Archiv*, L, 1944.
Darkó L., *A kolozsvári Szent Mihály-templom 1956/1957. évi helyreállítása során feltárt falfestményekről*, in: *Emlékkönyv. Kelmen Lajos...*, Bukarest-Klausenburg 1957.
Debreczeni L., *Az 1953. évi kolozsvári műemlék-összeírás épitéstörténeti eredményei, (műemlék-összeírás)*, in: *Emlékkönyv. Kelemen Lajos...*, Bukarest-Klausenburg 1957.
Dehio G., Bezold G. v., *Die kirchliche Baukunst des Abendlandes*, I—III, Stuttgart 1892—1901.
Dicționar de istorie veche a României, (Dicționar de istorie veche), unter Anleitung von D. M. Pippidi, Bukarest 1976.
Die baugeschichtlichen Ergebnisse der Grabungen in der Schwarzen Kirche, (Die baugeschichtlichen Ergebnisse), in: *Mittteilungen des Burzenländer sächsischen Museums*, III, Kronstadt 1938.
Die deutsche Kunst in Siebenbürgen. (Die deutsche Kunst), Hrsg. V. Roth, Berlin-Hermannstadt 1934.
Die Seelenzahl der evangelischen Landeskirche A. B. vor hundertfünf Jahren, (Die Seelenzahl), in: *Statistisches Jahrbuch der evangelischen Landeskirche A. B. im Großfürstenthum Siebenbürgen*, Hermannstadt 1863.
Documente de arhitectură din România, (Documente de arhitectură), Nr. 10—11, Hrsg. G. Ionescu, Gh. Curinschi, Bukarest 1963.
Documente privind istoria României, seria C — Transilvania, (Documente, C), Bukarest 1951—1955.
Drăguț V., *Cetatea Sighișoara, (Sighișoara)*, Bukarest 1968.
Drăguț V., *Contribuții privind arhitectura goticului timpuriu în Transilvania*, in: *Studii și cercetări de istoria artei, seria artă plastică*, XV/1, 1968.
Dubowy E., *Sighișoara un oraș medieval, (Sighișoara)*, Bukarest 1957.
Dumitrescu I., *Lucrări de restaurare la biserica Sf. Mihail din Cluj*, in: *Arhitectura R. P. R.*, 3, 1958.

Egli E., *Geschichte des Städtebaues*, II, Erlenbach-Zürich und Stuttgart 1962.
Entz G., *Die Baukunst Transsilvanniens im 11.—13. Jahrhundert, (Die Baukunst)*, in: *Acta historiae artium*, XIV/3—4, 1968.
Entz G., *Müvészek és mestarak az erdélyi gótikában*, in: *Emlékkönyv. Kelemen Lajos....*, Bukarest-Klausenburg 1957.
Essenwein A. v., *Die romanische und die gotische Baukunst. Der Wohnbau*, Darmstadt 1892.
Essenwein A. v., *Die romanische und die gothische Baukunst. Die Kriegsbaukunst*, Darmstadt 1889.

Fabini H., Beldie-Dumitrache M., *Die Restaurierung der Stadtpfarrkirche in Mediasch, (Die Restaurierung),* in: *Forschungen,* 20/1, 1977.
Fabini H., *Das Schullerhaus in Mediasch, (Das Schullerhaus),* in: *Die Woche,* 358, 1974.
Fabini H., *Die älteste Darstellung von Mediasch, (Darstellung),* in: *Die Woche* 245, 1972.
Fabini H., *Restaurarea unui monument al arhitecturii civile din timpul renașterii din Transilvania: Casa Schuller din Mediaș, (Casa Schuller),* in: *Monumente istorice și de artă,* XLV/1, 1976.
Fabini H., *Turnuri de patricieni în Sibiu la sfîrșitul evului mediu, (Turnuri de patricieni),* in: *Buletinul monumentelor istorice,* XLIII/1, 1974.
Fabini H., *Valorificarea fondului de arhitectură gotică civilă din Sibiu, (Valorificarea fondului),* in: *Monumente istorice și de artă,* XLIV/2, 1975.
Fabritius K., *Jodoks von Kussov Steuerforderung an die zwei Stühle Schelk und Mediasch von 1438, (Jodoks von Kussov),* in: *Archiv,* XIV, 1877.
Folberth O., *Die Gebäude der ev. Kirchengemeinde Mediasch, (Die Gebäude),* in: *Mediascher Zeitung,* 1940.
Folberth O., *Gotik in Siebenbürgen. Der Meister des Mediascher Altars und seine Zeit, (Gotik),* Wien-München 1973.
Forschungen zur Volks- und Landeskunde (Forschungen), Bukarest.
Franz G., *Geschichte des Bauernstandes, (Bauernstand),* Stuttgart 1970.
Fronius F., *Beiträge zur Entwicklungsgeschichte der evangelisch-sächsischen Gemeinde Arkeden, (Arkeden),* Hermannstadt 1866.
Fronius M., *Der Sachsen in Siebenbürgen Statuta oder Eigen Landrecht, (Eigen Landrecht),* Kronstadt 1583.

Ganter J., *Grundformen der europäischen Städte, (Grundformen),* Wien 1928.
Gaus F., *Die Problematik der deutschen Ostsiedlung aus tschechischer Sicht, (Die Problematik),* in: *Die deutsche Ostsiedlung des Mittelalters als Problem der europäischen Geschichte,* Hrsg. W. Schlesinger, Sigmaringen 1974.
Gerö L., *Die charakteristischen Epochen des Burgenbaues, (Burgenbau),* in: *Acta technica Academia scientiarum hungaricae,* XLVI/1—2, 1964.
Geschichtliches über die Wasserversorgung Hermannstadts, (Geschichtliches über die Wasserversorgung), in: *Siebenbürgisch-Deutsches Tageblatt,* 3256, 1884.
Göckenjan H., *Hilfsvölker und Grenzwächter im mittelalterlichen Ungarn* (Hilfsvölker), Wiesbaden 1972.
Goldenberg S., *Clujul în sec. XVI, (Clujul),* Bukarest 1958.
Goldenberg S., *Despre tîrgurile și bîlciurile din Transilvania în secolul XIV—XVII,* in: *Sub semnul lui Clio...,* Klausenburg 1974.
Goldenberg S., *Der Handel Transsilvaniens vom 14 bis zum 17 Jahrhundert,* in: *Scripta Mercaturae,* IX/1, 1977.
Goldenberg S., *Urbanizare și mediu înconjurător: cazul orașelor medievale din Transilvania, (Urbanizare),* in: *Anuarul Institutului de istorie și arheologie Cluj-Napoca,* XVIII, 1975.
Göllner C., *Siebenbürgische Städte im Mittelalter,* Bukarest 1972.
Goos H., *Die Baugeschichte der Befestigungswerke, (Die Baugeschichte),* in: *Kronstadt.*

Graeser D., *Einzelheiten aus Alt-Mediasch, (Einzelheiten)*, in: Mediascher Zeitung, 7, 1931.

Gräser A., *Über die Erbauungszeit der Mediascher Stadt und Ringmauer, (Ringmauer)*, in: Archiv, I, 1853.

Gräser A., *Umrisse zur Geschichte der Stadt Mediasch, (Umrisse)*, in: Festgabe zur Erinnerung an die Jahres Versammlung...*, Hermannstadt 1862.

Greceanu E., *Die mittelalterlichen Baudenkmäler der Stadt Mediasch, (Mediasch)*, Bukarest 1971.

Greceanu E., *La structure urbaine médievale de la vile de Roman, (La structure urbaine)*, in: Revue roumaine d'histoire, XV/1, 1976.

Gromo J. A., *Uebersicht des Ganzen im Besitz des Königs Johann von Siebenbürgen befindlichen Reiches..., (Uebersicht)*, in: Archiv, II, 1855.

Große Herstellungen in unserer Stadtpfarrkirche vor 100 Jahren. Nach der Badergässer Nachbarschaftschronik, (Große Herstellungen), in: Mediascher Zeitung, 41, 1933.

Guboglu M., *Evliya Tschelebi im Süden Siebenbürgens, (Evliya Tschelebi)*, in: Forschungen, 9/1, 1966.

Gündisch G., *Die Türkeneinfälle in Siebenbürgen bis zur Mitte des 15. Jahrhunderts, (Die Türkeneinfälle)*, in: Jahrbücher für die Geschichte Osteuropas, II, 1937.

Gündisch G., *Siebenbürgen in der Türkenabwehr, 1395—1526, (Türkenabwehr)*, in: Revue roumaine d'histoire, XIII/3, 1974.

Gündisch G., Krasser H., Streitfeld Th., *Dominium, Kirche und Burg von Weingartskirchen, (Weingartskirchen)*, in: Studien zur siebenbürgischen Kunstgeschichte, Bukarest 1976.

Gündisch G., Streitfeld Th., *Der Umbau der Mühlbacher Marienkirche im 15. Jahrhundert und seine geschichtlichen Voraussetzungen (Der Umbau)*, in: Studien zur siebenbürgischen Kunstgeschichte, Bukarest 1976.

Gündisch K., *Patriciatul orăşenesc medieval al Bistriţei pînă la începutul secolului al XVI-lea, (Patriciatul)*, in: File de istorie, IV, Bistritz 1976.

Gunesch H., *Beiträge zur Siedlungsgeschichte des Brooser Stuhles vom 13. bis zum 16. Jahrhundert, (Beiträge)*, in: S. Archiv, VIII, 1971.

Gutkind E. A., *Urban Development in East-Central Europe: Poland, Czechoslovakia and Hungary, (Urban Development)*, New York-London 1972.

Györffy G., *Einwohnerzahl und Bevölkerungsdichte in Ungarn bis zum Anfang des XIV. Jahrhunderts, (Einwohnerzahl)*, in: Studia istorica Academiae scientiarum hungaricae, XLII, 1960.

Hasak., M., *Die romanische und gotische Baukunst. Der Kirchenbau*, Stuttgart 1902.

Haţieganu A., *Dezvoltarea teritorială a oraşului Cluj*, Cluj 1949.

Heitel R., *Archäologische Beiträge zu den romanischen Baudenkmälern aus Siebenbürgen, (Archäologische Beiträge)*, in: Revue roumaine d'histoire de l'art, serie beaux-art, IX/2, 1972.

Heitel R., *In legătură cu unele probleme ale arheologiei cetăţilor de piatră, medievale, din Transilvania, (Probleme ale arheologiei)*, in: Buletinul monumentelor istorice, XXXIX/2, 1970.

Heitel R., *Monumentele medievale din Sebeş-Alba. (Monumente medievale)*, Bukarest 1964.

Heitel R., *Monumentele medievale din Sebeș-Alba, (Sebeș-Alba)*, Bukarest 1969.
Heitz A., *Alt-Mühlbach*, in: *Der Unterwald*, 11—17, 1905.
Hekler A., *Ungarische Kunstgeschichte, (Kunstgeschichte)*, Berlin 1937.
Heltau, Hrsg. H. Rehner, Hermannstadt 1931.
Henrich G., *Aufgefundene Reste der ältesten Befestigung (Burg) in Hermannstadt*, in: *Korrespondenzblatt*, XXXII, 1909.
Herbert H., *Die Gesundheitspflege in Hermannstadt bis zum Ende des 16. Jahrhunderts, (Die Gesundheitspflege)*, in: *Archiv*, XX, 1885.
Horedt K., *Contribuții la istoria Transilvaniei în secolele IV—XIII, (Contribuții)*, Bukarest 1958.
Horwath W., *Der Emporenbau der romanischen und frühgotischen Kirchen in Siebenbürgen, (Der Emporenbau)*, in: *S.Vs.*, LVIII, 1935.
Horwath W., *Die Landnahme des Altlandes im Lichte der Kirchenbauten, (Die Landnahme)*, in: *S.Vs.*, LIX, 1936.
Horwath W., *Die Turmanlage der Schwarzen Kirche, (Die Turmanlage)*, in: *Mitteilungen des Burzenländer sächsischen Museums*, III, Kronstadt 1938.
Horwath W., *Siebenbürgisch-sächsische Kirchenburgen, (Kirchenburgen)*, Hermannstadt 1931.
Horwath W., *Zur Herkunft der Kirchenburgen, (Zur Herkunft)*, in: *S.Vs.*, LXIV, 1941.
Hurmuzaki E. de, Densușianu N., *Documente privitoare la istoria românilor, (Documente)*, I/1, Bukarest 1887.

Ionescu G., *Arhitectura populară din România, (Arhitectura populară)*, Bukarest 1971.
Ionescu G., *Istoria arhitecturii în România, (Istoria arhitecturii)*, I, Bukarest 1963.
Ionescu G., *Necesitatea sistematizării și restaurării centrelor istorice ale orașelor, (Necesitatea sistematizării)*, in: *Buletinul monumentelor istorice*, XXXIX/1, 1970.
Iordan I., *Toponimia românească*, București, 1963.
Istoria Clujului, Hrsg. Șt. Pascu, Klausenburg 1974.
Istoria României, I—II, Bukarest 1960—1962.
Istoria României, Compendiu, Bukarest 1969.
Ivanyi B., *Geschichte des Dominikanerordens in Siebenbürgen und der Moldau, (Dominikanerorden)*, I, in: *S.Vs.*, LXII, 1939; II, in: *S.Vs.* LXIII, 1940; III, in: *Archiv*, L. 1944.

Jakab E., *Kolozsvár története*, I—III, Bildband I—II, Budapest, 1870—1888.
Jakó Zs., *Az otthon és művészete a XVI—XVII. századi Kolozsváron Az otthon és művészete)*, in: *Emlékkönyv. Kelemen Lajos...*, Bukarest-Klausenburg 1957.
Jekelius E., *Daten zur Geschichte des Schlosses auf dem Kronstädter Schloßberg, (Geschichte des Schlosses)*, in: *Mitteilungen des Burzenländer sächsischen Museums*, II, Kronstadt 1937.
Jekelius E., *Die Wasserversorgung der Stadt, (Die Wasserversorgung)*, in: Kronstadt.

Jekelius E., *Kronstadts Gassen und Plätze, (Gassen und Plätze)*, in: *Kronstadt*.
Jenő M., *A magyar városok és városhálózat kialakulásának kezdetei, (A magyar városok)*, in: *Településtudományi közlemények*, 18, 1966.
Jickeli O. F., *Der Handel der Siebenbürger Sachsen in seiner geschichtlichen Entwicklung, (Der Handel)*, in: *Archiv*, XXXIX, 1913.
Junghans K., *Die deutsche Stadt im Frühfeudalismus*, Berlin 1959.

Kemény J., *Deutsche Fundgruben der Geschichte Siebenbürgens, (Deutsche Fundgruben)*, I—II, Klausenburg 1839—1840.
Killyen F., *Formarea și evoluția comitatului Brașovului, (Comitatul Brașovului)*, in: *Studii și articole de istorie*, VII, 1965.
Kimakowicz M., v., *Alt-Hermannstadt*, in: *Archiv*, XXXVII, 1911.
Kimakowicz M. v., *Studien zur Baugeschichte der ev. Stadtpfarrkirche in Hermannstadt, (Studien)*, in: *Archiv*, XXXIX, 1913.
Kisch G., *Siebenbürgen im Lichte der Sprache, (Sprache)*, in: *Archiv*, XLV, 1929.
Kisch O., *Die wichtigsten Ereignisse aus der Geschichte von Bistritz und des Nösner Gaues..., (Bistritz)*, I, Bistritz 1926.
Klaiber Ch., *Deutsch-mittelalterliche Burgen-, Dorf- und Stadtanlagen Siebenbürgens, (Burgen-, Dorf- und Stadtanlagen)*, in: *Pforzheimer Anzeiger*, 274, 1921.
Klaiber Ch., *Sächsisch-deutscher Städtebau des Mittelalters in Siebenbürgen, (Ständtebau)*, in: *Der Städtebau*, 3—4, 1922.
Klein A., *Baugeschichte der evangelischen Kirche in Mühlbach, (Baugeschichte)*, in: *Studien zur siebenbürgischen Kunstgeschichte*, Bukarest 1976.
Klein K. K., *Luxemburg und Siebenbürgen, (Luxemburg)*, in: *S. Archiv*, V. 1966.
Klein K. K., *Primi hospites regni Saxones — Die ersten Saxones als Siedler im Lande Siebenbürgen, (Primi hospites)*, in: *Siebenbürgisch-sächsischer Hauskalender*, 1969.
Klein K. K., *Transsylvanica*, München 1963.
Klein K. K., *Zur Siedlungsgeschichte und Sprachgeographie der mittelalterlichen deutschen Siedlungen in Siebenbürgen, (Siedlungsgeschichte)*, in: *Berichte über die Verhandlungen der Sächsischen Akademie der Wissenschaften zu Leipzig*, CIV/3, 1959 — *Siebenbürgische Mundarten*.
Korrespondenzblatt des Vereins für siebenbürgische Landeskunde, (Korrespondenzblatt), Hermannstadt.
Kramer F., *Aus der Gegenwart und Vergangenheit der königlichen Freistadt Bistritz, (Bistritz)*, Hermannstadt 1868.
Krauss G., *Tratactus Rerum tam bellicarum...*, in: J. Kemény, *Deutsche Fundgruben*, I,
Kroeschell K., *Weichbild. Untersuchungen zur Struktur und Entstehung der mittelalterlichen Stadtgemeinde in Westfalen, (Weichbild)*, Köln—Graz 1960.
Kronstadt, Hrsg. T. Jekelius, Kronstadt 1928.
Kubinyi A., *Zur Frage der deutschen Siedlungen im mittleren Teil des Königreichs Ungarn (1200—1541), (Zur Frage der deutschen Siedlungen)*, in: *Die deutsche Ostsiedlung des Mittelalters als Problem der europäischen Geschichte*, Hrsg. W. Schlesinger, Sigmaringen 1974.

Kühlbrand E., *Die ev. Stadtpfarrkirche in Kronstadt*, I—II, Kronstadt 1926.
Kuhn W., *Westslawische Landesherren als Organisatoren der mittelalterlichen Ostsiedlung, (Westslawische Landesherren)*, in: *Die deutsche Ostsiedlung des Mittelalters als Problem der europäischen Geschichte*, Hrsg. W. Schlesinger, Sigmaringen 1974.

Laurian R., *Probleme de estetica oraşelor, (Estetica oraşelor)*, Bukarest 1962.
Lavedan P., *Histoire de l'Urbanisme*, Paris 1926.
L[eonard] D., *Denkwürdigkeiten von dem alten Város und dem gegenwärtigen Broos, (Denkwürdigkeiten)*, Hermannstadt 1852.
Letz F., *Siebenbürgisch-sächsische Städte, (Städte)*, München 1972.
Lupu N., *Cetatea Sibiului*, Bukarest 1966.

Machat Ch., *Die Bergkirche zu Schäßburg und die mittelalterliche Baukunst in Siebenbürgen, (Bergkirche)*, München 1977.
Margl H., *Zur Ortung einiger Wüstungen im Marchfeld, (Ortung)*, in: *Jahrbuch für Landeskunde von Niederösterreich*, XXXIX, 1971—1973.
Marienburg G. F., *Zur Berichtigung einiger alturkundlichen siebenbürgischen Ortsbestimmungen, (Berichtigung)*, in: *Archiv*, V, 1861.
Marienburg L. J., *Geographie des Großfürstenthums Siebenbürgen, (Geographie)*, II, Hermannstadt 1813.
Mark R., *Sind Anselm von Braz und Hezelo von Merkstein die ersten siebenbürger Sachsen gewesen? (Anselm von Braz)*, in: *S. Archiv*, VIII, 1971.
Matei M., *Probleme ale istoriei oraşelor, (Probleme)*, in: *Studii şi cercetări de istorie veche*, 3, 1970.
Meitzen A., *Ansiedlung*, in: *Handwörterbuch der Staatswissenschaften*, I, Hrsg. Conrad, Elster, Sexis, Loeming, Jena 1891.
Meitzen A., *Die Flur der Gemeinde Thalheim, (Die Flur)*, in: *Archiv*, XXVII, 1897.
Meltzl O. V., *Statistik der Sächsischen Landbevölkerung in Siebenbürgen, (Statistik)*, Hermannstadt 1886.
Michaelis F., *Beiträge zur siebenbürgisch-deutschen Siedlungsgeschichte, (Beiträge)*, in: *Deutsche Forschung im Südosten*, II, 1943.
Michaelis F., *Wo lag das Praedium Nicolai von 1268?*, in: *Deutsche Forschung im Südosten*, II, 1943.
Mild F., *Zu Schäßburg anno 1848, (Schäßburg)*, Schäßburg 1929.
Mitrofan I., *Contribuţii la cunoaşterea oraşului Napoca, (Contribuţii)* in: *Acta musei Napocensis*, I, 1964.
Mittelstraß O., *Beiträge zur Siedlungsgeschichte Siebenbürgens im Mittelalter, (Beiträge)*, München 1961.
Mittelstraß O., *Terra Syculorum terrae Sebus und der sächsische Unterwald, (Terra Syculorum)*, in: *S. Archiv*, VIII, 1971.
Mittelstraß O., *Thesen zur Lage der terra Syculorum terrae Sebus (1224) und zu den primi hospites regni..., (Thesen)*, in: *S. Archiv*, VIII, 1971.

Möckel A., *Aus Mühlbachs Vergangenheit*, Mühlbach 1917.
Möckel A., *Von Straßennamen, im besonderen von denen Mühlbachs, (Von Straßennamen)*, in: Siebenbürgisch-Deutsches Tageblatt, 16399, 1928.
Morariu T., Pascu Şt., *Evoluţia urbanistică a oraşului Cluj*, in: Buletin ştiinţific, Secţia de geologie şi geografie, II/1, 1957.
Müller F., *Archeologische Skizzen aus Schäßburg, (Schäßburg)*, in: Archiv, II, 1857.
Müller F., *Die Incunabeln der Hermannstädter „Capellenbibliothek", (Die Incunabeln)*, in: Archiv, XIV, 1879.
Müller G., *Die deutschen Landkapitel in Siebenbürgen und ihre Dechanten, (Landkapitel)*, in: Archiv, XLVIII, 1934.
Müller G., *Die ursprüngliche Rechtslage der Rumänen im Siebenbürger Sachsenlande, (Rechtslage)*, in: Archiv, XXXVIII, 1912.
Müller G., *Siebenbürgens Stühle, Distrikte und Komitate vor dem Jahre 1848, (Siebenbürgens Stühle)*, Karte.
Müller G., *Stühle und Distrikte als Unterteilung der Siebenbürgisch-Deutschen Nationsuniversität, (Stühle und Distrikte)*, Hermannstadt 1941.
Müller G., *Wann sind Mediasch, Furkeschdorf und Tobsdorf kolonisiert worden, (Furkeschdorf)*, in: Korrespondenzblatt, XXXII, 1909.
Müller-Langenthal F., *Zur Herkunft der Kirchenburgen, (Kirchenburgen)*, in: S. Vs., LXIII, 1940.
Munteanu L., Beldie-Dumitrache M., *Rezultatele cercetărilor arheologice la biserica Sf. Nicolae din Şcheii Braşovului — Etapa 1975, (Rezultatele cercetărilor)*, in: Monumente istorice şi de artă, XLV/1, 1976.
Mureşan C., *Monumente istorice din Turda, (Turda)*, Bukarest 1968.

Nägler Th. *Die Ansiedlung der Sachsen in Siebenbürgen und ihr Beitrag zur Entwicklung der rumänischen Feudalgesellschaft, (Die Ansiedlung)*, in: Studien zur Geschichte der deutschen Nationalität und ihrer Verbrüderung mit der rumänischen Nation, I, Hrsg. C. Göllner, Bukarest 1976.
Nägler Th., *Die soziale Schichtung bei den Siebenbürger Sachsen im 12.—13. Jahrhundert, (Schichtung)*, in: Forschungen, 15/1, 1972.
Nägler Th. *Kritische Bemerkungen zu A. Armbrusters Aufsatz „Herkunftsfrage und Siedlungsgeschichte der Siebenbürger Sachsen", (Kritische Bemerkungen)*, in: Forschungen, 14/2, 1971.
Nägler Th. *Vorbericht über die Untersuchungen im Hammersdorfer Gräberfeld aus der Völkerwanderungszeit, (Vorbericht)*, in: Forschungen, 14/1, 1971.
Nägler Th., *Zum Gebrauch des Ausdrucks „terra deserta" in einigen Urkunden des 12.—13. Jahrhunderts, (Zum Gebrauch)*, in: Studii şi comunicări, arheologie-istorie, 18, Hermannstadt 1974.
Niedermaier P., *Dezvoltarea Avrigului de la cătun la comună, (Dezvoltarea Avrigului)*, in: Transilvania, II/9, 1973.
Niedermaier P., *Die städtebauliche und architektonische Entwicklung einiger Städte Siebenbürgens vom 12. bis zum 16. Jahrhundert, (Die städtebauliche Entwicklung)*, in: Studien zur Geschichte der deutschen Nationalität und ihrer Verbrüderung mit der rumänischen Nation, I, Hrsg. C. Göllner, Bukarest 1976.

Niedermaier P., *Dorfkerne auf dem Gebiet der Sieben Stühle*. (Dorfkerne), in: Forschungen, 16/ 1, 1973.
Niedermaier P., *Geneza centrului istoric clujean în lumina planimetriei lui*, (Cluj), in: Acta musei Napocensis, XVI, 1979.
Niedermaier P., *Geneza orașului Sighișoara*, (Sighișoara), in: Monumente istorice și de artă, XLVIII/2, 1979.
Niedermaier P., *Siebenbürgische Wehranlagen*, in: Die Woche, 375, 1975—456, 1976, 6
Niedermaier P., *Turda. Dezvoltarea urbanistică a unui centru minier pînă în secolul al XVII-lea*, (Turda), in: Acta musei Napocensis, XIV, 1977.
Niedermaier P., *Zur Tätigkeit einer Bauhütte des 14. Jahrhunderts in Siebenbürgen*, (Bauhütte), in: Forschungen, 15/1, 1972.
Nussbächer G., Bako G., *Blockstruktur Anno 1300*, (Blockstruktur), in: Karpatenrundschau, 51, 1971.
Nussbächer G., *Corona, Barasa, Brasso, Brassov, Kronstadt*, in: Karpatenrundschau, 31, 1970.
Nussbächer G., *Documente și știri documentare privind meșteșugurile din Sighișoara în secolul al XV-lea*, in: Studii și comunicări ale Muzeului Brukenthal, XIV, 1969.
Nussbächer G., *Documente și știri documentare privind meșteșugurile din Sighișoara între 1501—1520*, (Meșteșugurile din Sighișoara), in: Sub semnul lui Clio..., Klausenburg 1974.

Orendt M., *Deutsche Volkskunst. Siebenbürgen*, (Volkskunst), Weimar 1943.

Pancratz A., *Die Gassennamen Hermannstadts*, (Die Gassennamen), Hermannstadt 1935.
Pascu Șt., *Demografie istorică*, in: Populație și societate, I, Hrsg. Șt. Pascu, Klausenburg 1972.
Pascu Șt., *Meșteșugurile din Transilvania pînă în secolul al XVI-lea*, (Meșteșugurile), Bukarest 1954.
Pascu Șt., *Problema orașelor și a producției de mărfuri în Transilvania medievală*, in: Din activitatea muzeelor noastre, Klausenburg 1955.
Pascu Șt., *Voievodatul Transilvaniei*, I, Klausenburg 1972.
Pascu Șt., Goldenberg S., *Despre orașele medievale din unele țări dunărene*, in: Anuarul Institutului de istorie și arheologie, XIV, 1971.
Pascu Șt., Marica V., *Clujul medieval*, Bukarest 1969.
Pascu Șt., Pataki I., Popa V., *Clujul*, Klausenburg 1957.
Paulini M., *Aus Mediasch: kunstgeschichtliche Sensation*, (Aus Mediasch), in: Die Woche 391, 1975.
Petrescu P., *Tradiția franconă în arhitectura populară sătească din sudul Transilvaniei*, in: Studii și cercetări de istoria artei, seria artă plastică, XVIII/2, 1971.
Phleps H., *Über die Urformen des siebenbürgisch-sächsischen Bauernhauses*, (Bauernhaus), in: Archiv, XLI, 1924.
Piper O., *Burgenkunde*, München 1912.

Planitz H., *Die deutsche Stadt im Mittelalter, (Die deutsche Stadt)*, Graz—Köln 1965.
Pogány F., *Terek és utcák művészete, (Terek és utcák)*, Budapest, 1954.
Pop I., *Date arheologice privitoare la istoria Brașovului în secolele IX—XII, (Date arheologice)*, in: *Cumidava*, II, 1968.
Prox A., *Die Burgen des Burzenlandes, (Die Burgen)*, in: S. Archiv, I, 1962.

Quellen zur Geschichte der Stadt Kronstadt, (Quellen), I—VIII, Kronstadt 1836—1926.
Quellen zur Geschichte Siebenbürgens aus sächsischen Archiven, (Quellen zur Geschichte), I, Hermannstadt 1880.

Radig W., *Die Siedlungstypen in Deutschland und ihre frühgeschichtlichen Wurzeln, (Die Siedlungstypen)*, Berlin 1955.
Radig W., *Frühformen der Hausentwicklung in Deutschland*, Berlin 1958.
Rauda W., *Raumprobleme im europäischen Städtebau, (Raumprobleme)*, München 1956.
Reimann G., *Deutsche Baukunst des späten Mittelalters, (Baukunst)*, Leipzig 1967.
Rein K., *Der Siedlerhorst von Urwegen, (Urwegen)*, in: S. Archiv, I, 1962.
Reinecke H. J., *Grundstrukturen ländlicher Siedlungen im südlichen Siebenbürgen, (Grundstrukturen)*, in: Korrespondenzblatt des Arbeitskreises für Siebenbürgische Landeskunde, III/3, 1973.
Reinerth K., *Über Wendenkreuzzug und Südostsiedlung, (Wendenkreuzzug)*, in: *S. Archiv*, VIII, 1971.
Reissenberger L., *Die evang. Pfarrkirche A. B. in Hermannstadt, (Pfarrkirche)*, Hermannstadt 1884.
Reissenberger L., *Über die ehemaligen Befestigungen von Hermannstadt, (Befestigungen)*, in: Archiv, XXIX, 1900.
Reissenberger L., *Überreste der Gotik und Renaissance an Profanbauten in Hermannstadt, (Überreste)*, in: Archiv, XXI, 1887.
Römer K., *Ein Beitrag zur Entstehung der Stadt Mediasch, (Mediasch)*, in: *Volk und Kultur*, 5, 1973.
Roth V., *Die ev. Kirche A. B. in Mühlbach, (Die ev. Kirche)*, Hermannstadt, 1922.
Roth V., *Die kirchlichen Baudenkmäler des Unterwaldes, (Unterwald)*, in: Beiträge zur Geschichte der evangelischen Kirche A. B. in Siebenbürgen, Teutsch-Festschrift, Hermannstadt 1922.
Roth V., *Geschichte der deutschen Baukunst in Siebenbürgen, (Baukunst)*, Straßburg 1905.
Roth V., *Zur Problematik der siebenbürgisch-deutschen Kunstgeschichte, (Zur Problematik)*, Hermannstadt 1931.

S. Archiv — siehe: Siebenbürgisches Archiv.
S. Vs. — siehe: Siebenbürgische Vierteljahrsschrift
Sacerdoțeanu A., *Marea invazie tătară și sud-estul european*, Bukarest 1933.
Sächsisch-schwäbische Chronik, Hrsg. E. Eisenburger, M. Kroner, Bukarest 1976.

Salzer J. M., *Der Königlich freie Markt Birthälm in Siebenbürgen, (Birthälm)*, Wien 1881.
Salzer J. M., *Zur Geschichte der sächsischen Volksschulen in Siebenbürgen, (Volksschulen)*, in: *Programm des ev. Gymnasiums A. B. in Mediasch*, 1861/62.
Samarian P., *Din epidemologia trecutului românesc. Ciuma, (Din epidemologia)*, Bukarest 1932.
Scheiner A., *Zur siebenbürgischen Mundartgeographie, (Mundartgeographie)*, in: *Korrespondenzblatt*, XXXII, 1909.
Scheiner W., *Die Ortsnamen im mittleren Teile des südlichen Siebenbürgens, (Die Ortsnamen)*, in: *Balkan-Archiv*, II—III, 1926.
Schmidt R., *Deutsche Reichsstädte, (Reichsstädte)*, München 1957.
Schuller G., *Geschichte des evangelischen Gymnasiums A. B. in Mediasch, (Gymnasium)*, Hermannstadt 1896.
Schuller G. A., *Aus dem Leben eines kleinen Stuhlsvorortes (Marktes), (Aus dem Leben)*, in: *Neuer Volkskalender für das Jahr 1896*, Hermannstadt.
Schuller G. A., *Aus der Vergangenheit der siebenbürgisch-sächsischen Landwirtschaft*, Hermannstadt 1895.
Schuler-Libloy F., *Materialien zur Siebenbürgischen Rechtsgeschichte, (Materialien)*, I, Hermannstadt 1862.
Schuler-Libloy F., *Nachtrag zu den im Vereinsarchiv mitgetheilten deutschen Rechtsdenkmälern, (Nachtrag)*, in: *Archiv*, IX, 1870.
Schuler-Libloy F., *Siebenbürgische Rechtsgeschichte, (Rechtsgeschichte)*, I—II Hermannstadt 1867/1868.
Schuler-Libloy F., *Statuta jurium municipalium Saxonum in Transilvania, (Statuta)*, Hermannstadt 1853.
Schuller R., *Alt-Schäßburg*, Schäßburg 1934.
Schuller R., *Um den Ursprung Klausenburgs*, in: *Korrespondenzblatt*, L, 1927.
Schullerus A., *Die Grenzburgen der Altlinie, (Die Grenzburgen)*, in: *Korrespondenzblatt*, XLI, 1918.
Schuster G., *Aus der Vergangenheit der Stadt Mediasch, (Aus der Vergangenheit)*, in: *Mediascher Zeitung*, 5, 1940.
Schwarz E., *Die Herkunft der Siebenbürger und Zipser Sachsen, (Herkunft)*, München 1957.
Sebestyen Gh., Sebestyen V., *Arhitectura renașterii în Transilvania, (Arhitectura renașterii)*, Bukarest 1963.
Seivert G., *Das älteste Hermannstädter Kirchenbuch, (Kirchenbuch)*, in: *Archiv*, XI, 1874.
Seivert G., *Die Stadt Hermannstadt, (Hermannstadt)*, Hermannstadt 1859.
Siebenbürgische Vierteljahrsschrift, (S. Vs., Hermannstadt.
Siebenbürgisches Archiv (S. Archiv), Köln—Wien.
Siebenbürgisch-sächsisches Wörterbuch, II, Leipzig 1911—1926, IV, Bukarest—Berlin 1972.
Sievert L., *Beiträge zur Geschichte der Häuser auf der Südseite des Großen Ringes in Hermannstadt*, Ms.
Sigerus E., *Aus alter Zeit*, Hermannstadt 1904.
Sigerus E., *Chronik der Stadt Hermannstadt, (Chronik)*, Hermannstadt 1930.
Sigerus E., *Vom alten Hermannstadt*, I, Hermannstadt 1922.

Sitte C., *Der Städtebau*, Wien 1922.
Stenner F., *Zwei Beiträge zur Bevölkerungsstatistik des 16. Jahrhunderts, (Zwei Beiträge)*, in: Korrespondenzblatt, X, 1887.
Stern L.-Gericke H., *Deutschland in der Feudalepoche von der Mitte des 11. Jahrhunderts bis zur Mitte des 13. Jahrhunderts, (Deutschland)*, Berlin 1965.
Stoob H., *Forschungen zum Städtewesen in Europa, (Forschungen)*, I, Köln—Wien 1970.
Stoob H., *Kennzeichen der mittelalterlichen Städtebildung im Karpatenbogen, (Kennzeichen)*, in: Forschungen, 21/1, 1978.
Streitfeld Th., *Das Mühlbacher Dominikanerkloster, (Dominikanerkloster)* in: S. Vs., LVIII, 1935.
Streitfeld Th., *Die Capella Sancti Jacobi in Mühlbach, (Die Capella)*, in: S. Vs. LIX, 1936.
Streitfeld Th., *Mittelalterliche Kapellen in Mühlbach*, in: Studien zur Siebenbürgischen Kunstgeschichte, Bukarest 1976.
Streitfeld Th. *Wer war der Autor des „Tractatus de ritu et moribus Turcorum"?, (Autor)*, in: Forschungen, 16/2, 1973.
Str[eitfeld Th.], *Mühlbach 1584*, in: Gemeindeblatt der evangelischen Glaubensgenossen A. B. in Mühlbach, 214, 1931.

T[eutsch] F., *2. Conscription von A. 1785, Hermannstadt*, in: Korrespondenzblatt, XVII, 1894.
Teutsch F., *Die Art der Ansiedlung der Siebenbürger Sachsen, (Ansiedlung)*, in: Beiträge zur Siedlungs- und Volkskunde der Siebenbürger Sachsen, Hrsg. A. Kirchhoff, Stuttgart 1895.
Teutsch F., *Geschichte der ev. Kirche in Siebenbürgen, (Kirche)*, I, Hermannstadt 1924.
Teutsch F., *Siebenbürgisch-deutsche Altertümer*, in: Korrespondenzblatt, VI, 1883.
Teutsch F., *Unsere Burgen*, in: Jahrbuch des Siebenbürgischen Karpathen-Vereins, IV, 1884.
Teutsch F., *Zur Geschichte von Reps, (Reps)*, in: Archiv, XIII, 1876.
Teutsch G. D., *Beiträge zur Geschichte Siebenbürgens vom Tode Andreas III. bis zum Jahr 1310, (Beiträge)*, in: Archiv, I, 1845.
Teutsch G. D., *Die Schäßburger Gemeinderechnung von 1522, (Gemeinderechnung)*, in: Archiv, I, 1853.
Teutsch G. D., *Geschichte der Siebenbürger Sachsen für das sächsische Volk, (Geschichte)*, I, Hermannstadt 1925.
Teutsch G. D., *Über die ältesten Schulanfänge und damit gleichzeitige Bildungszustände in Hermannstadt, (Schulanfänge)*, in: Archiv, X, 1872.
Teutsch G. D., *Zur Geschichte von Bistritz*, in: Archiv, IV, 1860.
Thalgott E. M., *Hermannstadt*, Hermannstadt 1934.
Theil F., *Mediasch*, in: Festgabe zur 50jährigen Jubelfeier ..., Mediasch 1912.
Theil H., *Die Ansiedlungen von Siebenbürgen, (Ansiedlungen)*, in: Archiv, XLIII, 1926.

Theil R., *Zur Geschichte der 2 Stühle in der zweiten Hälfte des 15. Jahrhunderts, (Zur Geschichte),* in: *Archiv,* XI, 1873.
Theil R., Werner C., *Urkundenbuch zur Geschichte des Mediascher Kapitels bis zur Reformation, (Urkundenbuch),* Hermannstadt 1870.
Topographie der Stadt Mühlbach, (Topographie), in: *Siebenbürger Zeitung,* 28—39, 1785.
Treiber G., *Andere öffentliche Gebäude, (Gebäude),* in: *Kronstadt.*
Treiber G., *Ausgrabungen der Burgkirche der Brasovia-Burg auf der Zinne bei Kronstadt, (Ausgrabungen),* in: *S. Vs.,* LVII, 1934.
Treiber G., *Broos — Orăştie — Szászváros, (Broos),* in: *Siebenbürgisch-sächsischer Hauskalender,* 1970.
Treiber G., *Das Bürgerhaus,* in: *Kronstadt.*
Treiber G., *Das Rathaus in Kronstadt, (Das Rathaus),* in: *Mitteilungen des Burzenländer Museums,* V, Kronstadt 1944.
Treiber G., *Der Stadtplan als Urkunde, (Der Stadtplan),* in: *Mitteilungen des Burzenländer sächsischen Museums,* V. Kronstadt 1944.
Treiber G., *Der Stadtpfarrhof,* in: *Kronstadt.*
Treiber G., *Die Anfänge der Stadt Klausenburg,* in: *S. Vs.,* L, 1927.
Treiber G., *Die Anfänge der Stadt Kronstadt, (Die Anfänge),* in: *Kronstadt.*
Treiber G., *Die Anlage der Befestigungswerke, (Die Befestigungswerke),* in: *Kronstadt.*
Treiber G., *Die mittelalterlichen Kirchen in Siebenbürgen, (Kirchen),* München 1971.
Treiber G., *Kronstadt und das Schloß auf dem Schloßberg, (Kronstadt und das Schloß),* in: *Mitteilungen des Burzenländer sächsischen Museums,* II, Kronstadt 1937.
Treiber G., *Mittelalterlicher Städtebau,* in: *Korrespondenzblatt,* XLVI, 1923.
Treiber G., *Nyíregyháza,* in: *Korrespondenzblatt,* XI, 1922.
Treiber G., *Siedlungsgeschichtliche Untersuchungen,* in: *S. Vs.,* LIV, 1931.
Treiber G., *Walter Horwath: Siebenbürgisch-sächsische Kirchenburgen, (Walter Horwath),* in: *S. Vs.,* LXIV, 1941.
Tröster J., *Das Alt und Neu-Teutsche Dacia, (Dacia),* Nürnberg 1666.
Tudor D., *Oraşe, tîrguri şi sate în Dacia romană, (Oraşe),* Bukarest 1968.

Urkunden und erzählende Quellen zur deutschen Ostsiedlung im Mittelalter, (Urkunden), Hrsg. H. Helbig, L. Weinrich, II, Darmstadt 1970.
Urkundenbuch — siehe: Zimmermann F., Werner C. ...

Vătăşianu V., *Istoria artei feudale în ţările române, (Istoria artei),* I, Bukarest 1959.
Vătăşianu V., *Metodica cercetării în istoria artei, (Metodica),* Bukarest 1974.
Visconti M., *Mappa della Transilvania, (Mappa),* Hermannstadt 1699.
Vuia R., *Dovezile etnografice ale continuităţii, (Dovezile etnografice),* in: *Transilvania,* 74, 1943.
Vuia R., *Le village roumain de Transylvanie et du Banat, (Le village),* in: *La Transylvanie,* Bukarest 1938.

Wagner E., *Die päpstlichen Steuerlisten 1332—37*, *(Die päpstlichen Steuerlisten)*, in: *Forschungen*, 11/1, 1968.

Wagner E., *Quellen zur Geschichte der Siebenbürger Sachsen*, *(Quellen)*, Köln-Wien 1976.

Wagner E., *Historisch-statistisches Ortsnamenbuch für Siebenbürgen*, *(Ortsnamenbuch)*, Köln—Wien 1977.

Wenrich W., *Künstlernamen aus siebenbürgisch-sächsischer Vergangenheit*, *(Künstlernamen)*, in: *Archiv*, XXII, 1889.

Werner C., *Geschichte der zwei Stühle unter Wladislaus II. und Ludwig II*, *(Geschichte)*, in: *Archiv*, XII, 1874.

Werner K., *Die evangelische Pfarrkirche in Mediasch*, *(Pfarrkirche)*, in: *Programm des evang. Gymnasiums A. B. zu Mediasch ...*, 1871/1872.

Werner K., *Die Mediascher Kirche*, *(Kirche)*, Hermannstadt 1872.

Werner V., *Bemerkungen zu einigen alten Häusern der Stadt Mediasch*, *(Bemerkungen)*, Ms.

Werner V., *Die Mediascher Zunft-Urkunden*, *(Zunft-Urkunden)*, Wissenschaftliche Beilage zum Programm des ev. Gymnasiums A. B. in Medgyes (Mediasch), 1909/1910.

Werner V., *Mediasch im 17. Jahrhundert*, *(17. Jahrhundert)*, Sonderabdruck aus: *Mediascher Wochenblatt*, 1911.

Werner V., *Mediasch in der Fürstenzeit*, *(Fürstenzeit)*, in: *Festgabe zur 50-jährigen Jubelfeier ...*, Mediasch 1912.

Wolff H., *Das sächsische Haus in Pflicht und Recht*, *(Das sächsische Haus)*, in: *Korrespondenzblatt*, VIII, 1885.

Wolff H., *Zur siebenbürgisch-deutschen Feld- und Waldwirtschaft*, *(Feld- und Waldwirtschaft)*, in: *Korrespondenzblatt*, VII, 1884.

Wortisch Th., *Das evangelische Kirchengebäude in Bistritz*, *(Bistritz)*, Bistritz 1885.

Zimmermann F., *Die Nachbarschaften in Hermannstadt*, *(Die Nachbarschaften)*, in: *Archiv*, XX, 1885.

Zimmermann F., Werner C., Müller G., Gündisch G., *Urkundenbuch zur Geschichte der Deutschen in Siebenbürgen*, *(Urkundenbuch)*, I—IV, Hermannstadt, 1892—1937, V, Bukarest 1975.

Zur Erinnerung an die im Jahre 1909 (2. bis 4. Oktober) in Mühlbach abgehaltene Hauptversammlung des sieb.-sächsischen Landwirtschafts-Vereines ..., *(Zur Erinnerung)*, Mühlbach 1909.

VERZEICHNIS UND NACHWEIS DER ABBILDUNGEN

1 Klausenburg, Parzellengefüge um 1910, 1:5000
2 Hermannstadt, Parzellengefüge um 1880, 1 : 5000.
3 Schäßburg, Parzellengefüge um 1880, 1 : 5000.
4 Schäßburg, Grundriß um 1880, 1 : 2500
5 Bistritz, Parzellengefüge um 1880, 1 : 5000.
6 Kronstadt, Parzelengefüge um 1880, 1 : 5000.
7 Broos, Parzellengefüge um 1880, 1 : 5000.
8 Broos, Parzellengruppen. 2500.
9 Broos, Entwicklungsdiagramm.
10 Broos, Datierung der Stadterweiterungen.
11 Mühlbach, Parzellengefüge um 1880, 1 : 5000.
12 Mühlbach, Entwicklungsdiagramm.
13 Mühlbach, Datierung der Stadterweiterungen.
14 Mediasch, Parzellengefüge um 1880, 1 : 5000.
15 Mediasch, Entwicklungsdiagramm.
16 Mediasch, Datierung der Stadterweiterungen.
17 Gemarkungsgröße.
18 Ursprüngliche Parzellengrößen in Hospites-Siedlungen.
19 Entwicklung der Bewohneranzahl.
20 Klausenburg, Gelände.
21 Klausenburg um 1175.
22 Klausenburg um 1200.
23 Klausenburg um 1225.
24 Klausenburg um 1240.
25 Klausenburg um 1270.
26 Klausenburg, Gründung und Zusammenschluß der Stadt durch König Stephan.
27 Klausenburg um 1300.
28 Klausenburg um 1316.
29 Klausenburg im 16. Jh. (ohne Vorstädte).
30 Schäßburg, Gelände.
31 Schäßburg um 1200.
32 Schäßburg um 1225.
33 Schäßburg um 1250.
34 Schäßburg um 1275.
35 Schäßburg um 1300.
36 Schäßburg um 1325.
37 Schäßburg um 1350.
38 Schäßburg um 1375.

Verzeichnis und Nachweis der Abbildungen

39 Schäßburg um 1400.
40 Schäßburg um 1425.
41 Schäßburg um 1450.
42 Schäßburg im 16. Jh.
43 Broos, Gelände.
44 Broos um 1125.
45 Broos um 1150.
46 Broos um 1175.
47 Broos um 1200.
48 Broos um 1225.
49 Broos um 1250.
50 Broos um 1275.
51 Broos um 1300.
52 Broos um 1325.
53 Broos um 1350.
54 Broos im 16. Jh.
55 Hermannstadt, Gelände
56 Hermannstadt um 1125.
57 Hermannstadt um 1150.
58 Hermannstadt um 1175.
59 Hermannstadt um 1200.
60 Hermannstadt um 1225.
61 Hermannstadt um 1240.
62 Hermannstadt um 1275.
63 Hermannstadt um 1300.
64 Hermannstadt um 1325.
65 Hermannstadt um 1350.
66 Hermannstadt um 1375.
67 Hermannstadt im 16. Jh.
68 Mühlbach, Gelände.
69 Mühlbach um 1150.
70 Mühlbach um 1175.
71 Mühlbach um 1200.
72 Mühlbach um 1225.
73 Mühlbach um 1250.
74 Mühlbach um 1275.
75 Mühlbach im 16. Jh. (ohne Vorstadt)
76 Bistritz, Gelände.
77 Bistritz um 1150.
78 Bistritz um 1175.
79 Bistritz um 1200.
80 Bistritz um 1225.
81 Bistritz um 1250.
82 Bistritz um 1275.
83 Bistritz um 1300.
84 Bistritz um 1325.
85 Bistritz um 1350.

Verzeichnis und Nachweis der Abbildungen 313

86 Bistritz im 16. Jh. (ohne Vorstädte).
87 Kronstadt, Gelände.
88 Kronstadt um 1215.
89 Kronstadt um 1225.
90 Kronstadt um 1250.
91 Kronstadt um 1275.
92 Kronstadt um 1300.
93 Kronstadt um 1325.
94 Kronstadt um 1350.
95 Kronstadt um 1375.
96 Kronstadt im 16. Jh. (ohne Vorstädte).
97 Mediasch, Gelände.
98 Mediasch um 1225.
99 Mediasch um 1250.
100 Mediasch, 1250—1275.
101 Mediasch, 1275—1300.
102 Mediasch um 1325.
103 Mediasch um 1330.
104 Mediasch um 1350.
105 Mediasch um 1375.
106 Mediasch um 1450.
107 Mediasch um 1475.
108 Mediasch im 16. Jh.
109 Ursprüngliche Merkmale der parzellierten Flächen.
110 Klausenburg, Größe der Parzellen.
111 Merkmale der parzellierten Flächen nach der Durchführung der Verdichtungen.
112 Größe der Kirchhöfe.
113 Größe der Marktplätze.
114 Größe der Grundstücke von Klöstern und Hospitälern.
115 Größe der befestigten Stadtflächen.
116 Merkmale des Straßennetzes.
117 Kronstadt, Schätzung von Grundstücken, 1541.
118 Kronstadt, Schätzung von Gebäuden, 1541.
119 Kronstadt, Schätzung von Gebäuden im Stadtviertel „Catharinae", 1546.
120 Kronstadt, Gegenüberstellung von Immobilienwerten und Besteuerung der Insassen, um 1540.
121 Broos, Pfarrkirche (teilweise nach G. Treiber).
122 Broos, Befestigungsanlagen.
123 Mühlbach, Stich von H. J. Schollenberger, vor 1666 (Ausschnitt).
124 Mühlbach, Zeichnung von J. C. Weiss, 1736 (Ausschnitt).
125 Mühlbach, Pfarrkirche (teilweise nach M. Angelescu u. a.).
126 Mühlbach, Befestigungsanlagen.
127 Mediasch, Darstellung auf dem Großprobstdorfer Altar, um 1520.
128 Mediasch, Stich von H. J. Schollenberger, vor 1666 (Ausschnitt).
129 Mediasch, Zeichnung von J. C. Weiss, 1736 (Ausschnitt).
130 Mediasch, Pfarrkirche (teilweise nach M. Beldie und H. Fabini).
131 Mediasch, Befestigungsanlagen.

314   Verzeichnis und Nachweis der Abbildungen

132 Bewegung der Preise und Löhne (berechnet nach W. Abel).
133 Diagramm zur Ausführung der Mauerwerksmengen.
134 Entwicklung der Anzahl von hölzernen Häusern.
135 Entwicklung der Anzahl von gemauerten Häusern.
136 K l a u s e n b u r g, Befestigungsanlagen.
137 K l a u s e n b u r g, Stich von G. Houfnagl, 1617 (Ausschnitt).
138 K l a u s e n b u r g, Zeichnung von J. C. Weiss, 1736 (Ausschnitt).
139 S c h ä ß b u r g, Befestigungsanlagen.
140 S c h ä ß b u r g, Stich von H. J. Schollenberger, vor 1666 (Ausschnitt).
141 S c h ä ß b u r g, Stich von M. Visconti, 1699 (Ausschnitt).
142 S c h ä ß b u r g, Zeichnung von J. C. Weiss, 1736 (Ausschnitt).
143 H e r m a n n s t a d t, Befestigungsanlagen.
144 H e r m a n n s t a d t, Stich von H. J. Schollenberger, vor 1666 (Ausschnitt).
145 H e r m a n n s t a d t, Stich von M. Visconti, 1699 (Ausschnitt).
146 H e r m a n n s t a d t, Großer Ring, 1703.
147 B i s t r i t z, Befestigungsanlagen.
148 B i s t r i t z, Stich von H. J. Schollenberger, vor 1666 (Ausschnitt).
149 Bistritz, Zeichnung von J. C. Weiss, 1736 (Ausschnitt).
150 K r o n s t a d t, Befestigungsanlagen.
151 K r o n s t a d t, Stich von H. J. Schollenberger, vor 1666 (Ausschnitt).
152 K r o n s t a d t, Zeichnung von J. C. Weiss, 1736 (Ausschnitt).
153 K r o n s t a d t, Frequenz der Häusertypen, 1541.
154 K r o n s t a d t, ungefähre Lage der verschiedenartigen Häuser, 1541.
155 K r o n s t a d t, Schätzungswerte von Häusern um 1575 und 1610.
156 H e r m a n n s t a d t, Stich von A. L. Wirsing, vor 1756 (Ausschnitt).
157 Größe der Kirchen.
158 Größe der Klöster.
159 Merkmale der Befestigungsanlagen.
160 H e r m a n n s t a d t, Torturm neben dem Alten Rathaus, Zeichnung, 17. Jh.

Photokopien wurden nach folgenden Veröffentlichungen gemacht: A. BORBELY, *Erdélyi városok* (124, 129, 138, 142, 149, 152); E. JAKAB, *Kolozsvár története*, Bildband, I (137); O. FOLBERTH, *Gotik* (127); F. MÜLLER, *Die Incunabeln* (160); J. TRÖSTER, *Dacia* (123, 128, 140, 144, 148, 151); M. VISCONTI, *Mappa* (141, 145). Die Abbildungen 146 und 156 sind nach Bildmaterial des Brukenthalmuseums kopiert. Alle Grundrisse und Diagramme wurden von dem Verfasser angefertigt; FRITZ-GERT WEINRICH war dabei behilflich.

SYNOPTISCHES ORTSNAMENREGISTER

Das folgende Register soll zur Orientierung des Lesers beitragen, der in der Literatur dem gleichen Ort unter verschiedenen Namen begegnet ist. Der gültige amtliche Name steht in der mittleren Spalte voran. Da der Leser bei seiner Orientierung von der im deutschen Text verwendeten Ortsnamenform ausgehen wird, steht diese, alphabetisch angeordnet, in der linken Spalte. Die rechte Spalte bringt die ungarischen Entsprechungen.

Agnetheln	*Agnita*	Szentágota
Arkeden	*Archita*	Erked
Bartholomä (Stadtteil von Kronstadt)	*Bartolomeu*	
Birthälm	*Biertan*	Berethalom
Bistritz	*Bistriţa*	Besztercze
Broos	*Orăştie*	Szászváros
Burgberg	*Vurpăr*	Borberek
Burgberg	*Vurpăr*	Vurpód
	Cojocna	Kolozs
Desch	*Dej*	Dés
Diemrich	*Deva*	Déva
Dobring	*Dobîrca*	Doborka
Draas	*Drăuşeni*	Daróc
Dreikirchen	*Teiuş*	Tövis
Eibesdorf s. Sächsisch Eibesdorf		
Frauenbach	*Baia Mare*	Nagybánya
Furkeschdorf (Wüstung bei Mediasch)		
Gießhübel (Wüstung bei Mühlbach)		
Girelsau	*Bradu*	Fenyöfalva
Großau	*Cristian*	Kereszténysziget
Großdorf	*Sălişte*	Szelistye
Großenyed	*Aiud*	Nagyenyed
Großschenk	*Cincu*	Nagysink
Großscheuern	*Şura Mare*	Nagycsür
Großschlatten	*Abrud*	Abrudbánya
Hahnbach	*Hamba*	Kakasfalva
Halmagen	*Hălmeag*	Halmágy
Hatzeg	*Haţeg*	Hátszeg
Heltau	*Cisnădie*	Nagydisznód
Hermannstadt	*Sibiu*	Nagyszeben
Hetzeldorf	*Aţel*	Ecel
Hunyad	*Hunedoara*	Vajdahunyad
Karlsburg s. Weißenburg		
Kastenholz	*Caşolţ*	Hermány
Katzendorf	*Caţa*	Kaca
Kelling	*Cîlnic*	Kelnek

Kirtsch	Curciu	Körös
Klausenburg	Cluj-Napoca	Kolozsvár
Kleinalisch	Seleuş	Kisszöllös
Kleinmühlbach	Sebeşel	Sebeshely
Kleinschelken	Şeica Mică	Kisselyk
Kleinscheuern	Şura Mică	Kiscsür
Krakau	Cricău	Krakkó
Krapundorf	Ighiu	Magyarigen
Kronstadt	Braşov	Brassó
Lechnitz	Lechinţa	Lekence
Leschkirch	Nocrich	Ujegyház
	Mănăştur (Stadtteil von Klausenburg)	Kolozsmonostor
Marktschelken	Şeica Mare	Nagyselyk
Mediasch	Mediaş	Medgyes
Meschen	Moşna	Muzsna
Mettersdorf	Dumitra	Nagydemeter
Mühlbach	Sebeş	Szászsebes
Neumarkt	Tîrgu Mureş	Marosvásárhely
Niederwallendorf (Stadtteil von Bistritz)		
Oderhellen	Odorheiu Secuiesc	Székelyudvarhely
Offenburg	Baia de Arieş	Offenbánya
Peschendorf	Stejărenii	Bese
Regen, Reen	Reghin	Régen
Reichenau	Rähău	Rehó
Reichesdorf	Richiş	Riomfalva
Reps	Rupea	Köhalom
Reußmarkt	Miercurea Sibiului	Szerdahely
Rodna	Rodna	Rodna
	Roman	
Roseln	Ruja	Rozsonda
Sächsisch Eibesdorf	Ighişu Nou	Szászivánfalva
Sächsisch Reen s. Regen		
Salzdorf	Ocna Dejului	Désakna
Scharosch	Şaroş	Szászsáros
Schäßburg	Sighişoara	Segesvár
	Sic	Szék
Stolzenburg	Slimnic	Szelindek
Streitfort	Mercheaşa	Mirkvásár
Tartlau	Prejmer	Prázsmár
Tekendorf	Teaca	Teke
Thorenburg	Turda	Torda
Unterbrodsdorf	Şibot	Alkenyér
Unterwinz	Vinţu de Jos	Alvinc
Urwegen	Gîrbova	Szászorbó
Weingartskirchen	Vingard	Vingárd
Weißenburg, Karlsburg	Alba Iulia	Gyulafehérvár
Werd	Vărd	Verd
Wölz	Velţ	Völc
	Zalău	Zilah
Zied	Veseud	Vesszöd